COMPROMISSIONS

Du même auteur

Pétrole, la troisième guerre mondiale, Calmann-Lévy, 1974.
Après Mao, les managers, Fayolle, 1977.
Bokassa Ier, Alain Moreau, 1977.
Les Émirs de la République, en collaboration avec Jean-Pierre Séréni, Seuil, 1982.
Les Deux Bombes, Fayard, 1982 ; nouvelle édition, 1991.
Affaires africaines, Fayard, 1983.
V, enquête sur l'affaire des « avions renifleurs »..., Fayard, 1984.
Les Chapellières, Albin Michel, 1987.
La Menace, Fayard, 1988.
L'Argent noir, Fayard, 1988.
L'Homme de l'ombre, Fayard, 1990.
Vol UT 772, Stock, 1992.
Le Mystérieux Docteur Martin, Fayard, 1993.
Une jeunesse française, François Mitterrand, 1934-1947, Fayard, 1994.
L'Extrémiste, François Genoud, de Hitler à Carlos, Fayard, 1996.
TF1, un pouvoir, avec Christophe Nick, Fayard, 1997.
Vies et morts de Jean Moulin, Fayard, 1999.
La Diabolique de Caluire, Fayard, 1999.
Bethléem en Palestine, avec Richard Labévière, Fayard, 1999.
Manipulations africaines, Plon, 2001.
Dernières volontés, derniers combats, dernières souffrances, Plon, 2002.
Marcel Dassault ou les Ailes du pouvoir, avec Guy Vadepied, Fayard, 2003.
La Face cachée du Monde. Du contre-pouvoir aux abus de pouvoir, avec Philippe Cohen, Mille et une nuits, 2003.
Main basse sur Alger : enquête sur un pillage, juillet 1830, Plon, 2004.
Noires fureurs, blancs menteurs : Rwanda 1990-1994, Mille et une nuits, 2005.
L'Accordéon de mon père, Fayard, 2006.
L'Inconnu de l'Élysée, Fayard, 2007.
Une blessure française, Fayard, 2008.
Le Monde selon K., Fayard, 2009.
Carnages. Les guerres secrètes des grandes puissances en Afrique, Fayard, 2010.
La République des mallettes. Enquête sur la principauté française de non-droit, Fayard, 2011.
Le Pen. Une histoire française, avec Philippe Cohen, Robert Laffont, 2012.
Kosovo. Une guerre « juste » pour un État mafieux, Fayard, 2013.
Une France sous influence. Quand le Qatar fait de notre pays son terrain de jeu, avec Vanessa Ratignier, Fayard, 2014.
Nouvelles Affaires africaines, Fayard, 2014.

Pierre Péan

Compromissions

La République et la mafia corse

Fayard

Couverture : Antoine du Payrat

ISBN : 978-2-213-67766-8

© Librairie Arthème Fayard, 2015

1.
Le paradis gabonais de la mafia corse

Alain Orsoni, un des parrains[1] corses, ex-leader nationaliste, entame une communication avec son fils Guy. Il est 21 h 29, ce 10 mars 2011. Guy a des ennuis avec la justice. Alain Orsoni lui rapporte les propos qu'il a échangés avec un certain Tony le Boucher. De son vrai nom Antoine Quilichini, Tony est un ami de Jean-Luc Germani, devenu le patron du gang de la Brise de mer[2], qui est proche de Michel Tomi, l'empereur des jeux d'Afrique après la mort de Robert Feliciaggi. Tony le Boucher a demandé à Orsoni : « Pourquoi tu t'emmerdes, avec ton fils ? Pourquoi tu le fais pas descendre là-bas ? »

---

1. Dans le corps de cet ouvrage, le mot « parrain » est employé tantôt au sens strict, sans guillemets, pour désigner un des patrons du grand banditisme dans le style mafieux, tantôt, avec guillemets, au sens de personnage en relation avec les précédents sans que lui soit imputable, judiciairement parlant, autre chose que certaines formes d'influence ou de protection.

2. Le gang de la Brise de mer est un groupe de la criminalité organisée corse qui doit son nom à un bar du vieux port de Bastia. Il perpétra de très nombreux braquages dont le plus connu fut celui de l'UBS, à Genève.

« Où ça, là-bas ? interroge Guy.
— Où ils sont, eux ! » précise son père.

Affirmation péremptoire d'Alain pour exhorter Guy à faire l'effort de comprendre qu'il s'agit du Gabon où sont installés quelques Corses tout-puissants qui règnent « là-bas » sur les jeux, le PMU, entre bien d'autres activités.

« Hé-hé, pourquoi ? Bonne question... hum, pourquoi ? Ils veulent, maintenant ? s'enquiert Guy.
— Hé... il me l'a proposé, hein ! » répond le père.

Le « il » en question, Tony le Boucher, est manifestement proche des Corsico-Africains de Libreville. Le fils du parrain saisit aussitôt la balle au bond :

« Hé... moi, s'ils veulent, je pars demain, hein ? »

Orsoni père reformule la proposition de Tony de se réfugier au Gabon :

« Oui, le petit... Voilà ! Il me l'a proposé... Attention ! Il faut qu'il voie les autres... Mais Tony, il m'a dit hier, il m'a dit : "Tu le mets à l'avion, en bas y a même pas de... y a pas de douane... y a pas de police, y a rien, ils vont le chercher à l'aéroport, il rentre. Et puis là-bas, y a personne qui l'extradera, parce que s'il y a une demande d'extradition, on est prévenus avant, on le fait partir et tout !"
— Euh... mais depuis le début, je veux aller là-bas. C'est eux qui voulaient pas ! Hein ? »

La conversation commence à tourner en rond. Alain Orsoni revient sur l'entretien qu'il a eu avec Tony le Boucher. Tony lui a dit qu'il pense que ça plairait à Guy, d'aller au Gabon, parce que, là-bas, il y a des Corses ! Et Tony de lui répondre :

« Mi n'occupu, mi n'occupu... [Je m'en occupe, je m'en occupe][1]. »

---

1. Écoute judiciaire du 23 mars 2011.

Le Gabon est le refuge des Corses en cavale ou en délicatesse avec la justice. Le grand manitou, là-bas, s'appelle Michel Tomi. Il est immensément riche. Il dispose d'une compagnie d'aviation, Afrijet. Il parle d'égal à égal avec Ali Bongo qu'il a contribué à installer et dont il assure la pérennité du pouvoir. Déjà protégé par l'État gabonais, la France lui a assuré une protection supplémentaire : Bernard Squarcini, alors patron de la DCRI[1], a créé un poste d'officier de liaison à Libreville, officiellement pour faire remonter à Paris des renseignements sur les agissements sur place d'al-Qaida et autres mouvements terroristes. Or le Gabon n'a jamais été menacé par Oussama Ben Laden et ses émules... Des écoutes effectuées par la JIRS[2] de Marseille permettent de savoir concrètement comment la création de ce poste et la nomination de son titulaire se sont déroulées. Les « grandes oreilles[3] » ont en effet intercepté une conversation entre le commissaire divisionnaire Jean-Charles Lamonica, surnommé « commissaire Samsonite » par ses collègues, et Tomi. Les deux Corses se connaissent et s'apprécient depuis belle lurette. Lamonica était en effet attaché de sécurité intérieure au Gabon au début des années 2000 et était à tu et à toi avec Omar Bongo, père et prédécesseur d'Ali. Au cours de cette conversation, le commissaire Lamonica demande au « parrain » corsico-africain d'intervenir auprès de son ami « Bernard » pour lui créer un poste à Libreville, et, d'un ton qui révèle leur grande proximité, il lui précise qu'il n'est pas exigeant, qu'il n'a pas de grands besoins.

---

1. Direction centrale du renseignement intérieur.
2. Juridiction interrégionale spécialisée.
3. Dans le cadre du dossier Sabri Brahimi, abattu le 29 janvier 2009 à Ajaccio.

Au final, le commissaire Samsonite sera bel et bien nommé à Libreville pour protéger l'ami Tomi. Précisons que les choses auraient pu être pires : avant l'irruption de Lamonica dans le circuit franco-corsico-gabonais, « Bernard », qui entretient des liens privilégiés avec Tomi, a songé à nommer un proche parent de ce dernier, le commissaire Paul-Antoine Tomi, à la tête de l'antenne gabonaise de la DCRI. Des voix se sont alors élevées pour faire comprendre à « Bernard » qu'il allait probablement trop loin. Parmi ces voix, Frédéric Péchenard, le directeur général de la police nationale, n'est sans doute pas dupe de la combine. D'autant qu'au-delà même de la place Beauvau, il était bien connu que Squarcini avait déjà usé de son influence auprès de Michel Tomi pour installer son propre fils au Gabon. Il aurait en effet estimé qu'il était temps de l'exfiltrer du système Guérini, de plus en plus l'objet de la curiosité du juge Duchaine...

L'arrivée de Lamonica n'a fait que renforcer la protection de Tomi contre toutes les menaces judiciaires et policières visant ses protégés, tant il a déjà noué depuis longtemps d'étroites relations avec des policiers en exercice, des ex-policiers, des magistrats, des agents des services secrets en activité ou devenus « barbouzes », généralement d'origine corse, voire des ministres... Jacques Fournet, ancien patron des RG et de la DST, se souvient d'avoir jadis porté un dossier sur Michel Tomi à Charles Pasqua, place Beauvau. Celui qui n'était encore qu'un « parrain » en devenir, associé de Robert Feliciaggi, était alors recherché dans le cadre de l'affaire du casino de Bandol qui allait le mener plus tard en prison :

« On a localisé Michel Tomi. Il est au Gabon... »

Pasqua ne répond pas. Fournet répète. Le ministre reste coi, jusqu'à ce que Jacques Fournet aborde un nouveau dossier[1]...

Quelques années plus tard, Charles Pasqua sera condamné à dix-huit mois de prison avec sursis pour « faux, financement illégal de campagne et abus de confiance » : il avait bénéficié de 7,5 millions de francs (1,14 million d'euros) pour sa campagne électorale européenne de 1999, provenant de la vente du casino d'Annemasse dont il avait autorisé l'exploitation en 1994 par Michel Tomi et Robert Feliciaggi, en tant que ministre de tutelle, contre l'avis de la commission supérieure des jeux.

Autre exemple du système français de protection installé autour du « parrain » corsico-africain : cet appel téléphonique passé depuis Barcelone le 3 juin 2009 en fin d'après-midi, à partir d'un téléphone mobile enregistré au Gabon, et reçu par Alain Orsoni. C'est le fils de Michel Tomi qui prévient l'ancien leader nationaliste que son fils Guy va faire l'objet, le lendemain à l'aube, d'une opération de police. S'exprimant à mots couverts, Jean-Baptiste Tomi explique à son interlocuteur qu'une « fête » va être organisée chez lui le lendemain matin « à six heures ».

« Ton fils est invité », susurre le fils Tomi.

De fait, le lendemain, à l'heure du laitier, les policiers font chou blanc : la chambre de Guy Orsoni a manifestement été quittée en hâte il y a peu.

Cela fait beau temps que les hommes de la PJ ne sont plus surpris de relever des traces de petits et gros poissons gabonais quand ils lancent leurs filets sur des bandits

---

1. Entretien avec l'auteur. Anecdote racontée également dans *L'Espion du président*, d'Olivia Recasens, Didier Hassoux et Christophe Labbé, Robert Laffont, 2012.

corses. Quand ils enquêtent sur le cercle de jeu Wagram contrôlé par le gang de la Brise de mer, les trois principaux prévenus leur échappent. Où vont-ils d'abord se mettre à couvert ? Dans un hôtel de Libreville. Et comme ils sont bien renseignés sur les mouvements de la police, ils quittent le Gabon pour un pays voisin dans lequel le « parrain » des jeux dispose de gros intérêts, donc de puissants alliés... De même, au cours de différentes perquisitions menées dans des affaires mettant en cause des Corses, les enquêteurs ne cessent de trouver des passeports diplomatiques, des tampons et des visas gabonais...

Ces petites anecdotes permettent de planter le décor de mon histoire. On y voit déjà la protection accordée par deux États aux mafieux corses et les relations ambiguës entre le crime organisé et la nébuleuse nationaliste.

2.
Le « rêve cubain » des parrains corses

Depuis le début des années 1990, les mafieux corses ont effectivement trouvé au Gabon un havre de paix, un paradis « sans douane et sans police » dans lequel ils peuvent poursuivre leurs activités à l'abri des regards et avec la bienveillance des autorités, Ali Bongo en tête[1]. Les mafieux ont toujours rêvé d'avoir un État à leur botte, voire de le créer pour pouvoir développer en toute impunité leurs affaires criminelles. Parallèlement à cette implantation au Gabon, ils ont entamé des manœuvres visant à transformer un jour l'île de Beauté en une sorte de Cuba (sous le règne de Batista), de Tanger (d'avant 1960[2]) ou de Monaco, où ils auraient tout loisir de faire prospérer leurs activités dans les jeux et le tourisme. Un objectif qu'à la même époque Cosa Nostra voulait atteindre sous la dénomination d'*uno stato loro*[3].

Faute d'accéder toujours à cet idéal que j'appellerai leur « rêve cubain », les mafieux corses ont trouvé au fil du temps d'autres protections de pouvoirs locaux et/ou nationaux,

---

1. Il a succédé à Omar Bongo en 2009.
2. Date à laquelle le gouvernement marocain enlève à Tanger ses avantages fiscaux.
3. In *Un Pouvoir invisible,* de Jacques de Saint Victor, Gallimard, 2012.

de partis politiques infiltrés, de services secrets, etc., pour n'être pas – ou guère – importunés par les douaniers, les policiers et les juges. Marseille joua ce rôle-là avant guerre lorsque Simon Sabiani dirigeait la cité phocéenne d'une main de fer grâce au soutien des deux grands truands de l'ère moderne, les fameux Carbone et Spirito, immortalisés dans le film *Borsalino* avec Delon et Belmondo. Durant la guerre, nombre de bandits corsico-marseillais s'affranchirent de toute règle en devenant auxiliaires des Allemands, notamment auprès de la Gestapo française. Après la guerre, Marseille est redevenue une zone bénie de la pègre. Les mafieux résistants ou assimilés se firent alors les exécutants des basses œuvres de la CIA pour lutter contre l'« ennemi rouge », les « cocos », notamment en brisant les grèves sur les docks. Ces protections américaines, déployées avec la bénédiction des autorités françaises, auront permis aux hors-la-loi corsico-marseillais de faire de Marseille la capitale de l'héroïne et d'initier ce qui deviendra la French Connection. Associés à Lucky Luciano et autres dirigeants de Cosa Nostra, ils vont alors créer un autre paradis fiscal associé à Marseille, le port franc de Tanger. Mais l'idéal fut atteint par la mafia sicilo-américaine à Cuba pendant une dizaine d'années. Projet conçu de longue date par Meyer Lansky, l'ami et associé du parrain des parrains, Lucky Luciano, le « paradis cubain » s'ouvrit aux Corses qui avaient des problèmes avec la justice française et/ou qui ne se sentaient plus assez protégés. En s'engageant notamment dans le service d'ordre du RPF, puis dans le SAC et divers réseaux de « barbouzes » gaullistes, nombre d'entre eux ont pu, dans ce contexte, poursuivre leurs activités dans une quasi-impunité...

Dans les années 1980, Charles Pasqua, entouré de Corses – d'aucuns, comme Jean-Charles Marchiani, n'ont pas laissé d'eux une image irréprochable –, va apparaître aux yeux de certains comme le « grand protecteur », en aidant notamment à monter casinos et cercles de jeu, mais surtout en permettant à quelques Corses liés à la Brise de mer et à Jean-Jé Colonna – considéré alors comme *le* parrain de Corse-du-Sud – de réaliser un nouveau rêve : s'installer au Gabon et, à partir de cette base, rayonner sur l'ancien pré carré français en Afrique. Les Corsico-Gabonais, soutenus par Elf et Pasqua, ont alors cherché à compléter leur dispositif en tentant de créer une zone franche à São Tomé et Príncipe, ex-colonie portugaise située à un peu plus de deux cents kilomètres au large de Libreville.

Pour retracer cette histoire vue du côté mafieux, les itinéraires de quatre personnages m'ont servi de fils rouges. D'abord celui d'Étienne Léandri, un intime de Carbone et Spirito, grand collabo, gros bonnet de la French Connection, entretenant à l'époque des relations avec Charles Pasqua, mais aussi avec Jean-Charles Marchiani, Robert Feliciaggi et avec le sulfureux Alfred Sirven, numéro 2 d'Elf. La trajectoire de Charles Pasqua lui-même a évidemment fait figure d'épais fil rouge pendant plus de quarante ans. Fil rouge également, celle de Robert Feliciaggi, le Corsico-Africain, empereur des jeux en Afrique, ami de Pasqua, de Jean-Jé, qui rêvait de devenir le patron de la Corse mais a fini, comme on le verra, une balle dans la tête, le 10 mars 2006, sur le parking de l'aéroport d'Ajaccio. À partir de là, Michel Tomi, proche de Richard Casanova, l'un des *big shots* de la Brise de mer, est devenu le grand patron des jeux en Afrique, mais aussi, aux yeux des policiers français, un « grand parrain » : quatrième fil rouge... Pour donner plus de sens à cet écheveau, je ferai aussi appel au fameux Lucky Luciano, le *primus inter pares*, aux Francisci, aux Guérini, à Paul Mondoloni, à Alain Orsoni, ex-patron du MPA (Mouvement pour l'autodétermination), devenu président du club de foot d'Ajaccio, et à quelques autres de moindre pointure.

Jusqu'à la fin des années 1970, la Corse elle-même était peu affectée par les activités des mafieux originaires de l'île. Leurs mauvais coups ne risquaient pas de troubler la vie de leurs villages ni celle de leurs proches. L'île de Beauté était sanctuarisée. Les parrains de la pègre ne revenaient en Corse qu'une fois fortune faite, y construisant alors de somptueuses villas, faisant tourner le commerce local et finissant leurs jours en vieux sages. La fin de l'Empire colonial, tarissant une source importante d'emplois de personnels corses, puis le démantèlement de la French Connection provoquent de profonds bouleversements économiques et politiques, notamment la fin de la sanctuarisation de l'île par les bandits corses et l'émergence des revendications nationalistes. Aux luttes de pouvoir entre les uns et les autres pour contrôler l'île vont succéder des alliances, des instrumentalisations – les mafieux ayant compris qu'ils pouvaient dialoguer avec l'État par l'intermédiaire de « natios » – et des basculements de leaders nationalistes dans le grand banditisme. Le MPA d'Alain Orsoni est ainsi devenu, aux yeux de tous les observateurs, un « Mouvement pour les affaires ». Dès le début des années 1990, des parrains comme Robert Feliciaggi ont voulu transformer « leur » île en zone franche et ont commencé à investir à cette fin le champ politique. C'est ainsi, comme on le verra, qu'ils se sont retrouvés en opposition frontale avec le préfet Érignac...

La détermination d'Érignac a surpris beaucoup de monde. En général, hauts fonctionnaires et responsables politiques, confrontés à la corruption et à la violence endémiques en

Corse, n'ont pas su ou pas voulu prendre le problème à bras-le-corps. N'intégrant pas ou guère le poids de l'histoire, refusant la confrontation, ils n'ont pas su traiter parallèlement et globalement une violence d'origine politique et une autre d'origine mafieuse. Il est vrai que ce combat n'était pas simple, tant la frontière entre « natios » et mafieux était devenue poreuse, les deux formes de violence se trouvant souvent imbriquées. À « la Corse aux Corses », revendiquée dans les années 1970 contre la « mainmise coloniale », l'État n'a pas formulé de réponse adéquate. Le racket et la lutte armée perpétrés par le FLNC ont été tolérés, installant la violence au cœur des pratiques sociales. Dès lors, l'état de droit s'est trouvé constamment bafoué alors même que les ressortissants corses battaient un record en nombre d'élus, de fonctionnaires et de membres de forces de sécurité. « L'effacement de la loi nourrit toutes les dérives et favorise les seuls rapports de force entre nouveaux groupes claniques au détriment de la démocratie et de la grande majorité de l'île[1]. » La légitimation de la violence se concrétise par les trois amnisties accordées par l'État : pour la première fois dans l'histoire du droit français, l'application de l'amnistie est alors élargie aux crimes de sang.

À partir de la fin des années 1970, la gauche porte une lourde responsabilité dans ces dérives ; 1981 marque en effet un vrai tournant dans le traitement de la question corse. S'ouvre l'ère du dialogue, du pardon, de la compréhension[2]. Le Parti socialiste joue clairement la carte du régionalisme, puis du nationalisme, sous prétexte qu'il va,

---

1. In *Géopolitique de la Corse*, Joseph Martinetti et Marianne Lefèvre, Armand Colin, Paris, 2007.
2. In *Géopolitique...*, *op. cit.* Les passages suivants sont largement inspirés de cet excellent livre.

ce faisant, définitivement enrayer les pratiques claniques tout en lâchant symétriquement les forces politiques traditionnelles. Au nom de la décentralisation, un statut particulier est ainsi octroyé à la Corse. Pourquoi ? Parce que les socialistes, une fois de plus, ne veulent pas rater la « marche de l'histoire ». Premier ministre[1], Michel Rocard a parfaitement conceptualisé ce qu'avaient alors en tête les socialistes et les Verts. Il a quasiment reconnu le « fait colonial » français en Corse : « La Corse est française par une guerre de conquête où la France a perdu plus d'hommes que pendant la guerre d'Algérie. [...] Elle a eu pendant soixante-dix ans un gouvernement militaire. Pendant la guerre de 1914-1918, on a mobilisé les pères de six enfants, ce qu'on ne faisait pas sur le continent. La Corse a perdu deux fois plus d'hommes que le plus touché des territoires métropolitains. On a permis par le Code civil la spoliation soit par des continentaux, soit par des Corses complices[2]. » Cette délégitimation de l'histoire nationale a eu pour conséquences de semer dans les esprits un grand désordre et de provoquer un abandon du terrain. Pierre Mauroy, répondant à un enseignant victime du FLNC en 1985, s'est pris ainsi à affirmer que la protection des fonctionnaires dans l'exercice de leurs fonctions n'était plus l'affaire de la République. Quelques années plus tard, Pierre Joxe, ministre de l'Intérieur, enfonça le clou : « Depuis le 8 août 1982, date de l'élection de la nouvelle assemblée corse, [...] la paix civile incombe aux Corses et à leurs élus. »

À partir de la fin des années 1980, l'État s'emploie à négocier secrètement avec les mouvements clandestins nationalistes. La conférence de presse de Tralonca

---

1. Du 10 mai 1988 au 15 mai 1991.
2. Propos tenus en 1989 et repris par *Le Monde* du 31 août 2000.

(janvier 1996) marque l'apothéose de cette politique, montrant à quel point ces mouvements exercent une autorité de fait sur la société corse. Le désengagement de l'État au bénéfice des nationalistes, alors même que les passerelles entre ceux-ci et le grand banditisme se développent, ne peut évidemment qu'avoir des répercussions sur le traitement étatique du crime organisé. Dès le début des années 1980, le FLNC a eu en effet besoin d'hommes de main pour exécuter ses tâches, et a recruté des gens du milieu. L'affaire Guy Orsoni, militant du FLNC et frère d'Alain, qui disparaît le 17 juin 1983, est à cet égard édifiante : alors que le FLNC impute sa disparition aux « barbouzes » françaises, l'enquête de police finit par s'intéresser à « d'éventuels règlements de comptes entre bandes rivales pratiquant racket, hold-up et trafic de drogue[1] ». Les prédateurs corses – voyous et affairistes – instrumentalisent les nationalistes pour légitimer la violence et rejeter l'État tout en s'en servant pour faire de l'île une zone mafieuse dérégulée, à caractère ethniciste, multipliant les références aux traditions corses, notamment l'*omerta*...

L'État a accepté ainsi *de facto* que la Brise de mer fasse main basse sur les richesses de l'île, que le nombre des vols à main armée explose et que les mafieux pèsent de tout leur poids dans l'octroi des marchés publics. L'expansion du crime organisé et son emprise de plus en plus étendue sur la société insulaire n'ont longtemps suscité que des réactions sporadiques, telle celle de Pierre Bérégovoy, Premier ministre[2], désireux de faire étudier l'origine des capitaux investis sur l'île et de coordonner, à cette fin,

---
1. In *Le Monde*, 11 janvier 1984.
2. Du 2 avril 1992 au 29 mars 1993.

tous les services de l'État. En vain : Paris a eu tôt fait de délaisser ce combat[1].

La faiblesse des réactions de l'État n'était nullement la conséquence d'une méconnaissance de la situation. Dès 1983, il disposait des bons diagnostics sur l'évolution du phénomène de la Brise de mer. Le commissaire Dornier[2] soulignait déjà le sentiment d'invulnérabilité de ses membres qui « affichent avec une morgue sans pareille un train de vie et des signes extérieurs de richesse sans cause qui font pâlir de rage la population saine de cette région, en même temps que l'impunité dont ils paraissent bénéficier la terrifie. »

Une décision symbolise plus que toute autre la cécité volontaire de l'État. Début juin 2001, alors que Roger Marion est numéro 2 de la DCPJ[3], disparaissent des fichiers du grand banditisme les dossiers de dix-sept piliers de celui-ci, notamment ceux de Richard Casanova, en cavale depuis onze ans, des frères Guazzelli, des frères Michelosi[4] et de... Jean-Jé Colonna, pourtant cité dans le rapport Glavany comme le parrain de Corse-du-Sud. Il est vrai que ledit commissaire Marion déclarait alors devant la commission d'enquête parlementaire que la Brise de mer était un mythe[5]...

À partir d'enquêtes judiciaires, nous reviendrons longuement sur les passerelles qui se sont créées, au fil du temps, entre les voyous et certains flics (notamment de la

---

1. In *La Guerre des parrains corses*, Jacques Follorou, Flammarion, 2013.
2. Patron de la police judiciaire à Bastia.
3. Direction centrale de la police judiciaire.
4. Tous membres importants de la Brise de mer.
5. In *La Guerre...*, *op. cit.*

DCRG[1] puis de la DCRI), et nous essaierons d'analyser leur impact sur les déficiences de l'État, même si, pour pallier ces carences, celui-ci, depuis le milieu des années 2000, a décidé de s'attaquer au crime organisé corse avec la création en 2004 des JIRS (juridictions interrégionales spécialisées) visant à traiter ces dossiers dans leur ensemble, et avec les mesures prises en 2009 pour geler les avoirs d'origine criminelle.

À y regarder de plus près, « l'État est victime d'un "syndrome de Janus" : il peut être partagé en son sein entre ceux qui combattent le crime organisé et ceux qui préfèrent passer des "pactes scélérats" avec les forces criminelles », écrit un spécialiste[2]. Ces pactes existent depuis longtemps. Des pans entiers de l'État français ont ainsi noué des alliances occultes avec le crime organisé pour qu'il l'aide d'abord à libérer le territoire des occupants allemands, puis pour lutter contre la « menace rouge », puis pour se protéger par la création de milices privées (le SAC)... Plus tard encore, il est arrivé que ceux qui étaient chargés de maintenir l'ordre public dans l'île de Beauté fassent appel à des bandits pour contenir certaines menaces. Commissaire divisionnaire, Jean-François Gayraud, qui mène une réflexion inédite sur le crime à partir de la géopolitique, parle à ce sujet de la passivité troublante de l'État à l'égard du milieu corse : « De quelles complicités et bienveillances étatiques ces gangsters ont-ils bénéficié ? [...] En Corse, histoire du crime organisé et histoire politique se croisent en permanence et parfois se superposent. On ne comprend pas l'histoire

---

1. Direction centrale des renseignements généraux.
2. Jacques de Saint Victor dans les *Études* de mars 2012, « Crise des dettes souveraines et essor des mafias ».

de la Ve République dans ses profondeurs si on ignore combien ce territoire périphérique a toujours joué un rôle central : la Corse et certaines de ses capillarités africaines, en particulier gabonaises[1]... »

La France n'est pas le seul État de droit moderne à avoir été contaminé par ses relations avec la Mafia. Outre-Atlantique, après l'affaire des « Contras » qui révéla que la CIA, le Pentagone et autres instances avaient utilisé et aidé les narco-trafiquants en Amérique latine, notamment au Nicaragua, des voix s'élevèrent pour dénoncer le coût démocratique prohibitif de ces relations. Le 23 octobre 1996, Jack Blum témoigna ainsi en ces termes devant un comité sur la CIA[2] : « Pour les organisations criminelles, participer à des opérations clandestines [*covert actions*] rapporte beaucoup plus que de l'argent. Elles peuvent ainsi faire entendre leur voix dans le choix d'un nouveau gouvernement. Elles peuvent obtenir un gouvernement qui soit débiteur à leur endroit pour l'avoir aidé à accéder au pouvoir. Elles peuvent utiliser leurs connexions avec le gouvernement américain pour renforcer leur pouvoir politique à l'intérieur et annihiler les efforts des Américains chargés de faire respecter la loi. » D'après ce que décrit Blum, il semble que le narco-colonialisme reste bien vivant, même s'il sévit essentiellement à Langley, siège de la CIA. Certes, les Américains paraissent aujourd'hui conscients des risques que fait courir le crime organisé transnational (Transnational Organized Crime, ou TOC) à la sécurité

---

1. Jean-François Gayraud, *Géostratégie du crime*, Odile Jacob, 2012.
2. Jack Blum devant le US Senate Select Committee on Intelligence – Hearings on the allegations of CIA ties to Nicaraguan contra rebels and crack cocaine in American cities – présidé par le sénateur Arlen Specter.

nationale et internationale ; mais Barack Obama a eu beau lancer, en juillet 2011, une stratégie visant à le combattre, non seulement les réseaux criminels se développent, mais ils diversifient leurs activités, aboutissant à la convergence de menaces autrefois distinctes et qui ont aujourd'hui des conséquences explosives et déstabilisantes... Ils font peser une menace stratégique sur les intérêts américains dans des régions-clés du globe. Des pays en voie de développement peuvent ainsi être facilement pénétrés par le crime organisé : « La balkanisation du monde ne peut que renforcer la grande criminalité qui, tel un boa, n'a plus en face d'elle que d'inoffensifs petits lapins[1]. » D'autant plus que les trois quarts des pays membres de l'ONU sont dotés de régimes dont les dirigeants sont des prédateurs de leurs propres peuples. La priorité donnée à la fluidité de la circulation des biens et des personnes est ainsi devenue la meilleure alliée des grands trafics criminels : « Les phénomènes criminels constituent désormais des menaces stratégiques pour l'intégrité des États, des sociétés et des marchés. Le crime contamine de manière importante tous les secteurs sociaux[2]. »

C'est encore l'État, toujours l'État, qui, en France, a accepté, au milieu des années 1990, de discuter du changement de statut de l'île avec des gens qui étaient « cornaqués » par des mafieux désireux de faire de la Corse *uno stato loro* : « Cette "solution" de la "zone franche" est aussi envisagée par le gouvernement pour l'ensemble de la Corse... et pour le plus grand profit de groupes mafieux qui pourraient ainsi imposer leur autorité à l'ensemble des Corses et se servir de l'autonomie insulaire, comme

---

1. *Ibid.*
2. *Ibid.*

ils le firent avec la Sicile, pour développer leurs "affaires" d'abord sur les régions méditerranéennes françaises, puis sur l'ensemble du pays[1]. » De son côté, Jean Glavany parle à ce sujet dans son rapport de « tentation politique du milieu » : « Un haut magistrat qui a été en poste sur l'île évoquait le rôle d'agents électoraux joué par les différentes bandes pour collecter les votes par procuration ou participer aux campagnes d'affichage. Il indiquait que, souvent choisis comme gardes du corps ou membres de service d'ordre, ces hommes s'étaient tissé un réseau de relations non négligeables "susceptible de générer un processus mafieux irréversible au sein même des assemblées territoriales". Un témoin entendu par le rapporteur évoquait également l'intérêt grandissant pour la chose politique manifesté par les membres de la Brise de mer ou leurs relais. »

Ex-leader nationaliste, fin connaisseur des négociations secrètes entre le pouvoir et les nationalistes pour y avoir participé, François Santoni raconte dans ses deux livres[2] le basculement opéré dans les objectifs poursuivis par ceux qui instrumentalisaient les « natios ». Il n'hésite pas à inscrire l'assassinat du préfet Érignac dans le cadre de ces agissements occultes. Il dénonce en effet une « opération de grande envergure qui vise ni plus ni moins à s'emparer de la Corse. [...] Ses promoteurs évoluent dans le monde des affaires et du pétrole à Paris, en Corse, en Afrique et ailleurs. Ces gens brassent d'énormes quantités d'argent, des milliards pas toujours très propres et qu'il faut faire circuler

---

1. In *Hérodote*, n° 80, 1ᵉʳ septembre 1996.
2. *Contre-enquête sur trois assassinats, Érignac, Rossi, Fratacci*, Denoël, 2001, et *Pour solde de tout compte*, avec Jean-Michel Rossi, entretiens avec Guy Benhamou, Denoël, 2000.

dans des circuits parallèles, qu'il faut "blanchir" avant de les réinjecter dans l'économie légale ». Il désigne clairement, quoique sans les nommer, les parrains de Libreville, ainsi que les réseaux – notamment ceux d'Elf – gravitant autour d'eux. Le même Santoni insiste : « L'assassinat [du préfet Érignac] devait sans doute, dans l'esprit de ses instigateurs, pousser l'État à une répression tous azimuts contre les nationalistes et contre la classe politique traditionnelle, afin de mettre en place une nouvelle classe dirigeante d'obédience mafieuse, actionnée par certains relais politiques parisiens. » Et, à propos de la fameuse « zone franche » : « Si l'évolution institutionnelle se fait trop rapidement, comme il est à craindre que cela se produise, si une autonomie est octroyée demain, la Corse tombera entre les mains de la Mafia... » Écœurés par l'évolution du mouvement nationaliste, François Santoni et Jean-Michel Rossi se démirent de leurs fonctions après l'assassinat du préfet, et l'un comme l'autre furent assassinés. Pour en avoir trop dit ?...

Les tentatives des parrains corses pour matérialiser le « rêve cubain » sur l'île de Beauté se sont développées avec une plus forte intensité à l'occasion de ce qu'on a appelé le « processus de Matignon » (2002). Avec, à la manœuvre, les mêmes Corsico-Africains, d'abord Robert Feliciaggi, mais aussi Michel Tomi. Dans le cadre de ce processus, on retrouve Charles Pasqua et sa mouvance, et, comme intermédiaires au sein du cabinet Jospin ou en liaison avec lui, le « socialiste » Toussaint Luciani, cousin de Feliciaggi, François Pupponi[1], député-maire de Sarcelles, et Olivier Spithakis, ancien patron de la Mnef[2] et

---

1. Dont le nom sera cité dans l'affaire du Wagram, voir le chapitre 31.
2. Mutuelle nationale des étudiants de France.

surtout personnage-clé de la Pefaco, groupe immatriculé à Barcelone sur le même créneau des jeux que les « Gabonais » en Afrique et en Amérique latine... À l'issue des négociations, les Corsico-Africains se retrouvèrent chez *Lipp* pour « fêter ça ». Bob – surnom de Robert Feliciaggi – était alors convaincu qu'il allait, comme il disait, pouvoir « recommencer la grande aventure de Tanger en Corse ». Il rêvait depuis longtemps de devenir patron de l'île, et, pour y arriver, il n'a pas reculé à la dépense, tout en se présentant devant les électeurs à compter de 1994. Il ne cachait pas ses objectifs à ses proches : « Les nationalistes sont des abrutis, mais il faut passer par eux pour négocier un statut avec la France. Je veux faire de la Corse un nouveau Tanger[1]... » Tout en fournissant armes et subsides aux nationalistes, il devint le maître à penser de Jean-Jé Colonna, l'homme qui, à la fin des années 1990, était considéré comme *le* parrain de l'île, en tout cas celui de Corse-du-Sud...

Les Corses n'ont pas entériné[2] le « processus de Matignon », mais la volonté des parrains de blanchir leur argent gagné en Afrique et en Amérique du Sud était et est demeurée entière. Sauf que cette volonté de mainmise sur la Corse par les « Africains » ne faisait pas l'unanimité : Santoni et Rossi n'ont pas été les seuls à ne pas voir cette mainmise d'un bon œil. Le statut particulier impliquait en effet une alliance de fait entre le nord et le sud de l'île, et c'est là que le bât a blessé...

C'est dans ce contexte que Robert Feliciaggi a été assassiné le 10 mars 2006 sur le parking de l'aéroport d'Ajaccio.

---

1. *Dixit* un de ses proches de l'époque.
2. Le 6 juillet 2003, les Corses, consultés par référendum, disent « non » au changement de statut de l'île.

Ce meurtre-là, non encore élucidé, en a déclenché d'autres, en série, jusqu'à celui de maître Sollacaro, suivi de celui du président de la chambre de commerce de Corse-du-Sud, Jacques Nacer, proche lui aussi d'Alain Orsoni, président du club de foot d'Ajaccio que beaucoup désignaient aussi comme l'un des principaux parrains corses...

Ces meurtres ont déclenché l'ire de Jean-Marc Ayrault, alors Premier ministre. De Berlin, il y a réagi brutalement, le 15 novembre 2012 : c'est la première fois qu'un responsable de premier plan a employé le terme « Mafia » pour désigner les racines de la violence qui submergeait l'île de Beauté depuis plus d'un quart de siècle. Jean Glavany, président de la commission d'enquête sur l'utilisation des fonds publics en Corse, n'avait parlé en 1998 que de « dérive mafieuse » et de « système prémafieux ». Si l'on en croit Ayrault, il y aurait donc en France une organisation criminelle dont les activités seraient soumises à une direction collégiale occulte, reposant sur une stratégie d'infiltration de la société civile et des institutions. Huit jours après ses déclarations, le Premier ministre annonçait dix mesures ciblant explicitement la délinquance économique et le blanchiment d'argent : « Une attention particulière » sera donc portée à la lutte contre le blanchiment, a-t-il déclaré, « notamment dans le domaine de l'immobilier, et y compris du sport, ainsi qu'aux procédures de marchés publics, aux autorisations d'urbanisme » sur le littoral... Depuis lors, une cellule interministérielle de coordination, animée par Matignon, s'est mise au travail, et le ministère de l'Intérieur s'est montré très diligent pour traquer les parrains les plus en vue, notamment dans le milieu corsico-africain.

Le bon diagnostic, qui seul pourrait décider de la posologie adéquate pour soigner le mal qui ronge la société française, pourra-t-il être enfin posé ? Ce sera difficile, car l'exécutif porte une responsabilité majeure dans la situation actuelle. Glavany notait déjà qu'« il y a eu, de la part de l'État, de tels tête-à-queue, de tels zigzags, que le résultat est catastrophique. En toute bonne foi, trop de gouvernements ont cru que l'on pouvait acheter la paix civile à coups de négociations secrètes, de dérogations fiscales, d'effacements de dettes, d'amnisties excessives. Or, l'analyse depuis trente ans montre qu'au contraire ils ont envenimé le mal. Car, en face de ces gouvernements, certains préparaient aussitôt la prochaine alternance et la prochaine surenchère. On a mis en place l'engrenage d'un incroyable laisser-faire dont on paie les pots cassés[1] ».

Une quinzaine d'années plus tard, le résultat ne pouvait qu'être encore plus catastrophique…

Après les déclarations de Jean-Marc Ayrault, suivies de celles de son ministre de l'Intérieur, le pays a paru avoir également pris la mesure du problème corse, même si Mme Taubira, garde des Sceaux, s'est empressée de déclarer dans la foulée que « le gouvernement ne veut pas jouer à l'État-"Rambo" » –, déclaration s'inscrivant, elle, dans la droite ligne de l'idéologie fatale mise en œuvre au sujet de la Corse par une gauche inconséquente depuis 1981…

---

1. In *Libération* du 11 septembre 1998, interview de Jean Glavany par Franck Johannès.

3.

Dans l'ombre de Carbone et Spirito

Ce personnage de roman noir, les bribes de sa biographie sont disséminées aux National Archives de Washington, à la CIA, aux Archives nationales à Pierrefitte, sur les rayons de la DCRI et de la DGSE, aux Archives fédérales de Berne, dans celles de Milan et de Rome. Lui seul aurait pu faire la synthèse de ces fragments, et l'essentiel nous reste caché. Ce qui était connu de sa vie a déjà inspiré Patrick Modiano pour en faire André Ladd dans son *Dimanche d'août*. Gigolo et danseur mondain, petit trafiquant de drogue avant guerre, amant de Mme Raimu, déjà protégé par les deux célèbres Carbone et Spirito, amant de la richissime épouse du patron de Tokalon, grande société de cosmétiques. Éminent collabo au point d'avoir porté l'uniforme d'officier de la Gestapo, sa Bentley souvent garée rue Lauriston, richissime, intime de Doriot, puis d'Auguste Ricard, lui aussi familier de la rue Lauriston, qu'il revoit à Milan aux côtés de gangsters et de collabos en cavale après la guerre. Emprisonné pour trafic de devises, ami de Lucky Luciano, grand parrain de la mafia sicilo-américaine, blanchi de sa condamnation à vingt ans de prison pour trahison grâce à la CIA, cofondateur du SAC, ami de Charles Pasqua tout en devenant un baron de la French Connection, menant une action souterraine contre le communisme, homme d'affaires « respectable » grâce à ses relations avec des gens proches du Vatican et de la loge P2, traitant ensuite avec les grands patrons français, notamment avec Alain Gomez, président de Thomson, puis s'infiltrant chez Elf aux côtés d'Alfred Sirven[1] et des amis corses de Charles Pasqua, continuant à rouler en Bentley jusqu'à sa mort en 1995. C'était déjà à bord d'une semblable limousine lestée de lingots qu'Étienne Léandri avait quitté le *Fouquet's*, juste avant la Libération, pour rejoindre Berlin et ses amis allemands...

Fils de militaire, né à Gap en 1915 de parents corses, intelligent et cultivé, le jeune homme monte à la conquête de Paris au milieu des années 1930 pour faire son droit et fréquente, comme tous ses semblables, le *Capoulade*, au Quartier latin, ainsi que les cafés de Montparnasse. Étudiant exemplaire, bien fait de sa personne, Étienne comprend vite qu'il peut gagner sa vie autrement qu'en potassant le Code civil. Il transporte alors son QG à Pigalle, au *Rouge-Gorge*...

Il plaît aux dames mûres qui, en échange de ses prestations, sont prêtes à subvenir à ses besoins. Et même au-delà. Il inaugure ses entreprises de séduction en dansant dans les salons de l'hôtel George-V. Le voilà gigolo au bras d'Esther Raimu, femme du célèbre acteur, de vingt ans plus âgé qu'elle. D'autres, moins connues, n'ont pas laissé de traces. Si le tableau de chasse du beau gigolo est

---

1. La proximité entre Léandri, Gomez et Sirven apparaîtra dans l'affaire des frégates de Taïwan. À la demande de Léandri, Sirven mettra ses réseaux asiatiques à la disposition de Gomez. Et ce dernier demandera à Léandri de fournir des faux passeports à Andrew Wang, l'intermédiaire taïwanais.

depuis longtemps quasi effacé, un nom reste lisible dans la mesure où il lui a permis de briller dans le Tout-Paris artistique aussi bien qu'économique : Renée Brodier, née en 1907, devenue Mme Neal, épouse de E. Virgil Neal, américain, parfumeur milliardaire de son état. Le parfum Petalia, la crème Tokalon (« Votre amant est fier de vous, vous ne paraissez pas votre âge grâce à Tokalon »), la crème épilatoire Taky, la magnésie Bismurée, les sels Saltrates Rodes : c'est lui. Beaucoup plus âgé que son épouse, Virgil semble fort bien s'accommoder de la présence du jeune Léandri qui, dans le sillage du couple qui l'entretient, devient le vizir préposé aux plaisirs, à Paris ou dans la somptueuse villa de Nice baptisée le « Château d'Azur » : un château doté de sept jardins, de robinets en or, de quatre-vingt-dix employés, et, dans ses garages, de plusieurs Rolls-Royce, d'un cabriolet Hispano-Suiza, d'une Delage Grand Sport, entre autres véhicules aussi chers qui ont de surcroît la particularité d'avoir des bouchons de radiateur en or ! L'argent chez les Neal coule à flots et les fêtes du jeune Étienne et de sa maîtresse sont on ne peut plus courues[1]... Les RG le suivent à la trace : « Fréquentant tous les lieux de plaisir, distribuant généreusement son argent, il va agglutiner autour de lui tout un monde interlope et se trouve mêlé à diverses affaires louches qui lui vaudront, bien avant la guerre de 1939, des démêlés avec la justice. »

Effectivement, Léandri a beau être couvert d'argent par sa richissime amante, il tient néanmoins à gagner sa vie. Il fréquente le milieu, surtout corse, mais aussi Adrien

---

[1]. Sur les relations entre Étienne Léandri et les Neal, lire *The Cosmetics Baron You've Never Heard Of: E. Virgil Neal And Tokalon*, Perfect Paperback, par Mary Schaeffer Conroy.

Estebeguy, dit Adrien le Basque, criminel et souteneur notoire collectionnant tatouages et condamnations. La justice a gardé trace de ses débuts. Léandri est arrêté à Paris en compagnie de trafiquants de drogue internationaux, notamment deux Corses, François Lucchinacci et Jean Corticciati, de la bande à Carbone : le premier, surnommé « le Notaire », est même l'un de ses bras droits. Écroué deux mois à la Santé pour trafic de stupéfiants, Léandri en sort grâce à un non-lieu. Habile, rusé, discret, il déploiera toute sa vie l'art de passer entre les gouttes. Il fait partie du système monté par les deux caïds marseillais pour approvisionner en drogue les États-Unis en coopération avec la mafia sicilo-américaine. Drogue transformée à partir de l'opium indochinois largement contrôlé par les Corses.

Pour comprendre le chemin emprunté par Léandri et suivre le fil de notre histoire, le lecteur doit en savoir un peu plus long sur Carbone et Spirito, ses « pères spirituels ». Les deux caïds, associés à un jeune loup de la politique nommé Simon Sabiani, ont en effet mis sur pied un système qui a largement fait école et dont le modèle a perduré jusqu'à une époque récente. Système où l'on voit Marseille se transformer en paradis mafieux. Si le grand public connaît vaguement cette histoire d'après le film *Borsalino*, la réalité est, on va le voir, nettement moins glamour...

Né le 14 mai 1888 à Casamaccioli, village du centre de la Corse, Simon Sabiani arrive en 1907 à Marseille où il s'installe dans le commerce de vins. Après une guerre exemplaire qui lui vaut médailles et honneurs, il revient à la vie civile avec des comptes à régler. C'est que le conflit lui a arraché trois de ses quatre frères et qu'un éclat d'obus lui a fait perdre un œil à Douaumont. Désormais pacifiste convaincu, il est d'abord membre de la SFIO, puis, après la scission de 1920, il tente de trouver un espace entre socialistes et communistes. Pour cela, il crée le Parti d'action socialiste. Élu conseiller général des Bouches-du-Rhône en 1925, député en 1928, Sabiani s'éloigne peu à peu de la gauche pour s'engager sur un chemin qui le mènera toujours plus à droite. Sur ses terres (schématiquement, le quartier de la Belle-de-Mai et le port), il a développé un système de clientélisme si poussé, surtout à l'égard de ses compatriotes corses, qu'il reproduit en cela le bon vieux mode de fonctionnement clanique. En apprenti « parrain », l'édile est de toutes les amicales corses de Marseille où il côtoie et soutient des gens de toutes conditions à qui il déniche souvent emploi et/ou logement. Il cajole aussi bien les marins, pour qui il crée aussi un « comité » corse, que les douaniers, via l'Amicale philanthropique corse. Simon Sabiani s'est ainsi créé une base électorale fidèle et fiable. « Quand il rentrait chez lui pour dîner, ils faisaient encore la queue, connaissaient ses horaires et pariaient sur sa générosité », raconte l'historien américain Paul Jankowski. Les bars sont au centre du dispositif électoral dont le journal *Marseille libre*, qu'il a fondé avec l'appui de l'armateur Frayssinet, est le relais propagandiste incontournable[1].

La rencontre avec Carbone et Spirito, alors en pleine ascension et dont la réputation commence à s'affirmer dans le milieu marseillais, renforce le système mis en place par Sabiani en renforçant sa position dominante, là encore dans la plus pure tradition clanique corse.

L'intégration des deux jeunes gangsters à ce système est immédiate. Ils en incarnent d'emblée la face obscure. En

---

1. Paul Jankowski, *Communism and Collaboration. Simon Sabiani and Politics in Marseille (1919-1944)*, New Haven-Londres, Yale University Press, 1989.

devenant agents électoraux, Carbone et Spirito, comme dans leurs affaires, utilisent la violence, le chantage et la corruption pour convaincre les récalcitrants. Et comme Sabiani lui-même n'est pas très regardant...

Paul Bonaventure Carbone est déjà un malfrat aguerri. Né en février 1894 à Propriano (Corse-du-Sud), il a été élevé dans le dur quartier du Panier, à Marseille. Aîné de la fratrie, Paul, à l'âge de douze ans, doit prendre en charge ses deux frères à la mort de leur père. Rusé, trapu, doté d'un cou de taureau, le jeune Carbone ne tarde pas à faire des étincelles dans les rues de la cité phocéenne. Une condamnation pour coups et blessures l'envoie faire ses classes aux redoutables Bat' d'Af', les bataillons d'infanterie légère d'Afrique (BILA) où se côtoient la crème des bas-fonds, voleurs, voyous, récidivistes, condamnés sortis des pénitenciers et jeunes au parcours tumultueux. Sous les cieux africains, les conditions de vie comme la discipline sont infernales. Censées mater ce beau monde, les unités disciplinaires n'aboutiront en fait qu'à endurcir à outrance des générations entières de délinquants. Expédiés en première ligne lors de la Première Guerre mondiale, les Bat' d'Af' s'y distingueront à plusieurs reprises. Carbone, lui, se bat comme un beau diable et décroche la médaille militaire après avoir été blessé en 1917 pendant l'attaque du Chemin des Dames. De retour à Marseille, il se jure de ne jamais rentrer dans le droit chemin. Le jeune homme tiendra parole, et sans perdre de temps, encore !

Le voilà en Chine dans le trafic d'opium, puis en Amérique latine d'où il expédie des prostituées aux États-Unis ; il se lie avec des lieutenants d'Al Capone et commence à rapporter dans ses bagages de l'opium à destination des fumeries marseillaises. Ce trafic se révélant juteux, Carbone met vite en place un réseau qui, s'il n'en est alors qu'à ses balbutiements, ne va pas longtemps en rester là. Sa réputation commence sérieusement à grandir. Il se dépense sur tous les fronts criminels avec un appétit insatiable et une rage hors du commun.

Il exprime son idéologie par ses tatouages : autour du cou, la chaîne des guillotinés ; sur la poitrine, une tête de Maure, symbole de la Corse, entourée de « Vive Napoléon », « Vive Laetitia », « Austerlitz », « Baraka », « Honneur et Patrie », « Merde » ; sur le dos, des fleurs et des visages de femmes ; sur les bras, des serpents multicolores[1].

C'est au Caire, alors qu'il cherche de nouveaux débouchés, notamment dans la traite des Blanches, que son chemin croise celui d'un Franco-Italien qu'on surnomme Lydro mais dont le vrai nom est François Spirito. Lequel n'est pas corse, mais né à Itri, dans le sud de l'Italie, le 23 janvier 1900. Spirito a treize ans quand il débarque à Marseille. Dans les années qui suivent, le gamin, devenu un bellâtre à l'allure soignée, danseur mondain à ses heures, est surnommé « le Beau Ficelle » en raison de sa silhouette déliée. Il enchaîne les conquêtes et, dans la foulée, ne tarde pas à verser dans le proxénétisme. Le voilà donc « Julot Casse-croûte »... À cette différence près que sous les dehors avenants du charmeur se dissimule un tempérament froid, violent, celui d'un homme qui n'hésite pas à tuer un congénère qui lui dispute les faveurs d'une fille.

La rencontre avec Carbone va dans un premier temps faire des étincelles. S'ils sont d'une complémentarité exemplaire, les deux hommes ont aussi en commun une avidité sans borne et une absence totale de scrupules. Leur expérience égyptienne tournant mal – ils y ont frôlé la mort

---

[1]. Détails fournis par Manouche, qui fut la maîtresse de Carbone, dans *Manouche*, de Roger Peyrefitte, Flammarion, 1972.

de près –, ils prennent en main les bordels de la côte, de Marseille à Nice, puis, bientôt, ceux de la capitale, tout en développant le trafic d'opium et les filières qui en découlent, notamment via l'*Orient-Express*. Pour transformer la morphine-base, un labo clandestin est même implanté à Bandol. Les affaires vont bon train et, pour le duo, l'argent coule à flots.

Sabiani, premier adjoint au maire de Marseille en 1929, devient même maire par intérim en 1931 à la mort de Siméon Flaissières. C'est désormais l'homme fort de la ville. Il embauche à tour de bras dans les services municipaux, y compris des hommes de Carbone et Spirito. Il n'a pas honte de ses amitiés et n'hésite pas à s'afficher avec elles. Pas plus d'ailleurs que Jean Chiappe, préfet de police de Paris, lui aussi d'origine corse, qui dîne régulièrement avec Carbone que lui a présenté son ami Sabiani.

En janvier 1934 éclate l'affaire Stavisky, du nom de ce financier véreux qui a escroqué le Tout-Paris et que l'on a retrouvé agonisant dans un chalet de Chamonix. La classe politique se retrouve éclaboussée par ce scandale ; certains ministres ou hauts fonctionnaires, comme Chiappe, sont accusés d'avoir couvert les agissements de l'escroc. Le préfet parisien est limogé, mais, le 6 février, une manifestation de quelque quarante mille Parisiens défile aux accents de : « À la porte, les voleurs ! Vive Chiappe ! En avant à la Chambre ! » Sans directive, la police ouvre le feu sur la foule. Le bilan est lourd : plus de 16 morts et 1 500 blessés. Le 12 février, à Marseille, plus de cinquante mille socialistes et communistes défilent dans les rues de la ville. Des incidents éclatent. Des coups de feu sont tirés sur une voiture des chefs de la Sûreté nationale. Certains croient avoir reconnu des hommes de Carbone. La presse se déchaîne.

Le 20 février, l'affaire prend une autre tournure quand le corps d'Albert Prince, chef de la section financière du parquet de Paris, qui a monté le dossier de l'affaire Stavisky, est retrouvé déchiqueté au kilomètre 311 de la ligne Paris-Dijon. L'affaire est confiée au très ambigu inspecteur Pierre Bonny[1] qui s'est déjà illustré par son rôle trouble dans l'affaire Seznec[2]. Grâce à des indices falsifiés, l'enquête aboutit à désigner trois hommes qu'il rêve de voir à terre : Carbone, Spirito et leur ami le baron de Lussatz. Bonny laisse entendre que le trio a voulu provoquer une crise politique afin de permettre à Sabiani et à son ami corse le préfet Chiappe de prendre le pouvoir. Les trois hommes sont immédiatement arrêtés et incarcérés[3].

À Marseille, la nouvelle fait l'effet d'une bombe. Sabiani, lui, ne lâche rien. Mieux : il assume et défend les accusés bec et ongles. Dès le lendemain, il fait placarder dans tout Marseille des affiches où il proclame en substance : Carbone est de mes amis ! Il n'hésite pas à monter au créneau devant la commission d'enquête parlementaire. Bientôt, l'accusation s'effondre, les malversations sont démasquées et les vérifications achèvent de disculper le trio. Libres, Carbone et Spirito reviennent triomphalement dans la cité phocéenne. Des milliers de gens sont rassemblés le long du parcours pour les acclamer.

Même si, cette fois, ils sont innocents, c'est pour eux la démonstration que leur protection a excellemment fonctionné. Carbone et Spirito retiendront la leçon : désormais,

---

1. Il deviendra quelques années plus tard un des deux patrons de la Gestapo française, rue Lauriston.
2. Voir Denis Langlois, *L'Affaire Seznec*, Plon.
3. In *Les Parrains corses*, de Jacques Follorou et Vincent Nouzille, nouvelle édition augmentée, Fayard, 2009.

rien ne pourra plus entraver leur ascension, pas même la défaite de Sabiani aux élections de 1935.

Dans le sillage du trio apparaissent d'autres noms dont on aura l'occasion de reparler. Certains sont encore tout jeunes, comme les frères Renucci – Noël, mais surtout Joseph, « Jo » pour les intimes. Issu en 1908 à Marseille d'une famille originaire de Zicavo, en Corse, le second a montré dès son plus jeune âge une très vive inclination pour les armes à feu, passion qui le tiendra tout au long de sa vie. Avant son vingtième anniversaire, deux assassinats lui sont déjà imputés. C'est par son frère Noël, grand spécialiste des jeux, que Jo entre au service de Spirito et Carbone, lequel deviendra son beau-frère, chacun ayant épousé une des sœurs Salducci. Tout au long des années 1930, on prête aux « Renucci Brothers » une longue liste de braquages : ceux de la trésorerie générale d'Aubagne, du Crédit Lyonnais de Bignolles, du courrier postal d'Antibes, des encaisseurs de Nice, d'un transporteur de fonds à Toulon... Parfois soupçonné, Jo a toujours dans sa manche un alibi en béton qui conduit immanquablement à un non-lieu[1]. Noël, lui, ouvre une boîte, le *Dan's*, ancêtre du *Drap d'or*, dont on reparlera. Tout ce beau monde est on ne peut mieux protégé : arrêtés avec des proches de Carbone pour trafic de stupéfiants, ils sont relâchés au bout de deux mois. En 1939, les frères suivront Sabiani au PPF de Doriot qui, la guerre venue, fera d'eux des collabos.

En septembre 1938, un passeur de drogue mal payé les dénonce avec un luxe de détails à la police. Pourtant, aucun n'est inquiété, et le trafic continue de plus belle. C'est que la demande explose, particulièrement de l'autre

---

1. Voir *Les Parrains corses*, op. cit.

côté de l'Atlantique où les « contacts » de Carbone lui demandent de se mettre à l'héroïne dont la consommation fait déjà fureur aux USA. Le labo de Bandol passe progressivement à la production de « blanche ». Le chimiste qui fait ses débuts avec ce produit au milieu des années 1930 est un certain Dominique Albertini. La production si parfaite de cet ex-préparateur en pharmacie a tôt fait de lui valoir une réputation flatteuse dans le milieu. Son nom vaudra bientôt de l'or et, après guerre, certains sauront s'en souvenir.

Durant l'entre-deux-guerres, la chasse aux trafiquants, tant en France qu'aux États-Unis, reste balbutiante. Pourtant, François Spirito est inculpé par deux fois à Boston : en 1929 pour infraction à la législation douanière, en 1939 pour avoir fait passer en fraude 100 kg d'opium à bord du SS *Exeter*[1]. De son côté, Paul Carbone a frôlé la catastrophe judiciaire à Paris après l'explosion d'un laboratoire installé rue du Faubourg-Saint-Honoré : des traînées d'héroïne ont été détectées sur le trottoir devant le labo, lequel était officiellement la propriété des dénommés Louis Lyon et Chebab, mais appartenait en réalité à Carbone. L'héroïne qui en sortait était acheminée vers les États-Unis. Alerté, le Narcotic Bureau américain suit de près l'instruction judiciaire ouverte après l'incendie. Il incite l'Union nationale des pharmaciens français à se constituer partie civile. L'Union suggère aux pharmaciens le nom de maître Jacques Isorni pour les défendre. Mais l'avocat embrouille l'affaire en fulminant contre les seuls « hommes de paille », Lyon et Chebab, à la vive satisfaction de Carbone qui deviendra un de ses proches...

---

1. In *La Politique de l'héroïne. L'implication de la CIA dans le trafic des drogues*, d'Alfred McCoy, Éditions du Lézard, Paris, 1999.

Avant guerre, Carbone et Spirito ont donc initié ce qui deviendra dans les années 1950 la fameuse French Connection, laquelle fournira alors la quasi-totalité de la production d'héroïne consommée aux États-Unis.

L'arrestation d'Étienne Léandri dans une affaire de trafic de drogue en compagnie de deux proches collaborateurs de Carbone et Spirito témoigne de la proximité entre les caïds, mais n'est pas assortie d'éléments suffisants pour qu'on brosse un tableau exact de leurs relations avant guerre. En mars 1939, Léandri est à nouveau en délicatesse avec la justice française : il est arrêté pour recel de titres volés, mais sa richissime maîtresse le fait libérer en payant une lourde caution... Il peut alors reprendre les rênes de la première entreprise qu'il a fondée le 15 février devant maître Charon, notaire à Paris : la Société générale de défense passive, spécialisée dans le matériel de lutte contre l'incendie...

Si policiers et juges français n'ont pas davantage réussi à coincer Étienne Léandri, il est néanmoins dans leur collimateur, comme le montre un dossier entreposé au département d'État à Washington[1]. Ayant appris que le grand gigolo corse est parti pour New York le 16 août 1939, la Sûreté nationale fait état de ses soupçons aux douanes, donc au Narcotic Bureau de New York, en septembre. Deux semaines avant la déclaration de guerre, Étienne Léandri, escorté de sa « cougar » et de son chauffeur, monte en effet à bord du luxueux paquebot *Île-de-France*. Il a réussi à obtenir un visa diplomatique et affirme être chargé d'une mission pour le compte du ministère des Finances. Il débarque six jours plus tard à New York

---

1. In National Archives, Washington. Group State Department Records, Entry A1 1478.

et s'installe avec Mme Neal dans une suite du *Waldorf-Astoria*. Le 26 août, les deux amants quittent le prestigieux hôtel pour se rendre sur la côte ouest, notamment afin de visiter l'Exposition de San Francisco... Le 16 octobre, le couple rentre au *Waldorf-Astoria*. Léandri est alors interrogé par l'inspecteur des douanes W.A. Albertson sur les soupçons qui pèsent sur lui en matière de trafic de drogue. Il affirme avec force que s'il a été faussement accusé, c'est parce qu'il connaissait un *junkie*. Le 25 octobre suivant, il prend avec Mme Neal un clipper de la Pan American (un hydravion Boeing B-314) à destination de Lisbonne. Pour autant, l'affaire n'est pas près d'être classée. Léandri continue d'intéresser les autorités américaines. Le 10 mai 1940, le département d'État diffuse à son sujet une petite note qui déclenche une enquête du Bureau des narcotiques confiée à William Craig. Celui-ci ne trouve pas d'éléments prouvant que Léandri serait mêlé au trafic... Néanmoins, le 22 mai, le département d'État émet une nouvelle note, plus substantielle, destinée au Trésor dont dépendent les douanes et le Narcotic Bureau. Il transmet une information strictement confidentielle après réception d'une dépêche de l'ambassade américaine à Mexico, laquelle a elle aussi reçu une information de la Sûreté nationale française où figurent les mêmes soupçons. Le 5 juin, le patron des douanes new-yorkaises rédige une nouvelle note à l'intention de sa hiérarchie pour dire que, l'intéressé ne se trouvant plus aux États-Unis, le dossier est clos tant qu'on ne disposera pas d'éléments nouveaux. Dernière note dans cette affaire : le 5 juin, le secrétaire au Trésor transmet au secrétaire d'État les conclusions de ses services tout en continuant à véhiculer les soupçons pesant sur Étienne Léandri...

Son voyage aux États-Unis au début de la guerre met à mal les informations dont il faisait volontiers étalage concernant son patriotisme. Il serinait que les souvenirs d'une enfance tricolore l'avaient submergé ; qu'il aspirait à en découdre avec les Allemands. Il ne disait pas qu'il était rentré de Lisbonne près de trois mois après le début des hostilités. Il affirmait n'avoir pas eu de chance, car il avait été versé dans l'infirmerie... Le soi-disant héros contrarié a en fait mené une drôle de guerre. Les Allemands occupent alors Paris. Il n'a pas de soucis financiers grâce aux confortables revenus de Mme Neal, mais il crée à Nice, en zone non occupée, une usine de gazogènes, les Otogaz Léandri, qui serviront de palliatifs pour faire rouler les voitures en dépit de la pénurie d'essence...

Paul Carbone est devenu pendant la guerre un intime d'Étienne Léandri : « Après l'armistice, Pétain *qui pète bien* fit enfermer dans des camps de concentration les "éléments antisociaux" – communistes, truands et pédés –, et j'étais considéré comme un truand. Je fus interné avec Spirito près de Sisteron. Quand on nous a dit que pour être libérés, y avait qu'à s'enrôler dans la police allemande, nous n'avons pas hésité », raconte à sa place Manouche, sa maîtresse[1].

À Marseille, le trio Carbone-Spirito-Sabiani va verser dans la collaboration la plus active. Dans le sillage du PPF[2] de Doriot auquel il a adhéré, Sabiani est redevenu tout-puissant à la mairie, tandis que Carbone et Spirito s'enrôlent avec toute une bande de Corses comme auxiliaires de la Gestapo. Carbone devient *V. Mann* (« homme de confiance » du SD, section VI de la Gestapo) : « ... La section VI est chargée du renseignement politique. Ses

---

1. In *Manouche, op. cit.*
2. Parti populaire français fondé et dirigé par Jacques Doriot, ancien maire communiste de Saint-Denis converti à la lutte antibolchevique.

membres ne peuvent pas procéder à des arrestations ni à des perquisitions, privilège de la section IV, celle de Lafont, la Gestapo française de la rue Lauriston », confia Carbone à Manouche à l'époque où il lui faisait la cour.

Malgré son patriotisme revendiqué après guerre, Étienne Léandri choisit lui aussi de passer au service des Allemands avec les Français qui les soutiennent, comme Jacques Doriot, leader du PPF, principal parti collaborationniste, dont il devient à la fois un intime et un financier. Carbone et Spirito le mettent en relation avec Roland Nosek, patron de la section VI, installé boulevard Flandrin. Comme une grande partie du milieu, notamment corsico-marseillais, Léandri peut dès lors mener ses trafics de tous ordres sans rien redouter. Si Carbone et Léandri se cantonnent à la collaboration économique et au renseignement politique, il n'en va pas de même de nombreux truands de leurs amis qui vont travailler rue Lauriston, comme Spirito, Didi le Portoricain[1], cousin de « Jo » Renucci (lequel opte lui aussi pour la collaboration), notamment pour traquer les Juifs, mais aussi Adrien le Basque (ami de Léandri) qui devient un proche d'Henri Chamberlin, *alias* Lafont...

Après la guerre, au terme de l'instruction judiciaire sur la tristement célèbre Gestapo française de Bonny et Lafont, le commissaire de la police judiciaire qui la résume commence son rapport[2] en décrivant comme suit ce tropisme du milieu : « Rapidement, les Allemands ont fait appel à la pègre pour obtenir des renseignements et se consti-

---

1. Il participe pour « trois cents sacs », le 7 janvier 1944, à la perquisition chez Eugène Deloncle, ancien chef de la Cagoule, qui a fini par irriter les Allemands. Et il abat Deloncle. Didi le Portoricain participera néanmoins à la libération de Marseille avant d'être démasqué...
2. Archives nationales, Pierrefitte, Z 6/3.

tuer une réserve d'"hommes de main" prêts à toutes les besognes [...]. L'impunité la plus totale leur était conférée par la protection de l'occupant qui leur permettait tous les méfaits et brigandages, allant du vol ordinaire au crime, et augmentait ainsi de façon considérable le premier prix de leur trahison... »

« Léandri et Palmieri travaillaient boulevard Flandrin... Léandri fréquentait toute la bande des Corses qui y travaillaient. Léandri est venu une fois rue Lauriston pour me faire des offres de service pour lui et les Corses de sa bande, mais j'ai refusé », a expliqué Lafont, le 14 octobre 1944, devant l'officier de PJ. Et le patron de la Gestapo française de préciser qu'au cours de deux affaires impliquant de faux policiers, il avait néanmoins été amené à arrêter Étienne Léandri, Auguste Ricord[1] et deux autres Corses...

Un certain nombre de membres de la pègre ne vont pas collaborer jusqu'à la Libération : sentant le vent tourner dès 1943, ils optent pour la Résistance. « Jo » Renucci, qui va participer à la libération de Marseille dans les rangs des FFI, est de ceux-là. Mais d'autres ont heureusement opté beaucoup plus tôt pour la Résistance, comme les Guérini et les Francisci...

Pour sa part, Léandri collabore à la fois sur la côte d'Azur et à Paris. À Nice il devient le principal agent du Kommandeur Redzeck, chef de la Gestapo des Alpes-Maritimes. À Paris, accompagné de toute une bande de Corses du « mitan », il préfère le 11, boulevard Flandrin à la rue Lauriston dirigée par Nosek. Il ne fait pas que du renseignement mondain, politique et industriel ; la

---

1. Qui travaillait rue Lauriston, a fui la France à la Libération et deviendra un des piliers de la French Connection à partir de l'Amérique du Sud.

section VI de la Gestapo mène aussi des actions contre les réseaux de résistance, notamment avec Hermann Bickler, Alsacien spécialisé dans l'infiltration de ces réseaux.

Léandri est un bon investissement pour Nosek. Non seulement il a accès au milieu et à ses hommes de main, mais il évolue dans le Tout-Paris. Il a table ouverte au *Fouquet's*. Y prennent place Jean Gabin, Marcel Pagnol, Raimu et/ou sa femme, et son meilleur ami, le chanteur Tino Rossi. La proximité de celui-ci avec Étienne Léandri vaudra au chanteur d'être inquiété à la Libération et de faire deux mois de prison[1]. Tino et Étienne se connaissent depuis l'enfance. Le chanteur corse fréquentait les mêmes gestapistes et les mêmes voyous – notamment Carbone – que son ami Étienne, lequel se montra très généreux avec lui, au point de l'héberger dans une suite du *Claridge* pendant plus d'un mois, et à la villa Suzanne pendant cinq mois de l'année 1942...

Étienne Léandri entraîne Nosek dans le monde de la nuit. Il peut tout obtenir à son nouvel ami : des femmes, de la bonne bouffe aussi bien que du renseignement. Il conduit Nosek et les patrons du boulevard Flandrin dans des lieux interlopes comme le bar *Alexis*, rue Notre-Dame-de-Lorette, tenu par son ami Alexis Pierlovisi, homme du « mitan », ou rue Victor-Massé, *Chez Dominique*, qui appartient à deux figures du milieu, Dominique Carlotti et Charles Cazauba, lesquels travaillent eux aussi pour les Allemands. Nosek va le protéger jusqu'à la Libération, y compris de la police française, comme ce 6 septembre 1943 où le commissaire Henri Fabre veut l'arrêter à la brasserie *Le Perroquet*, à Juan-les-Pins, en application d'un arrêté ministériel d'internement daté du 3 novembre

---

1. Il bénéficiera ensuite d'un non-lieu et sera promu officier de la Légion d'honneur en 1952, puis commandeur en 1982.

1942. Léandri sort alors son revolver et crie : « Police allemande ! » « Aussitôt, trois individus se sont joints à lui, revolver au poing, et nous ont dit être de la police allemande. Ils nous ont intimé l'ordre de nous retirer prestement, que le sieur Léandri demeurait sous leur surveillance et sous leur protection. J'ai cru opportun de me retirer, suivi de mes deux assistants, pour éviter un incident plus grave, après m'être assuré toutefois que les trois personnes s'étant jointes au sieur Léandri Étienne étaient porteuses de pièces officielles justifiant leur qualité de membre de la PA », écrit le commissaire Fabre, deux jours plus tard, à son supérieur hiérarchique, le chef de la section des affaires criminelles de Nice.

Ce n'est pas la seule fois que Léandri sortira sans problème des tracasseries qu'entend lui faire subir la police française, notamment pour émission de chèques sans provision.

Léandri n'entraîne pas Nosek et ses adjoints seulement dans les lieux chauds de la capitale, il les invite aussi sur ses terres niçoises. La direction gestapiste du boulevard Flandrin se retrouve ainsi en juin 1941, l'espace de quelques jours, l'hôte de marque de la villa Suzanne, à côté du Château d'Azur : l'occasion de faire la fête chez les Neal avec le gratin de la Gestapo, notamment avec le Kommandeur Redzeck...

L'association entre les Neal et Léandri n'a pas pâti de l'occupation, Neal ayant lui-même été proche des nazis. Pour continuer à développer ses affaires, notamment pour obtenir les matières premières nécessaires, vendre ses produits aux Allemands, procéder aux transferts de devises entre la zone libre et la zone occupée, mais aussi parce que idéologiquement il se sent en sympathie avec eux. N'a-t-il pas été, avant guerre, un grand admirateur de Mussolini au point de le financer, de le rencontrer et d'obtenir de lui une décoration ?

Plusieurs notes de diplomates américains[1] installés à Vichy et à Nice décrivent la relation entre les deux hommes. Elles parlent d'orgies alcooliques, de shows lascifs au Château d'Azur en présence d'officiers de la Gestapo ; d'un Léandri bien connu dans « le monde interlope de Nice », de ses trafics de devises et de métaux précieux au marché noir. Pour ce qui est des devises, Léandri travaille pour le compte de Virgil Neal qui doit approvisionner les Allemands en monnaies étrangères. Des notes insistent sur sa proximité avec Carbone, qu'elles décrivent comme son associé. Elles estiment son train de vie à 25 000 francs par jour[2]. Elles insistent sur sa relation avec Doriot et, bien sûr, avec Sabiani. Elles le cataloguent comme faisant partie du gang « Spirito, Carbone, Bonny-Lafont and Co ». À tous ses amis déjà recensés, elles adjoignent Jo la Terreur, ancien de la bande à Bonnot, puis proche de Stavisky avant de flirter avec la Gestapo française. Léandri, qui dispose de tous les *ausweis* possibles, peut circuler librement dans les deux zones, puis dans la France entièrement occupée. Il se déplace avec un chauffeur, deux revolvers et deux mitraillettes. Il monte la société Akra, qui fabrique de la crème à raser vendue exclusivement aux Allemands : cette société, installée à Colombes, est dirigée par le commandant Antoine, militant du PPF qui recrute ouvriers et employés encartés à ce parti. Le montant des profits tirés d'Akra est extravagant[3]…

---

1. NARA. RG 226 E92 B612.
2. Soit 850 000 euros d'aujourd'hui, ce qui semble quand même beaucoup…
3. Tous les éléments de la vie d'Étienne Léandri ont été réunis à partir de l'instruction judiciaire ouverte après la guerre et de nombreuses notes américaines : NARA, RG 226 E 92 B 612, RG 226 E 109 B 36, RG 226 E 174 B 136 et RG 65 B 175 (FBI).

Son ami et associé Carbone fait lui aussi de belles affaires avec les Allemands. Associé à des Corses, il a monté un bureau d'achats installé rue du Colisée. Il acquiert au-dessous du prix hors taxes tout ce qu'il y a à acheter[1] pour le revendre plus cher aux Allemands. Il dépend directement de l'ingénieur Brandl qui règle les fournitures grâce aux 500 millions d'indemnités versés journellement à l'Allemagne. Le *V. Mann* de Brandl est Szkolnikoff[2], un Juif russe qui se fait appeler « Monsieur Michel », habite un hôtel particulier rue de Presbourg, protégé par le capitaine Engelke, ancien secrétaire de Himmler. Marié à une Allemande, la « belle Hélène », il surpasse tous les affairistes de l'époque par la fortune qu'il amasse et le luxe qu'il affiche. Chez lui les invités, entourés de domestiques en livrée, les yeux écarquillés par la splendeur du mobilier, mangent dans de la vaisselle d'or. Il possède une cinquantaine d'immeubles dans les quartiers les plus huppés de Paris, des usines en province, des terres en Sologne. Szkolnikoff et la belle Hélène sont devenus des amis proches de Carbone et Manouche, et les invitent souvent chez *Maxim's* ou à des projections privées de nouveaux films. Monsieur Michel charge Paul Carbone d'acheter de grands hôtels sur la côte d'Azur. À Nice, le collaborateur corse met la main sur le *Plazza*, le *Savoy* et le *Ruhl*. Avec sa commission, il envisage d'acheter à Manouche l'*Élysée Palace*, rue de Marignan, à Paris. Par ailleurs, Carbone ne s'occupe pas seulement de son bureau d'achats, mais continue à trafiquer de la drogue.

Protégé lui aussi par les « Chleus », Étienne Léandri peut prendre des libertés avec les règles qui encadrent

---

1. In *Manouche, op. cit.*
2. Lire *Szkolnikoff, le plus grand trafiquant de l'Occupation*, Pierre Abramovici, Nouveau monde, 2014.

d'ordinaire la vie des affaires. Après la mise sous séquestre des usines Neal par les Allemands pour cause de faillite, Léandri réussit, grâce à ses amis, à faire lever le séquestre en échange de la mise à disposition du réseau commercial Tokalon. Avec Adrien le Basque, son compère du milieu travaillant pour la Gestapo française, il crée la société Akra sans même prendre le temps de la déclarer. Pourquoi sacrifier à de telles formalités puisque les Allemands en sont les clients exclusifs ? Avec la vente des produits Tokalon, des gazogènes et ses trafics illicites, Léandri devient richissime en l'espace de quelques années.

★
★ ★

L'évocation des lâchetés et turpitudes de nombreux Corses de la diaspora oblige à faire aussi état, par contraste, du courage des Corses insulaires face à l'occupant. Les résistants corses ont en effet joué un rôle non négligeable dans la libération de l'île, commencée le 8 septembre et terminée le 4 octobre 1943. François Vittori, chef d'état-major des FTP, et le commandant français libre Colonna d'Istria se sont fait particulièrement remarquer. Le village de Levie Alta Rocca s'est levé contre une division SS particulièrement cruelle. La Résistance intérieure corse a enregistré 170 tués et quelque 300 blessés. Parmi ses héros sacrifiés, la belle figure de Fred Scamaroni...

L'île a été le premier département métropolitain à chasser l'occupant et le général de Gaulle déclarera : « La Corse a la fortune et l'honneur d'être le premier morceau libéré de la France. »

*
* *

Que donne donc Léandri aux Allemands pour mériter les faveurs dont il bénéficie ? L'instruction judiciaire ouverte après la guerre, qui s'est provisoirement conclue par sa condamnation, le 21 juin 1948, à vingt ans de travaux forcés pour intelligence avec l'ennemi, n'est pas très explicite. Léandri était chargé de la recherche de renseignements et du recrutement d'agents à Paris et sur la côte d'Azur en tant que membre du Front Aufklärung Kommando 314. Il a le droit d'endosser l'uniforme d'officier de la Gestapo mais le porte peu... Après la guerre, il brandira des témoignages de quelques personnalités juives du monde du spectacle – dont Georges Cravenne – pour affirmer qu'il organisait des filières d'évasion...

Le 15 décembre 1943, alors qu'il projette de partir pour Madrid, avec Manouche, rejoindre Monsieur Michel et la belle Hélène, Paul Carbone prend à Marseille le train pour Paris, lesté de deux valises : une remplie des 11 millions qu'il a « gagnés » au casino de Monaco, l'autre de layette pour le bébé que Manouche lui donnera bientôt. Peu après minuit, à une quinzaine de kilomètres après Lyon, des résistants font sauter le train. La jambe droite de Carbone est arrachée, la gauche sectionnée au niveau du tibia. Escortés par une dizaine de voitures, Spirito et Didi le Portoricain rappliquent au chevet de Carbone en fin de matinée. Il vient d'expirer en disant : « C'est la vie[1]. »

Les policiers présents veulent enterrer Carbone dans une fosse commune. Les Corses sortent leurs flingues et ramènent la dépouille à Paris « pour des obsèques nationales »... La nouvelle se répand rapidement parmi les

---
1. In *Manouche, op. cit.*

Corses de la capitale. Ils arrivent en masse au domicile « officiel[1] » de Carbone, boulevard Pereire. Tino Rossi est l'un des premiers à veiller le corps, bientôt suivi de Mistinguett, mais aussi de membres de la pègre, y compris ceux qui étaient en froid avec le défunt. Mais le grand ordonnateur des obsèques est Étienne Léandri. Spirito a négocié avec le curé de Sainte-Marie-des-Batignolles de grandioses obsèques pour l'empereur de Marseille. On dénombre environ trois mille personnes, trois cent soixante-dix couronnes d'orchidées payées par Léandri, et, parmi l'assistance, Paul Marion, secrétaire d'État et membre du PPF, Otto Abetz, ambassadeur de l'Allemagne nationale-socialiste à Paris, accompagné d'une brochette d'officiers allemands, Simon Sabiani qui a fait spécialement le voyage de Marseille, maître Marcel Ceccaldi, engagé dans la Résistance, de très nombreuses prostituées, et, bien sûr, Étienne Léandri en personne qui a fait livrer une tonne de charbon, prélevée sur les stocks de la société Akra, de Colombes, pour chauffer l'église. Cinquante voitures de police ceinturent le lieu de culte cependant que Tino Rossi chante l'*Ave Maria*, suivi de *L'Ajaccienne*.

Au mois de mars suivant, Manouche met au monde, à la clinique du Belvédère, à Boulogne, un petit Jean-Paul Carbone dans une chambre voisine de celle de Geneviève, la maîtresse de Doriot, qui accouche d'une fille. Mistinguett et Toto Gérardin[2] deviendront les marraine et parrain du petit Jean-Paul.

---

1. Depuis qu'il est avec Manouche, Carbone partage avec elle un appartement boulevard Gouvion-Saint-Cyr.
2. Coureur cycliste très connu, champion du monde en 1930, vainqueur à plusieurs reprises des Six-Jours, il devint un des amants d'Édith Piaf après la mort de Marcel Cerdan.

Ça commence à chauffer pour les collaborateurs... Les uns jouent les ouvriers de la vingt-cinquième heure dans la Résistance. D'autres songent à quitter la France avec leur magot petit ou grand. Adrien le Basque, le plus proche ami de Léandri, n'a pas cru, contrairement au Corse, à la victoire finale de Hitler. Il a cherché à gagner l'Argentine. Un ami l'a mis en rapport avec une filière « sûre » à destination de l'Amérique du Sud. Le fameux réseau était en réalité un piège monté par le docteur Petiot. Adrien se rend donc rue Lesueur, près du métro Argentine. Un certificat de vaccination faisant partie des papiers nécessaires au départ, le docteur vaccine l'ami d'Étienne... pour l'éternité ! Il lui prend son argent et ses effets avant de brûler son cadavre dans la chaudière de son hôtel particulier. Interrogé après la guerre, Petiot revendiquera la disparition d'une centaine de personnes : « J'ai purgé la France de collaborateurs infâmes et de margoulins du marché noir. » À côté de la valise d'Adrien il y avait celle de Lili la Chinoise, également proche de Carbone.

Août 1944 : Nosek fait triste mine, la fin est proche. Lors de leur dernier repas au *Fouquet's*, l'Allemand encourage son ami Léandri à quitter Paris et la France. Croyant encore en la victoire de Hitler, Léandri décide de se réfugier à Berlin. En grand uniforme de la Gestapo, il commande au patron de l'établissement de remplir le coffre de sa Bentley, déjà lestée de lingots d'or, de victuailles pour la route, et il part pour Berlin où il a l'intention de demander l'hospitalité à des amis de Roland Nosek[1]...

---

1. In *Les Requins*, de Julien Caumer, Flammarion, 1999 ; la biographie d'Étienne Léandri qui fait référence.

À la même époque, Simon Sabiani et François Spirito fuient Marseille pour se planquer dans l'Espagne franquiste. Auguste Ricord, qui a œuvré rue Lauriston, fuit dans un premier temps vers la Suisse. De plus petites pointures du boulevard Flandrin et de la rue Lauriston se dirigent déjà vers Milan.

La Libération provoque de grands bouleversements dans le milieu corsico-marseillais. Les Guérini, résistants de la première heure, en deviennent les patrons aux côtés de Gaston Defferre, nouveau *boss* politique de la cité phocéenne. Marcel Francisci, « Jo » Renucci et Nick Venturi, qui ont choisi plus ou moins rapidement le bon côté, sont eux aussi choyés par les résistants en passe de prendre le pouvoir...

Alors qu'il est installé dans la capitale allemande chez des amis de Roland Nosek, la police française commence à enquêter sur Léandri, cet « agent notoire de la Gestapo ». Lui continue à collaborer sans états d'âme. Il retrouve là-bas l'Obersturmführer August Moritz, ex-chef de la section IV B de la Gestapo à Paris. Il rencontre d'autres collaborateurs français, notamment d'anciens cagoulards comme Henry Charbonneau, Jean Degans et Guy Delioux[1]. Durant les premiers mois de son séjour à Berlin, son admiration pour les Allemands grandit à mesure qu'il jauge leur courage face aux bombardements alliés et leur ardeur à réparer les dégâts[2]. Si l'on en croit son dossier « RG », en décembre 1944 il s'engage davantage encore en faveur du régime national-socialiste en suivant un stage à l'école de sabotage de Neuztelitz pour s'initier aux techniques les plus sophistiquées de l'espionnage et de l'infiltration. Mais la débâcle approche inexorablement.

---

1. NARA. RG 226 E 109 B 36.
2. In *Les Requins, op. cit.*

Dès la fin 1944, il confie à Guy Delioux[1] son intention de se réfugier en Suisse auprès du couple Neal. Avant la chute de Berlin et le suicide de Hitler, il endosse une nouvelle fois son uniforme et remonte dans sa Bentley avec trois collabos de la rue Lauriston comme gardes du corps. Destination : Genève où il arrive muni de faux papiers au nom de Fahrner. Il y commerce avec l'Italie où il compte de nombreux amis corses et italiens connus à l'occasion de ses pérégrinations dans le milieu et au sein de la collaboration.

---

1. Personnage on ne peut plus ambigu, il fut responsable du SR du Mouvement social révolutionnaire (MSR), parti collaborationniste formé d'anciens cagoulards, dirigé par Eugène Deloncle.

4.

La pègre embusquée dans l'État

Si les résistants ont été l'honneur de la France, compensant en partie le comportement de ceux, nombreux, qui se sont couchés devant l'occupant, beaucoup d'entre eux, et pas seulement les mauvais garçons, ont fait ensuite payer à la République au prix fort leur bravoure, estimant qu'ils avaient acquis, au bout de leur Sten ou de leur Mas 36, une parcelle de légitimité. Ils perpétuaient là simplement des habitudes prises à Londres ou au maquis, sans se préoccuper le moins du monde du droit ni de la justice. Au nom de ce qu'ils définissaient eux-mêmes comme l'intérêt national, faisant fi des règles démocratiques les plus élémentaires, ils estimaient détenir toujours le permis d'éliminer ou de molester ceux qu'ils définissaient comme des ennemis. Ils ne furent pas davantage gênés d'utiliser, une fois la guerre finie, l'argent accumulé dans la Résistance, voire d'en trouver par des moyens illégaux, pour subventionner ceux qu'ils estimaient être les « bons » dirigeants du pays. Ainsi, même le colonel Passy, ancien patron du BCRA, devenu celui de la DGER (Direction générale des études et de la recherche), ne trouvait rien de répréhensible à utiliser de manière partisane des fonds initialement destinés à financer la Résistance. À deux reprises au moins, il a sorti et planqué une partie de ces fonds pour financer un éventuel retour du général de Gaulle, et ce avec la bénédiction de celui-ci[1]. De façon plus structurelle, de nombreux truands se sont embusqués à l'intérieur de l'appareil d'État ou en diverses officines pour exécuter les basses œuvres du parti gaulliste et de certains hommes politiques, puis pour préparer le retour aux affaires du Général et le protéger après son « coup d'État » de 1958, moyennant force coups tordus...

Pourtant, au lendemain de la Libération, les nouveaux dirigeants de la IVe République pensaient qu'il aurait été souhaitable que du passé il fût fait table rase. C'est que, en sus des maquisards, des authentiques résistants et autres agents de liaisons, la DGER comptait dans ses rangs nombre d'aventuriers de tout acabit, et maints personnages interlopes. Le colonel Passy, nouveau patron des « services », s'en était déjà ouvert au Général : « Parmi ceux-ci, un certain pourcentage d'aigrefins et de gangsters se glissèrent pour essayer de profiter de la situation confuse et des facilités qu'un service de renseignement extérieur peut fournir au voisinage des frontières. »

Lorsque, le 28 décembre 1945, la DGER devient le SDECE, Passy est bien décidé à faire le ménage. À son entrée en fonction, 10 123 personnes émargent aux « services », dont plus de 1 200 sans y exercer la moindre mission. Fin janvier, il en licencie... 8 323 ! Ce coup de balai radical

---

1. *In* PV du SDECE daté du 6 mai 1946. Daniel Cordier, qui avait été le chef de cabinet de Passy, a déclaré avoir reçu à deux reprises des confidences de ce dernier sur le sujet : « Lors de la crise ministérielle de novembre 1945, Passy m'a dit : "J'ai dit au Général que j'avais 'planqué' de nouveaux fonds. Le Général m'a dit : 'D'accord.'" Et, en janvier 1946, avant son départ en Suisse, Passy a vu le Général : "J'ai dit au Général que j'avais 'planqué' de nouveaux fonds. Il a dit que j'avais bien fait." »

soulève une tempête dans bon nombre de partis politiques qui y voient une reprise en main des « services » par des hommes directement issus du BCRA[1]. Mais, le 21 janvier 1946, de Gaulle quitte le pouvoir. Dès le 26 février, Passy est débarqué. Henri Ribière, ex-policier et ex-député SFIO, lui succède. Pour faire bonne mesure, on lui octroie comme second Pierre Fourcaud qui, avant guerre, avait témoigné de sympathies pour la Cagoule, organisation secrète d'extrême droite. Entre les deux hommes, la collaboration risque de se révéler difficile...

Fourcaud engage le colonel Morlane avec mission d'organiser un « service action » au sein des « services » : l'idée est directement issue du BCRA et constitue une première. Mais les moyens sont faibles, la tâche énorme, et, du point de vue statutaire, le SDECE ne peut, à cette fin, engager en tout et pour tout que huit hommes ; ceux-ci vont devenir le « noyau dur » du SA, et on les retrouvera dans tous les « coups » perpétrés par les « services » durant les quinze années à venir. Ils se nomment notamment Raymond Bichelot, Marcel Chaumien, René Obadia, *alias* Pioche, « Bob » Maloubier, mais aussi Aussaresses qui accédera à la célébrité pour avoir fait l'éloge de la torture pendant la guerre d'Algérie. Parmi les autres, on devine aussi, dans l'ombre, Jacques Foccart qui deviendra le plus proche collaborateur du Général, chargé de l'Afrique et des services secrets. Le SA va s'appuyer sur le 11e Choc, installé au fort de Montlouis, un bataillon spécialisé dans les « coups tordus », créé sous l'impulsion des Américains qui redoutent déjà la subversion communiste.

À partir de là, le SDECE renoue avec les vieilles habitudes du BCRA et ne se montre pas trop regardant sur

---

1. In *Dossier E... comme espionnage*, par N. Fournier et E. Legrand, Alain Moreau éditions, 1978.

les moyens utilisés pour que ses missions soient menées à bien. À l'automne 1946, Robert « Bob » Maloubier, nouvelle recrue du SA et ex-agent du SOE, s'en va ainsi trouver, par l'entremise d'un ex-capitaine FFI, André Finkheimer, surnommé Lulu la Paluche, Jo Attia qui, rentré au pays après avoir été déporté, a vite renoué avec le grand banditisme au sein du fameux « gang des tractions avant », sous la houlette de son vieux copain des Bat' d'Af' et ex-collabo, mais aussi ex-résistant, Pierre Loutrel, *alias* Pierrot le Fou. André Finkheimer (nom de maquis : Lucien de Marmande) a connu Loutrel (qui se faisait alors appeler Dericourt) dans la Résistance où le gangster se battait sous ses ordres. La paix revenue, « Lulu » est devenu un honnête restaurateur, tandis que Loutrel, qui a renoué avec Attia, fait la une des journaux durant l'année 1945. Même si un monde les sépare, les deux hommes n'en sont pas moins restés proches. Mais, au printemps 1946, le gang est démantelé et Loutrel se tue en rangeant son arme après un casse perpétré à Paris avenue Kléber. Attia et Lulu l'enterrent en catimini sur une île de la Marne.

L'intérêt porté à Attia par le SDECE s'explique : le « Grand Jo » a en effet été un authentique résistant, sa carte l'atteste puisqu'elle porte le numéro 0708242, l'un des tout premiers[1]. Il a à son actif quelques attaques spectaculaires contre des antennes de la Gestapo ou de la « Carlingue[2] » quand, en 1942, les services de renseignement militaires l'approchent. Pour leur compte, il attaque une autre antenne de la Gestapo au Perreux : l'opération est un succès. Le voici membre du réseau « Centurie », un des premiers du

---

1. In *La Main rouge*, d'Antoine Melero, éditions du Rocher, 1997, p. 71-73.
2. La Gestapo française, installée à Paris au 93, rue Lauriston.

BCRA, créé par le colonel Rémy. Il participe encore à diverses actions et sert un temps d'agent de liaison. Mais, le 16 mars 1943, il est arrêté par la Gestapo française, torturé et déporté à Mauthausen. « Là, Jo se mue en ange tutélaire, accompagnant les mourants, enterrant les morts, sauvant les faibles, nourrissant les crève-la-faim au prix de combines funambulesques. Il survit. À la Libération, des codétenus, médecins, journalistes, juristes et surtout le révérend père Riquet, un dominicain qui publie un *best-seller* sur sa vie au camp, chantent ses louanges », raconte Bob Maloubier[1]. Plus encore que le père Riquet, c'est René Bertrand qui va jouer un rôle important dans la vie d'Attia : quand, sous le nom de « colonel Beaumont », il sera devenu patron du service recherche du SDECE, il se souviendra toujours que le truand lui a sauvé la vie au camp.

Son gang démantelé, Jo Attia est alors en rupture de ban. Bob Maloubier lui demande de reprendre du service... au SDECE. Première mission en Espagne : Jo et Lulu (André Finkheimer) accompagnent Bob. Tous trois se retrouvent à table avec Simon Sabiani et François Spirito, les ex-rois de Marseille, alors en cavale. Bob demande aux deux collabos marseillais de flinguer un individu séjournant en Espagne.

« Plomber un bonhomme ? Aucun problème, laisse tomber Sabiani. Par contre, on ne peut pas faire le travail nous-mêmes. "En asile", nous sommes gardés de près. Mais des petites mains à la hauteur, ça se trouve... Vous êtes prêts à mettre combien[2] ? »

Le duo pose ses conditions. Ils veulent l'amnistie totale. Pour le combattant de l'ombre Maloubier qui a perdu tant de proches camarades durant le conflit, la pilule,

---
1. *L'Espion aux pieds palmés*, éditions du Rocher, 2013.
2. *Ibid.*

trop amère, ne passe pas. Aujourd'hui encore, en leur présence, il peine à cacher le dégoût que lui inspirent les deux hommes. Mais cette circonspection des « services » ne va pas se révéler éternelle.

À Strasbourg, le 7 avril 1947, le général de Gaulle crée le Rassemblement du peuple français (RPF) : « ... Il s'agit à présent de nous tirer d'affaire, de résoudre virilement, par un puissant et long effort, les problèmes dont dépendent notre vie et notre grandeur. » Virilement... Commence dès lors la préparation clandestine et musclée d'un retour au pouvoir du Général par le noyautage de l'appareil d'État, les actions de déstabilisation de la IVe République, la création de réseaux parallèles à partir des anciens du BCRA, en utilisant les structures de sociétés commerciales ou celles d'amis sûrs, enfin l'infiltration et le détournement au profit de ses objectifs du service le plus secret de l'État : le nouveau service action, celui du SDECE, et les quatre cents hommes du 11e Choc.

Dans ses Mémoires[1], Bob Maloubier raconte en effet que la « presque totalité de l'unité a été à plusieurs reprises mise en congé pour missions très spéciales : briser les grèves, taper sur les cocos, faire campagne pour le RPF ». En clair, les hommes du « 11e » vont aussi bien « défendre la République », déguisés en gardes mobiles, briser les grandes grèves de novembre 1947 dans les houillères du Nord, que faire le coup de poing dans les meetings et les manifestations du nouveau RPF qui a pour objectif avoué de « culbuter » la IVe République.

La mainmise des gaullistes et le détournement de l'appareil d'État s'accompagnent de la création du service d'ordre (SO) du RPF sous la houlette de Dominique Ponchardier.

---

1. *Plonge dans l'or noir, espion !*, Robert Laffont, 1986.

Dans l'ombre, Jacques Foccart noue des liens étroits avec le SA et le « 11e », et veille à recruter des « gros bras » dont nombre de Corses qui, pour la quasi-totalité, avaient opté pour la Résistance. On retrouve là des noms connus : les frères Guérini, le clan Francisci, les Renucci, les Venturi...

« Jo » Renucci et Marcel Francisci deviennent des hommes forts du RPF. Dès avant guerre, Jo et son frère étaient alliés à Carbone, donc à Spirito. En 1940, Jo est officiellement représentant en champagne. Puis les frères s'acoquinent rapidement avec les Allemands, suivant ainsi l'exemple du tandem Carbone-Spirito. Comme eux, ils deviennent alors membres du PPF de Doriot. Mais, en 1943, Jo a le nez fin : il tourne casaque et s'engage dans la Résistance. Proche des services secrets en Afrique du Nord, il croise le chemin de Robert Blémant, de Marcel Francisci, et se rapproche des frères Guérini. Arrêté fin 1943 par la police allemande, il fait jouer son carnet d'adresses et parvient à s'en tirer.

Marcel Francisci, lui, n'a pas fait le détour par la collaboration. Né en 1920 dans un petit village du canton de Zicavo, il s'est engagé en juillet 1939 après des études au lycée d'Ajaccio. Fait prisonnier en juin 1940, il s'évade et revient en Corse. En 1942, il débarque en Afrique du Nord avec les troupes américaines, puis, en 1944, il met le pied en Provence et participe à la libération de Marseille en arborant le brassard des FFI. Il quitte l'armée en septembre 1945, la poitrine alourdie de maintes décorations : médaille militaire, croix de guerre, médaille des évadés, croix du combattant volontaire de la Résistance.

Ceux qu'on appellera les parrains corses fraient avec des barons du gaullisme comme Alexandre Sanguinetti, Jean Bozzi, Achille Peretti, Paul Comiti, Roger Frey. L'influence de Francisci ne cesse de grandir au sein du parti.

Dans ce contexte, le compte rendu par Pierre Lefranc[1] de la « bataille Japy » permet de mieux préciser le rôle des « gros bras » dans l'action politique de l'époque. Où l'on voit que les hommes du « 11ᵉ » servent de « réserve » au mouvement gaulliste quand le besoin s'en fait sentir : « La région parisienne comprenait la banlieue, et nous eûmes donc à nous occuper de la "ceinture rouge". Les communistes nous firent savoir qu'ils n'acceptaient pas notre intervention, quelle qu'en fût la forme, dans leurs fiefs, c'est-à-dire pratiquement dans les villes qui entouraient les vingt arrondissements de la capitale. Naturellement, nous ne pouvions accepter cette interdiction, et les bagarres commencèrent. Ce ne fut pas une plaisanterie. La bataille se livrait commune par commune et fut longtemps incertaine. La nécessité de grouper des militants capables de soutenir les orateurs – capables au sens physique du mot – fut à l'origine de la création d'un service d'ordre. Dominique Ponchardier, grande figure de la Résistance, monta l'ensemble de toutes pièces... »

Et Lefranc de raconter ensuite la bataille la plus décisive de cette campagne, celle du gymnase Japy, en plein Paris, qui se déroula en deux temps, celui des revers, puis celui de la victoire : « La première fois, le 2 septembre 1947, une série d'orateurs, dont Malraux, figurent à l'affiche. Louis Vallon commence et les premiers boulons partent du fond de la salle. L'orateur s'efforce de proclamer que la liberté n'a pas peur des boulons, c'est entendu, mais les boulons ne respectent pas la liberté, et quelques garçons qui entourent la tribune tombent, la figure en sang [...]. Malraux s'empare du micro pour dire que la France n'acceptera jamais la dictature de la force. Mais la force

---

1. *Avec qui vous savez*, Plon, 1979.

n'entend rien à ses discours, et la salle prend d'assaut la tribune. De la bagarre s'extraient tant bien que mal les orateurs... »

À la suite de cette défaite, le SO est réorganisé et renforcé. Et le 26 avril 1948, lors d'un second Japy, ce sont les troupes du SO qui mettent en déroute les « gros bras » communistes...

Le 11e Choc, le SA, le SO du RPF, les anciens du BCRA, avec, parmi eux, certains parrains corses, vont être, pendant dix ans, de tous les « coups tordus » visant à déstabiliser la IVe République. Les mêmes vont participer en mai 1958 à l'opération « Résurrection[1] » destinée à faire revenir le Général au pouvoir. L'homme de Colombey demande alors à son fidèle Jacques Foccart, déjà patron occulte du SA et du « 11e » sous la République moribonde, de réorganiser les « services », mais aussi de créer une officine parallèle qui permettrait de se passer des espions officiels en qui il n'a qu'une confiance limitée. Le Service d'action civique (SAC) est directement issu du SO du RPF. Créé le 15 décembre 1959, il existait néanmoins dès 1958 sous la forme d'une association de fait regroupant principalement d'anciens membres du SO. Parmi les pères fondateurs, outre Jacques Foccart qui, derrière divers prête-noms, en reste le vrai patron, on trouve Alexandre Sanguinetti, Dominique Ponchardier (auteur de la série policière *Le Gorille*, et gaulliste historique), Pierre Debizet, Charles Pasqua, et... Étienne Léandri.

Pourquoi le SAC ? « Les raisons clairement affirmées relèvent de l'attachement au général de Gaulle et à la méfiance des gaullistes vis-à-vis des partis. Les autres,

---

1. Opération militaire du 1er bataillon de parachutistes de choc visant à installer une tête de pont en Corse.

le plus souvent inavouées, correspondent au souci des dirigeants gaullistes de disposer d'un groupe d'hommes prêts à agir et à infiltrer les administrations publiques et spécialement la police », expliquera plus tard Louis Odru, rapporteur de la commission d'enquête parlementaire sur les activités du SAC[1].

Pour notre propos, il est important de noter ici, d'ores et déjà, l'apparition de Charles Pasqua, d'Étienne Léandri et de Jean-Charles Marchiani sur un des itinéraires tortueux qu'a empruntés l'histoire de la Ve République...

Yves Bertrand, qui deviendra le patron des RG, a connu Marchiani durant l'année universitaire 1961-1962 à la faculté d'Aix-en-Provence alors que celui-ci y étudiait le droit. « Officiellement, il militait pour la défense de l'Algérie française... Il était en fait intimement lié à Charles Pasqua, alors responsable du SAC pour la Provence et la côte d'Azur. Il était même son bras droit. Alors qu'il prétendait diriger les membres du groupe "Algérie française" de la fac, il les infiltrait !.. Il faisait un véritable travail de contre-espionnage au sein de l'OAS métropolitaine, le prolongement naturel de l'Organisation secrète qui sévissait sur le sol algérien... Cette période est essentielle pour comprendre la force de ce que l'on a appelé les "réseaux Pasqua". Dès le départ, Jean-Charles Marchiani est un personnage-clef de ces réseaux[2]. »

La commission d'enquête sur le SAC, créée en 1981 après le massacre d'Auriol perpétré le 18 juillet de cette année-là[3], n'est pas parvenue à mettre au jour toute la frange occulte de cette association, mais elle a toutefois révélé certains

---

1. Publié au *JO* le 18 juin 1982.
2. In *Ce que je n'ai pas dit dans mes carnets...*, Fayard, 2009.
3. Jacques Massié, chef du SAC marseillais, est assassiné avec sa famille par ses propres hommes.

cas d'infiltration dans l'appareil d'État, notamment dans la police et les services secrets, et les liens du SAC avec le grand banditisme. Elle évoque ainsi les nombreuses affaires judiciaires dans lesquelles le SAC a trempé : « Une liste élaborée par la direction de la police judiciaire cite soixante-cinq affaires commises par cent six membres du SAC depuis sa création ; ce chiffre est un minimum, la presse s'est fait l'écho de chiffres supérieurs, mais, dans de nombreux cas, la preuve est très difficile à rapporter. » Et de se demander si les affaires connues « ne sont pas, en fait, des "affaires du SAC" qui seraient ainsi la partie émergée de certaines de ses activités, cette interrogation étant évidemment amplifiée par celle qui existe sur les ressources du SAC ».

Dans son rapport, Louis Odru consacre de nombreuses pages à l'illustration de ces « liens du SAC avec le grand banditisme ». L'un des cas cités est celui de Christian David, connu dans le milieu comme « le beau Serge », dont nous évoquerons la trajectoire plus en détail. Son cas est en effet exemplaire. Le 2 février 1966, le beau Serge, truand réputé très dangereux, est interpellé dans un bar de la rue d'Armaillé, à Paris. Il exhibe sous les yeux des policiers une carte bleu, blanc, rouge. En vain. Au moment d'être embarqué, Christian David sort un revolver, tue le commissaire Galibert et blesse l'inspecteur qui l'escorte. Commence alors une course-poursuite entre le fugitif et la police. James Sarazin, auteur du *Dossier M... comme Milieu*[1], a exposé devant la commission d'enquête parlementaire la façon dont le SAC intervint dans cette affaire :

« LE PRÉSIDENT : Vous indiquez... dans votre livre que la fuite de Christian David a été organisée par les filières du SAC.

---
1. Éditions Alain Moreau, Paris, 1977.

JAMES SARAZIN : Oui, par le *Fetich's Club*, par Tramini, et, semble-t-il, par les Guérini. »

Ce sont bien en effet les hommes qui assuraient la liaison entre le SAC et le milieu politique qui ont organisé la cavale du beau Serge à travers la France après l'assassinat du commissaire Galibert. Il s'est d'abord caché dans la région lyonnaise, au *Fetich's Club*, une maison de rendez-vous fameuse dans la capitale des Gaules, qui fonctionnait grâce à la protection de policiers et d'hommes politiques locaux. Puis il a transité par la région marseillaise où il a été pris en main par « Tintin » Tramini, un des patrons du milieu marseillais, qui a reconnu appartenir au SAC, et par Antoine Guérini qui l'a aidé à quitter la France pour l'Amérique du Sud où il a rejoint le réseau de trafiquants de drogue d'Auguste Ricord, l'ancien gestapiste de la « Carlingue »[1]...

---

1. Voir *supra*, p. 44, note 1.

5.

La CIA protège les mafieux siciliens et corses et facilite l'installation des filières de l'héroïne à destination des États-Unis

C'est Bill Donovan, patron de l'OSS, qui eut l'idée de collaborer avec la Mafia pour aider les États-Unis à gagner la guerre, puis, aussitôt après, pour les aider à lutter contre la menace et les infiltrations communistes. Mais il y avait un « hic » ! La personne *ad hoc* pour monter une telle opération, Lucky Luciano, était derrière les barreaux. Il était tombé en 1935 sous les coups d'un jeune et ambitieux procureur, Thomas Edmund Dewey, qui avait déjà inscrit quelques autres mafieux d'envergure à son tableau de chasse. Celui-ci avait coincé Luciano avec les méthodes qui avaient naguère permis de faire tomber Al Capone : en le faisant coffrer non pour fraude fiscale, comme celui-ci, mais pour quatre-vingt-dix cas de proxénétisme avéré...

Luciano, qui n'avait qu'un lointain rapport avec la prostitution, se croyait hors d'atteinte. Au fil du procès au cours duquel défilèrent une soixantaine de ces dames, Lucky resta narquois, se permettant même des grossièretés et quelques privautés avec la vérité. Mais son sourire se figea pour longtemps à l'énoncé du verdict : déclaré coupable, il écopa d'une peine de trente à cinquante ans de prison...

Meyer Lansky, partenaire de Luciano, se tint à distance du procès, mais fit savoir à son ami, via son avocat, qu'il déploierait tous les moyens en son pouvoir pour le faire sortir, tout en sachant que les chances d'y parvenir étaient proches de zéro. Luciano emprisonné, les « rêves cubains » de Meyer semblaient s'être évaporés. Mais voilà que la guerre allait changer la donne.

Deux accords sont alors négociés avec le « parrain des parrains » via Meyer Lansky. Le premier avec la Naval Intelligence pour la protection du port de New York contre les menées de l'espionnage allemand. Le second avec l'OSS pour obtenir son aide lors du débarquement en Sicile. Earl Brennan, chef de l'OSS en Italie, intervient auprès du secrétaire américain à la Justice afin que celui-ci réduise la peine prononcée contre Charles « Lucky » Luciano ; aux termes d'un marché tenu secret, en échange de sa libération, Luciano fournirait à l'armée US une liste des mafiosi siciliens les plus influents qui pourraient appuyer le débarquement américain de 1943 en Sicile[1].

Une note de l'OSS datée du 13 août 1943 montre bien dans quel esprit est conclu le *deal* : « En ce qui concerne nos activités en Sicile, nous ne devons pas oublier que la Mafia y joue un rôle important. [...] Nous avons rencontré ses chefs. Les accords prévoient que ces derniers agiront

---

1. Roberto Faenza, *Gli americani in Italia* (Editore Feltrinelli, Milan, 1976), p. 10-13. Les connexions entre les USA et la Mafia avaient déjà été révélées en 1951 par une enquête du Sénat des États-Unis dirigée par le sénateur Kefauver. Voir les US Senate Special Committee, Hearings on Organized Crime and Interstate Commerce, part 7, p. 1181 (1951).

selon nos instructions et nos suggestions[1]. » Les mafieux siciliens se mirent donc en ordre de marche, y compris et peut-être surtout ceux qui avaient collaboré : ainsi, Vito Genovese, mouillé jusqu'au cou avec les fascistes, se mit au service des Alliés lors du débarquement et devint même l'interprète du colonel Charles Poletti, adjoint direct de lord Rennel of Rodd, patron de l'Amgot[2]. Poletti ne veut surtout pas entendre parler sur place d'élections et préfère l'*indirect rule* : le pouvoir exercé par l'intermédiaire des mafieux, plus capables, d'après lui, de maintenir le calme dans les campagnes que des gens censés sortir des urnes. Ex-gouverneur de New York en 1942, il avait déjà été remarqué pour son extrême bienveillance envers certains grands criminels...

Les *boss* siciliens travaillent ainsi en étroit contact avec Joseph Russo, patron de l'OSS à Palerme, lequel compte sur la Mafia pour le renseigner sur les agissements des communistes et des syndicalistes les plus actifs de l'île[3]. En contrepartie, l'OSS facilite les affaires de la Mafia en lui donnant accès aux carnets d'approvisionnement, aux pneus, à l'essence, mais aussi aux camions de l'armée US. Par sa force symbolique, l'association de Charles Poletti avec Vito Genovese, Jimmy Hoffa, futur leader des syndicats de camionneurs américains, et quelques autres mafieux, pour mettre en place un trafic de produits alimentaires, illustre bien le pacte avec le diable passé par Washington pour lutter par tous les moyens contre la menace communiste.

---

1. *La Mafia, il Vaticano e il neofascisme nei documenti americani e italiani, 1943-1947*, de Nicola Tranfaglia, Milan, Bompiani, 2004.
2. Allied Military Goverment of Occupied Territory, qui prévoit pour tous les pays vaincus une tutelle militaire et administrative des États-Unis.
3. Voir *Un pouvoir invisible*, de Jacques de Saint Victor, *op. cit.*

Lors du transfert des pouvoirs de l'Amgot aux nouvelles autorités italiennes, le général Giuseppe Castellano, commandant la division Aosta, lequel avait signé le 3 septembre 1944 la reddition de l'armée italienne, puis collaboré avec les Alliés, rencontre à plusieurs reprises les chefs mafieux pour essayer de garder le contrôle de l'île. Rêvant comme toujours d'un havre de paix pour faire prospérer leurs activités, ce qu'on appellera ici le « rêve cubain », ceux-ci ont alors songé en effet à faire de la Sicile un paradis criminel et ont sérieusement milité à cette fin pour la cause séparatiste : « Pour la première et dernière fois, la Mafia, au lieu de s'infiltrer dans un appareil de pouvoir, semble vouloir concourir directement à une hypothèse politique », explique l'historien italien Salvatore Lupo[1].

Le 4 janvier 1946, Lucky Luciano apprend que son vieil ennemi le procureur Dewey lui accorde une commutation de peine exceptionnelle. Le chef suprême de la mafia américaine pourrait se sentir comblé, mais il y a un bémol à la nouvelle de sa libération : il est condamné à l'exil et doit quitter au plus vite et pour toujours le territoire des États-Unis, et s'en retourner vivre dans sa Sicile natale. Le coup est rude. Mais l'autre terme de l'alternative est de finir ses jours en prison en purgeant encore au minimum vingt ans sur les trente ou cinquante dont il a écopé en 1936 pour proxénétisme, peine la plus lourde jamais prononcée pour un tel motif aux États-Unis. Pour Luciano, le calcul est vite fait : il a quarante-neuf ans. Il n'empêche : ne plus revoir son Amérique est une sanction douloureuse. Sur la fin de sa vie, il traînera sur les quais de Palerme, dans les bars du port, juste pour parler du « pays » en anglais avec des militaires ou des marins de passage.

---

1. In *Histoire de la mafia des origines à nos jours*, Flammarion, 1999.

Pour autant, il n'en a pas fini avec les États-Unis. À peine est-il de retour sur sa terre natale qu'un curieux personnage ne tarde pas à lui rendre visite. Il s'appelle Irving Brown et, sous couvert d'une centrale syndicale américaine, l'AFL-CIO, il officie en réalité pour la toute jeune CIA, créée en même temps qu'a été lancé par l'administration Truman le plan Marshall, pour contrer en Europe les progrès soviétiques et l'essor des partis affiliés à Moscou. Dans le cadre de la lutte anticommuniste qui s'engage, Brown demande une fois encore à Lucky Luciano de se joindre à l'effort de guerre. Luciano propose un *deal* on ne peut plus simple : on ferme les yeux sur ses affaires, et, en retour, il sera des leurs. Irving Brown peut repartir satisfait. C'est ainsi que, de son côté, la French Connection va pouvoir tourner bientôt à plein régime. Après la guerre, la CIA « eut à cœur d'entretenir cette amitié secrète avec la mafia sicilienne », ce qui explique qu'« au nom de la lutte contre le communisme en Italie et en Sicile, les Américains abandonnèrent l'île à la pègre qui la contrôle encore aujourd'hui[1] ».

Avec la mise en œuvre du plan Marshall, la politique d'endiguement du communisme et un budget de 400 millions de dollars, le président Harry Truman est résolu à aider tout pays qui combattra l'expansionnisme soviétique et contribuera à la défense du monde libre. Le bras armé de cette politique est d'abord et en premier lieu la toute jeune CIA qui prend la place de l'OSS ; elle sera secondée en juin 1948 par l'OPC (Office of Policy Coordination) en vue de développer « une capacité d'action politique secrète », notamment des opérations clandestines telles que l'infiltration des syndicats. Pour ces instances, contrôler

---

1. *The Observer* du 10 janvier 1993. Référence au documentaire *Allied to the Mafia*, diffusé en janvier 1993 sur la chaîne BBC2.

ou circonvenir les organisations ouvrières est en effet une priorité dans leur combat en Europe occidentale. À cette fin, elles sont prêtes à s'allier avec le diable, qu'il revête le visage d'anciens nazis, d'ex-fascistes ou de mafieux, aussi bien en Italie qu'en France ou au Japon.

Partout en France, les ouvriers sont alors très mal payés, malgré leur contribution à l'effort de reconstruction. Les conseillers américains incitent en effet les gouvernements français successifs à continuer à bloquer les salaires pour faciliter la relance de l'économie. Des grèves de plus en plus fréquentes et de plus en plus dures paralysent nombre de secteurs industriels. Elles prennent notamment pour cibles le plan Marshall, puis l'OTAN. Les Américains y voient la patte du parti communiste et de sa « forteresse », la CGT, et même les signes avant-coureurs d'un coup d'État. La CIA s'emploie alors à lancer des opérations secrètes destinées à briser ces grèves et à changer le rapport des forces en présence. Via l'American Federation of Labor (AFL), elle favorise la scission de la CGT en acheminant des fonds au bénéfice de Léon Jouhaux qui fait sortir Force ouvrière (FO) du syndicat rouge. La CIA se rapproche également de la SFIO et la finance afin de conférer à ses leaders la solidité politique nécessaire pour affronter les partisans de la grève[1]. Elle conseille fortement à Jules Moch, ministre socialiste de l'Intérieur, le rappel de quatre-vingt mille réservistes pour compléter, en 1947, la mobilisation de deux cent mille hommes de troupe afin de mater brutalement les grévistes. Paul Ramadier, président du Conseil, a déjà exclu les communistes du gouvernement.

À Marseille, la situation est particulièrement tendue. La puissance des communistes et des dockers cégétistes dans la deuxième ville de France – le port est la principale porte

---

1. In *La Politique de l'héroïne*, op. cit.

d'entrée des matériels et des vivres du plan Marshall en Europe – inquiète tout particulièrement les Américains. La CIA décide de prêter une attention spécifique à la cité phocéenne. Grâce à ses relations avec le Parti socialiste, elle envoie à Marseille des agents et même une équipe de techniciens de la guerre psychologique.

Après la guerre, la situation de la pègre corsico-marseillaise est beaucoup plus délicate que celle des Siciliens. Le temps de la protection de Carbone et Spirito, associés à Simon Sabiani, est bien révolu. Socialistes et communistes, qui, en avril 1945, ont porté Gaston Defferre à la mairie, sont en principe de farouches ennemis du milieu. Les CRS formées pendant les combats de la Libération en août 1944 lui portent des coups terribles ; elles ont pour mission non seulement de rétablir l'ordre public, de traquer les collabos, mais aussi de lutter contre la pègre et de réprimer le marché noir. Les tensions puis les affrontements entre socialistes et communistes, à Marseille comme dans le reste de la France, constituent donc une aubaine pour les mafieux corses. Aux élections municipales des 19 et 26 octobre 1947, le nouveau RPF du général de Gaulle élimine les communistes de la municipalité. Une alliance de fait entre les socialistes et la pègre va dès lors se créer pour reprendre le contrôle de la vie politique de la cité phocéenne, facilitée par les agents de la CIA et ceux de la DST, obsédée comme sa consœur américaine par la montée en puissance des communistes européens inféodés à Moscou.

Via Irving Brown et sous couvert de l'AFL-CIO[1], la toute jeune CIA prend contact avec le « commissaire-

---

1. In *M... Comme Milieu*, de James Sarazin, Alain Moreau éditeur, 1977.

voyou » Robert Blémant et avec Pierre Ferry-Pisani, avocat, ex-conseiller municipal SFIO. Avant guerre, le premier a déjà été décoré pour ses succès en matière de contre-espionnage à la ST. Dès la fin 1940, il reprend à Marseille sa chasse implacable aux espions allemands. Il rejoint rapidement les « Travaux ruraux », organisation secrète de contre-espionnage montée par Paul Paillole, ancien du 2e Bureau, puis responsable du contre-espionnage militaire avant la guerre, pour lutter contre l'occupant. Il n'hésite pas à braver les instructions de Vichy et a souvent recours aux solutions définitives quand des agents ennemis viennent à tomber dans ses filets. Mais il présente également la particularité de fréquenter la pègre marseillaise et se met en tête d'y recruter des résistants. En mars 1943, il devient garde du corps du général Giraud à Alger. À la Libération, il ne va plus tarder à rallier la grande voyoucratie...

Le fait que Blémant et Ferry-Pisani soient de bords opposés sur l'échiquier politique ne constitue pas un problème pour les Américains. Les deux hommes ont en effet en commun un anticommunisme exacerbé et militant. À son retour de déportation, Pierre Ferry-Pisani a été mis sur la touche par la jeune génération menée par Gaston Defferre, soucieuse de garder en main les rênes conquises dans la Résistance. Cependant, son expérience acquise avant guerre auprès du syndicat des marins lui confère une aura intacte sur le port. Il va la mettre à profit avec le soutien actif de la nouvelle centrale de renseignement américaine qui tient à contenir coûte que coûte la montée en puissance de la CGT, jugée inféodée au communisme. La CIA a alors décidé de se servir du Parti socialiste comme d'un gourdin[1].

---

1. In *La Politique de l'héroïne, op. cit.*

Ferry-Pisani met les frères Guérini, mais aussi « Jo » et Noël Renucci[1] dans le circuit. Lesquels rencontrent à leur tour Irving Brown. Celui-ci leur dévoile ses visées anti-CGT. Les agents de la CIA fournissent armes et argent aux mafieux corses. Les Guérini voient d'emblée tout l'intérêt qu'ils peuvent tirer d'une telle alliance, fût-elle indirecte et occulte. Leurs hommes de main vont donc organiser les « cassages » de grèves et autres opérations du même tonneau. Début novembre 1947, le *boycott* des tramways par la CGT à la suite d'une hausse des tarifs décidée par la municipalité avive encore les tensions. Le 12, des ouvriers en colère manifestent devant le palais de justice pour obtenir la libération de quatre jeunes métallos arrêtés pour s'en être pris à un tram. À la faveur des heurts avec les forces de l'ordre, deux d'entre eux s'échappent. La foule apprend que, lors de la séance du conseil municipal faisant suite à la décision de majorer les tarifs des transports urbains, des conseillers communistes ont été tabassés par des partisans musclés du maire, tous appartenant au clan Guérini. Quarante mille manifestants clament leur indignation devant l'hôtel de ville. L'ancien maire communiste, Jean Cristofol, calme la foule qui se disperse. Mais un groupe de jeunes ouvriers décide d'en découdre avec ceux qu'ils considèrent comme les responsables de l'évolution violente de la situation. Ils investissent les quartiers tenus par la pègre, sur les quais et près de l'Opéra, brisent des vitrines et se retrouvent nez à nez avec Antoine et Barthélemy Guérini qui tirent des coups de feu dans leur direction, laissant plusieurs blessés sur le carreau. Peu après, un jeune métallo succombera à ses blessures.

---

1. Qui ont d'abord été des collaborateurs avant de rejoindre *in fine*, on l'a vu, la Résistance.

Le lendemain matin, le journal communiste *La Marseillaise* estime que les méthodes de Sabiani ont été rétablies à la mairie de Marseille ; il précise qu'une enquête confirme que l'agression dont ont été victimes les conseillers municipaux communistes a bien été le fait d'hommes des Guérini. Le même 13 novembre, la CGT locale appelle à la grève générale. La ville est paralysée. Le lendemain, la CGT appelle à l'extension de la grève à l'ensemble du pays. Gaston Defferre réplique à Paris en prêchant une croisade anticommuniste depuis la tribune de l'Assemblée nationale :

« Les drapeaux américain et britannique qui flottaient sur l'hôtel de ville ont été arrachés par les hordes communistes... Nous savons maintenant de quoi les communistes sont capables. Je ne doute pas que le gouvernement en tire les conséquences... Le Parti socialiste déplore ces incidents et ne tolérera pas que ceux qui se disent députés soient à même de défier la loi... »

Defferre transmet également à Jules Moch une liste de CRS suspectées d'appartenance communiste et qui, selon lui, ont pris parti le 12 novembre en faveur des manifestants. À la vive satisfaction des gangs corses, Jules Moch ordonne à la police d'intervenir avec brutalité contre les travailleurs en grève de la cité phocéenne après épuration des CRS. Mafieux, agents de la CIA et CRS épurées vont dès lors se déchaîner en malmenant les piquets de grève et en assassinant quelques meneurs[1]. Les spécialistes de la guerre psychologique réalisent et diffusent des tracts, des affiches, des émissions de radio pour convaincre les grévistes de reprendre le travail. Ils n'hésitent pas à menacer de rapatrier aux États-Unis une cargaison de soixante-cinq

---

1. In *La Politique de l'héroïne*, op. cit.

mille sacs de farine destinés à une ville affamée si les dockers ne la déchargent pas sur-le-champ. La faim et les violences ont raison de la détermination des grévistes. Le 9 décembre, les travailleurs marseillais décident de reprendre le travail, tout comme leurs camarades dans le reste du pays. Les agents américains et leurs hommes de main peuvent crier victoire. La veille de Noël 1947, ils font rentrer quatre-vingt-sept wagons de farine, de lait, de sucre et de fruits en gare Saint-Charles présentés comme dons du peuple américain. Il faudra attendre encore quelques mois pour que soient débarqués les premiers lots de marchandises du plan Marshall. À cette époque, les Guérini ont progressivement repris en main les docks du port et relancé à grande échelle leurs trafics, leurs bordels et leurs boîtes de nuit, tout en s'affichant sans vergogne aux premiers rangs des meetings socialistes de Gaston Defferre.

L'union de la gauche n'est plus à l'ordre du jour, et le maire SFIO entend garder la haute main sur son camp. Celui qui se veut le nouvel homme fort de Marseille estime peu les activités « sponsorisées » de Ferry-Pisani. S'il adhère sans réserve au combat mené, il n'apprécie pas la popularité de ce rival potentiel. Le flot de dollars déversé par Brown, dont lui-même a profité pour la prise de contrôle du journal *Le Petit Provençal*, inquiète un Defferre qui n'arrive pas vraiment à s'imposer sur le port.

La reprise du travail en décembre 1947 ne s'accompagne pas d'une amélioration de la condition ouvrière. Celle-ci ne fait même qu'empirer. Le départ de navires transportant armes, munitions et vivres américains destinés au corps expéditionnaire en Indochine va tenir lieu de détonateur. La guerre en Extrême-Orient est impopulaire : à Marseille, Hô Chi Minh, qui a participé à la création du Parti communiste français, est considéré par beaucoup comme un héros. En janvier 1950, les dockers communistes se reprennent à boycotter les bâtiments chargés d'approvisionner les militaires dans les zones de combat. Quelques jours plus tard, les mêmes dockers exigent « le retour du corps expéditionnaire d'Indochine pour mettre fin à la guerre du Vietnam », et exhortent « tous les syndicats à entreprendre les actions les plus efficaces possible contre la guerre d'Indochine ». Aux cargaisons d'armes bloquées s'ajoute, à la mi-février, la paralysie de tout ce qui concerne l'approvisionnement de l'industrie métallurgique, les mines et les chemins de fer.

La CIA élabore et met en œuvre un nouveau plan pour briser les grèves en utilisant une fois de plus Irving Brown et Pierre Ferry-Pisani, en déversant des dollars, en se servant des « gros bras » du clan Guérini et en faisant venir des « jaunes » d'Italie. Sous la houlette de Ferry-Pisani, les bandits corses protègent ces « jaunes » pour qu'ils débarquent les armes en provenance des États-Unis. Une nouvelle fois, les hommes de Guérini menacent les communistes jusque dans leurs cellules, ils agressent les piquets de grève pour permettre aux « jaunes » et à la troupe d'accéder aux quais. « Le premier communiste qui essaya de virer les hommes de Ferry-Pisani fut flanqué à l'eau », rapporte sans déplaisir le magazine *Time*[1]. Le 13 mars, le gouvernement peut annoncer que, malgré la persistance d'un *boycott* des travailleurs communistes, le service du port de Marseille est normalement assuré. Mi-avril, la grève est pratiquement terminée.

Les conséquences de ces victoires sont importantes. Les Guérini et leurs proches, les frères Renucci, les frères

---

1. Cité in *La Marseillaise*, 13 novembre 1947.

Venturi (notamment « Nick ») et les frères Francisci (notamment Marcel) règnent désormais sans partage sur les docks de Marseille et ont consolidé d'autant leur influence politique. « La CIA avait levé le dernier obstacle qui entravait les opérations de contrebande des Corses à Marseille [...]. Les conditions se trouvèrent réunies pour que Marseille devienne le laboratoire d'héroïne de l'Amérique[1]. »

Cette situation prévaut en effet après la tournée de Meyer Lansky, principal collaborateur de Lucky Luciano, auprès des parrains corses marseillais, en particulier des Guérini. À la suite de ces pourparlers, Lansky – et, par son intermédiaire, Luciano, parrain des parrains – est parvenu à un accord avec eux sur le trafic international de l'héroïne. Luciano a décidé d'abandonner ses filières pharmaceutiques italiennes et de faire de Marseille sa principale source d'approvisionnement en « blanche ». Le contrôle des quais rend cette alliance possible. Les premiers laboratoires marseillais ouvrent en 1951. La CIA a ainsi fait de la cité phocéenne la capitale de l'héroïne et rendu possible ce qui va devenir la French Connection grâce à un réseau reliant la Turquie, voire l'Indochine, à New York, et intégrant ses alliés de la mafia sicilo-américaine.

Marseille devient un paradis pour les bandits corses. Le parti communiste local, qui jusque-là les traquait, se trouve réduit à la portion congrue. Les Guérini poursuivent leurs bonnes relations avec les socialistes marseillais. Eux et quelques-uns de leurs proches leur serviront même de gardes du corps et de colleurs d'affiches jusqu'à la chute du clan en 1967. Il faisait alors si bon vivre à Marseille que François Spirito, le grand collabo de la rue Lauriston, condamné à mort à la Libération, peut revenir chez lui en

---

1. In *La Politique de l'héroïne*, *op. cit.*

1952 et est rapidement gracié. Il se retrouve ainsi à même d'activer son réseau américain, comprenant notamment Gaetano Lucchese – *boss* d'une des cinq familles dominant le crime organisé new-yorkais –, pour répondre à la demande croissante d'héroïne sur le marché américain...

6.
Aux côtés de Lucky Luciano ?

Étienne Léandri a vécu quelques années à Milan, devenu après guerre le refuge de nombreux collaborateurs et gangsters français. Au début de 1945, dans les cafés proches du Dôme, on peut croiser Michel Harispe, ancien cagoulard, ex-MSR et collabo. De nombreux ex-miliciens, ex-PPF, encore acoquinés avec des agents de renseignement de la Gestapo, font la navette entre Côme, San Remo et la capitale lombarde. Ils s'évertuent encore à monter des opérations en France. Simon Sabiani, à Bolzano, chez des amis, garde le contact avec Marcel Déat.

Bien organisés, les grands du milieu ont su ménager leur fuite à Milan bien avant la capitulation allemande. Ainsi Alfred Palmieri, proche comparse de Léandri, qui aurait emporté de l'Hexagone quelque 200 millions en or et en devises, et Paul Gambini. C'est bientôt le tour d'Auguste Ricord de quitter Genève pour l'Italie du Nord. Puis Étienne Léandri est expulsé de Suisse à la fin 1945 ; sous le nom de Raynal, il gagne la capitale lombarde où il retrouve ses amis Ricord et Palmieri. Tous trois ont leur QG au café *Creia* et au *Bar continental*. Ils reprennent leurs activités de malfrats. Ils ont su conserver des contacts clandestins avec des amis restés à Nice, Marseille et Paris.

Léandri se lance dans la fausse monnaie, le trafic de cigarettes, probablement aussi la drogue, sa spécialité secrète. Lui et ses pareils ont circonvenu le major Paoli, l'officier italien chargé de les surveiller. Gangsters et collabos doivent faire attention aux Français de la mission Rossignol et aux officiers américains du CIC, le contre-espionnage militaire, qui, après la capitulation du 8 mai 1945 et le départ des Allemands, enquêtent sur eux à Milan. Est-ce à cette époque-là que Léandri a commencé à prendre langue avec les investigateurs américains, plus enclins à traquer les communistes que les ex-collabos ?

Léandri disparaît en tout cas pendant une année des archives consultées. Peut-être ai-je mal cherché ? Je le retrouve en revanche dans celles de Côme et Milan en novembre 1946[1]. Il réside alors dans cette dernière ville au 18, via Sant'Andrea, à 900 mètres de la cathédrale. Si l'on s'en tient à ces seuls dossiers, c'est alors pour lui grandeur et décadence. Ne s'agglutinent plus autour de lui les Gabin, Raimu, Tino Rossi et autres figures du gotha parisien, ni non plus celui des affaires, ni la mouvance de Carbone et Spirito. Beaucoup plus modestement, il s'est alors acoquiné à des voyous de faible envergure. Sous le nom de Michel Piccard, il a rejoint une bande dirigée par Carlo Martinoli, ex-prisonnier de droit commun déporté dans un camp de travail allemand pendant l'occupation de l'Italie du Nord et qui s'est installé à Gênes à sa libération. Martinoli y a retrouvé Carlo Giaccaglia, faux-monnayeur notoire, plusieurs fois condamné, qui lui aura présenté

---

1. Les « aventures » judiciaires d'Étienne Léandri à Milan et Côme ont été décrites à partir des archives de la questure de Côme (catégories 1 et 12D), des archives du tribunal civil et pénal, des archives de la questure, des archives de la préfecture de Milan.

quelques comparses. Cette bande est à l'origine de trois escroqueries successives, plus ou moins minables, repérées par la police.

Escroqueries qui visaient à exploiter la présence des Américains sur le port de Gênes. En tentant de vendre des stocks de marchandises qui ne leur appartenaient pas, en trafiquant avec des faux dollars, des faux chèques...

Léandri est coffré le 5 mai 1947, Carlini le 19 juin suivant et Rainato le 9 mars 1950. De nombreux faux chèques américains pour un montant total de 26 300 dollars sont retrouvés aux domiciles de Martinoli et de sa maîtresse, Maria Trombini, ainsi qu'une fausse carte d'identité au nom de « Frontini » et – à la grande surprise des agents – un certificat de voyage portant le nom de l'un de leurs collègues, le brigadier Cavani. Fait troublant, l'enquête ne s'attardera pas sur cette découverte ni sur les liens entre le brigadier et les accusés, alors même qu'un témoignage de Martinoli indique que ledit policier aurait reçu 30 000 lires pour freiner le cours de l'enquête...

L'instruction est d'abord traitée par le tribunal de Côme qui, le 19 juillet 1948, se déclare incompétent et transmet les actes à un juge d'instruction de Milan. Le 10 avril 1951, Léandri est condamné en première instance pour escroquerie en bande organisée à un an, dix mois et quinze jours de prison, peine portée en appel, le 4 décembre 1951, à deux ans et quinze jours, mais il est dispensé de faire sa peine. Le 6 octobre 1952, il fait néanmoins l'objet d'un mandat d'amener émis depuis Rome.

Qu'a-t-il fait au juste entre fin 1946 et fin 1952, hormis son petit séjour aux « Fraschette », centre de détention pour personnes étrangères situé dans la région du Lazio ? Ces années-là et celles qui ont suivi baignent dans le clair-obscur. À partir de confidences d'Étienne Léandri, Julien

Caumer[1] affirme que cet épisode judiciaire aurait marqué la première étape de sa rencontre ultérieure avec Lucky Luciano. Après son arrestation à Côme, Léandri aurait reçu en prison la visite d'un avocat envoyé par celui-ci. S'agit-il de Marino de Fraia, nom de son propre avocat, qui figure au dossier ? Son nouveau défenseur lui aurait révélé qu'il ne courait aucun risque d'extradition vers la France. Le décret pris par Mussolini accordant aux Corses la double nationalité – française et italienne – et même le droit d'asile est toujours valable. L'avocat lui laisse entrevoir une rapide sortie des geôles italiennes. Élargi, Léandri se serait alors rendu directement chez Lucky Luciano, alors à Milan, et serait devenu un de ses proches.

Pourquoi Léandri aurait-il menti sur ses vieux jours ? Déjà une certitude : après son retour de Cuba[2] en février 1947, Luciano s'est installé à Milan, puis il s'est associé à des parrains corses amis de Léandri, notamment dans le trafic des cigarettes blondes à Tanger, ensuite dans celui de l'héroïne... Il est probable que Lucky Luciano va jouer dès lors un rôle décisif dans la trajectoire d'Étienne Léandri et dans le rapprochement entre la pègre corsico-marseillaise et la mafia sicilo-américaine.

Esquissons un bref portrait du personnage. Lucky Luciano est né à Lercara Friddi, en Sicile, le 24 novembre 1897 sous l'état civil de Salvatore Lucania. En 1907, il débarque aux États-Unis et ne tarde pas à s'immiscer dans des bandes qui commettent de menus larcins. C'est là, sur le pavé, en rançonnant les quartiers juifs, qu'il rencontre Maier Suchowljansky, lequel va devenir son ami et associé.

---

1. In *Les Requins, op. cit.*
2. Voir *infra*, p. 118-119.

La légende voudrait qu'il lui ait offert sa « protection », offre que Maier aurait fermement déclinée. Luciano en fut d'autant plus surpris que son vis-à-vis ne semblait pas taillé pour les bagarres de rues. Né le 4 juillet 1902 à Grodno (alors partie russe de la Pologne, actuellement en Biélorussie), c'est sous le nom américanisé de Meyer Lansky qu'il restera dans les annales.

Meyer est arrivé à New York en 1911. Comme Charles, *alias* Lucky, ce gamin vif d'esprit traîne sur les quais. Les deux garnements deviennent vite inséparables et, ensemble, vont œuvrer dans le Lower East Side. Meyer tâte un peu du proxénétisme sans pour autant y devenir un acteur majeur. En revanche, ses connaissances en matière automobile font de lui et de sa bande des as du vol de voitures. Il rencontre également un autre petit malfrat originaire de Brooklyn avec qui il crée un gang juif capable de contrecarrer les gangs italiens et irlandais sévissant dans Manhattan. La bande prend le nom de Bugs and Meyer gang. Comme Meyer, son nouvel ami juif fera lui aussi une belle carrière dans le grand banditisme. Pour l'heure, il s'appelle encore Benjamin Siegelbaum, mais c'est sous le nom de Bugsy Siegel qu'il entrera dans l'histoire…

Au cours de cette période, Luciano se fait prendre avec de l'héroïne et écope d'une peine de six mois de prison. À sa sortie, il commence à se faire un nom. Juste avant la prohibition, Meyer Lansky et Lucky Luciano décident d'unir leurs forces. Ils s'associent avec Bugsy Siegel et avec un autre Italo-Américain qui défraiera la chronique : Franck Costello. La prohibition qui vient d'être décrétée va faire de ces jeunes délinquants des hommes riches…

Après de nombreuses pérégrinations qui passent par la prison, l'expulsion vers l'Italie et un séjour à Cuba,

Lucky Luciano monte un système d'approvisionnement en héroïne pour le compte de Cosa Nostra aux États-Unis. Il s'approvisionne directement auprès d'entreprises chimiques et pharmaceutiques du nord de l'Italie, notamment les établissements SACI, à Milan, et Schiaparelli, à Turin. Lui et ses hommes trafiquent les comptes de ces entreprises pour détourner les kilos d'héroïne achetés légalement à des fins thérapeutiques. La fraude est découverte par le Narcotic Bureau au début des années 1950. Lucky Luciano quitte alors Milan pour Palerme où il crée son premier laboratoire clandestin[1]...

Étienne Léandri raconte qu'il travaille à l'époque avec et pour Luciano et remplit pour lui des missions secrètes. Il serait ainsi devenu pour son compte une sorte d'ambassadeur itinérant tant auprès des parrains corses, notamment « Jo » Renucci et Antoine Guérini, engagés avec lui dans le trafic de drogue et celui de cigarettes blondes, qu'avec la CIA avec laquelle le *boss* entretient des liens étroits comme, naguère, il en avait eu avec l'OSS (il affirme même avoir rencontré à plusieurs reprises Allen Dulles[2]...). Léandri passe désormais une bonne partie de son temps dans le port franc de Tanger où « Jo » Renucci règne en maître grâce à la protection du SDECE auquel il rend sur place quelques services... Et il renoue les liens qu'il avait déjà tissés avec les Corses de Saigon pour monter des filières d'approvisionnement en opium.

Pendant sa période italienne, Étienne Léandri a entretenu des relations suivies avec de gros entrepreneurs italiens proches de la loge P2 et du Vatican. Michel Carmona,

---

1. In *Le Pouvoir invisible*, *op. cit.*
2. Chef de l'OSS pendant la guerre, patron de la CIA, père du secrétaire d'État Foster Dulles.

brillant universitaire, qui fut un conseiller écouté d'Albin Chalandon, puis d'Étienne Léandri, cite[1] trois noms importants dans l'ascension de ce dernier. D'abord Louis Corbi et la société Condotte d'acqua, proche du Vatican, qui a obtenu la construction du port de Bandar Abbas (Iran) : « Bandar Abbas est à l'origine de sa fortune », affirme l'historien. Léandri se lie aussi au promoteur Cabassi qui a édifié sa fortune après guerre à Milan sur les décombres des bombardements. Et à l'architecte Carlo Castelli...

Depuis ses débuts dans le banditisme, Léandri avait déjà appris à ignorer ou contourner les lois, et, aux côtés de Carbone et Spirito, à élargir ses horizons, à côtoyer et soudoyer des hommes de pouvoir. Lucky Luciano achève de le former et de faire de lui un « Monsieur » inatteignable qui ne se salit plus les mains directement, mais parasite l'économie libérale en usant de la corruption. Léandri change alors de catégorie au sein du grand banditisme moderne. Luciano lui transmet sa « philosophie » : « Ce qu'il faut, aujourd'hui, c'est une force supérieure capable de modifier la réalité policière, la réalité judiciaire, la réalité politique. Capable de changer les choses en profondeur, de changer le cours de la vie s'il le faut, de mettre en place des chefs d'État dans des petits pays bien pratiques et malléables, d'être infiltré dans les plus hautes sphères des gouvernements. Il faut une force supérieure pour laquelle, à l'instar du grand banditisme, les lois n'existent pas et seuls comptent objectifs et convictions, coûte que coûte, au prix de morts d'hommes et d'immoralité, s'il le faut. Et il le faut presque à chaque instant », lui fait dire son biographe[2]. L'objectif final : recycler l'argent accumulé

---

1. Rencontre avec l'auteur, 7 mai 2012.
2. In *Les Requins, op. cit.*

grâce à ces pratiques dans le circuit légal, en utilisant des paradis fiscaux aux Bahamas, à Tanger et même en Suisse. C'est ainsi que Meyer Lansky, l'ami et la tête pensante de Lucky Luciano, a su monter dans la Confédération helvétique un système de blanchiment d'argent de la drogue et du jeu de Cosa Nostra avec le concours de banquiers ayant pignon sur rue, moyennant force comptes secrets numérotés...

La « philosophie » de Lucky Luciano telle que Léandri la rapporte à Julien Caumer est également inspirée de Meyer Lansky, qui, dès avant guerre, avait projeté d'« acheter » le pouvoir d'un pays, Cuba. Inspirée également de sa propre expérience de collaboration avec l'OSS, puis avec la CIA, pour lutter d'abord contre les nazis, puis contre les communistes : « ... La lutte contre le communisme leur [aux réseaux mafieux] a conféré une utilité politique et leur a procuré des protections inavouables[1]. » Grâce à Allen Dulles, tout-puissant patron de la CIA obnubilé par la lutte anticommuniste, Étienne Léandri est devenu en somme une sorte de « HC » (honorable correspondant) de la centrale de Langley. Lui aussi est en effet un anticommuniste viscéral. Il sera utile en France qui, pour Dulles et la CIA, est en passe de basculer dans l'orbite soviétique. En échange de ses services, la CIA va l'aider à se faire blanchir de sa condamnation par contumace à vingt ans de travaux forcés pour intelligence avec l'ennemi.

Léandri se présente d'abord début 1955 devant le tribunal permanent des forces armées pour purger sa contumace. Il est placé en liberté provisoire le 11 janvier 1955, un supplément d'information ayant été demandé. Léandri est alors décrit dans l'acte d'accusation comme un « obscur

---

1. In *Un pouvoir invisible*, op. cit.

trafiquant fréquentant des individus de mœurs spéciales et tirant ses ressources de ses conquêtes féminines ; se livrant également au trafic de stupéfiants... Il est accusé [...] d'avoir, en temps de guerre, étant français, entretenu des intelligences avec une puissance étrangère, en l'occurrence l'Allemagne et ses agents, en vue de favoriser les entreprises de cette puissance contre la France ».

Par prudence, il s'installe une nouvelle fois en Suisse sous le nom de Fahrner, car il est poursuivi en 1955 par le bureau italien des narcotiques. À Paris, l'instruction est suivie par maîtres Tixier-Vignancour et Carboni, avocats d'extrême droite, mais le dossier a été fort bien ficelé par les amis américains de Léandri. Le 3 mai 1957, il est complètement blanchi. Il peut dès lors reprendre ses activités en France, facilitées par ses relations qui semblent s'étendre jusqu'au sein du SDECE. Il aurait même été intégré aux réseaux clandestins « Stay behind », créés par les services américains et français pour préparer une riposte à toute tentative communiste de prise du pouvoir. Il développe ses protections françaises en participant à la création du SAC aux côtés d'Alexandre Sanguinetti et de Charles Pasqua dont il est réputé devenir l'ami.

L'ancien officier de la Gestapo, le complice de Carbone, de Spirito et de Lucky Luciano, devenu gaulliste militant, peut dès lors se lancer dans de vastes opérations immobilières en banlieue...

7.

Après Marseille, Tanger

À sa sortie de prison, Étienne Léandri fait donc, pour le compte de Lucky Luciano, des allers et retours entre Naples et Tanger, zone internationale exemptée de droits de douane depuis 1923[1], devenue d'abord la plaque tournante du trafic des cigarettes blondes, puis celle d'autres commerces illicites, drogue comprise. L'ancien officier de la Gestapo y fait des séjours de plus en plus prolongés ; il y retrouve Manouche au *Venezia*, le restaurant à la mode...

L'intérêt de Lucky Luciano pour Tanger et, par voie de conséquence, celui de Léandri, devenu un de ses *missi dominici*, sont la suite directe d'un voyage de Meyer Lansky en Europe deux ans plus tôt. Après son installation à Cuba, l'*alter ego* du Sicilo-Américain a cherché un moyen de faire rayonner leur multinationale du crime organisé au-delà du continent américain. Il s'est d'abord arrêté à Genève, on l'a vu, pour mettre en place des filières opaques permettant de blanchir l'argent sale dans une grande banque de la place. Puis il a cherché à nouer des relations avec les Corses : des gens que son ami et lui

---

[1]. Le statut international de Tanger prendra fin en 1960.

considèrent comme sérieux, s'appuyant sur une diaspora implantée dans le monde entier, notamment en Indochine où ils ont la haute main sur l'opium, et qui disposent des meilleurs laborantins pour le transformer en héroïne.

Luciano a évidemment repris ses activités illicites, en premier lieu le trafic de cigarettes à grande échelle. Meyer va faire entrer « Jo » Renucci, un des grands caïds corsico-marseillais, dans le système sicilo-américain, et faire de lui le représentant de Lucky Luciano en France. Le Corse peut se targuer d'avoir des contacts dans l'ensemble des ports de la Méditerranée, de Beyrouth[1] à Marseille en passant par Naples, Gênes et Tanger. Entre les deux hommes, le courant passe. L'accord est étendu à Marcel Francisci et aux Guérini pour la réception de la marchandise et la revente des cigarettes à Marseille, activité dont sera principalement chargé le duo formé par Dominique « Nick » Venturi, pilier de la sécurité des campagnes de Gaston Defferre, et Antoine « Planche » Paolini, tous deux proches du clan Guérini. Lucky Luciano agrège ainsi autour de lui ceux des ex-résistants qui ont réintégré la pègre corsico-marseillaise.

Entre 1949 et 1953, les parrains corses deviennent en somme les nouveaux Barbaresques de la Méditerranée avec Lucky Luciano, « Jo » Renucci et Marcel Francisci dans le rôle des frères Barberousse, et les frères Guérini, aidés des Venturi, basés à Marseille, en protecteurs zélés. Jo et Marcel sont quasiment à demeure à Tanger. Il faudrait leur adjoindre un personnage-clé, déjà croisé, qui a entraîné et parrainé quelques caïds corses de Marseille

---

1. Il y a noué des relations étroites avec Youssef Beidas le fondateur de l'Intra Bank, et Sami El Khoury trafiquant de drogue protégé par la police libanaise et les services américains. Voir *infra*, p. 147.

dans la Résistance : Robert Blémant, ex-grand flic qui, au fil des ans, s'est révélé plus attiré par les voyous que par la gent policière. Lui aussi séjourne souvent dans la capitale de la flibuste où il peut retrouver ses anciens camarades de la Résistance et leur venir en aide...

Tout ce beau monde s'est d'abord livré au trafic des cigarettes blondes américaines : « Acheté entre 40 et 50 francs à Tanger, chaque paquet de blondes est revendu entre 60 et 100 francs alors que la régie officielle les propose à 190 francs. Le filon est en or[1]. » Des bateaux ultrarapides sillonnent la Méditerranée. Les criques corses ou sardes servent d'aires de déchargement avant que la marchandise ne soit acheminée sur Marseille. Les profits sont énormes. *Mutatis mutandis*, Tanger est devenu ce que Cuba a été pour Meyer Lansky, car il n'y a pas de taxes douanières, pas d'impôts, et les contrôles policiers sont inexistants. À tous ces avantages inhérents à la situation de l'enclave s'ajoutent, pour les parrains corses, notamment pour Jo et Marcel, des protections politiques importantes, dont celle du SDECE qui les utilise à des missions de contre-espionnage au Maroc et en Méditerranée...

Même si c'est Luciano qui coiffe l'organisation de main de maître, Tanger va devenir, l'espace de quelques années, le paradis du milieu à dominante corse. Paradis aussi de toutes les extravagances, de tous les dérèglements, là où lords, princes, grands bourgeois vont s'encanailler et se payer de grands frissons à côtoyer les voyous, voire à les aider et à investir dans leurs trafics. L'enclave est truffée de bordels, de maisons de jeu, mais aussi de quelque trois cents banques avec le mont-de-piété le mieux achalandé de la Méditerranée...

---

1. *Les Parrains corses*, *op. cit.*, p. 82.

À elle seule, Manouche incarne Tanger. Elle avait conquis le Tout-Paris, il lui a fallu peu de temps pour devenir la reine de la « perle du détroit ». Elle avait donné un fils à Paul Carbone peu avant la mort de ce dernier, puis s'était mise en ménage avec François Lucchinacci, dit « le Notaire », ancien bras droit du défunt, trafiquant de drogue et ami d'Étienne Léandri. L'idylle a duré peu. « Le Notaire » a en effet été assassiné à l'intérieur de son restaurant, dans les bras de sa veuve. Manouche invite alors dans son lit Didi le Portoricain, autre proche de Carbone et cousin de « Jo » Renucci. Flairant la perspective de bonnes affaires dans l'entourage dudit Renucci, le couple part, alourdi de valises bourrées de billets, produit de la vente du cabaret-restaurant *Chambiges*, d'un emprunt contracté auprès d'un couple lyonnais terrorisé par la prise de pouvoir imminente des communistes, et de l'argent personnel de la maîtresse de von Stülpnagel, gouverneur allemand de Paris pendant la guerre... Avec Didi, Manouche, associée à « Jo » Renucci, investit dans le trafic des blondes. Elle achète la moitié d'un bateau, l'*Arren Mail*, pour transporter les caisses de cigarettes américaines. Elle acquiert aussi un bar-restaurant, le *Venezia*, rue Murillo, qui devient rapidement l'endroit à la mode. Elle y prend Geneviève, ex-maîtresse de Doriot, comme *barmaid*.

Le lancement du *Venezia* est facilité par Barbara Hutton, l'héritière américaine des magasins Woolworth, qui fait régulièrement les choux gras des courriéristes par ses frasques, sa prodigalité, ses maris. Elle vient de quitter successivement Cary Grant et Porfirio Rubirosa. La *poor little rich girl* adopte Manouche à son arrivée et l'invite souvent dans son palais hispano-mauresque. La Française lui trouve un coiffeur français qui fait dès lors partie de la suite de Barbara aux côtés d'un guitariste anglais, d'un pédicure chinois et d'un masseur suédois.

La pègre, « Jo » Renucci, Marcel Francisci et Étienne Léandri en tête, a élu domicile au *Venezia*, mais c'est aussi le cas du gotha : ainsi du prince Pio di Savoia, de la princesse Edmondo Ruspoli, de la marquise Ponce de León, de l'ancien secrétaire général du Parti radical, Édouard Pfeifer, de l'ex-député d'Indochine et futur banquier Jean de Beaumont[1] ; c'est également le cas de l'élite marocaine, dont le Glaoui mais aussi le jeune Mehdi Ben Barka, et des banquiers et espions de toutes nationalités[2]... Le colonel de Marenches, futur patron du SDECE, est lui aussi un familier de l'endroit, à telle enseigne qu'il propose à Manouche de « travailler pour la France ». La compagne de Didi le Portoricain décline l'offre pour ne pas froisser les Marocains, au grand dam de son interlocuteur.

« Ne regrettez rien : je suis trop bavarde », lui répond-elle.

Elle est également pressentie pour travailler pour l'Intelligence Service de Sa Gracieuse Majesté. Sans plus de succès pour le MI-6.

D'autres agents de renseignement, notamment du SDECE et de la Sécurité militaire, côtoient « Jo » Renucci et Marcel Francisci. Antoine Melero, policier, membre de la « Main rouge[3] », hante le *Venezia* à partir de 1952 et est

---

1. Pendant la guerre, il ne fut pas franchement antiallemand, mais ses protections lui épargnèrent de sérieux problèmes à la Libération. Il devint patron de la banque Rivaud et protecteur financier de grands politiciens de droite.

2. Les informations sur Manouche à Tanger ont été recueillies dans le livre *Manouche*, de Roger Peyrefitte, Flammarion, 1972, et dans *Manouche se met à table*, d'Alphonse Boudard, Flammarion, 1975.

3. « Machine à tuer » du SDECE qui a assassiné nombre de militants indépendantistes d'Afrique du Nord, responsable de la mort

devenu un proche de Renucci... Ont également fréquenté alors le bar-restaurant de Manouche Marcel Bleustein-Blanchet, fondateur de Publicis, Pierre Lazareff, patron de *France-Soir*, et Carmen Tessier, la « Commère » du même journal, venus sur place où ils envisageaient d'acheter Radio-Tanger. Lazareff propose même à Manouche de devenir la correspondante locale de son quotidien...

Grand caïd de la pègre corsico-marseillaise, Paul Leca a également sa place dans ce tableau du Tout-Tanger qui recoupe d'ailleurs à maints égards le Tout-Paris de l'époque. Déjà catalogué comme un individu particulièrement dangereux avant guerre, il a passé la guerre, comme de nombreux autres voyous, à zigzaguer : un coup pour la Résistance, deux pour les Allemands. Un séjour dans le même camp d'internement qu'un professeur qui devient ensuite directeur général de la Sûreté nationale lui vaudra pendant plusieurs années un brevet d'honorabilité, même si, au sortir du camp, il a rejoint la police allemande alors que ledit professeur, lui, prenait le maquis... Il apparaît alors comme un homme respectable, habitant un vaste appartement avec meubles de style et tableaux de maîtres. Il possède un beau yacht, l'*Éliette*, ancré dans le port de Marseille. Il complète sa panoplie de grand bourgeois par des costumes des meilleurs faiseurs, mais surtout en prenant pour épouse Caroline Méré, fille du président de la Société des auteurs et compositeurs dramatiques (1929-1944). Mais il reste un truand, et un truand de haute

---

de Jacques Lemaigre-Dubreuil, le 11 juin 1955. Ancien de l'extrême droite, Lemaigre-Dubreuil, héritier des huiles Lesieur, a participé activement au débarquement allié en Afrique du Nord. D'abord favorable à la déposition du sultan du Maroc Mohamed V, il a évolué vers le soutien à l'autonomie du royaume chérifien.

volée. Grâce à l'*Éliette*, il se livre avec « Jo » Renucci au trafic de blondes et fait souvent la navette entre le Vieux-Port et Tanger. Le coup qui le rendra célèbre est le vol des bijoux de la Bégum, monté notamment avec le concours de Paul Mondoloni que l'on retrouvera en « gros poisson » de la French Connection... « Il était naturel que Jo [Renucci], truand résistant, Didi [le Portoricain], ancien *V. Mann* de la Gestapo de Paris, et Paulo [Leca], ancien membre de la Gestapo de Marseille, se retrouvassent à Tanger », fait dire Roger Peyrefitte, subjonctif imparfait oblige, à Manouche[1].

L'arrivée de Paul Leca donne une impulsion nouvelle à la truanderie classique portant sur le trafic des blondes, qui rapporte déjà beaucoup. Sur ce trafic va se greffer une grosse escroquerie à l'assurance. La cargaison de cigarettes partant de Tanger à bord du yacht pour être livrée à des bateaux de pêche serait assurée pour une valeur maximale. Le yacht serait arraisonné en haute mer par un bateau pirate qui raflerait les cartons de blondes. « On toucherait d'une main le bénéfice, de l'autre l'assurance », explique Manouche.

C'est dans ce contexte que se situe l'affaire dite du *Combinatie* qui porte un coup presque fatal au trafic et provoque une terrible vendetta qui fera au moins vingt-deux morts parmi la pègre corse. Le *Combinatie* est un navire battant pavillon hollandais. Cet ex-bâtiment américain ayant participé au débarquement en Afrique du Nord part de Tanger le 2 octobre 1952 avec à son bord 2 700 caisses de cigarettes assurées pour un montant de 94 500 dollars. Affrété par Placido Pedemonte, trafiquant notoire, officiellement commerçant, le bateau

---

1. In *Manouche, op. cit.*

est commandé par le capitaine hollandais Van Delf[1]. Le 3 octobre, il est accosté par l'*Esme*, une vedette battant pavillon britannique, commandée par Eliott Forrest et Paley, officiellement négociants américains en tissus. Armés de mitraillettes et encagoulés, dix hommes l'arraisonnent. Quatre marins du *Combinatie* qui ne sont pas initiés à la combine (*sic* !) tentent de s'interposer. Ils sont abattus et jetés par-dessus bord. La suite de l'opération consiste à aller livrer en Sardaigne les cigarettes aux hommes de Lucky Luciano. Si la première phase est *grosso modo* réussie, tout ensuite se dérègle. Le temps se dégrade. Forrest décide de mettre le cap sur Marseille, plus précisément sur l'île du Riou où l'attendent Nick Venturi (proche des Guérini) et sa bande, prévenus de leur arrivée. Au Riou, la tempête est si violente que Venturi et ses hommes n'arrivent pas à transborder les caisses sur leurs petites embarcations. Relevant l'équipage avec ses propres hommes, Venturi prend alors la direction de la Corse. Mais la sortie par gros temps des deux bâtiments attire l'attention des douanes marseillaises. Après dix jours d'errance, les caisses sont livrées dans le golfe d'Ajaccio à Antoine Paolini, dit « Planche », proche de Jo Renucci.

« Planche » est aussi une figure de légende dans le milieu corsico-marseillais. S'il aime les costumes sur mesure, les voitures américaines peu discrètes, il est surtout réputé pour être *le* spécialiste des débarquements en Méditerranée qu'il dirige par radio depuis son propre bateau, le *Kidimieux*, comme un vrai chef d'état-major, sous la vigilante surveillance de Jean Colonna, dit « Jean-Jean[2] »,

---

1. In *Dossier d... comme drogue*, par Alain Jaubert, Alain Moreau éditions, 1976, p. 80-84.
2. Père de Jean-Jé, qui deviendra parrain de la Corse-du-Sud.

homme de confiance de Marcel Francisci et des frères Venturi[1].

Les 2 700 caisses de cigarettes sont réparties entre diverses caches : des granges, des entrepôts et même certaines tombes du cimetière d'Ajaccio. Quant au *Combinatie*, il refait route vers Tanger...

Si la justice s'est jusqu'alors fort peu intéressée aux actes de piraterie, il en va cette fois tout autrement. Une enquête de vaste ampleur est ouverte de part et d'autre de la Méditerranée, à Marseille et Tanger, sous l'égide du juge Batigne. Les hommes de l'*Esme*, notamment son capitaine, se mettent à table. Plusieurs membres de l'équipe sont arrêtés, dont « Planche » qui écope de deux mois de préventive. Paley, un des patrons du *Combinatie*, est intercepté en Espagne. Didi le Portoricain, « Jo » Renucci et Paul Leca sont emprisonnés à Marseille mais ne s'inquiètent pas trop, étant toujours « protégés ».

Pour les Guérini, il est urgent de calmer le jeu. La marchandise est devenue brûlante, aussi recommandent-ils à leurs associés de ne pas y toucher et de laisser passer l'orage. Mais Antoine Paolini ne l'écoute pas. Mieux : il joue son propre jeu, dérobe une partie des caisses et les revend dans le dos de ses associés. Les Guérini sont furieux. Jean Colonna remet les pendules à l'heure sur la personne d'un sbire de « Planche », et, au cours d'un échange musclé, lui assène une gifle. Alors en prison, « Planche » se sent outragé. Sitôt libéré, il lance une vendetta aussi sanglante qu'irrationnelle[2]. Celle-ci va durer une vingtaine d'années, faire pas loin de trente victimes, et avoir des conséquences aussi lointaines qu'inattendues.

---

1. In *Les Parrains corses*, *op. cit.*
2. *Ibid.*

Le 18 février 1955, Jean Colonna est mitraillé alors qu'il sort de sa voiture. Il a juste le temps de plonger sous son véhicule. Aussi ses agresseurs – « Planche » étant probablement du lot – lui vident-ils leurs chargeurs dans les jambes. Conduit à l'hôpital, on doit l'amputer des deux membres inférieurs. Dès lors, c'est l'escalade, pour ne pas dire l'hécatombe. Dans l'épreuve, l'alliance Renucci-Venturi-Francisci-Colonna se renforce. Dorénavant, Antoine Paolini est un homme seul. Le 12 mars, il est mitraillé avec des balles dum-dum. Grièvement blessé, il n'en réchappe que par miracle. Mais pas son cousin Jean-Lucien Tristani, abattu le lendemain alors qu'il rentre de la pêche. Le 16 avril, Jules Renucci, du groupe Colonna, est pris pour cible. Le 11 juin, à Marseille, Jacques Olivia, dit « Olive », du groupe « Planche », tombe sous les balles. Le 18 juillet, c'est Jacques Colonna, frère de Jean, qui est abattu sous les yeux de son fils, Jean-Baptiste Jérôme Colonna, dit Jean-Jé, future grande figure du milieu corse et parrain présumé de Corse-du-Sud, qui passera dix ans à poursuivre et éliminer les derniers assassins de son père encore vivants. « Je ne suis ni fier ni honteux de ce que j'ai fait », lâchera-t-il, manifestement sans remords, en août 2002, au mensuel *Corsica* dans la seule et unique interview qu'il ait jamais donnée. Les 27 août et 5 septembre de la même année 1955, ce sont les deux frères Cassegrain qui sont assassinés à quelques jours d'intervalle. En novembre, dans une ruelle près du cimetière Saint-Julien, dans le quartier du Panier, on retrouve le corps d'Antoine Paolini criblé de vingt balles. Ce sont deux de ses propres lieutenants qui, retournés par la partie adverse, ont fait le travail : Alexandre Bustico, dit « Sandre », et Marius Salvati, dit « Méu ».

Les Guérini, eux, voient d'un bon œil la disparition de « Planche », le trouble-fête. Et lorsqu'un dernier lieutenant de Paolini a la mauvaise idée de « balancer » quelques-unes des planques de cigarettes aux forces de l'ordre, les deux frères Guérini débarquent en personne à Bastia pour remettre le malotru dans le droit chemin. Les affaires, c'est bien connu, ont besoin d'un climat apaisé.

En 1956, quand s'ouvre le procès de l'affaire du *Combinatie*, il ne reste plus guère de témoins. Les « innocents pêcheurs » font rire tout le monde. Seul Forrest, capitaine de l'*Esme*, est condamné à trois ans de prison. Tous les autres, Nick Venturi compris, n'écopent que de peines légères n'excédant pas quelques mois de prison.[1]

Tout n'est pas fini pour autant. Si Sandre sera abattu par la police, Salvati tombera à son tour sous les balles d'autres tueurs le 12 mars 1972. Aux yeux de certains observateurs, il est la toute dernière victime du *Combinatie*...

★
★ ★

Avant le démarrage de cette vendetta, Paul Leca avait été rattrapé par l'affaire des bijoux de la Bégum alors même que Didi, l'amant de Manouche, et « Jo » Renucci avaient été libérés. Sortant de prison, ils ont rencontré François Spirito, revenu à Marseille avec l'argent gagné d'abord en Espagne, puis à New York avec la mafia siciloaméricaine... Aucun témoin ne l'a reconnu. À Marseille où il avait été condamné à mort, le tribunal militaire l'a acquitté pour services rendus à la Résistance. Tout comme Étienne Léandri. Didi et Jo sont donc revenus à Tanger retrouver Manouche.

---

1. Voir *Les Parrains corses*, *op. cit.*

Quant à Francisci, il juge Tanger désormais trop peu sûr pour lui. Brillant, pragmatique, le jeune Marcel cherche à faire fructifier l'argent que ne manquent pas de lui rapporter les juteux trafics auxquels il prend part. Il voyage beaucoup, notamment au Liban où il s'est lié avec Youssef Beidas, réfugié palestinien qui a fondé l'Intra Bank, établissement bancaire florissant dont les principaux clients sont les émirs du Golfe. Beidas lui met le pied à l'étrier dans le monde des jeux. Devenu directeur de casino à Beyrouth, mais toujours gaulliste, Marcel est aussi proche du SDECE. En effet, sa position lui permet de glaner aisément de précieuses informations. Sous la protection de Beidas, il fonde inlassablement de nouvelles entreprises tout en restant lié aux Venturi, à Spirito, à Paul Mondoloni...

8.
L'opération X[1]

Les Corses, on l'a vu, ont depuis longtemps la haute main sur l'opium d'Indochine et disposent des meilleurs laborantins pour le transformer en héroïne. La mainmise du clan Guérini et de ses amis – grâce à la CIA – sur le port de Marseille facilite les trafics en tout genre entre Saigon et la cité phocéenne, notamment celui de la drogue. Le contrôle de la Méditerranée assuré à partir de Tanger par les Corses et les Sicilo-Américains de Lucky Luciano vient compléter la sécurité du dispositif. Lequel est en outre protégé en Indochine par les services secrets français. L'homme-clé est en l'occurrence le capitaine Antoine Saviani, officier du 2e Bureau, surnommé « le Bandit corse » par certains gradés français. Saviani s'est assuré du soutien des bandits de la secte Binh-Xuyên qui l'approvisionnent en opium, dont une part est revendue aux contrebandiers chinois, tandis qu'une autre partie, après avoir été traitée, l'est aux mafieux corses de Saigon qui lui font prendre la route de Marseille et de ses labos, via Tanger – deux « paradis à la cubaine » tenus par les Guérini, les Renucci,

---

1. Ce chapitre doit beaucoup au livre *La Piscine*, de R. Faligot et P. Krop, Seuil, 1985, et à *La Politique de l'héroïne*, op. cit.

les Francisci et les Venturi : « À l'époque de l'Indochine française, l'opium était expédié en grande quantité aux laboratoires... des environs de Marseille à destination de la pègre corse de la région, puis réexpédié aux États-Unis[1]. »

Les services secrets sont bien entendu présents en Indochine depuis le début du conflit, mais, en octobre 1950, le désastre de Cao Bang, où nos forces abandonnent à l'ennemi de quoi équiper une division entière et perdent le contrôle de la route stratégique RC4, force l'État-major à réagir. La preuve est faite que la doctrine militaire traditionnelle n'était pas adaptée à la situation face au Viêt-minh qui aborde la guerre sous un tout autre angle. Les Français élaborent alors une nouvelle stratégie, dite « anti-guérilla ». Le colonel Fourcaud décide de réorganiser le service « action » qui, en 1951, change de nom et devient le GCMA (groupement de commandos mixtes aéroportés). Désormais, ces troupes spéciales seront sous double commandement du SDECE, mais aussi de l'État-major régulier en la personne du général Raoul Salan. Le commandant Edmond Grall, partisan de la contre-guérilla et chef des GCMA, assigne à ses troupes un vaste programme : infiltration, contre-guérilla, ralliement des ethnies traditionnellement hostiles au Viêt-minh, pénétration en profondeur du dispositif ennemi. En quelques mois, ces commandos deviennent la bête noire des troupes d'Hô Chi Minh et multiplient les raids, les attentats, les sabotages[2].

Cependant, ces opérations clandestines coûtent cher. Entre 1951 et 1954, le responsable du SDECE à Saigon, le colonel Maurice Belleux, met sur pied un trafic d'opium

---

1. Commission d'enquête sénatoriale sur les activités malhonnêtes des employeurs. Auditions, 85ᵉ congrès, 2ᵉ session, Washington.
2. Voir *Les Parrains corses*, *op. cit.*

destiné à aider ses alliés et à trouver accessoirement des financements pour les *covered actions*. Le 19 juillet 1984, Belleux confirmera à Roger Faligot : « Le général Salan nous l'a assez reproché : mais il fallait bien que nous achetions l'opium de Touby Lifong, chef des Méos. Ceux-ci le produisaient, quelqu'un l'aurait acheté de toute façon. Que le SDECE s'abstienne de le faire n'aurait eu qu'une conséquence : le Viêt-minh aurait conquis l'allégeance des montagnards. Une fois acquis, nous l'acheminions avec l'aide du lobby chinois dans le Triangle d'or. En cas de pépin, on mouillait les Américains. La CIA se serait retrouvée impliquée, mais pas le SDECE... » De son côté, le colonel Trinquier confirmera : « Certes, nous aurions pu refuser vertueusement d'aider les Méos à résoudre leur problème économique et les rejeter d'emblée dans le camp adverse. Mais les autorités communistes n'avaient de leur côté aucun scrupule à acheter la récolte d'opium et à utiliser cette monnaie forte sur le marché extérieur[1]. » Dans le même temps, à Saigon, dans le quartier chinois de Cholon, la secte caodaïste Binh-Xuyên, manipulée par le capitaine Antoine Saviani, chef du 2e Bureau pour le Sud-Vietnam, gère deux usines de conditionnement de l'opium.

Il s'agit là de l'« opération X », couverte par les plus hautes instances et coordonnée sur le terrain par deux officiers : le capitaine Saviani et le commandant Trinquier. Quelques hommes des GCMA achètent à bas prix la récolte de pavot aux tribus anti-Viêt-minh, qu'ils transportent par DC-3 jusqu'à Tân Son Nhât, terrain militaire

---

1. In *Historia* hors série numéro 25, *L'Opium des Méos*, par Roger Trinquier. Cité dans *La Piscine, op. cit.* Voir aussi *Le Triangle d'or*, par Catherine Lamour et Michel Gutelman, Seuil, 1974.

secret où s'entraînent les GCMA. L'opération X satisfait tous ses bénéficiaires, y compris la pègre corse. L'opium indochinois arrive ainsi dans les laboratoires clandestins de Marseille, et la « blanche » qui en sort est commercialisée au détail sur les trottoirs de l'Oncle Sam...

Edward G. Lansdale, colonel de la CIA, apprend bientôt l'existence de cette opération. En juin et juillet 1953, il mène son enquête et découvre que, dans la plaine des Jarres, des officiers français ont acheté la totalité de la récolte d'opium de 1953 en exécution des ordres du général Salan. Il signale à Washington que l'armée française est compromise dans ce trafic de stupéfiants et suggère que de sérieuses investigations soient diligentées. Son rapport est fraîchement accueilli. En substance : « N'avez-vous donc rien d'autre à faire ? Nous ne tenons pas à ce que vous fourriez votre nez dans cette affaire, car vous placeriez un gouvernement ami dans une situation embarrassante. Laissez donc tomber[1]. »

On lui remontre que l'idée des Français n'est pas en soi répréhensible. Il suffit de suspendre provisoirement l'opération X. Lansdale est finalement envoyé à Saigon, en mai 1954, après la débâcle de Diên Biên Phu qui conduit la France à accepter, à Genève, l'indépendance de son ancienne colonie. Il a pour mission de prendre le contrôle de Saigon, encore largement entre les mains des bandits Binh-Xuyên et du 2e Bureau français, et d'imposer Diem comme Premier ministre. Washington, qui a déjà financé 78 % du corps expéditionnaire français, entend reprendre totalement la main. Lansdale et Saviani se livrent alors une lutte sauvage pour le contrôle de l'ex-capitale. Elle connaît son paroxysme entre le 28 avril et

---

1. In *La Politique de l'héroïne*, op. cit.

le 3 mai 1955. Elle aura fait 500 morts, 2 000 blessés et 20 000 sans-abri.

Après l'armistice signé par la France à Genève, les services secrets de l'armée française, censés participer à la préparation du référendum de 1956, maintiennent en effet leurs opérations de production et de contrebande d'opium, dans la partie sud du pays, avec les trafiquants et les pirates du « gang des Rivières » de Saigon[1]. Les relations se détériorent entre Français et Américains. La raison en est que le référendum promis inquiète l'Amérique, peu à peu convaincue de l'inutilité de ses offensives diplomatiques contre les Français. Selon des informations recueillies par les agents de la CIA, chacun sait que les nationalistes vietnamiens remporteront haut la main la majorité des suffrages. L'Amérique demande alors fermement à Paris de surseoir au scrutin, tout en exigeant également que les Français mettent un terme aux entreprises mafieuses de certains militaires issus de leurs services secrets, peu portés à croire aux mérites de la morale républicaine. Refus de Paris. Chaque camp fourbit ses armes. Début 1955, les Français mobilisent leurs alliés du gang des Rivières ainsi que divers mercenaires corses qui entendent défendre leur gagne-pain : le trafic d'influence, le trafic de devises, le jeu, la prostitution, la drogue. Ce sont eux qui contrôlent de longue date le trafic d'héroïne entre l'Asie, l'Europe et l'Amérique. Grâce à leur proximité avec le capitaine Saviani et son entourage corse, ils sont les correspondants des parrains de Marseille et Tanger, en relation depuis longtemps avec Barthélemy Guérini qui a introduit en contrebande de l'or suisse en Asie après la guerre.

---

1. In *Asian Gazette*, récit de Joël J. Legendre.

Le *boss* corse incontesté de Saigon est Mathieu Franchini : propriétaire du *Continental Palace*, un hôtel chic, il a fait fortune dans le trafic d'or et de piastres avec ses amis corsico-marseillais. Il est ensuite devenu le conseiller financier des Binh-Xuyên. Quand la fortune accumulée par Bay Vien, chef de ces derniers, a pris des proportions colossales, Franchini l'a envoyée à Paris chez ses amis corses pour qu'ils la lui placent... Franchini contrôlait la plus importante filière d'exportation de drogue vers le clan Guérini[1] et a compris qu'une victoire de Lansdale sonnerait le glas d'une si « belle » époque.

En déclenchant cette guerre sanglante en plein cœur de Saigon à partir du palais présidentiel, le colonel de la CIA ne vise pas seulement les Binh-Xuyên et le 2e Bureau français, mais aussi la pègre corse qui contrôle le trafic de drogue. Face à lui, Antoine Saviani trouve refuge dans le quartier général du gang des Rivières. Durant six jours et six nuits, Saigon est le théâtre d'une féroce bataille de rues et de canaux où les adversaires s'affrontent maison après maison, quartier après quartier, sous un torrent de feu et dans le crépitement des fusils-mitrailleurs. Le gang des Rivières promet une forte somme à qui rapportera la tête du colonel Lansdale. Est promis à l'Américain un supplice à faire frémir les gardes du corps chargés de le protéger des meurtriers lancés à sa poursuite. Les perdants des batailles de rues sont tués, éventrés, leurs corps déchiquetés à la hache, leur panse remplie de boue, avant d'être réexpédiés à leurs cantonnements respectifs.

Après une offensive-éclair des forces du colonel Lansdale, la CIA et les soldats sud-vietnamiens viennent à bout des Français. Mais la lutte avec les Corses n'est pas terminée

---

1. In *La Politique de l'héroïne, op. cit.*

pour autant. Les trafiquants n'acceptent pas leur défaite et se lancent dans une vendetta visant la communauté américaine tout entière. Laissons à ce sujet la parole à Lansdale : « Un groupe échauffé de Français de Saigon entama une campagne de terreur pour se venger sur les résidents américains. Des grenades étaient jetées la nuit dans les cours des maisons où vivaient des ressortissants américains. Leurs voitures étaient détruites ou piégées. Les responsables français à la sécurité informèrent froidement les représentants américains remplis d'inquiétude que ces actes de terrorisme étaient l'œuvre du Viêt-minh[1]. » Lansdale lui-même fut victime d'une tentative de meurtre commanditée par le 2e Bureau.

Fin d'une singulière époque : celle de la protection dont bénéficiaient les bandits corses dans leur trafic de l'opium et de l'héroïne destinés à leurs *alter ego* de Marseille et Tanger, eux-mêmes « couverts » conjointement par la CIA et les services spéciaux français...

---

1. In *In the Midst of Wars*, Edward G. Lansdale, Fordham University Press, 1991.

9.
La réalisation du « fantasme de Monaco[1] »

Marseille, Tanger, mais aussi Cuba... Quelques parrains corses y ont pris leurs quartiers dans les années 1950 aux côtés de représentants de grandes familles sicilo-américaines. Ainsi se sont retrouvés au « paradis des paradis » des représentants des fournisseurs de « blanche » et leurs distributeurs sur le marché américain, toujours avec Lucky Luciano comme figure tutélaire, notamment en vue de parfaire leur filière d'acheminement de la « came » entre Marseille et les États-Unis. Trois membres importants de la pègre corse – Paul Mondoloni, Jean-Baptiste Croce et Albert Bistoni –, traqués par la justice et la police françaises, s'installent alors à demeure à Cuba. Ces trois-là vont devenir des piliers de la French Connection.

À l'époque, Cuba est devenu l'eldorado des pontes du crime organisé. Al Capone a été le premier, dans les années 1920, à s'installer dans ce qui était l'éden des contrebandiers, le cœur du marché noir au temps de la prohibition. La mer des Caraïbes n'était-elle pas devenue la route privilégiée des cargaisons illégales d'alcool et l'« avenue du Rhum »

---

1. Lire à ce sujet *Nocturne à La Havane*, de T.J. English, La Table ronde, Paris, 2010.

ne longeait-elle pas les côtes cubaines ? Mais la nouvelle Mafia issue de la « nuit des vêpres siciliennes »[1] – bataille sanglante orchestrée par Lucky Luciano et Meyer Lansky en septembre 1931 – va commencer à imaginer l'intérêt qu'elle pourrait avoir à s'associer avec un État pour développer ses propres maisons de jeu. Au printemps 1933, après l'abrogation de la prohibition par Roosevelt, qui prive la Mafia de sa principale source de revenus, Lansky expose à un Luciano emballé les avantages d'une telle idée et lui cite même le nom d'un jeune militaire cubain qui a le vent en poupe et pourrait leur servir de cheval de Troie : Fulgencio Batista.

Quelques semaines plus tard, Lansky, qui a réuni d'épaisses liasses de billets dans des valises, affrète un avion pour les acheminer à La Havane. Joseph Stacher, dit « Doc », associé juif de Lansky, est lui aussi du voyage. Des années plus tard, il s'en souviendra encore : « Lansky et moi, on s'est envolés pour La Havane avec nos valises pleines de fric et on a parlé à Batista qui ne nous croyait pas capables de rassembler autant d'argent. Lansky a ramené Batista à notre hôtel, il a ouvert les valises pour lui montrer les billets. Batista s'est mis à les contempler sans rien dire. Alors Meyer et lui se sont serré la main [...] et j'ai compris qu'ils étaient sur la même longueur d'onde. »

Lansky offre à Batista une garantie de 3 à 5 millions de dollars annuels en échange du monopole sur les casinos de l'hôtel *Nacional* et autres sites où ses amis et lui s'installeraient. Sans compter évidemment une part des

---

[1]. Référence au complot de Jean de Procida contre Charles Ier d'Anjou, roi de Sicile, qui aboutit, le mardi de Pâques de l'an 1282, à partir d'un incident survenu devant l'église San Spirito de Palerme, au massacre de trois mille Français. L'histoire des véritables Vêpres siciliennes a servi de trame à l'opéra homonyme de Giuseppe Verdi.

bénéfices. Mais cet accord intervient au plus mauvais moment : La Havane est touchée de plein fouet par la Grande Dépression. Les revenus du tourisme s'écroulent.

À la fin des années 1930, Batista, l'homme sur qui ils ont parié, devient néanmoins chef de l'armée cubaine. Il convoque alors son ami Lansky à La Havane et lui demande de gérer les deux casinos du champ de courses. « Lansky était devenu un expert dans la gestion des casinos. Il avait développé un vaste réseau d'employés – donneurs, croupiers, chefs de table et responsables de salle – en qui il avait toute confiance. [...] Pour la première fois, il séjourna durablement à Cuba et découvrit un peu mieux l'île. [...] Ce qui l'impressionnait surtout, c'était de constater à quel point Cuba était mûr pour le développement capitaliste et ouvert à la corruption politique. Il n'y avait qu'à tendre la main : l'île entière était à cueillir[1]. »

L'incarcération de Lucky et la guerre bloquent encore quelques années le « rêve cubain », mais l'aide apportée par Luciano et ses amis à l'armée américaine, à la fois en surveillant le port de New York et en l'aidant à chasser les nazis et leurs séides fascistes lors du débarquement en Sicile, va permettre au mafieux sicilien de recouvrer la liberté bien plus tôt que prévu et de se remettre à rêver à l'hôtel *Nacional*, aux casinos et aux superbes créatures qui se déhanchent sur le Malecón, la « promenade » de La Havane. Pourtant ce rêve doit se réaliser dans un premier temps à partir de la Sicile où Luciano s'est expatrié en janvier 1946 avec interdiction de remettre les pieds aux États-Unis...

Après sept mois d'un exil qu'il a trouvé interminable, l'heure de la revanche semble enfin avoir sonné pour lui.

---

1. In *Nocturne à La Havane*, op. cit.

C'est dans le plus grand secret qu'avec un passeport italien enregistré au nom de Salvatore Lucania, son nom de baptême, Lucky quitte la Botte. Son périple le mène du port de Naples à Caracas, puis à Rio où, au terme d'un bref séjour de sécurité, il rejoint La Havane par un vol privé. Le 29 janvier, il atterrit discrètement à l'aéroport de Camagüey, dans le centre de l'île. Sur le tarmac l'attend dans une voiture son complice de toujours, Meyer Lansky. Un mois plus tôt, celui-ci lui a fait parvenir ce mystérieux message : « Décembre – Hôtel *Nacional* ». Pas besoin de décodeur : Luciano a su de quoi il retournait. L'heure du retour en grâce avait sonné, une fois de plus mise en musique par l'ami Lansky.

Après un déjeuner dans le meilleur restaurant de l'arrière-pays, Meyer, avant de repartir pour les États-Unis, accompagne Lucky à l'hôtel *Nacional* où il lui a fait réserver une chambre, toujours au nom de Lucania. Le Capo se souviendra longtemps de ce moment : « Quand je suis entré dans la piaule, le groom a ouvert les rideaux des grandes fenêtres et j'ai regardé au-dehors. Je voyais pratiquement toute la ville. Je crois que c'est les palmiers qui m'ont fait cet effet. [...] D'un seul coup, pour la première fois depuis plus de dix ans, j'ai pris conscience que je ne portais pas de menottes et que personne ne respirait par-dessus mon épaule, alors que, même quand je me baladais en Italie, j'avais cette impression-là. En regardant par la fenêtre la mer des Caraïbes, j'ai réalisé une chose : l'eau était tout aussi jolie que dans la baie de Naples, mais on n'était qu'à cent cinquante kilomètres des États-Unis. J'étais presque rentré en Amérique[1]. »

---

1. In *The Last Testament of Lucky Luciano*, de Martin A. Gosh et Richard Hammer, publié en 1974 par Little, Brown and Company, et repris par l'auteur de *Nocturne à La Havane*, *op. cit.*

Nul ne devait savoir que Luciano était à Cuba. Pour Lansky et lui, l'île est en effet la première étape d'un plan d'ensemble visant à fonder une véritable multinationale du crime. Encore faut-il remotiver les troupes et leur montrer que, même en exil, Luciano reste le *boss*. Convoqués à La Havane, les manitous de la pègre américaine tiennent congrès dans les deux étages supérieurs de l'hôtel *Nacional* du 22 au 26 décembre 1946. Tout le gotha du crime organisé a répondu présent : outre Vito Genovese, il y a là Albert Anastasia, Joseph Bonanno, Lepke Buchalter, Tommy Lucchese, Carlos Marcello, Willie Moretti (l'ami de Sinatra), Joe Profaci ou encore Santo Trafficante Jr qui, à trente-trois ans, est le cadet des participants. François Spirito est-il présent ? Probablement. N'a-t-il pas été, avant guerre, un important acteur de la première French Connection avec son associé Paul Carbone ?

Dans *Le Parrain II*, le film de Francis Ford Coppola, la scène est rapportée avec quelques libertés, mais la métaphore cinématographique est juste : les mafieux s'y partagent un énorme gâteau représentant la carte de Cuba... Après le premier dîner, des danseuses des trois principaux cabarets de La Havane – le *Tropicana*, le *Montmartre* et le *Sans-Souci* – et des prostituées de la *Casa Marina*, le bordel de luxe de la capitale, sont mises à la disposition des patrons de la pègre.

Les affaires sérieuses sont abordées le lendemain avec Lansky comme maître de cérémonie. Le plan de celui-ci consiste à transformer Cuba en une sorte de Monaco international – projection du paradis rêvé par l'ami de Luciano –, doté d'immenses hôtels-casinos et d'un aéroport privé. Le projet est le plus ambitieux que le Syndicat ait jamais envisagé. Il s'agit de faire de l'île un éden pour mafieux leur permettant de gagner toujours plus grâce à l'aval et à la protection des autorités locales. L'accueil, on s'en doute, est on ne peut plus favorable. Meyer et Lucky peuvent se frotter les mains.

Mais il est également beaucoup question de trafic d'héroïne, de cocaïne et de marijuana. Conscient des risques importants inhérents au *business* de la drogue, Lucky Luciano tente dans un premier temps de convaincre ses associés de ne plus y toucher. Il a raconté la scène en ces termes : « J'ai dû parler une heure, peut-être plus. J'leur ai dit que, pour moi, c'était clair, il y avait bien assez de fric à se faire avec le reste, alors pourquoi courir le risque de tout foutre en l'air en déconnant avec un truc qui ne nous attirerait que des ennuis avec les fédéraux ? J'ai essayé de leur faire comprendre que tout avait changé, maintenant que la guerre était finie ; on était simplement des hommes d'affaires comme les autres, et on devait fournir aux gens ce qu'ils voulaient sans faire de mal à personne. Bien sûr, de temps en temps, faudrait qu'on bute quelques types au passage, mais, d'un autre côté, regardez tout l'argent qu'on fait circuler rien qu'en vendant notre protection à d'autres hommes d'affaires bien comme il faut... J'ai dit qu'il n'y avait pas un politicien ni un flic capable de garder dans ses poches l'argent avec lequel on l'achetait, qu'il le dépensait aussi sec et que c'était bon pour l'économie américaine, tout cet argent qui circulait...[1] »

Meyer Lansky campe également sur cette position : « Pourquoi prendrions-nous le risque d'avoir les fédéraux sur le dos pour des histoires de drogue alors que les casinos peuvent rapporter tout autant légalement[2] ? » déclare-t-il à l'assemblée.

---

1. In *Nocturne à La Havane*, op. cit.
2. *Ibid.*

Nous verrons que l'engagement antidrogue des deux grands parrains se révélera on ne peut plus éphémère. En attendant, le duo Luciano-Lansky est loin de faire l'unanimité. Vito Genovese est de ceux qui regimbent. Il est resté de la vieille école : c'est un tueur. La méthode qui a sa préférence est l'éclatement de la boîte crânienne au fusil de chasse. Simple, efficace et bien sanglant. Pour se payer sa tête, Lucky l'a surnommé Don Vito...

Les trois jours de conclave au *Nacional* sont néanmoins un succès. Luciano passe les semaines suivantes à festoyer. En dépit d'une tentative d'assassinat perpétrée contre lui dès le lendemain de la rencontre, il est convaincu d'avoir retrouvé son rang, cependant qu'au sein de l'assemblée chacun a constaté la montée en puissance de l'éternel homme de l'ombre : Meyer Lansky.

Tandis que Lucky vogue de fête en fête, Lansky met sur pied sa grande œuvre : faire de La Havane le Monaco des îles avec ses bamboches, sa débauche, ses trafics et les masses d'argent qui s'y déversent. Cette référence à Monaco sera reprise, près d'un demi-siècle plus tard, par les Corsico-Africains désireux de faire de l'île de Beauté une réplique de la principauté monégasque pour y installer librement casinos, machines à sous, bordels et y multiplier les opérations immobilières juteuses...

Symbole de la réussite du projet, l'arrivée dans l'île, le 11 février 1947, de Franck Sinatra, le chanteur le plus populaire de son époque[1]. Grand ami de la Mafia, Sinatra n'arrive pas les mains vides : dans ses valises, outre ses

---

1. Personnage incroyable qui est proche de la Mafia, du Tout-Hollywood, du monde politique et aussi des Grimaldi, Grace et Rainier, et Stéphanie dont il est le parrain ! Lire *Vanity Fair* du 20 août 2014.

effets personnels, 2 millions de dollars en petites coupures, de quoi sceller les amitiés les plus sincères. Franck chante pour Lucky, qui l'apprécie beaucoup et passe le plus clair de son temps avec lui : les ancêtres de Sinatra n'étaient-ils pas du même village que le Capo ? Dans la suite de l'idole, au *Nacional*, se succèdent les parties fines. À l'initiative des frères Fischetti, associés de Sinatra, un avion entier de call-girls aurait même été affrété pour une fête donnée par Franck à ses amis parmi lesquels, bien sûr, Lucky, mais aussi Ralph, frère d'Al Capone.

Pour les gens du Bureau des narcotiques new-yorkais, la présence de Lucky à Cuba est un secret de polichinelle. Grâce à deux informateurs dont ils disposent à l'hôtel *Nacional*, ils connaissent quasiment en temps réel les faits et gestes de Luciano. Harry Anslinger, que Lucky a surnommé Ass-Linger[1], décide de ne pas intervenir, mais de le surveiller en permanence. Un agent hispanophone est même dépêché sur place. Les Stups américains savent ainsi qui il voit, ce qu'il fait, ce qu'il trame.

C'est cependant un banal article de journal qui fait basculer la situation. Au départ, un stupide incident : un matin, des girl-scouts qui ont réussi à forcer les barrages parviennent à s'introduire dans la chambre de leur idole, Franck Sinatra. Là, des bouteilles jonchent le sol, des sous-vêtements sont accrochés aux lustres, Franck lui-même, après avoir planqué en catastrophe les call-girls, reçoit les demoiselles vêtu d'un simple peignoir blanc et d'un foulard de soie rose passé autour du cou. Les choses auraient pu en rester là si quatre naïades dans le plus simple appareil, riant aux éclats, n'avaient fait leur apparition. Outrée, la nonne

---

1. Jeu de mots, *ass* signifiant « cul » en anglais.

qui conduisait la petite délégation quitte la pièce avec ses troupes en état de choc. Dans le *New York World-Telegram*, le journaliste Robert Ruark ne mentionne pas l'orgie, mais signale d'un ton indigné que l'idole des foules américaines passe du bon temps avec Luciano, le plus grand de tous les mafieux. L'article fait scandale et Anslinger décide de changer de stratégie. Il exige de La Havane l'expulsion de Luciano. Mais les officiels cubains ne l'entendent pas de cette oreille, jugeant l'affaire insignifiante. D'ailleurs, arguënt-ils, son passeport est en règle et il n'a rien commis d'illégal sur le sol cubain : pourquoi l'expulser ?

Pas découragé, Anslinger s'en va trouver le président Truman pour faire monter la pression. Il organise en outre une campagne de presse visant à montrer que depuis que Lucky s'est installé à Cuba, le trafic de drogue en provenance d'Europe s'est considérablement amplifié. En réalité, rien ne le démontre et Anslinger le reconnaîtra ultérieurement. Néanmoins, Lucky sait que la présomption d'innocence est un luxe qui ne le concerne pas. Dans la coulisse, le fidèle Meyer tente l'impossible – en vain. Il devient bientôt évident que Lucky va devoir partir. Fin 1947, il est en effet expulsé de La Havane, laissant toute la place à Lansky, initiateur de l'OPA de la Mafia sur l'île.

Meyer devient dès lors le véritable patron de Cuba. Il gère l'hôtel *Nacional* et l'*Oriental Park*, un hippodrome et un casino. Le jeu révèle la véritable nature d'un homme, aime-t-il à dire. En cela il est parfaitement fidèle aux préceptes du seul mentor qu'on lui ait jamais connu : Arnold Rothstein, gangster plus habile à manier les chiffres que les armes. Pour attirer le chaland en goguette, il faut du beau, du clinquant. La devise qu'aime à marteler Meyer est qu'à Cuba on puisse satisfaire tous ses désirs, pourvu qu'on ait de quoi payer.

Sous son impulsion, les casinos, les hôtels, les cabarets, les bars poussent ou se modernisent de manière fulgurante. On construit, on rénove. On arrose, aussi. Meyer a mis au point une technique qu'il appelle le fix : le partage, la dose. Le principe en est simple : de chaque recette il distribue une large partie aux intermédiaires. Tout le monde « palpe » : les autorités, les policiers, les petits malfrats, les demi-solde. Tous ceux qui sont d'une façon ou d'une autre impliqués ont droit à leur « dose ». Ce faisant, Meyer impose *de facto* son autorité et achète une espèce de paix sociale. Ceux qui mangent à leur faim ne cherchent pas à se révolter, c'est bien connu.

Son ami Fulgencio Batista se prépare en vue de l'élection présidentielle de juin 1952, mais décide soudain de prendre, en mars, le pouvoir par la force. Lansky traverse alors une sale période : après avoir été la cible d'une commission d'enquête du Congrès, ses casinos aux États-Unis ont été fermés et il fait l'objet de poursuites. De son côté, confronté à un scandale de jeux truqués, Batista lui demande de devenir le conseiller du gouverneur cubain « pour la réforme de l'industrie des jeux », moyennant un salaire annuel de 25 000 dollars. Lansky et Batista sont conscients qu'à défaut de rétablir la confiance des joueurs venus du monde entier, leur vieux rêve de paradis mafieux risque de s'écrouler définitivement. Meyer Lansky devient alors le « gendarme des jeux » de La Havane et prêche l'exemple dans le *Montmartre Club* qu'il a racheté. En quelques mois, les tricheurs sont expulsés *manu militari* de Cuba, et Lansky a posé les fondations d'un véritable empire. Les mafieux débarquent alors à nouveau : l'association Batista-Lansky, qui contrôle désormais le pays, garantit qu'ils vont pouvoir gagner beaucoup avec les jeux d'argent, la drogue, l'alcool et la prostitution, à l'abri de tout regard inquisiteur.

Lansky édicte des règles strictes concernant la corruption ; l'achat des politiques, des policiers et des militaires est codifié. Un important pourcentage des bénéfices des casinos leur est octroyé, à charge pour eux de le redistribuer au sein de leur hiérarchie. Quiconque osera tendre la main hors du système aura franchi la ligne rouge et risquera d'encourir les foudres du « gendarme » Lansky...

L'objectif de Meyer est d'aller beaucoup plus loin que la simple mainmise sur les casinos, les boîtes de nuit et les courses de chevaux. Il vise à faire de Cuba un État mafieux permettant non seulement de blanchir l'argent sale de la pègre, mais de lancer de nouvelles entreprises criminelles aux quatre coins du monde en se servant des institutions financières cubaines. Batista crée ainsi la BANDES (Banco de desarollo economico y social), grand établissement national de crédit, véritable machine de guerre qui se voit accorder le pouvoir de financer n'importe quel projet de travaux publics, d'émettre emprunts et obligations, de contrôler les flux d'argent et le développement économique et social de l'île. L'institution est en réalité le QG économique de la Mafia à La Havane.

Il ne reste plus qu'à promulguer une législation nouvelle pour inciter les promoteurs à investir. Batista prend la loi hôtelière n° 2074 qui accorde une exonération d'impôts aux hôtels proposant des chambres aux touristes ; elle garantit en outre un financement public, via la BANDES, aux investisseurs qui acceptent de consacrer un million de dollars ou plus à la construction d'un hôtel, ou 200 000 dollars à celle d'une discothèque. Tout investisseur doit évidemment prévoir le versement de substantiels pots-de-vin à Batista. Résultat immédiat : la construction d'hôtels et de discothèques connaît un train d'enfer, chaque lieu d'hébergement étant adossé à un casino contrôlé par la Mafia.

Pour « habiller » ce système érigeant la corruption en loi absolue, Batista, incité à sacrifier à cette formalité par les États-Unis, a besoin d'être légitimé par une élection « démocratique ». Contrôlé par l'armée cubaine, le scrutin complètement truqué permet une victoire sur mesure au protecteur des truands.

« Mafialand » a désormais de quoi faire rêver tous les hors-la-loi du monde. Enfin un pays où la pègre gouverne, où elle gagne énormément d'argent, et qui sert de base arrière, à quelque cent cinquante kilomètres des côtes américaines, au trafic d'héroïne à destination des États-Unis !

Le milieu corse a-t-il été tenté d'investir à La Havane à l'époque où il s'est rapproché de la pègre sicilo-américaine, notamment de Lucky Luciano ? Si une bonne partie de ses membres, bénéficiant du havre marseillais et de la sollicitude parisienne grâce aux excellentes relations des Guérini, des Renucci et des Francisci avec les pouvoirs en place, n'a eu nul besoin de chercher aussi loin un paradis protecteur, d'autres grosses pointures de la pègre ont été obligées d'y chercher refuge. Ç'a été le cas de Paul Damien Mondoloni, condamné à la prison à vie par contumace pour sa participation au vol des diamants de la Bégum[1] (ce grand casse de l'après-guerre a rapporté 213 millions de francs

---

1. Braquage opéré par une équipe de cinq hommes dont furent victimes, le 3 août 1949, l'Aga Khan, le très riche chef des musulmans ismaéliens, et sa femme la Bégum, qui se rendaient en Cadillac du Cannet à l'aéroport de Nice. Trois hommes surgis d'une traction avant s'emparent, sous la menace de leurs armes, du sac de la Bégum rempli de bijoux, dont la « Marquise », un diamant de 22 carats. L'opération a été conçue par Paul Leca, haute figure du milieu marseillais.

de l'époque), de Jean-Baptiste Croce et d'Albert Bistoni, surnommé lui-même... « l'Aga Khan ». Tous trois avaient monté en 1952 une filière d'héroïne à partir du Mexique avec le concours d'Antoine d'Agostino, un ancien collabo. Croce et Mondoloni furent arrêtés au Texas et, après quelques mois de prison, extradés au Mexique. Puis, après un détour par la France et l'Italie, ils rejoignirent le Canada où ils se rapprochèrent des parrains locaux, notamment les frères Cotroni. Avec Albert Bistoni et son ami Gabriel Graziani, Dominique Nicoli, fournisseur d'héroïne, oncle de Mondoloni, et Dominique Albertini, chimiste des frères Venturi, les deux hommes montent alors une nouvelle et importante filière qui permet d'acheminer mensuellement environ trente kilos d'héroïne aux États-Unis. Croce, Mondoloni et Bistoni deviennent des piliers de ce qu'on va appeler la French Connection. Ils voyagent constamment, changeant en permanence d'identité. Pour placer leur argent, surveiller leur filière, améliorer les conditions d'arrivée de l'héroïne aux États-Unis, et évidemment se protéger, ils s'installent à Cuba. Ils y investissent dans plusieurs boîtes de nuit et touchent des commissions sur les machines à sous havanaises. Les derniers contacts italo-américains qui leur faisaient défaut sont pris sur place et permettent d'étoffer les filières déjà existantes, voire d'en créer de nouvelles.

Mais, au-delà de ces exceptions, pour importantes qu'elles soient, c'est l'explosion de la demande américaine de « blanche », au milieu des années 1950, qui va obliger les grandes familles corses et italo-américaines à se rencontrer et discuter des voies et moyens d'y faire face, avant de passer, fin 1956, un grand *deal* avec Cuba au cœur de la négociation. Les familles de la Mafia, notamment celles de Santo Trafficante Jr et de Lucky Luciano, proposent aux Corses un troc : l'approvisionnement en « blanche » en échange d'une partie de leurs propres biens immobiliers – bars, cabarets, casinos, hôtels – sur l'île. Les familles corses s'engagent à augmenter leur production de cent tonnes sur cinq ans. Les deux tiers de ces fournitures d'héroïne seraient ainsi payés en biens immobiliers cubains, le dernier tiers en dollars. Laissons un témoin raconter la suite[1] : « Mes amis sont revenus de Cuba avec l'idée de produire plus, mais nous n'étions pas tous d'accord. Même si les Siciliens les avaient rassurés sur Castro en disant que c'était un accident de l'histoire – c'était avant 1958 –, certains d'entre nous voyaient d'un mauvais œil le fameux *deal* cubain. Il faut toujours se méfier des Siciliens, surtout quand ils commencent à quitter le navire. On a décidé de faire entrer d'autres équipes, des amis évidemment, et de s'entendre sur la production et les expéditions. Les labos ont alors tourné à plein régime, jour et nuit. [...] On a envoyé de l'héroïne par wagons... »

Le paradis n'est pas toujours éloigné de l'enfer. Tout aurait pu aller au mieux dans le meilleur des mondes s'il n'y avait eu en effet ce diable de Fidel Castro. En juin 1948, un étudiant de vingt-deux ans, accusé à tort du meurtre d'un policier, s'apprête à entrer dans l'histoire. Qui penserait alors que ce braillard, séducteur et grande gueule, fils de la bourgeoisie aisée, va devenir le pire cauchemar pour Meyer Lansky ? Après le coup d'État de Batista en 1952, Castro ne s'était-il pas violemment insurgé : « Ce n'est pas une révolution, c'est un vol du pouvoir ! » ?

---

1. Si l'on en croît Thierry Colombié dans *French Connection*, éditions Non Lieu, Paris, 2012. L'histoire du *deal* cubain est empruntée à ce livre.

Pour l'heure, la fête continue à La Havane, devenue non seulement le haut lieu des jeux, mais aussi celui des spectacles « chauds » et de la prostitution sous ses formes les plus diverses. Ici, rien ne manque, il y a tout et mieux encore. Des artistes comme Sinatra, mais aussi Nat King Cole, la mythique chanteuse de samba Carmen Miranda, ou notre Joséphine Baker nationale, s'y produisent. Cuba est devenu en quelques années *THE place to be* ! On y croise des acteurs comme Cary Grant, ou Errol Flynn qui vit alors sur place une idylle avec Beverly Aadland, une gamine qui n'a pas le quart de son âge. On trouve aussi un sénateur en vue du Massachusetts, récemment couronné par le prix Pulitzer pour son livre *Le Courage en politique* : John Fitzgerald Kennedy qui, à partir de 1957 et pendant dix-huit mois, fera plusieurs séjours dans l'île. Sur place, JFK est guidé par le sénateur de Floride George Smathers, lequel entretient des rapports cordiaux avec le mafieux Santo Trafficante Jr, originaire lui aussi de Floride et très investi à Cuba où il est propriétaire du célèbre *Tropicana Club*, mais aussi avec Meyer Lansky. S'il n'est guère porté sur les jeux, le jeune Kennedy l'est en revanche sur la gent féminine, et Trafficante a tôt fait de comprendre comment complaire à son hôte...

Alors qu'à quelques centaines de kilomètres de là, l'Amérique connaît une passe puritaine pure et dure, Cuba se vautre dans le lucre et le stupre. Des bars à matelots d'Habana Centro au *Mambo*, près de l'aéroport, établissement destiné aux touristes en transit, aux call-girls de luxe qui « montent » au *Nacional* ou au *Tropicana*, Meyer veille à ce que la prostitution demeure le pré carré des Cubains. Pour lui, il s'agit de pacifier de cette façon le prolétariat de la pègre cubaine. Le milieu homosexuel n'est évidemment pas négligé, mais, sous les strass, on s'arrange pour qu'il soit moins visible que la clientèle des cabarets ou bars à *strip* pour hétéros. À l'ombre des grands établissements s'agite ainsi un monde secret, tout autant en ébullition que l'autre. Mais, plus qu'ailleurs à l'époque, ces deux mondes sont parfaitement perméables et de nombreux clients des grands hôtels, mais aussi des fonctionnaires cubains, aiment à s'encanailler. Cet univers secret, José « Pépé » Rodriguez, prostitué homosexuel de son état, s'en souviendra longtemps. À ses yeux, l'homosexualité à Cuba connaît alors une sorte d'âge d'or : « C'est vrai que l'on ne pouvait pas s'afficher ouvertement comme un *maricón*, du moins en plein jour. Mais, la nuit, tout était différent. Le mec à surveiller, c'était Papo Batista, le fils du président. S'il avait un faible pour vous, attention, on ne savait jamais sur quoi ça pouvait déboucher... » Pépé traînait souvent au bar chic du *Tropicana* où, en dépit des femmes sublimes tapinant au comptoir, certaines « huiles » de la ville ne détestaient pas briser les tabous, sans trop se faire remarquer. Cette tolérance sexuelle, ailleurs fort peu en vogue à l'époque, était même encouragée par les mafieux. Pas par bonté d'âme, évidemment, mais parce qu'elle était un excellent adjuvant pour les affaires.

Les spectacles privés (ou pas) avec actes sexuels non simulés ravissent aussi de plus en plus d'amateurs. Au *Comodoro*, Martin Fox, propriétaire officiel de l'hôtel où a eu lieu une petite fête en l'honneur de JFK, convie des invités triés sur le volet à un spectacle original : dans une des immenses suites de l'établissement, un groupe de femmes dansent et s'adonnent à des caresses saphiques avant de s'offrir à certains mâles surchauffés choisis dans l'assistance. Dans le même temps et dans la même veine, le théâtre *Shanghai*, situé dans le Barrio Chino, acquiert vite une réputation sulfureuse : c'est qu'on y produit les spectacles les plus osés de la ville. Les revues y sont tellement *hot* que le magazine américain *Cabaret* les qualifie de « revues déshabillées les plus obscènes au monde ». Ce qui fait la véritable réputation du *Shanghai*, ce ne sont pas ses danseuses, même dénudées ; la soirée y est programmée de façon à monter en puissance. Entre deux numéros, pour « chauffer » l'ambiance, on projette des films 8 mm réservés à un public averti. Puis démarrent des sketchs au milieu du public, entrecoupés de danses lascives. Une fois la clientèle portée à incandescence entre en scène le clou du spectacle. Et quel clou ! L'artiste se fait appeler Superman. Afro-Cubain de haute taille, Superman survole le public, cramponné à une balançoire, cape et membre flottant au vent. Car s'il ne descend pas de la planète Krypton, l'homme a toutefois le pouvoir de faire fantasmer son monde grâce à la nature qui l'a généreusement pourvu d'un sexe mesuré en érection à 36 cm. Chaque jour, des hordes de touristes se ruent au *Shanghai* pour assister aux prouesses de l'artiste qui en font une attraction incontournable. Un soir, dans la salle, se trouve Irving Niggy Devine, imprésario dans le milieu du jeu, discret commanditaire du *Fremont*, un hôtel casino de Las Vegas, que Lansky a fait venir à Cuba pour lui confier la gestion de l'hôtel *Riviera*. Il y est accompagné de Ralph Rubio, formateur de l'école de croupiers de Lansky et escorteur des hôtes de marque. Le moment fort de la prestation de Superman voit le public lui désigner une des « danseuses » évoluant sur scène pour qu'il la prenne séance tenante. Certains soirs, le public en redemande et Superman s'exécute avec plusieurs femmes d'affilée. Devine est sous le choc et Rubio s'en souvient encore : « Devine était un vrai pervers. Il a mis trois cents dollars sur la table pour voir Superman sodomiser une femme. » Ayant raflé l'argent,

Superman s'exécute cependant que Rubio, lui, détourne le regard...

Du jour au lendemain, la victoire des insurgés castristes contraint Batista à quitter La Havane pour la République dominicaine avec des valises contenant quelque 40 millions de dollars. Dès qu'il a pris officiellement le pouvoir, Fidel Castro ferme le paradis du crime organisé. Le témoignage cité *supra* évoque en ces termes « l'arrivée maudite de Castro en janvier 1959[1] » : « On a envoyé de l'héroïne par wagons mais, au final, le Castro nous a ruinés ; il a foutu dehors tout le monde et on n'a jamais vu la couleur de l'argent de la marchandise, puisqu'il nous a confisqué les bars, hôtels et cabarets ! Mais les Ritals n'ont rien perdu pour attendre ! Mes amis corses ont provoqué une réunion et leur ont dit : "Maintenant on est marrons, mais le plus embêtant, c'est qu'on n'a plus de came." Fermeture des robinets ! Les Ritals aussi étaient très embêtés par l'arrivée de Castro, surtout pour le blanchiment, de même que leurs associés, bien sûr. Pour réparer l'erreur, les Ritals et surtout Luciano ont engagé des pourparlers avec la CIA pour renverser ledit Castro. C'est clair : la principale motivation était de récupérer l'argent de la drogue et d'effacer le malentendu. Malheureusement, Castro n'a jamais été renversé et les amis corses sont revenus en France presque tous ruinés. »

---

1. *French Connection*, op. cit.

10.

Le chasseur et la tribu corse

Charles Siragusa a passé vingt ans de sa vie à traquer Lucky Luciano. Tout comme son gibier favori, c'est un personnage de roman et même de film. Après avoir quitté le Narcotic Bureau, il a d'ailleurs joué son propre rôle dans *Lucky Luciano*, le film de Francesco Rosi, sorti en 1973, aux côtés de Gian Maria Volonte qui interprétait celui qu'il n'appelait jamais autrement que « ce fils de pute » ou l'« archicriminel du siècle » : « C'était un égorgeur, un impitoyable gangster, un grand trafiquant de stups. Je le déteste... », disait-il. Siragusa s'est retrouvé un jour en face de Luciano dans un restaurant de Naples. Ils ne se sont pas parlé, mais se sont reconnus. Luciano gardait affichée dans ses toilettes une photo de Siragusa, sicilien comme lui. Alors que Lucky Luciano se trouvait en Italie, Siragusa s'était installé à l'ambassade américaine à Rome, à la fois pour poursuivre sa chasse à l'homme, pour superviser les actions de ses agents en Italie et en France, et pour conduire une politique de collaboration avec les polices des deux pays. De plus en plus préoccupées par l'afflux massif d'héroïne en provenance des mafias sicilo-américaine et corse, les autorités américaines, en effet, entendaient casser les filières d'approvisionnement en « blanche ». Siragusa disposait de tous les moyens pour faire prévaloir cette cause nationale : il bénéficiait ainsi de l'aide conjointe de la CIA et du FBI. Relation facilitée par son amitié avec James Angleton, patron du contre-espionnage de la CIA à partir de 1954, qu'il avait connu à l'OSS pendant la guerre. Siragusa va ainsi se rendre souvent à Marseille et devenir rapidement un des meilleurs connaisseurs – sinon le meilleur – du crime organisé en France, notamment du milieu corse.

De quelques cartons d'archives[1] de l'ancien Narcotic Bureau, remplacé plus tard par la DEA (Drug Enforcement Administration), émerge, parmi des nuages de poussière, l'image d'un aventurier prêt à tout pour capturer sa proie. Dans le dossier intitulé « Progress reports of Charles Siragusa. Narcotic Agent », Siragusa décrit en détail les débuts de sa chasse et les appeaux qu'il a utilisés en Turquie, en Grèce, au Liban, en Italie et à Trieste de juillet à octobre 1950. Des appeaux que ses collègues français hésitent à employer en dépit de ses instantes recommandations. Charles Siragusa estime en effet que les bons « tuyaux » ne peuvent être obtenus qu'en pénétrant le milieu et en se servant d'indics. Lui-même n'hésite pas à aller au contact des trafiquants en se faisant passer, si nécessaire, pour un acheteur de « blanche » ou de morphine.

À Istanbul, briefé par un agent américain, il commence son « tour » au *Piccadilly Club* dont le propriétaire, un certain Nicole, finance la fabrication d'héroïne. Tous les jours à 14 heures, Nicole et un « gros bonnet » de la drogue prennent là leur café. Siragusa profite de l'absence du

---

1. Deux notamment : les boxes 156 et 164 dans le fonds du BNDD, RG 170.

maître des lieux pour converser avec sa femme en se faisant passer pour un riche touriste italien qui a subi de lourdes pertes au casino de Monte-Carlo... Il voudrait trouver à changer quelque 20 000 lires en livres turques. La dame se montre compatissante. Siragusa parie que, de fil en aiguille, il pourra « tamponner » sur place des trafiquants de drogue.

À Beyrouth il s'installe au *Saint-Georges*, luxueux hôtel, rendez-vous d'agents secrets, « barbouzes » et trafiquants en tout genre. Le premier soir, il écoute l'orchestre de l'hôtel. Le lendemain, il décrit sa soirée à son supérieur, le commissaire Anslinger. L'orchestre, écrit-il, comporte des musiciens virtuoses qui auraient davantage leur place dans les clubs de la 52e Rue, à New York. Siragusa remarque que Julio de Liguori, leur chef, est accro. Il l'invite à sa table et se présente comme propriétaire d'un *night-club* new-yorkais, ajoutant qu'il serait intéressé à y faire venir son orchestre. Les deux nouveaux compères se rendent à 23 heures au *Saint James*, un *night-club* d'Aley, sur le mont Liban. Georges, un serveur, vient leur offrir de la cocaïne à 7 dollars le gramme. Charles Siragusa fait la moue : il en voudrait un kilo, puis il confie à Julio qu'il serait en fait preneur de bien plus grandes quantités. « Elle vient de Marseille », lui dit son compère. Et de lui suggérer de s'y rendre et d'aller trouver, en se recommandant de lui, un certain André à l'*Embassy Night-Club*, rue Bacon. Si ce dernier ne peut lui fournir les quantités qu'il souhaite, Julio est convaincu qu'il fera alors appel à François Spirito, habitué de l'*Embassy*. Le chef d'orchestre entreprend alors de lui brosser un portrait de Spirito, le plus grand des trafiquants de drogue, ancien ami de Carbone, etc. Siragusa fait à Beyrouth l'emplette de 1,20 kg d'opium et d'une brique de haschich avant de s'envoler pour Trieste...

Échouant à convaincre par les voies normales ses « amis » policiers français de la gravité de la situation, il décide d'utiliser son ami Barret McGurn, correspondant à Paris du *New York Herald Tribune*, pour alerter l'opinion française. Après des sentences ridiculement faibles rendues à Marseille, le 31 janvier 1953, à l'encontre de deux marins corses pris en possession de un kilo d'héroïne – pour le premier, six mois avec sursis, pour le second, trois mois également avec sursis –, Siragusa est d'autant plus furieux que dans cette affaire comme en d'autres, ses agents installés dans la cité phocéenne ont beaucoup aidé leurs collègues français. Dans sa lettre au journaliste américain, Siragusa commence par décrire Marseille comme le plus grand havre de trafiquants de drogue en Europe, lesquels n'ont rien à y craindre de la justice : « La France, écrit-il, a remplacé l'Italie comme source étrangère la plus importante d'héroïne. » Il raconte que, deux ans auparavant, le Parquet a envoyé aux procureurs de tous les tribunaux de l'Hexagone une ferme recommandation prônant d'aggraver notablement les peines infligées aux trafiquants de drogue. À Marseille on l'a purement et simplement ignorée. Pour expliquer cette situation ubuesque, Siragusa se lance dans une diatribe contre les Corses, leur communautarisme, voire leur tribalisme auquel il ne comprend goutte. Sicilien comme Lucky Luciano, il a tiré de ses origines une haine et une énergie inépuisables pour combattre les systèmes traditionnels qui sous-tendent Cosa Nostra et la mafia corse :

« Tout important contrevenant, pratiquement sans exception, est corse. Les trafiquants de drogue corses sont à la France ce que la mafia sicilienne est à l'Italie. Les Corses exercent virtuellement un monopole sur le trafic de drogue en France. Ces Corses ont tous commencé leur parcours criminel à Marseille. Quelques-uns sont montés à Paris pour ouvrir des boîtes de nuit à partir desquelles ils poursuivent leurs activités dans les stups...

« À Marseille, les gangsters corses incriminés pour trafic de stups sont traités avec bienveillance pour plusieurs raisons. De ce que j'ai vu à Marseille et des conversations que j'ai eues avec de nombreuses personnes importantes et respectables, il n'y a jamais eu un mouvement séparatiste corse de type sicilien. Mais les Corses qui dominent le milieu criminel, comme ceux qui dominent le champ politique, se sentent en France différents de tous les autres.

« Tous les Corses agissent comme s'ils étaient tous cousins, qu'ils soient escrocs ou gens respectables. Un policier corse arrête un trafiquant corse de drogue, lequel est interrogé par un magistrat corse qui requiert une sentence dérisoire de trois mois de prison. Le juge corse entérine la réquisition ou considère même qu'elle est "trop sévère", et réduit encore la peine.

« Les Corses sont avant tout animés par un sentiment favorable à leurs compatriotes. L'interprétation de la loi, le jugement *ad hoc* sont secondaires par rapport à ce fait-là. Vous et moi savons à quel point les Français ont une très haute idée d'eux-mêmes, mais ce n'est absolument rien, comparé aux Corses.

« À Marseille, la magistrature corse fait montre d'un particularisme poussé au plus haut degré. On y ignore tout ce qui vient de Paris, notamment les recommandations sur la façon dont il conviendrait de châtier les trafiquants de drogue. Ainsi, quand Marseille inflige trois mois avec sursis, Paris sanctionne par deux ans ferme.

« Je ne vois aucune excuse à cette absurde et intolérable situation, spécialement du fait que Marseille a un bien plus grand besoin de punir et d'infliger des peines de prison ferme que Paris[1]... »

Pauvre Charles Siragusa ! Malgré les milliers, les dizaines de milliers de pages qu'il aura accumulées sur Lucky Luciano, il n'aura pas le plaisir de le faire coffrer. Le grand parrain meurt le 26 janvier 1962 d'une crise cardiaque à l'aéroport de Naples. Mais Siragusa aura pris part à l'arrestation de nombre de ses comparses sicilo-américains et de leurs alliés corses...

Tous ceux qui travailleront sur les parrains corses seront amenés à tenir avec plus ou moins de prudence et d'euphémismes, de peur d'être accusés de racisme anticorse, les mêmes propos que Siragusa. Ainsi, au sujet de la bande de la Brise de mer, le juge Frédéric N'Guyen soulignera que la traque est rendue singulièrement difficile dans le contexte corse : « Dans la même famille, vous avez le père à la chambre d'agriculture, un fils avocat et ses deux frères voyous. Dans une autre famille, un des frères est directeur régional d'une banque et ses deux frères, braqueurs. Vous n'avez pas de caste supérieure, moyenne ou inférieure, mais un mixage social au sein d'une même famille[2]. »

---

1. NARA. BNDD, R. G. 170.
2. In *Les juges parlent*, par Laurent Greilsamer et Daniel Schneidermann, Fayard, 1998.

11.
Des Corses ont-ils trempé dans le complot contre JFK ?

La question mérite au moins d'être posée. John F. Kennedy, on l'a vu, s'est rendu plusieurs fois à Cuba en 1957 et a eu des contacts avec la Mafia, notamment avec Santo Trafficante Jr. Pour faire plaisir à son hôte, ce dernier lui a organisé une partie fine au *Comodoro*, en compagnie de trois magnifiques call-girls. La chambre, équipée d'une glace sans tain, a permis aux truands de se rincer l'œil alors que, pendant un après-midi entier, le futur président des États-Unis faisait honneur à sa réputation. C'est sur le ton de la plaisanterie bien grasse que Santo Trafficante évoquera cet épisode pendant des années. Ce qui n'empêchera pas Lansky comme Trafficante de confier le dégoût que leur inspirait un homme qui, d'un côté, prônait le respect de la loi, de l'ordre, de la décence, et, de l'autre, avait accepté de bon cœur, sans rechigner, des faveurs d'ordre sexuel fournies par le truchement d'individus notoirement connus pour appartenir au crime organisé. Santo Trafficante regrettera par ailleurs ultérieurement de ne pas avoir filmé la scène : on imagine aisément quel moyen de pression un tel long métrage aurait pu constituer...

La prise de pouvoir de Fidel Castro, on l'a vu, a transformé le paradis des grands mafieux sicilo-américains et de leurs alliés corses en enfer. Les premiers se sont repliés sur les États-Unis, la rage au ventre : ils ont énormément perdu et sont disposés à aider tous ceux – notamment les exilés cubains de Floride et la CIA – qui souhaitent le renversement du Líder maximo. Ils applaudissent ainsi au débarquement, en avril 1961, de la baie des Cochons. Planifiée sous l'administration Eisenhower, l'opération est déclenchée au début du mandat de John F. Kennedy. Lancée par quelque 1 400 exilés cubains recrutés et entraînés par la CIA, elle est un complet fiasco. Après celui-ci, les grands truands, la CIA qui entretient de nombreuses relations avec eux, et nombre de politiques américains souhaitent encore en découdre avec Castro, tandis que le président J.F. Kennedy aspire plutôt à un arrangement, de même que son frère Robert qui, à la tête de la Justice, a engagé une lutte sans merci contre la Mafia.

Est-ce dans ce contexte qu'il convient de chercher l'origine d'une théorie à la fois ancienne et persistante, celle d'un complot visant à assassiner JFK, ourdi par des membres de la CIA associés à des mafieux américano-cubains, dont Santo Trafficante Jr[1] ? L'existence d'un tel complot a été confortée, en 1978, par les conclusions du House Select Committee on Assassinations (« *Kennedy was probably killed as a result of a conspiracy* »), en totale contradiction avec celles de la commission Warren rendues publiques dès le 27 octobre 1964. Il est difficile aujourd'hui de qualifier de conspirationnistes ceux qui ne croient pas en l'existence d'un tireur unique – Lee Harvey

---

1. *Boss* de la mafia de Tampa, un des membres importants de la mafia installée à Cuba et associé de Carlos Marcello.

Oswald –, tant cette thèse du complot a fait florès au fil des ans et des diverses enquêtes. Valéry Giscard d'Estaing figure parmi ses adeptes, ainsi qu'il l'a laissé entendre à l'occasion du cinquantenaire de l'assassinat de JFK. Une opinion forgée à l'issue de ses discussions en mai 1976 avec son homologue américain Gerald Ford, qui fut un des membres de la commission Warren. Le président américain lui confia alors être arrivé à la conclusion que l'assassinat avait bien été « préparé » : « Il y a eu complot. Mais nous n'avons pas été capables d'identifier quelle organisation l'avait commandité », lui aurait-il déclaré. Et Valéry Giscard d'Estaing de poursuivre : « J'en ai acquis la certitude quand, trois ans après cette entrevue, j'ai abordé cette question avec un entrepreneur pétrolier très important de La Nouvelle-Orléans avec qui je chassais en Écosse. Naïvement, je lui ai demandé : "Savez-vous qui a assassiné Kennedy ?" Il m'a répondu sans ciller : "Oui." » Et VGE de conclure : « Ce n'est pas un tireur fou et isolé qui a tué le président des États-Unis. »

Peut-on pour autant croire à un « volet corse » de cette conspiration, comme d'aucuns l'affirment ? C'est d'abord Stephen Rivele, journaliste d'investigation américain, qui, le premier, prétend que ce sont trois Corses qui ont abattu JFK. En 1988, dans un documentaire intitulé *The Men who killed Kennedy*, il assure que l'assassinat a été organisé par Antoine Guérini, le *boss* de Marseille, proche de Santo Trafficante Jr. Ce dernier aurait passé un « contrat » avec trois membres de la pègre corse : Lucien Sarti, du réseau Ricord, Sauveur Pironti et Roger Bocognani. Selon Rivele, Sarti aurait tiré le premier coup de feu qui a atteint le président. La thèse de Rivele s'appuie notamment sur le témoignage de Christian David, l'assassin du commissaire Maurice Galibert, mais aussi ancien du SAC, qui, comme son nom le suggère, n'était pas corse, mais était néanmoins le confident de « Mémé » Guérini et de nombreux autres truands, et, pendant un temps, un des acteurs de la French Connection.

Connu sous le sobriquet de beau Serge, Christian David a un parcours qui s'inscrit dans les relations incestueuses entre les politiques, le SDECE, le parti gaulliste et les grands voyous. En 1961, c'est un braqueur qui purge une peine de prison à Saint-Martin-en-Ré. Proche de Jo Attia, le grand truand, il est ami de Bob Maloubier et toujours disposé à rendre service au SDECE. En octobre 1961, sorti de prison, il travaille avec les « barbouzes » gaullistes, et, après un stage au camp de Satory, il se retrouve à Alger dans la villa Andréa, en compagnie de nombreux voyous corses, à traquer, torturer, voire tuer des membres de l'OAS, l'organisation secrète étant devenue une sérieuse menace pour le pouvoir gaulliste... Le 29 janvier 1962, 150 kilos d'explosifs pulvérisent la villa Andréa. Par chance, le beau Serge n'est plus là. On ne relève que dix survivants, dont Dominique Venturi, un des parrains de la French Connection, lequel aurait été directement responsable de la bagatelle de cinquante-quatre morts. « C'était un tueur-né », a dit de lui Patrick Chairoff[1], un connaisseur.

Au cours de cette période, le beau Serge a changé de statut. Il fréquente aussi bien des politiques comme Pierre Lemarchand, Dominique Ponchardier et Roger Barberot, la crème des « barbouzes », que Marcel Francisci, élu gaulliste mais toujours parrain, ainsi que des membres importants de la pègre comme Nick Venturi et Michel Nicoli... À son retour d'Algérie, il se planque à Marseille, estimant que les

---

1. Ancien du SAC et auteur de *B... comme Barbouzes*, éditions Alain Moreau, Paris, 1975.

Corsico-Marseillais le protégeront des tueurs de l'OAS. Il monte un petit *business* dans le quartier Saint-Victor avec le concours de deux prostituées. Le SDECE lui demande alors de travailler à plein-temps pour lui[1]. Il refuse, mais renoue avec certaines « barbouzeries » en remplissant des missions en Afrique, et se livre au trafic d'armes et autres combines avec Jo Attia. Ces diverses proximités permettent d'affirmer qu'il connaît tout de l'affaire Ben Barka, au lendemain de laquelle il préfère se mettre à l'abri en Amérique du Sud ; il devient alors un membre important du réseau Ricord, donc de la French Connection...

C'est ce personnage on ne peut plus trouble qui est la principale source de Rivele, la deuxième étant Michel Nicoli, proche du même Christian David. Ce sont ces deux sources qui ont cité les noms des trois Corses censés avoir participé à l'attentat de Dallas contre JFK à la demande d'Antoine Guérini. Rivele a rapporté en ces termes l'entretien qu'il a eu à ce sujet avec Christian David, alors emprisonné aux États-Unis :

« C'était en mai ou juin 1963. J'étais à Marseille. Chaque soir, j'allais dans la boîte d'Antoine pour voir des gens qui me devaient de l'argent. Un soir, Antoine m'a demandé de venir dans son bureau. Il m'a dit qu'il avait un contrat important. Il voulait savoir si ça m'intéressait. [...] J'ai demandé à Antoine qui était sur le contrat : un parlementaire, un sénateur ? "Non, m'a-t-il dit, plus haut encore : la plus grosse légume." J'ai su immédiatement de qui il voulait parler. Je lui ai demandé où ça devait se passer et quand. Il a dit : "L'Amérique." J'ai dit : "Non merci." C'était trop

---

1. In *The Great Heroin Coup*, de Henrik Krüger, South End Press, 1980, publié d'abord en danois sous le titre *Smukke Serge og Hervinen*, Bogan, 1976.

risqué ! Ailleurs, n'importe où, j'aurais pu l'envisager, mais, dans ces conditions, je n'étais pas assez fou... »

À l'époque, les affirmations de Rivele ont été perçues comme une manipulation du beau Serge pour ne pas être extradé vers la France afin d'y être jugé pour le meurtre du commissaire Galibert. Mais ces révélations ont néanmoins été largement relayées dans la presse du monde entier et le livre de Rivele intitulé, selon les pays, *La Conspiration de la mafia* ou *Les Assassins de Kennedy*, a été traduit en plusieurs langues. Ainsi, en France, *L'Express* du 4 novembre 1988 y a consacré sept pages, dont des extraits de l'ouvrage annoncé aux Presses de la Cité mais qui n'y aura jamais été publié...

Plus tard, Rivele reviendra sur ses affirmations : il confirmera le rôle de Sarti, mais dira s'être trompé pour ce qui est des deux autres : « Si je travaillais aujourd'hui sur cette affaire, je regarderais du côté de Paul Mondoloni... J'ai été contacté par un ancien agent de la CIA qui m'a dit que j'avais raison... »

En 1988, Rivele ne savait pas que les noms de Guérini et Sarti figuraient, avant même l'assassinat, sur une liste d'individus censés préparer l'attentat de Dallas. Cette liste, à l'époque, ne fut pas prise au sérieux et reléguée dans des tiroirs de la Maison-Blanche, de la CIA, du Secret Service, du FBI et du département de la Justice. L'histoire de cette liste mérite d'autant plus d'être évoquée.

Eugen Dinkin, qui travaillait alors à Metz pour l'US Army, intercepte un jour des communications cryptées relatives à ce qui lui semble être la préparation d'un complot contre le président des États-Unis, censé se dérouler au Texas, impliquant des militaires américains, des membres d'un groupe d'extrême droite et des gens d'origine française. Les noms d'Antoine Guérini et Sarti figurent parmi les comploteurs...

Dans *Bloody Treason*[1], Noel Twyman raconte qu'« un rapport du FBI daté du 9 avril 1964 déclarait que Dinkin avait prédit l'assassinat de JFK plusieurs semaines à l'avance ». Presque en même temps, le 11 mai 1964, Richard Helms, alors directeur de la planification à la CIA, adresse un mémorandum à Lee Rankin, président de la commission Warren. À son tour il y fait part des révélations de Dinkin, de la conférence de presse que celui-ci a donnée à Genève et de l'utilisation qu'en a faite Alex des Fontaines, pigiste à *Time-Life*, dans un télex n° 85770 daté du 29 novembre 1963. Le mémorandum est dispatché entre la Maison-Blanche, le département d'État, le FBI et le Secret Service. Mais la commission Warren ne tient aucun compte de la note de Helms. Les noms de Guérini et Sarti ont été effacés ou plutôt *deleted* dans ses différents rapports.

Avant de mourir, Howard Hunt, plus proche collaborateur d'Allen Dulles, patron de la CIA au moment de l'assassinat de Dallas, connu aussi pour avoir été un des « plombiers » dans l'affaire du Watergate, décide de révéler un de ses derniers secrets. Il se confie à son fils, lequel s'épanche auprès d'Erik Hedegaard pour le compte du magazine *Rolling Stone*. Celui-ci publie le 5 avril 2007 *The Last Confession Of E. Howard Hunt – US government/CIA team murdered JFK*.

L'ancien *big shot* de la CIA a été l'un des acteurs les plus actifs dans les tentatives de renversement de Fidel Castro, y compris le débarquement de la baie des Cochons. Pour

---

1. *Bloody Treason. The assassination of John F. Kennedy*, Kindle Edition, 1997.

lui, c'est Lyndon B. Johnson qui aurait donné l'ordre à une équipe de la CIA de circonvenir la commission Warren pour qu'elle s'en tienne à la version d'un tireur unique comme responsable de l'assassinat. C'est Cord Meyer, agent de la CIA, qui aurait été chargé de l'action de désinformation. Ce Meyer était l'époux de Mary Meyer, laquelle avait eu une « affaire » avec JFK...

C'est David Atlee Philipps, agent de la CIA, vétéran de la débâcle de la baie des Cochons, qui aurait recruté William Harvey, de la CIA, et Antonio Veciana, exilé cubain anticastriste. Harvey était en relation étroite avec Santo Trafficante Jr et Sam Giancana. Parmi les autres conjurés : Frank Sturgis, mercenaire proche de la CIA, et David Morales, également vétéran de la baie des Cochons. Mais aussi Lucien Sarti, assassin et trafiquant de drogue, identifié comme le probable tireur français.

Cette ultime confession tend à donner un peu de crédit aux nombreux journalistes, écrivains, chercheurs et historiens qui ont analysé et continuent d'analyser l'assassinat de JFK comme un coup d'État fomenté par la CIA avec le concours de grands mafieux et d'hommes de main, certains peut-être d'origine corse. Ces comploteurs, qui aspiraient tous à la chute de Castro, auraient érigé le président Kennedy en ennemi irréductible à cause de son attitude jugée trop conciliante vis-à-vis du Líder maximo.

On est encore loin, ici, de la réunion d'un ensemble de preuves judiciaires irréfutables. La désignation insistante de personnages de la French Connection, alliés à la mafia sicilo-américaine, aux services secrets américains et à leurs homologues français, ne s'en inscrit pas moins dans une réalité qui ne pouvait qu'alimenter de nombreux fantasmes.

12.

Étienne, Marcel et leurs protecteurs

Ils étaient proches de Charles Pasqua, alors vice-président du SAC, d'Alexandre Sanguinetti et de Jean Bozzi, entre autres barons corses du gaullisme...

Après sa période milanaise, Étienne Léandri opère sa reconversion française en campant dans les arrière-cours du gaullisme, celles où l'on est censé défendre la République, mais où, en réalité, on la dévoie. Il ne renie rien de ses idées, et va même jusqu'à les afficher. Sous prétexte de lutter contre le bolchevisme, la droite admet le retour en bonne place des collabos, et la gauche non communiste ne crie pas au scandale. Georges Pompidou aussi bien que Guy Mollet demandent ainsi conseil à Georges Albertini, ex-numéro 2 du RNP de Marcel Déat, qui, après sa sortie de prison pour faits de collaboration, a fondé le bulletin anticommuniste *Est et Ouest*. « Léandri était proche d'*Est et Ouest* et en était probablement un financier », déclare Michel Carmona, historien de renom, qui fut proche de Léandri. L'ancien gestapiste ne craint pas d'afficher la couleur. Il prend pour secrétaire un ancien de la LVF (Légion des volontaires français contre le bolchevisme), créée par Doriot et d'autres chefs de partis collaborationnistes pour aller combattre les Soviétiques sur le font de l'Est. Ses nouvelles relations dans la proximité du pouvoir lui permettent de s'immiscer dans ce qu'on a appelé le « gaullisme immobilier » dont la chronique débouchera sur d'énormes scandales. Il obtient ainsi de nombreux permis de construire pour lancer d'amples opérations immobilières en banlieue. « Ses aventures continuent à la lisière de la légalité », écrit Julien Caumer, son biographe[1]. Ce dernier corrige lui-même son propos en égrenant en fait de sérieux accrocs à cette légalité. Léandri est ainsi poursuivi en 1959 pour escroquerie dans une de ses opérations immobilières. Le fisc est à ses basques et lui réclame la bagatelle de 55 millions de francs (soit dans les 80 millions d'euros actuels) ! Les policiers italiens le recherchent eux aussi pour lui poser quelques questions sur sa probable implication dans une affaire de trafic de drogue. En 1963, il est mêlé à une affaire de tentative d'homicide volontaire. L'année suivante, il fait l'objet d'une enquête pour un énième soupçon de trafic de drogue du fait de ses relations avec François Scaglia, un des parrains de ce qu'on appellera un peu plus tard la French Connection. Mais, cette fois, ce proche de Charles Pasqua poursuit son chemin sans faire halte à la case prison. Pour reprendre ici les termes de Julien Caumer, il est « proche du milieu, mais jamais considéré par les bandits comme un des leurs ». L'ami de Carbone et Spirito, de Lucky Luciano, de tous les parrains corses d'après guerre, se serait donc éloigné d'un milieu qui n'en était pas moins le sien depuis un quart de siècle ? Si tel est le cas, il aurait fait mentir les criminologues les plus avertis, convaincus qu'un grand bandit le demeure à vie...

Dans les archives du BNDD (Bureau of Narcotics and Dangerous Drugs), à College Park, dans le Maryland,

---

1. *Les Requins*, op. cit.

quelques cartons laissent pourtant supposer que dans les années 1960, Étienne Léandri exerçait toujours dans le grand banditisme, probablement au titre de ponte de la French Connection qui fournissait la quasi-totalité de l'héroïne consommée aux États-Unis. Charles Siragusa, le traqueur de Lucky Luciano, a alors laissé la place à un autre excellent chasseur, John T. Cusack, basé lui aussi à Rome, qui s'intéresse de plus en plus près à l'évolution de la mafia corse. Comme son prédécesseur, il a noué des relations étroites avec ses collègues français, mais, comme lui aussi, il se plaint du peu d'intérêt porté à Paris par le pouvoir politique à la répression du trafic de stupéfiants. Cusack dispose en outre d'agents basés à Marseille et se fait aider par le FBI et la CIA.

Le 11 septembre 1961, Anthony Pohl, l'homme de Cusack à Marseille, signale[1] qu'une rencontre a eu lieu au *Dauphin*, un bar de Cros-de-Cagne, entre gens du « beau monde » : à savoir François Spirito, Marcel Francisci, deux parrains qu'on ne présente plus, Albert Bistoni, dit « l'Aga Khan », ami de Paul Mondoloni et de Jean-Baptiste Croce, les « Cubains ». Dans la même note, l'agent Pohl cherche à en savoir un peu plus long sur le « chimiste » Dominique Reissent. Plus surprenant, ce mémorandum consacre quelques lignes à Roger Couderc, le célèbre journaliste sportif de la RTF : on y apprend que celui-ci a passé ses vacances dans le midi de la France, qu'il s'est arrêté à l'hôtel *La Caravelle*, à Aix-en-Provence, en compagnie d'une « femme âgée », puis est reparti à bord d'une Impala rouge...

Quelques jours plus tard, l'agent Paul Knight, basé à Marseille, revient sur la rencontre entre les trois parrains :

---

1. NARA. BNDD. RG 170, box 156.

« Ce rendez-vous est sans nul doute très instructif : si ces trois-là, avec leurs bandes respectives, sont en train de s'associer, nous aurons affaire à un groupe de criminels très puissants et très intelligents conjuguant leurs forces pour expédier de l'héroïne aux États-Unis. J'imagine que leurs activités incluraient l'importation et la transformation de morphine-base aussi bien que le commerce de l'héroïne. »

Bistoni est de retour dans le *business* via un laboratoire clandestin près de Cros-de-Cagne. Sa source en morphine-base est un certain Fatallah Gowhary, un Turc installé à Milan. Une surveillance plus étroite est mise en place autour de Francisci, Bistoni et Jérôme Leca. L'agent Knight est de surcroît convaincu d'avoir mis au jour une des filières d'approvisionnement en morphine-base de François Spirito et Marcel Francisci, celle de Philippe Léandri (*sic*) et Fawai Choueri. Des notes ultérieures montrent que Knight a commis une erreur sur le prénom de Léandri : il s'agit bien, en fait, d'Étienne. Les deux hommes s'approvisionneraient au Liban. La source du renseignement est « SE Jean-Pierre », un infiltré dans les réseaux corses, installé à Beyrouth : « Quand SE Jean-Pierre était à Paris, Léandri n'était pas chaud pour acheter de la morphine-base. Nous en avons déduit qu'il avait probablement de bonnes filières d'approvisionnement. SE Jean-Pierre devra surveiller avec attention la venue au Liban soit de Léandri, soit de Choueri : il se mettra en mesure de leur parler et d'avoir peut-être une idée de ce qu'ils sont en train de monter. »

Le positionnement d'Étienne Léandri au Liban est évidemment à rapprocher de celui de son compère Marcel Francisci. Depuis 1958, ce dernier s'est associé, on l'a vu, avec Youssef Beidas, patron de l'Intra Bank, une banque libanaise. Francisci a également pris des parts dans le casino de Beyrouth. Beidas, lui, ne s'est pas montré très regardant sur les moyens de développer ses affaires : il contrôle la Middle East Airlines, le casino de Beyrouth, le port de Beyrouth, et donc tous les trafics d'armes aussi bien que de devises, d'or et de drogue. Alep et Beyrouth sont les points de départ de la morphine-base[1]. Francisci et Beidas travaillent étroitement avec Sami El Khoury, *alias* Sami, grand spécialiste des stupéfiants. En 1964, une note du FBI précise que ce Sami a noué des relations étroites avec la plupart des parrains corses (Francisci, Croce, Mondoloni, Venturi, Bistoni...), notamment ceux qui, d'une façon ou d'une autre, touchent à la drogue. Et le nom de Léandri de resurgir...

Beyrouth est alors le havre cosmopolite de tous les gangsters du bassin méditerranéen, y compris des Corses, mais aussi de nombreux agents de services étrangers, notamment du SDECE qui entretient par ailleurs des rapports avec Francisci et probablement avec Léandri.

Les principaux parrains corses, adhérents du SAC et proches des « services », sont alors protégés par l'appareil d'État gaulliste, notamment par des personnages dont les noms sentent bon le myrte et le romarin : les Sanguinetti, Bozzi, Peretti, et l'incontournable Pasqua. Il faut dire que ces parrains sont connus pour se montrer généreux en alimentant les caisses noires des officines gaullistes, à commencer par le SAC. À force de rendre service aux uns et aux autres, ils pourraient en outre avoir accumulé des dossiers qui risqueraient de se révéler gênants.

Tout en poursuivant ses activités dans la drogue, Francisci s'intéresse de plus en plus aux cercles de jeu. Il est à

---

1. Voir *Dossier d... comme drogue*, op. cit.

Paris le patron du cercle Haussmann et tente de s'implanter en Grande-Bretagne où vient d'être autorisée l'ouverture de casinos. À cette fin, il envoie outre-Manche des gens en qui il a une absolue confiance, notamment Youssef Khaïda et Gilbert Benaïm. Le premier est directeur administratif du cercle Haussmann, le second est promoteur de matchs de boxe. Les deux hommes gèrent le *Crockfords* pour le compte de Francisci. Khaïda tient également la banque du casino de Divonne-les-Bains, premier casino de France... Les Anglais nourrissent rapidement des doutes sur l'honnêteté des deux hommes, des informations leur étant parvenues sur leur passé algérien : de 1958 à 1962, ils géraient l'hôtel *Aletti* et diverses salles de jeu dans Alger. On les soupçonne de surcroît d'avoir été liés au SDECE[1]...

Dans le même carton[2] consulté aux National Archives, je retrouve la trace d'Étienne Léandri dans une note datée du 13 juillet 1965. Il reste donc à l'époque dans le collimateur des Américains. Un mémorandum fait le point sur les structures et le *modus operandi* des trafiquants de drogue à partir de données collectées par les services de renseignement. Les sources en sont sûrement la CIA et le FBI, peut-être aussi d'autres services comme le SDECE et la DST. Il relève que, dans le processus de rapprochement entre différentes bandes, l'ex-commissaire Robert Blémant a été assassiné alors qu'il était en train d'organiser une rencontre entre plusieurs gros trafiquants. À partir d'écoutes, le mémorandum parle d'un puissant « conseil parisien » auquel le groupe de Jean-Baptiste Croce, lié aux Bistoni, à Francisci et à Leca, aurait fait allégeance : « Nous pensons maintenant que le siège de l'organisation

---

1. In *Dossier d... comme drogue, op. cit.*
2. NARA. BNDD. RG 170, box 156

du trafic de drogue en France est à Paris. Nous en avons pris conscience à la suite des assassinats et rixes survenus depuis le début 1965. Nous pensons que le banquier Youssef Khaïda, le trafiquant Dominique Reissent et Étienne Léandri sont membres de ce "conseil parisien". » Si Léandri fait partie dudit « conseil », il ne peut l'être que pour le compte de Marcel Francisci, ou en association avec lui. Youssef Khaïda, on l'a vu, est en effet l'homme de ce dernier.

L'agent américain note que les trafiquants ont compris qu'il était dangereux de concentrer toutes leurs opérations clandestines dans la région de Marseille. Ils sont, dit-il, en train de diversifier géographiquement leurs implantations, notamment avec des départs de l'héroïne à partir de la côte atlantique et en la faisant transiter par d'autres pays avant de la débarquer aux États-Unis. Il relève notamment que le groupe Croce et Bistoni, dont Francisci et Léandri sont proches, a installé un laboratoire clandestin en Corse même...

Quel que puisse être son statut exact dans le milieu, Étienne Léandri est alors une « grosse pointure » mêlée à l'approvisionnement en héroïne du marché américain. Mais si, pour les Américains, Marcel Francisci va bientôt mériter le titre de Monsieur Héroïne, Léandri, lui, ne va plus guère faire parler de lui, mais continuer d'aller son bonhomme de chemin vers la respectabilité...

13.

La French Connection

C'est le titre d'un film américain qui va être repris pour désigner la filière corse d'approvisionnement du marché américain en héroïne : *The French Connection*. Des studios d'Hollywood sort en 1971 un long métrage dans lequel Gene Hackman joue le rôle d'Eddie Egan, un policier du BNDD ; celui-ci a participé à une longue enquête sur les réseaux corsico-marseillais qui fournissent environ quatre-vingt-dix pour cent de la consommation de « blanche » aux États-Unis. Eddie Egan et Sonny Grosso (interprété par Roy Scheider) avaient infiltré un de ces réseaux. Le scénario reprend en fait l'affaire Angelvin, on ne peut plus médiatisée en France, Jacques Angelvin étant un célèbre animateur de télévision à la fin des années 1950. Présentateur-vedette de l'émission *Télé Paris*, il est arrêté à New York le 21 janvier 1962 pour trafic d'héroïne. Dans sa Buick acheminée par paquebot, on découvre 52 kg de « blanche ». Connaissant ses liens d'amitié avec François Scaglia, un Corse arrêté à New York pour trafic de stupéfiants à la fin 1961, le BNDD l'avait à l'œil. Angelvin aurait accepté d'assurer ce transport en échange de 10 000 dollars... L'histoire a d'abord inspiré Gérard Oury pour son film *Le Corniaud*, avec Bourvil dans le rôle du « naïf », puis William Friedkin, donc, pour *The French Connection*.

Un scénario doit être simple, voire simpliste pour être accessible au plus grand nombre. À la fin des années 1960 et au début des années 1970, Washington n'hésite pas à cogner sur Paris et l'attitude des gaullistes, notamment sur leur trop grande complaisance à l'égard des trafiquants. Dans *The French Connection*, l'histoire se déroule entre New York et Marseille, faisant notamment l'impasse sur Palerme, Lucky Luciano, Meyer Lansky et Santo Trafficante Jr, pourtant parties prenantes, voire dominantes au sein des réseaux regroupés dans ce qu'Hollywood et les médias d'outre-Atlantique nomment French Connection plutôt que Franco-Sicilian Connection...

Cette filière, en effet, n'avait rien d'une organisation pyramidale, mais constituait un faisceau de réseaux autonomes ayant néanmoins des liens entre eux et d'où émergeaient de fortes personnalités, en quelque sorte des « barons » du système. Le trafic de cette filière était estimé en 1970 à une quantité annuelle d'héroïne comprise entre 40 et 44 tonnes expédiées aux États-Unis, soit quatre-vingt-dix pour cent de leur consommation. La morphine-base des Corsico-Marseillais était importée de Turquie, d'Indochine et de Syrie. Après la Sicile, les laboratoires ont surtout été implantés autour de Marseille. Principal fournisseur des organisations criminelles américaines, la toute-puissante French Connection a disposé, on l'a vu, de protections politiques sur le territoire français. Le retour aux affaires des gaullistes en 1958 a boosté son développement. L'absence de zèle et d'efficacité des autorités policières dans l'Hexagone irrite alors passablement le Bureau américain des narcotiques qui a laissé percer, à plusieurs reprises, son énervement.

L'un des grands atouts de la French Connection a été l'organisation de ses filières héritées, on l'a vu, des trafics coloniaux. Quand le flux de l'héroïne à destination des USA redémarre à la fin des années 1940, le milieu corse est déjà dans le feu de l'action. Quelques filières dominantes ont tôt fait de se dessiner et vont se révéler actives pendant près de deux décennies. La première aurait été dirigée par le vieux Charles Antoine Marignani, dit « Lolo le Corse », complice du clan Guérini, qui se serait beaucoup servi de la valise diplomatique pour acheminer la drogue en toute impunité. La seconde était gérée par les trois frères Aranci ; elle employait pour le transit des marins français et américains. Une troisième, passant par le Mexique, était placée sous la houlette de Joseph Patrizzi et aurait passé mensuellement jusqu'à 30 kg. Il y avait aussi celle, encore balbutiante, d'Auguste Ricord pour l'Amérique du Sud ; elle fera des merveilles dans les années 1960. Une dernière aurait été supervisée par un revenant, François Spirito, et aurait exporté jusqu'à 50 kg par mois : pas mal, pour un caïd officiellement à la retraite...

Depuis la fin de la guerre, en effet, Spirito n'a pas chômé. La défaite allemande consommée, il a d'abord fui avec Simon Sabiani en Espagne. Puis, tandis que l'ex-maire de Marseille allait s'installer en Amérique du Sud, Spirito a pris la direction du Canada et des États-Unis où, avec d'autres truands naguère affiliés à la « Carlingue », comme Joseph Orsini et Antoine d'Agostino, il s'est remis au trafic de stupéfiants, « Jo » Renucci se chargeant de faire le *go-between* entre eux et le clan Guérini. Arrêté à l'été 1951 à New York à la faveur d'une vaste opération antidrogue, il prétend s'appeler Charles Faccia et va purger deux années au pénitencier d'Atlanta avant d'être extradé vers la France où l'attend, on l'a vu, une condamnation à mort par contumace. Traduit en 1954 devant un tribunal militaire, Spirito est miraculeusement relaxé. Dès lors, il rentre à Marseille, s'établit à Sausset-les-Pins où il devient propriétaire d'un hôtel que l'on dit en partie financé par les Guérini. On le suspectera pourtant d'être à nouveau au cœur du système, notamment en ayant renoué avec ses anciens amis Nick Venturi et Marcel Francisci[1]. Avec les familles Guérini[2] et Versini, ces deux derniers constituaient l'« aristocratie » de la « Connection » dans les florissantes années 1960.

Une année après la sortie du film *The French Connection*, la vision américaine de la mafia corsico-marseillaise est développée en détail dans un article du *Time*[3] : selon elle, une organisation secrète, l'Union corse, dominerait le marché mondial de l'héroïne. Si cette Union est, semble-t-il, un fantasme purement américain, le reste de l'article est puisé à bonne source et mérite d'être reproduit longuement :

« À bien des égards, la Mafia et l'Union corse sont semblables. Toutes deux sont constituées par un certain nombre de familles – environ vingt-quatre en Amérique pour la Mafia, une quinzaine pour l'Union corse. Les plus connues des familles corses sont les Francisci, les Orsini, les Venturi et les Guérini. L'identification de certains clans est un secret si bien gardé que la mort frapperait celui qui se hasarderait à en parler. Et pour l'extermination des curieux, l'Union corse est, paraît-il, plus rapide et plus radicale que la Mafia.

« Les Corses se sont répandus à travers le monde pour à peu près les mêmes raisons qui ont amené les Siciliens

---

1. In *Les Parrains corses*, *op. cit.*
2. Celle-ci va perdre de sa superbe après l'assassinat d'Antoine, l'aîné, en 1967.
3. Le 4 septembre 1972.

aux États-Unis : l'irrémédiable pauvreté du pays. [...] Souvent, la contrebande est la seule façon pour un Corse de gagner de l'argent. [...]

« L'efficacité de l'Union corse hors des États-Unis provient de son aptitude à infiltrer ses membres dans les services gouvernementaux. En France, l'Union corse a réussi dans une certaine mesure à s'infiltrer dans la police, l'armée, les douanes et l'équivalent français de la CIA américaine, le SDECE (Service de documentation extérieure et de contre-espionnage)... »

Time fournit une analyse qui permet de comprendre la puissance de la French Connection. Le magazine américain livre une galerie de portraits de « parrains corses » et insiste en particulier sur une vieille connaissance, Marcel Francisci :

« Selon une déclaration faite devant une sous-commission du Congrès américain en 1964, un des parrains corses serait Marcel Francisci, cinquante-deux ans, valeureux héros de la dernière guerre, qui possède de nombreux intérêts dans les casinos en Grande-Bretagne, en France et au Liban. Pris dans une guerre des gangs en 1968, Francisci échappa de justesse à un guet-apens dans un restaurant de l'île. Quatre mois plus tard, ceux qui avaient tendu ce piège étaient abattus dans un restaurant parisien par des tueurs qui s'étaient fait passer pour des policiers. Francisci est aujourd'hui un élu local[1] en Corse. »

Rappelons-le à grands traits : notable corse ou notable du milieu corse ? Il est vrai que le *curriculum vitae* de Francisci est une parfaite illustration de notre propos. Né dans un petit village du canton de Zicavo, après des études au lycée d'Ajaccio il s'engage en juillet 1939. Fait prisonnier en

---

1. Conseiller général du canton de Zicavo.

juin 1940, il s'évade et revient sur l'île. En 1942, il débarque avec les troupes américaines en Afrique du Nord, puis en 1944 en Provence. Il quitte l'armée en septembre 1945, la poitrine constellée de décorations. Il s'installe en 1946, on l'a vu, à Tanger, et monte une société d'exploitation maritime. Il est alors intégré à la grande affaire du trafic des « blondes », association entre Lucky Luciano et divers parrains corses. Il trempe aussi dans le trafic des piastres[1]. En 1959, il se lance dans les jeux, prenant notamment des intérêts, comme dit le *Time*, dans des casinos à Beyrouth et en Grande-Bretagne, puis, en 1966, il achète à Paris le cercle Haussmann... Le quotidien *Long Island Newsday* fait sa une sur lui en le baptisant Mister Heroin, mais il échappe à tous les contrôles et ne sera jamais condamné.

Parallèlement à ses activités légales et illégales, il mène une carrière politique. Il entre au RPF dès sa création. À partir de 1967, il devient aussi un notable politique local. Conseiller général du canton de Zicavo à partir de 1967, il est élu maire de son village natal en 1978, deuxième vice-président du conseil général de Corse-du-Sud et conseiller régional de 1974 à 1976.

Paul Mondoloni, grosse pointure de la French Connection, homme de confiance de Francisci, doit être mentionné dans ce chapitre, car il va jouer au début des années 1980 un rôle important pour avoir préparé le retour de Jean-Jé Colonna sur l'île et avoir en quelque sorte parrainé l'installation des Corsico-Gabonais dans les jeux en France et en Afrique. Son rôle a été jugé suffisamment important

---

1. Trafic exercé par le biais de fausses exportations et de fausses factures, fondé sur la différence entre le taux de change officiel de la piastre et sa valeur sur les marchés asiatiques. Il entraîna en juillet 1953 la création d'une commission d'enquête parlementaire.

pour que son personnage soit interprété par Gérard Darmon dans *Le Piège américain*, une production québécoise (2008) réalisée par Charles Binamé. Mondoloni y apparaît aux côtés de Lucien Rivard, malfrat québécois réputé lui aussi avoir été mêlé à l'assassinat de JFK aux côtés de la Mafia et de la CIA.

Time cite également d'autres « gros bonnets » : « Parmi les autres gros bonnets de l'Union corse, selon une déposition du FBI devant la même sous-commission du Congrès, se trouvent Dominique Venturi, quarante-neuf ans, et son frère Jean, cinquante et un ans. Le fief de Dominique est Marseille où il est connu pour être un ami du maire, Gaston Defferre. Dominique s'est lancé dans le trafic de drogue en 1953. À un moment, il était à la tête d'une flottille de yachts qui convoyaient la morphine-base du Moyen-Orient jusqu'à Marseille. Jean Venturi s'est rendu au Canada en 1952 d'où l'on pense qu'il continue ses activités. »

Time apporte aussi quelques informations sur les rapports entre les Corses et la Mafia : « Il y a environ dix ans, l'Union corse a commencé à s'installer aux États-Unis afin de combler le vide laissé par le retrait de la Mafia des affaires de drogue. Son principal contact aux États-Unis fut Santo Trafficante Jr, patron d'un gang de Floride, qui se rendit à Saigon et à Hong Kong pour traiter d'affaires de stupéfiants avec des corses, et, plus tard, en Équateur où on lui offrait une participation dans un réseau de trafic de cocaïne. L'Union corse approvisionnait et finançait également les nouveaux gangs de Sud-Américains, de Portoricains et de Noirs qui s'installaient à la place laissée vacante par la Mafia. Tous les membres de l'Union corse reçurent l'ordre de ne pas gêner les *mafiosi* qui continuaient à s'occuper d'affaires de drogue, principalement les capos et soldats des familles Bonanno et Gambino. »

14.
La Maison-Blanche, les Siciliens, l'Élysée et quelques autres font exploser la French Connection[1]

Essentiellement pour des raisons de politique intérieure et extérieure, les protections des parrains corsico-marseillais vont tomber les unes après les autres au début des années 1970. À cette date, la toute-puissante mafia corse, qui fournissait quatre-vingts pour cent de la consommation de poudre blanche aux États-Unis, s'effondre : filières et laboratoires démasqués, trafiquants nombreux incarcérés, voire tués. L'élection à Washington de Richard Nixon, début 1968, et celle de Georges Pompidou à Paris, en juin 1969, vont changer radicalement le contexte du trafic d'héroïne. Le premier va faire une priorité de la lutte contre la French Connection, aidé à la fois par la CIA qui « couvait » les exilés cubains, parmi lesquels d'importants membres de la mafia américaine, par le BNDD, mais aussi par les parrains américains et siciliens eux-mêmes qui se retrouvent en l'occurrence les alliés objectifs de la

---

1. Ce chapitre doit beaucoup à *Dossier d... comme drogue*, d'Alain Jaubert, *op. cit.*, à *The Great Heroin Coup*, de Henrik Krüger, South End Press, 1980, et évidemment aux *Parrains corses*, *op. cit.*

Maison-Blanche en ce qu'ils veulent rompre leur alliance avec les trop puissants Corsico-Marseillais dans le double dessein d'augmenter leur part de gâteau et de réorganiser leurs propres filières à partir de l'Asie du Sud-Est et du Mexique. Pour sa part, le président français entend réviser la politique étrangère de la France en se rapprochant de Washington, et casser les tout-puissants réseaux gaullistes, dont le SAC et ceux qui ont infiltré le SDECE et les rangs de la police. Cette volonté de rupture avec le gaullisme et ses pratiques n'est pas seulement de nature idéologique, elle est « tripale » : Pompidou ne pardonnera jamais les odieuses manœuvres de certains gaullistes pour lui faire perdre les élections, notamment en faisant circuler des photos pornographiques mettant en cause sa femme Claude[1].

Cette sordide histoire a débuté le 1er octobre 1968. Ce jour-là est retrouvé sur une décharge le cadavre de Stefan Markovič, ex-garde du corps du couple Delon. Mais le bruit court assez vite que l'homme aurait été abattu parce qu'il détiendrait des clichés compromettant de hautes personnalités, notamment la femme du Premier ministre en exercice, Georges Pompidou. Les clichés étaient des faux grossiers visant à stopper net les ambitions présidentielles du Premier ministre. Finalement élu, Pompidou déclare : « Rien ne sera oublié. » Et il tiendra parole : jusqu'à sa mort, il gardera en mémoire les noms des quelques barons gaullistes qui, selon lui, auraient parrainé cette sordide machination montée par la Base Paris du SDECE.

Pompidou rencontre Richard Nixon en février 1970. Les deux hommes décident d'un rapprochement entre les deux pays. La CIA et le SDECE doivent cesser de se faire la guerre. Les deux centrales doivent même coopérer.

---

1. Dans le cadre de ce qu'on a appelé l'« affaire Markovič ».

L'Américain demande à Pompidou de s'engager davantage à ses côtés dans la lutte contre les filières de la drogue qui inondent en héroïne les États-Unis. Mais cela requiert de profonds changements au sein de la police et des services français. Pompidou nomme en novembre Alexandre de Marenches, considéré comme proche de Washington, à la tête du SDECE : il est chargé d'y faire le ménage et d'enquêter sérieusement sur la machination qui a été ourdie contre lui. Il nomme également un non-gaulliste, Raymond Marcellin, place Beauvau pour nettoyer son ministère et casser le SAC. Ce qui va *ipso facto* rompre de nombreuses passerelles entre le monde politique, l'État et le milieu corse, réduire par là les profits de la mafia insulaire et diminuer d'autant son influence politique. C'est le commencement de la fin pour la déclinaison française du « rêve cubain »...

Depuis 1959, des agents du Narcotic Bureau sont installés à demeure à Marseille et Paris. Mais, sans aucun pouvoir judiciaire, ils sont obligés de collaborer avec leurs collègues français. Officiellement, tout va bien, mais, officieusement, on l'a vu, il n'en va pas de même. Les méthodes américaines d'infiltration des réseaux suscitent la méfiance des policiers français. Aussi John T. Cusack, infiltré depuis 1951 avant d'être promu superviseur européen du Narcotic Bureau, ne décolère-t-il pas. Dans une note datée du 22 mars 1960[1], il déclare : « J'ai toujours trouvé la production française d'héroïne, licite ou illicite, comme l'aspect le plus scandaleux du trafic international de stupéfiants. La France est une puissance moderne de

---

1. Mémorandum de « John T. Cusack, district supervisor, Rome, Italie, à Mr HJ Anslinger, commmissioner of narcotics », 22 mars 1960, cité dans *Les Parrains corses*, *op. cit.*

première classe, capable de faire exploser la bombe atomique et de fabriquer des avions de combat. Pourtant, l'effort hexagonal pour endiguer le flux d'héroïne entre la France et l'Amérique du Nord me laisse à penser que le gouvernement français au plus haut niveau soit ne sait pas ce qui se passe, soit s'en contrefiche. » L'Américain déplore en outre la corruption de certains éléments de la police française et le fait qu'on lui mette quotidiennement des bâtons dans les roues. Aussi envisage-t-il de faire monter la pression.

Dans ce dessein, il a un plan d'action en trois étapes. *Primo* : organiser des réunions entre les Américains, les Mexicains, les Canadiens et les Français afin de convaincre Paris d'accentuer sa lutte antidrogue. Si rien ne change, il passera à la deuxième étape : porter le débat devant les Nations unies afin de contraindre Paris à prendre les mesures qui s'imposent. Enfin, troisième et ultime étape : « Si cela ne marche toujours pas, je suggérerai qu'une série d'articles de journaux ou de magazines bien documentés sur la situation française soit encouragée. L'opinion mondiale devrait obliger les Français à affronter une réalité à laquelle ils auraient dû faire face depuis 1952, et à prendre des mesures correctrices. » Des phrases qui auraient pu être de la main de Charles Siragusa, son prédécesseur.

Cusack va mettre dix ans à exécuter son plan.

Pourtant, en dépit de multiples problèmes, on ne peut dire qu'il ne se passe rien sur le front de la lutte antidrogue. Des opérations se montent avec des résultats certains, même si ceux-ci peuvent paraître dérisoires au vu de l'ampleur du trafic à cette époque. En octobre 1960, la filière des frères Aranci est la première à tomber : les trois frères sont pris en flagrant délit alors qu'ils remettent trois kilos de « blanche » à un marin. Dès 1961, la Corsican

Connection est clairement identifiée à la fois par les policiers des deux pays. Des fiches sont dressées sur les principaux ténors de ces réseaux. Aucun d'eux n'est inconnu des services de police : ils se nomment Marcel Francisci, Albert Bistoni, Jean-Baptiste Croce ou encore les frères Venturi. Mais, pour les Américains qui détiennent le *curriculum vitae* de tous ces gangsters, entre bien d'autres, dans leurs propres *files*, ce n'est encore que *peanuts*.

En août 1971, John Cusack estime que l'heure est venue de passer à la troisième phase de son plan. En accord avec ses supérieurs, le représentant du BNDD en Europe, qui n'est plus installé à Rome, mais à Paris, lance une offensive médiatique qui va faire grand bruit. Le 25 août, le quotidien marseillais *Le Méridional* publie une longue interview de Cusack à la suite de sa rencontre à Paris avec le journaliste Marc Ciomei. Sous le titre « Marseille, objectif n° 1 du Narcotic Bureau », avec comme sous-titre : « Les "gros bonnets" de la drogue sont à Marseille et nous les démasquerons », Cusack ne fait pas dans la dentelle :

« Actuellement il y a dans Marseille, forts de leur compte en banque, de leurs relations, du respect qui les entoure, trois ou quatre gros bonnets de la drogue qui se sentent en sécurité.

« Ils évoluent tranquillement soit parce qu'ils font peur, soit parce que les gens ne croient pas à leur culpabilité, ou pensent que s'ils les dénoncent, ce sont eux, parce qu'ils les auront dénoncés, qui paieront les pots cassés...

« Il faut d'abord éliminer ce climat.

« Je suis sûr que lorsque les Marseillais ou les habitants de la région de Marseille sauront que nous mettons en œuvre d'immenses moyens, ils viendront à nous. Ils nous fourniront les renseignements dont nous avons besoin pour détruire les laboratoires et les chaînes de fournisseurs [...].

« Il y aura un grand pas de fait si nous réussissons d'abord à Marseille : car c'est par là, et pas ailleurs, que transite l'opium. C'est dans votre ville, dans ses alentours immédiats, que se trouvent les laboratoires de transformation. C'est là aussi, à Marseille et pas ailleurs, que sont établis les caïds en relation directe avec la Mafia et les successeurs d'Al Capone.

« C'est là que nous devons agir, frapper vite et fort... »
John T. Cusack explique ensuite :

« Le rôle des agents du Narcotic Bureau qui seront ou sont à Marseille est un rôle de coordination et de renseignement. Notre action sera toujours concertée avec la police française. Si nous sommes à Marseille, c'est parce que, au cours d'interrogatoires, à l'issue d'au moins cinq affaires, nous avons acquis la certitude que les laboratoires sont dans cette ville ou dans ses alentours. Chaque fois, que ce soit à Porto Rico, à Barcelone ou à New York, toutes les grandes enquêtes nous ramènent à Marseille [...].

« Bien sûr, il n'y a pas que Marseille ; nous savons qu'il existe des laboratoires en Allemagne, mais nous sommes persuadés que les principaux sont chez vous.

« Leurs patrons sont des gens de Marseille. Ils sont même très importants ; nous savons qu'ils traitent d'égal à égal avec la Mafia, peut-être même en position de force vis-à-vis d'elle, car ils bénéficient d'installations et du travail d'excellents chimistes.

« L'organisation est en place depuis longtemps. Certainement une vingtaine d'années. Elle bénéficie de nombreuses complicités, d'une connaissance du pays et de beaucoup d'argent... »

Le directeur de la police nationale réagit vivement et conteste les affirmations de l'Américain. Le lendemain

26 août, *Le Méridional-La France* n'en publie pas moins la seconde partie de l'interview de Cusack :

« Si les laboratoires sont à Marseille, c'est parce que le milieu y est très fort, très implanté, très structuré. Ses moyens d'investigation lui permettent cette mise en place qui a échappé à la vigilance de la gendarmerie française. Il y a certainement deux ou trois laboratoires installés dans des villas dont les murs sont très hauts et les garages parfaitement dissimulés [...].

« Votre ville est la clé de voûte de l'édifice mis en place par la Mafia et les gens de votre milieu. Nous devons stopper ça rapidement. Après, il sera alors du ressort des gouvernements de la France, de l'Amérique et de tous les pays développés de faire cesser la production d'opium, de cannabis, de cocaïne dans certains pays sous-développés, produits à l'aide de subventions ou d'achats. Cela, c'est la politique générale. Pour l'instant, il faut arrêter les trafiquants, les chimistes. Depuis cinq ans, pas un laboratoire n'a pu être localisé. La Mafia a raison d'avoir confiance dans le milieu marseillais qui fait bien son travail et sait se couvrir. Je suis ici pour stopper cela avec l'aide de tous. »

Une phrase : « Les Français n'ont pas réussi à fermer un seul laboratoire en dix-huit mois ; j'ai d'ailleurs exprimé mon mécontentement au ministre de l'Intérieur », déclenche la fureur de l'Élysée et de Matignon. L'intégrité du personnel politique français est mise en cause par un fonctionnaire américain ! Après ce clash prémédité, l'homme du BNDD est obligé de démentir ses propos, avant d'être contraint de quitter la France en novembre. Mais il a réussi son coup. Raymond Marcellin a compris qu'il était urgent de prendre des mesures drastiques. Août 1971 marque ainsi une rupture : les moyens matériels de la brigade des stups sont revus à la hausse, ses effectifs également. Les policiers marseillais disposeront désormais de voitures rapides, de matériel d'écoutes téléphoniques, de crédits prélevés sur les fonds secrets. Le chef corse des stups à Marseille est débarqué. Son remplaçant, Marcel Morin, dispose d'une ligne directe avec le ministre. Les Américains, qui connaissent les difficultés de leurs homologues, fournissent des moyens supplémentaires à leurs collègues marseillais : de l'équipement pour les écoutes, du matériel pour les filatures – micros espions, téléobjectifs, jumelles de marine, etc.

Parallèlement, Marcellin essaie de rompre sans faire de vagues les connivences existant entre le milieu et le monde politique. À ses yeux, le SAC est devenu une police parallèle qui n'a plus sa place dans l'ordre républicain. Ne pouvant le dissoudre sans s'attirer les foudres des gaullistes, il œuvre à en contenir l'influence : « Au ministère de l'Intérieur, Raymond Marcellin, qui n'est pas gaulliste, n'apprécie guère les pressions qu'exerce Jacques Foccart pour que le régime continue de couvrir les agissements du SAC. L'ère des protections garanties est sur le point de s'achever. Interrogé sur RTL le 7 juin 1969, Marcellin livre ce commentaire : "Les barbouzes ? Les polices parallèles ? C'est une légende. Pour ma part, je n'en tolérerai aucune." En coulisse, il n'en essaie pas moins de casser cette organisation qui n'a rien d'une légende[1]. »

La police française apprend la culture du résultat. Les Américains exigent des bilans chiffrés pour prouver à l'administration Nixon que les choses bougent enfin en France. Cette culture suscite également une saine émulation entre les services de police, ceux des douanes et la gendarmerie.

---

1. In *Les Parrains corses*, *op. cit.*

De fait, les résultats ne se font pas attendre. En 1972, le *Caprice des Temps*, chalutier marseillais en partance pour Miami, est arraisonné avec 425 kg d'héroïne à son bord. C'est l'aboutissement probable d'une dénonciation de membres de la mafia américaine. C'est la plus grosse saisie mondiale à ce jour. Des laboratoires clandestins cachés dans des villas de la périphérie de Marseille sont débusqués. Jo Césari, « le chimiste aux doigts d'or », sera condamné à vingt ans de prison…

L'affaire Cusack n'est pas encore totalement retombée quand une autre, plus grave, survient en novembre et va défrayer la chronique. On la baptisera l'« affaire Delouette ». Tout a commencé le 5 avril 1971 à Port Elizabeth (New Jersey). Un ressortissant français, Roger Delouette, est appréhendé alors qu'il prend livraison d'un Volkswagen Camper acheminé par bateau depuis Le Havre. À la faveur d'une inspection, les douaniers américains découvrent quatre-vingt-neuf paquets contenant chacun 500 g d'héroïne. Inculpé après une rapide enquête, Delouette déclare aux policiers américains appartenir au SDECE et travailler sur ordre[1]. Embarras à Paris, d'autant plus que l'individu persiste à accuser un haut fonctionnaire du contre-espionnage, le colonel Fournier. D'après ses dires, Fournier lui aurait donné pour instruction de se rendre à New York pour y récupérer le véhicule Volkswagen au débarquement de Port Elizabeth, puis de le ramener à New York afin de le livrer à un contact qui lui remettrait alors la somme de 50 000 dollars. À la demande du procureur fédéral de Newark, Herbert J. Stern, chargé du dossier, Delouette est soumis au détecteur de mensonges le 21 septembre. Devant le juge, il réitère sa version et cite même

---

1. NARA, dossier n° 71-CR-317, Delouette, Roger, Léon.

le nom du prétendu contact, un certain Harold McNab, correspondant du SDECE auprès du consulat de France à New York. Les tests se révèlent négatifs : l'inculpé ne ment pas. Pour la justice américaine, c'est une raison supplémentaire d'aller de l'avant. Le 28, le procureur fédéral Herbert J. Stern, ancien de la CIA, annonce l'inculpation du colonel Paul Fournier. Le fougueux procureur de Newark espère ainsi établir de façon formelle que la filière corse d'approvisionnement en héroïne des USA est alimentée en sous-main par le SDECE.

C'est par voie de presse, et avec l'autorisation du gouvernement, que choisit de répliquer le colonel Fournier. Dans les colonnes du *Monde* daté du 20 novembre 1971, on peut lire sa réponse : « J'ai été entendu comme témoin par le juge d'instruction Roussel. J'ai donné à la justice française toutes les explications qui m'ont été demandées, sans chercher à me réfugier derrière le secret professionnel. [...] Je m'étonne également d'avoir été inculpé aux États-Unis de trafic de stupéfiants alors que je n'ai jamais mis les pieds dans ce pays et que la justice française, à laquelle vous comprendrez que je fasse d'abord confiance, ne m'a jusqu'à présent signifié aucune inculpation, ni fait aucun reproche. Si je suis coupable, prouvez-le, et la justice suivra son cours. C'est tout ce que j'ai à dire. »

La réponse du procureur fédéral Herbert Stern ne se fait pas attendre, là aussi par voie de presse : « Si vous êtes innocent, venez aux États-Unis, présentez-vous au tribunal. Si vous êtes innocent, vous n'avez rien à craindre. Vous pouvez être assuré d'être jugé équitablement par notre système judiciaire. Ne vous cachez pas derrière un service anonyme de caractère international[1]. »

---

1. Stern désigne là le SDECE.

Bientôt la presse se fait plus loquace sur le parcours de Delouette. Durant la guerre, il s'est lié au capitaine Roger Barberot dont il a fini par épouser la secrétaire, fille du général Rémusat. Bien que n'ayant pas de diplôme, il devient ingénieur agronome et montre de réelles capacités. De 1950 à 1954, il est attaché de direction au sein d'une firme productrice d'engrais en Algérie, puis est successivement exploitant agricole à Pontoise, responsable des exploitations agricoles des Rothschild, employé à la Société centrale de gestion des agriculteurs de France, avant de quitter femme et enfants pour aller s'occuper de rizières en Sierra Leone. En 1968, Barberot, devenu colonel, prend la direction du Bureau pour le développement de la production agricole (BDPA). Cet organisme créé avec la bénédiction du secrétariat d'État au Développement a pour mission de venir en aide aux pays en voie de développement, mais sert surtout de couverture à des agents du SDECE[1]. Barberot engage Delouette et l'envoie en mission à Cuba. Là-bas, outre le colonel, Delouette retrouve Jean-Charles Marchiani et le capitaine Paul Sentenac, l'un comme l'autre travaillant à la Base Paris du SDECE. D'un commun accord, les deux hommes l'incitent alors à travailler directement pour le SDECE.

Le 1er juillet 1969, Roger Delouette subit une courte période de formation à Paris et devient de ce fait un « agent en préparation[2] ». Fin août, la mission à Cuba est annulée et Delouette rentre en France. Il n'en perçoit pas moins une partie de ses émoluments versés par les « services ». Il se rend ensuite en Côte d'Ivoire et, à son retour, le colonel

---

1. Voir *Dossier E... comme Espionnage*, par N. Fournier et E. Legrand, Alain Moreau éditions, 1978.
2. *Ibid.*

Fournier lui verse 2 700 francs d'honoraires. Fin 1970-début 1971, il remplit, cette fois, pour le compte d'une société de coopération agronomique, ASCOT, autre officine proche des « services », plusieurs missions en Algérie et en Afrique noire. Selon la version officielle, il est alors licencié du SDECE et du BDPA pour « incompétence et irresponsabilité » après avoir omis de rédiger un rapport à l'issue de sa mission en Côte d'Ivoire.

La version de Delouette est, on s'en doute, toute différente. En juillet 1970, le colonel Fournier le charge d'aller rencontrer un homme à la frontière franco-italienne pour lui remettre 17 000 dollars. Le rendez-vous échoue à plusieurs reprises et Delouette garde l'argent, conformément aux vœux de Fournier, dans l'attente de nouvelles instructions. Puis Fournier lui donne plusieurs rendez-vous successifs, en des lieux différents, en vue de préparer l'expédition d'héroïne aux États-Unis.

C'est cette version-là que soutient le procureur Stern. Trois jours après les aveux de Delouette, une perquisition est conduite au domicile parisien de Marie-Josée Robert, sa maîtresse, enceinte de ses œuvres. Dans le tiroir d'une table de nuit, on retrouve les 17 000 dollars qui se révèlent être des faux billets. Marie-Josée Robert est incarcérée avant d'être relâchée eu égard à son état.

Dans la presse, le colonel Barberot décrit Delouette comme un garçon faible, pris à un niveau subalterne dans une histoire qui le dépasse et où le SDECE joue probablement un rôle. Le colonel revient sur les récents limogeages opérés dans les « services » et s'en prend violemment au colonel Beaumont, relayant les rumeurs de haute trahison qui collent à la peau de l'ex-directeur de la recherche. Beaumont réagit et réplique dans une conférence de presse chez son avocat, maître Tixier-Vignancour. Il accuse à son tour Barberot d'être manipulé, se défend d'avoir un quelconque rapport avec cette affaire, et surtout d'avoir jamais rencontré Delouette.

L'« affaire Delouette » déclenche une affaire collatérale dans laquelle deux Corses jouent les vedettes. L'un, Jean-Charles Marchiani, fait partie des proches de Charles Pasqua qui vont apparaître çà et là au long de ce livre. L'autre, son cousin Dominique Mariani, est lié aux caïds de la filière corse. Le nom de Marchiani est mentionné vingt-six fois dans l'agenda de Delouette. Lequel, sitôt après son arrestation, lui a par ailleurs adressé une lettre pour lui réclamer aide et assistance. Entendu par la police judiciaire, Marchiani se montre peu coopératif. Il prétend avoir rencontré fortuitement Delouette au BDPA en juillet 1970, et se borne à reconnaître les faits qu'il ne peut nier, tels ses voyages à Madrid et à Genève en sa compagnie. En outre, c'est bien lui, Marchiani, qui a présenté Dominique Mariani à Delouette...

Marchiani, qui ne digère pas d'avoir été vidé de la « Piscine », profite de l'interrogatoire du juge Roussel pour confirmer les propos de Delouette et « charger » le SDECE en orientant les enquêteurs sur ses anciens employeurs, plus spécialement sur le directeur de la recherche, le colonel Beaumont.

Pris en filature par la police judiciaire, Marchiani conduit les policiers jusqu'à la planque de Mariani, chez une call-girl du 16e arrondissement. Recherché comme partie prenante au trafic de stupéfiants, Mariani ne tarde pas à se mettre à table. Déjà bien connu des services de police, ami de Richard Berdin, il fait partie du réseau d'Auguste Ricord, au sein de la French Connection alors en cours de démantèlement. Richard Berdin est d'ailleurs un des trafiquants qui se sont fait arrêter à New York en septembre 1970 après l'arrestation de Delouette, et il a craché le morceau. Berdin n'est pas le seul à avoir parlé : d'autres, derrière les barreaux aux États-Unis, ont décidé de lâcher leurs amis dans l'espoir de voir diminuer leurs peines. Leurs révélations vont imprimer une nouvelle orientation à l'« affaire Delouette ».

En réalité, ce n'est pas le SDECE qui était le commanditaire du trafic de poudre blanche, mais une filière corse dont on peut à tout le moins avancer qu'elle n'était sans doute pas inconnue de Jean-Charles Marchiani. En soi, cette contiguïté révèle des pratiques et des liaisons dangereuses auxquelles Alexandre de Marenches s'évertue à mettre un terme. Au travers de cette affaire, a-t-on cherché, comme il le pensait, à l'atteindre, lui, nouveau patron du SDECE ? Dans *Le Secret des princes*, le livre qu'il a cosigné avec Christine Ockrent, il estime en effet que l'affaire a bien été une manipulation montée contre lui pour tenter de le dégommer[1].

Claude Pastou, ami du beau Serge, l'ex-« barbouze », déclare que c'est à lui que Roger Delouette devait remettre la drogue à son arrivée aux États-Unis. Lui-même a débarqué à New York la veille de la livraison, et l'a alors rencontré pour la première fois. Ensemble ils ont réglé les derniers détails du transfert. Mais, le lendemain à l'heure dite, nul ne se présente. Le passeur a disparu. Pastou l'attend en vain pendant des heures. Sentant qu'il se trame quelque chose de fâcheux, il prend le premier avion pour Rio où il retrouve le beau Serge. Il faudra encore quelques jours avant que la nouvelle de l'arrestation de Delouette ne soit officialisée. Au cours de son interrogatoire, Claude Pastou

---

1. In *Dans le secret des princes*, de C. Ockrent et A. de Marenches, Stock, 1986.

s'est dit stupéfait des déclarations ultérieures de ce dernier. Il jure n'avoir jamais entendu prononcer le nom du colonel Fournier et être complètement étranger au SDECE.

Fallait-il voir dans l'« affaire Delouette » la main des services américains, que leurs rapports tendus avec leurs homologues français auraient incités à vouloir les discréditer et les déstabiliser ? Un télégramme du FBI à la Maison-Blanche en date du 26 novembre 1971 fait état de ces suspicions françaises. D'après un officiel français cité dans cette note, l'enquête interne au SDECE aurait blanchi (dès cette époque) le colonel Fournier, et le gouvernement s'interrogerait sur les motivations du procureur américain Stern ainsi que sur le rôle de certains ex-membres du SDECE évincés de leurs fonctions.

Le 17 avril 1972, Delouette est jugé aux États-Unis et condamné à la peine plancher de cinq ans d'emprisonnement, le procureur Stern ayant plaidé la clémence pour ce trafiquant si coopératif. Deux ans plus tard, il sera élargi et s'installera définitivement outre-Atlantique.

La polémique suscitée par cette affaire fut si forte qu'elle faillit déboucher sur la disparition du SDECE. C'est ainsi que les échanges entre le colonel Beaumont et le colonel Barberot se terminèrent par un procès entre les deux hommes. Alors que tout le monde attendait de la joute l'éclaircissement de certaines zones d'ombre, il n'en aura malheureusement rien été.

En octobre 1972, Barberot, dans les colonnes du *Monde* daté du 5, fait volte-face ; il déclare s'être fait rouler dans la farine et présente ses plus plates excuses. Le lendemain, devant la 17e chambre correctionnelle, Beaumont retire sa plainte. De son côté, la DEA – la nouvelle agence américaine de lutte contre la drogue, qui a succédé au Bureau des narcotiques (BNDD) – affirme que, outre le fait que

Delouette a menti, le procureur fédéral de Newark, Herbert J. Stern, ancien de la CIA, était un peu trop passionné par l'espionnage et s'est de ce fait laissé emporter...

Peu à peu, la lutte américano-française contre la drogue s'intensifie et porte enfin ses fruits. Pan après pan, la French Connection se délite. Un à un, les coups portés par les forces de l'ordre finissent par ébranler, jusqu'à l'effondrement total, cet édifice dont les fondations avaient été coulées par Carbone et Spirito avant guerre. « Jo » Renucci, François Spirito, Antoine Guérini, Lucky Luciano sont morts ; les autres grands parrains tombent les uns après les autres ; ainsi Barthélemy « Mémé » Guérini, Auguste Ricord, puis Jean-Baptiste Croce, arrêté le 19 janvier 1973 et qui écopera de dix-huit ans de réclusion ; le 16 mars 1972, la police envahit la villa de Joseph Cesari. Le 22 mars, dans la cellule n° 100 de la prison des Baumettes, on retrouve pendu le chimiste prodige.

Cette hécatombe des barons corses n'est pas seulement le résultat des actions des différents services de police. La mafia sicilienne a mis la main à la pâte. Elle a même livré une lutte sans merci visant à éliminer la concurrence sur le marché de la drogue dont le chiffre d'affaires s'élèverait, selon la commission anti-Mafia du Parlement italien, à près du double du budget de la République transalpine : « Beaucoup de gros coups des services de répression du trafic des stupéfiants de divers pays sont dus à une étroite collaboration Mafia-Police-Narcotic Bureau. L'arrestation de Ricord en Amérique du Sud aurait été impossible, assure-t-on, sans les preuves fournies obligeamment par Cosa Nostra au FBI américain[1]. » Et, à propos des coups

---

1. In *Le Monde* du 18 juin 1973 : « L'ombre de la Mafia sur la France », par Jacques Kermoal.

portés par la police et les douanes à la French Connection, Kermoal ajoute cette donnée : « La Mafia a fermé les vannes des approvisionnements turcs, libanais et iraniens. »

Les affaires Cusack et Delouette n'ont pas seulement accompagné la chute des filières corses associées à certaines « missions » du SDECE ou de la police, elles ont affaibli la puissance du SAC et des réseaux Foccart au sein de l'appareil d'État. De hauts personnages vont même se trouver éclaboussés. Achille Peretti, ex-commissaire, maire de Neuilly, président de l'Assemblée nationale, va même être obligé de démissionner à la suite de l'article du *Time* déjà mentionné révélant l'existence d'une organisation criminelle secrète, l'« Union corse ». Son démenti n'aura pas suffi à calmer la tempête provoquée par cette révélation. L'hebdo a aussi cité le nom de Jean Venturi, délégué commercial de Charles Pasqua pour la société Ricard.

Les caïds corses vont eux-mêmes hâter leur déclin en se livrant une guerre sans merci pour le contrôle des jeux, notamment des cercles parisiens. Les Francisci supplantent finalement les Guérini, les Andréani et les Panzani... Dès 1977, James Sarazin, journaliste spécialisé dans les questions judiciaires, rédige un papier intitulé « Que sont devenus les mauvais garçons[1] ? » Et attaque par un : « Mais où est donc passé le milieu marseillais ? Que sont devenus les héritiers spirituels des Carbone et Spirito ? Provisoirement, je dis provisoirement, car je connais la suite de l'histoire, il n'y a plus grand-chose de ce milieu qui inspirait tant les cinéastes. En quelques années, il a subi la fin de l'époque coloniale qui a tari les sources de revenus de la traite des Blanches ; la fin des grands parrains

---

1. In *Le Monde*, 26 novembre 1977.

marseillais, les Guérini ; et la fin de la French Connection avec l'arrestation, depuis 1972, d'une centaine de trafiquants internationaux, la moitié d'entre eux représentant des grands noms du banditisme. Sans oublier une vingtaine de truands en prison aux États-Unis, et les nombreux règlements de comptes. » Et *Le Monde* d'ajouter qu'il ne reste que quelques caïds pour avoir échappé à l'infarctus et aux règlements de comptes : « Ces anciens combattants, reconvertis dans la limonade, voire dans la chemiserie, on peut les rencontrer, frileux, sur le Vieux-Port, en train d'acheter leur provision d'oursins ou de promener leurs petits-enfants. »

15.
Le FLNC crée les conditions de l'éclosion à grande échelle du crime organisé en Corse

Le 21 août 1975 a lieu à Aléria ce qui peut être considéré comme l'acte de renaissance de la lutte armée en Corse. Ce jour-là, le docteur Edmond Siméoni, chef du principal mouvement autonomiste de l'île, l'Action régionaliste corse (ARC), se retranche avec une poignée de militants nationalistes, fusils en main, dans une coopérative viticole appartenant à Henri Depeille, pied-noir originaire du Maroc. Ils entendent protester contre l'injustice que représentent, à leurs yeux, les avantages accordés aux rapatriés qui menacent de conduire à la faillite nombre d'exploitants insulaires.

Depuis 1969, les signes de cette reprise s'accumulaient. Nombre de Corses n'acceptaient pas le choix de développement décrété par Paris autour de deux pôles : l'agriculture dans la plaine orientale et le tourisme. La modernisation se fait sans nous, disaient-ils, et de multiplier les actes de violence contre la SOMIVAC (Société de mise en valeur de la Corse). Les panneaux « La Corse aux Corses ! » et « Colons *fora* ! » poussent à tous les carrefours. Les militants parlent de « mort programmée du peuple corse » et n'hésitent pas à employer le mot « génocide ». La situation est devenue explosive. Pour mieux la comprendre, il convient de se rappeler que la Corse n'a jusqu'ici échappé à son triste quotidien que grâce à une diaspora installée dans l'Empire colonial où ses ressortissants bénéficiaient de nombreux emplois publics, une autre frange de cette diaspora composant la French Connection dont certains rescapés étaient revenus couler leurs vieux jours dans leur village. Or, du fait de la conjoncture, les revenus des uns et les énormes profits des autres ont drastiquement diminué...

À cette occupation d'Aléria, censée rester symbolique, le ministre de l'Intérieur de l'époque, Michel Poniatowski, réplique par un assaut des forces de l'ordre qui coûte la vie à deux gendarmes. Si Siméoni se rend sur-le-champ, beaucoup de militants parviennent à passer entre les mailles du filet. La colère gagne rapidement le reste de l'île. L'ARC dissoute, la frange dure du mouvement fonde le 5 mai 1976 le Front de libération nationale corse (FLNC). « Faute d'un dialogue engagé au bon moment avec les autonomistes d'Edmond Siméoni, le gouvernement de l'époque contribua à faire éclore le FLNC[1]. »

C'est vite l'escalade. Les « nuits bleues » se succèdent : tentatives d'assassinats, plastiquages, attaques au lance-roquettes, mitraillages. Dès cette année 1976, le FLNC restaure le racket habillé en « impôt révolutionnaire ». Violence et racket gangrènent rapidement la société insulaire, décrédibilisent le rôle de l'État et de ses institutions. L'argent censé servir exclusivement la « cause » va pourrir les dirigeants nationalistes, susciter des vocations mafieuses, rendre de plus en plus poreuses les frontières entre milieu autonomiste et banditisme, entre banditisme

---

1. In *L'Œil du pouvoir*, Gilles Ménage, Fayard, 2000.

et milieu politique. Ces multiples porosités sont facilitées par la structuration de la société corse : « Sous la cagoule se dissimulent soit le militant, soit le truand, soit une même personne qui assume les deux fonctions[1]. » Engagé dans une répression à tout crin, l'État marque apparemment des points : plus de cent militants nationalistes se retrouvent bientôt derrière les barreaux. Mais ces emprisonnements vont avoir des conséquences inattendues en incitant les autonomistes à tisser ou renforcer leurs liens avec la voyoucratie locale.

Le combat entre les autonomistes et l'État atteint son paroxysme avec une tentative d'attentat perpétrée contre Valéry Giscard d'Estaing. Le 16 avril 1981, à quelques jours de l'élection présidentielle qui va voir son échec face à François Mitterrand, le président sortant débarque de son avion mais n'emprunte pas l'itinéraire prévu à l'intérieur de l'aérogare d'Ajaccio. Une bombe explose sur le trajet programmé. Provocation ou simulacre ? La bombe, en tout cas, tue un touriste suisse et blesse huit personnes. L'attentat aurait été monté par des militants du secteur de Gravone[2].

L'élection présidentielle de 1981 suscite un fort espoir en Corse. François Mitterrand, qui s'est rendu lui aussi sur l'île de Beauté en avril, a avancé des propositions qui y ont rencontré un large écho : libération de tous les prisonniers politiques, suppression de la Cour de sûreté de l'État, création d'une assemblée régionale corse élue au suffrage universel à la proportionnelle. En signe d'apaisement, le FLNC décrète une trêve. Edmond Siméoni déclare pour sa part : « Il ne peut être question de nier que le projet socialiste ouvre une brèche très importante dans laquelle

---

1. In *Géopolitique...*, *op. cit.*
2. In *Pour solde de tout compte*, *op. cit.*

la démocratie peut s'engouffrer pour permettre un exercice plus juste des droits que lui confèrent sa réalité et son identité[1]. »

Sitôt élu, le nouveau président entend mettre en œuvre au pas de charge son programme pour la Corse. C'est qu'il a, chevillée au corps, la conviction que les progrès constitutionnels qu'il entend mettre en place vont régler une fois pour toutes le problème. Dès le 4 août, la Cour de sûreté de l'État est supprimée. Le 6, l'amnistie est décrétée pour tous les militants corses encore détenus. Le régime d'amnistie générale n'étant pas assez large pour concerner certains, Gaston Defferre est amené à promulguer deux textes de loi, les 2 mars et 20 juillet 1982, afin que profite à tous les « prisonniers politiques » insulaires la mansuétude de l'État. Plus fort encore, l'État décide de prendre à sa charge les réparations occasionnées et les dommages et intérêts liés aux infractions amnistiées, « reconnaissant [ainsi] implicitement la légitimité des violences commises[2] ». Les institutions elles-mêmes sont bouleversées : Mitterrand dote la Corse d'un statut particulier en créant un conseil régional élu à la proportionnelle et bénéficiant de compétences étendues. Une première en France.

Cependant, dès février 1982, les actions violentes reprennent de plus belle : un légionnaire est assassiné de sang-froid, un autre blessé, tandis qu'une énième « nuit bleue », ponctuée par une vingtaine d'explosions, marque la fin de la trêve. Malgré cela, les engagements gouvernementaux ne sont pas remis en cause et le calendrier de leur mise en œuvre est respecté. Le scrutin à la proportionnelle va faire la part belle aux nationalistes : le 8 août,

---

1. In *L'Œil du pouvoir*, *op. cit.*
2. In *Géopolitique...*, *op. cit.*

les 61 conseillers régionaux sont élus avec un taux de participation élevé de 70 %. La liste autonomiste conduite par Edmond Siméoni recueille plus de 10 % des suffrages exprimés et 7 sièges, tandis que la gauche en obtient 23 et le RPR, 29. Avec l'aide des autonomistes, c'est Prosper Alfonsi (MRG) qui est élu à la tête de la nouvelle assemblée. Une assemblée disparate, car, à vouloir que tous les courants y soient représentés, on en est arrivé à créer un mini-parlement hétéroclite qui ne va pas tarder à se révéler ingouvernable. En effet, sur les 17 listes inscrites, 14 ont obtenu au moins un siège ! Bastien Leccia, délégué aux affaires corses, a beau se prévaloir d'une victoire de la gauche gouvernementale, c'est arithmétiquement vrai, mais politiquement faux[1]. Paris fait de surcroît de superbes cadeaux aux nationalistes en leur donnant la haute main sur de nouveaux médias, radio et télévision régionales, ainsi que sur l'université de Corte.

La faiblesse du nouveau pouvoir corse a tôt fait de se révéler désastreuse. Mal élu (au troisième tour, seulement par 22 voix), Prosper Alfonsi, faute d'une majorité stable, ne parviendra jamais à impulser le moindre élan à la nouvelle assemblée, encore moins à lui assigner une politique nouvelle et cohérente. Dans ses Mémoires, Gilles Ménage, à l'époque directeur adjoint de cabinet du chef de l'État, souligne que les effets de l'évolution institutionnelle ont été surestimés. « À la vérité, l'ouverture politique promise avant le 10 mai, intégralement respectée après, n'était pas en soi de nature à régler la question corse[2]. »

Dès lors, chacun va avoir du mal à trouver ses marques, et l'incompréhension entre l'État et les différents courants

---

1. Voir *L'Œil du pouvoir*, op. cit.
2. *Ibid.*

composant l'assemblée perdure. À l'espoir succède la spirale de l'échec, renforçant encore les rancœurs savamment exploitées par les nationalistes et les séparatistes. Bientôt, ils se propulsent dans le débat politique et y occupent une place que la réalité de leur poids électoral ne leur destinait pas. En face, on baisse peu à peu les bras sans avancer d'alternative crédible au positionnement nationaliste qui devient la pensée dominante.

Parallèlement, dans l'ombre, les passerelles entre nationalisme et banditisme vont en se multipliant, leurs activités respectives se confondant de plus en plus souvent. Fin 1983, un rapport de la police judiciaire bastiaise expose : « Ce grand banditisme, particulièrement redoutable, a pris son essor depuis peu en Haute-Corse, sensiblement depuis l'apparition des machines à sous, en même temps que la dégradation politique s'accentue. Il est souvent superposé au FLNC pour racketter tel ou tel commerçant continental ou s'infiltrer, par menace ou chantage, dans telle ou telle affaire commerciale, notamment des discothèques et des lieux de plaisir[1]. »

Avec le début des années 1980, le croisement entre la mouvance du FLNC et la bande de braqueurs de la Brise de mer s'accentue. Les hommes des deux factions ne sont pas des inconnus les uns pour les autres. Ils sont souvent issus de la même génération et certains bandits, comme Richard Casanova, ont même fait leurs classes dans les rangs nationalistes. Avant de devenir l'étoile montante, puis un membre du noyau dur de la Brise de mer, le jeune Richard s'était en effet engagé dans les rangs du FLNC dès la création de ce mouvement. S'il l'a quitté

---

1. Commissaire Dornier, chef de la police judiciaire de Bastia, cité dans *Les Parrains corses*, *op. cit.*

au tout début des années 1980, il va faire en sorte de maintenir le contact avec ses principaux responsables. Il s'imposera dès lors comme un point de passage obligé entre le milieu et les nationalistes. Il est proche de Jean-Michel Rossi, implanté en Balagne, et de François Santoni, l'un des hommes forts de la Corse-du-Sud : « Nous nous connaissons de longue date, précisera Santoni dans son livre[1], et même si chacun mène sa vie à sa manière, cela n'empêche pas une sympathie réciproque. » Entre les deux factions, compte tenu du rapport des forces, un pacte de non-agression est passé. Au cœur des négociations : les territoires respectifs. Francis Santucci, réputé être la tête pensante de la Brise de mer, est à la manœuvre face aux nationalistes. L'accord passé à cette époque se révélera d'une solidité et d'une fiabilité à toute épreuve. Pas un fourgon de Bastia Sécurité, société connue pour ses accointances avec le FLNC, ne sera attaqué...

À la fin 1982, les attentats et les violences ont atteint une intensité telle qu'il n'est plus possible, pour le gouvernement, de jouer la carte de l'apaisement. Le 27 décembre, le FLNC confirme officiellement qu'il se livre à un racket politique via ce qu'il appelle l'« impôt révolutionnaire ». Lors d'un entretien télévisé dans sa maison de Latché, le dimanche 2 janvier 1983, sur Antenne 2, alors que quatre attentats ont été perpétrés dans la nuit, le président adopte un ton ferme et déterminé : « Tout ce qui pouvait être fait pour que la personnalité de la Corse puisse s'affirmer dans le cadre de la nation française a été fait. À partir du moment où la communauté nationale est en cause, il n'y a pas de compromis possible. » Pour le chef de l'État, la seule attitude possible est l'application de la

---

1. François Santoni, *Contre-enquête sur trois assassinats...*, *op. cit.*

loi républicaine : « La loi républicaine, martèle-t-il, c'est la sanction du crime dans le respect de la loi... Et cela dicte et dictera la conduite de ceux qui sont chargés d'exécuter la politique française en Corse[1]. »

Dans la coulisse, la nomination au poste de préfet délégué chargé de la police pour l'ensemble de la région Corse du célèbre commissaire Broussard, l'homme qui a fait tomber Mesrine, est imminente. Gaston Defferre et Joseph Franceschi, respectivement ministre de l'Intérieur et secrétaire d'État à la Sécurité publique, s'y montrent pour leur part assez réticents. Les deux hommes auraient préféré un simple coordinateur ayant rang de sous-préfet et qui aurait été en même temps directeur de cabinet du commissaire de la République pour la région Corse. C'est que Broussard n'a pas la réputation d'un tendre. On sait qu'il entend renouveler l'intégralité des équipes dirigeantes de la police locale, tous services confondus : RG, police judiciaire et DST. Defferre et Franceschi redoutent la réaction du FLNC à cette nomination. Ils préféreraient ménager la susceptibilité des courants nationalistes et séparatistes. Mais, visiblement déçu par leur attitude, Mitterrand tient bon : Broussard aura les coudées franches et sera bel et bien le patron de la police corse. Les récents événements survenus dans l'île ont aussi contribué à orienter le président vers une dissolution du FLNC à laquelle, longtemps, il n'a pas été favorable. Néanmoins, celle de la CCN[2] n'est pas à l'ordre du jour. D'après Gilles Ménage, c'est le refus de la dissolution de la CCN qui va constituer un des principaux obstacles à la mission du commissaire

---

1. In *Midi 2*, Antenne 2, 2 janvier 1983.
2. La Cuncolta di i cumitati naziunalisti, consulte des comités nationalistes, est la face publique du FLNC clandestin.

Broussard du fait même de la politique qu'il a décidé de mener en Corse[1].

La nomination de Broussard est unanimement saluée et, dans un premier temps, les méthodes du commissaire vont vite porter leurs fruits. À son arrivée dans l'île, il sait trouver les mots. À ceux qui ont peur de son esprit « *cow-boy* », il répond : « Je ne vais pas là-bas pour faire de la répression, mais pour assurer la sécurité des personnes et des biens. C'est une mission classique de police[2]. » Les intentions du commissaire sont simples : poursuivre les auteurs de crimes et délits, conformément à la loi, sans tenir compte des motifs politiques censés les justifier ou les inspirer. En un mot comme en cent, il s'agit d'appliquer la loi *stricto sensu*, sans se soucier des alibis politiques. Les résultats sont saisissants : au second semestre 1983, le nombre d'attentats chute à 260 alors qu'il a été de 595 au cours des six mois précédents[3].

Au fil des affaires, Broussard met en évidence une autre réalité : la dérive criminelle dans laquelle s'est engagé le FLNC. Parmi les actions revendiquées par le mouvement, il apparaît parfois que le commanditaire est en réalité un malfrat bien connu, ou que l'action est le fait de l'association de voyous patentés et de militants. Pour le Front, cette mise à découvert est catastrophique. Il lui faut réagir au plus vite sous peine d'entamer son capital de sympathie parmi le peuple corse. Pour l'organisation, la stratégie à adopter est claire : « L'État de droite ou de gauche devait redevenir l'unique ennemi chargé de tous les maux, et d'abord du plus grand, "le colonialisme"[4]. »

---

1. Voir *L'Œil du pouvoir*, *op. cit.*
2. *Ibid.*
3. *Ibid.*
4. *Le Monde*, Philippe Boggio, 6 juillet 1983.

Masquer ses dérives et redorer son blason devient, pour le FLNC, une priorité. Dans cette voie, il va bénéficier d'un soutien inattendu, celui des médias locaux, et ce à l'insu même de l'État. Car, contre toute attente, en 1983 le gouvernement français n'a aucun moyen de faire entendre sa voix sur les médias corses alors même qu'ils relèvent, pour certains, de la sphère publique. Pis encore : les autorités n'ont aucune idée de ce qui s'y passe. Comme le raconte Gilles Ménage, « aucun organisme depuis Paris ne suivait le contenu des émissions des radios ou des télévisions privées ou publiques en Corse. Ce vide total n'avait pas été comblé par la toute jeune Haute Autorité de la communication audiovisuelle... Faute de mieux, j'ai dû demander à la DST de mobiliser, dans le courant de l'été 1983, ses services d'interception longue distance pour au moins savoir ce qui se disait sur Radio Corse Internationale, Radio Corse et FR3[1]. » Dans les faits, les vues indépendantistes et séparatistes se taillent la part du lion sur les ondes et bénéficient de relais disproportionnés par rapport à leur poids politique réel, certains journalistes n'hésitant pas à afficher ouvertement leurs sympathies nationalistes. Même l'AFP est soupçonnée d'être en rapport permanent avec les mouvances nationalistes. Cette connivence qui frise la complicité est si profonde, si ancrée qu'en dépit des nombreux efforts du commissaire Broussard pour changer la donne, notamment en saisissant la Haute Autorité, elle restera la norme. Certes, elle deviendra çà et là plus subtile, mais elle ne cessera de desservir l'action de l'État, comme nous l'allons voir notamment lors de l'affaire Orsoni.

---

1. In *L'Œil du pouvoir*, op. cit.

Ce vendredi 17 juin 1983, Alain et Guy Orsoni se séparent sur le parking du couvent Saint-Damien, à Sartène, en Corse-du-Sud. Il est aux alentours de 16 heures quand Guy, le cadet, monte dans la Mercedes bleue de son oncle Roger pour s'en aller rejoindre un proche à Porto-Vecchio. Alain, lui, doit se rendre à Ajaccio. Il ne reverra jamais son frère.

Fils d'un ancien para, héros de la Seconde Guerre mondiale puis impliqué dans l'OAS durant la guerre d'Algérie, les frères Orsoni sont connus pour être des figures historiques du FLNC. Si Guy a été condamné par la Cour de sûreté de l'État en 1980, c'est Alain qui est le plus impliqué. Après son bac éco obtenu en 1972, il milite dans les rangs du GUD, le mouvement étudiant d'extrême droite à la fac parisienne d'Assas. Après le fiasco de la cave d'Aléria, il organise sa première cavale et adhère au FLNC dès sa création.

La disparition de Guy signalée, on vérifie qu'il n'y a aucune opération clandestine prévue, que le jeune homme n'a pas de rendez-vous galant, qu'il ne fait pas une virée en solitaire. Les recherches du week-end s'étant révélées vaines, Alain se rend au commissariat d'Ajaccio et explique qu'il se sent surveillé depuis quelques jours. Les policiers du SRPJ lui proposent de servir d'appât dans une opération de contre-filature. Malgré sa personnalité, le nationaliste est bien décidé, dans un premier temps, à coopérer avec les forces de l'ordre. Les leaders indépendantistes Pierre Poggioli et Léo Battesti n'ayant pas encore décidé de la conduite à tenir, nul ne semble s'étonner qu'Alain Orsoni collabore avec cette police que, par ailleurs, il voue aux gémonies et dont il réclame le départ dans le cadre de ses revendications pro-nationalistes[1].

---

1. *Les Parrains corses*, op. cit.

Le seul à se montrer vraiment réticent devant pareille collaboration est l'oncle Roger. Et pour cause ! Roger Orsoni a ce qu'on appelle « des projets ». Et pas n'importe lesquels : il ne projette rien de moins que de rançonner Jean-Marc Leccia, membre éminent du milieu, parrain de la région de Porto-Vecchio, mais surtout chimiste de la drogue internationalement reconnu pour avoir notamment œuvré au service des fameux frères Zemour. Roger Orsoni a eu vent d'une histoire douteuse mettant en scène le père de Leccia : celui-ci, par le passé, aurait cédé à un chantage, sur le continent, en acquittant une rançon pour récupérer son fils que, selon l'expression consacrée, une bande rivale avait fait « descendre à la cave[1] ». Fort de l'implication de sa famille au sein du FLNC, l'oncle Roger s'est donc dit qu'il tenait là un bon levier pour organiser un petit racket aussi privé que lucratif. Malheureusement pour lui, Roger a aussi la langue trop bien pendue et s'est ouvert de son projet à un commerçant de Porto-Vecchio. Pour se crédibiliser, il lui aurait confié que Leccia, qu'il ait consenti ou non à « racquer », serait exécuté. Et le bravache de préciser qu'il en avait parlé à ses neveux, membres du FLNC. Naturellement, ledit commerçant s'est empressé d'aller répéter la confidence à Leccia. Lequel s'en est ouvert à son tour à Jean Alfonsi, dit « Jeannot le Long », à la tête d'une bande de malfrats appelée « la bande du Valinco ». Leccia et Alfonsi ont décidé *illico* d'aller demander des comptes à l'oncle Roger. Par un malheureux concours de circonstances, ce n'est pas lui qui est kidnappé, mais son neveu Guy, au volant de sa Mercedes.

---

1. Voir *L'Œil du pouvoir*, op. cit.

En liaison avec le commissaire Broussard, le patron du SRPJ d'Ajaccio, Ange Mancini, ne tarde pas à recueillir des éléments tangibles sur les dessous de l'affaire. Le hasard veut en effet que les services de police aient, la semaine précédente, monté une « filoche » sur les membres de la bande du Valinco, soupçonnés de préparer une série de braquages. D'après les écoutes, il a aussi été question d'un curieux enlèvement. Mais la filature a été levée la veille de la disparition de Guy.

Dès le jeudi 23 juin 1983, les policiers décident de lancer une opération contre la bande du Valinco. Si Leccia a réussi à fuir à temps en Sardaigne, quinze membres de la bande sont arrêtés, dont un certain Paul Andréani. Celui-ci nie bien évidemment toute participation, mais confesse néanmoins que Salvatore Contini, dit « le Sarde », tueur notoire doté d'un long passif, lui aurait en effet parlé de l'enlèvement de Guy Orsoni : « Il ne m'a pas précisé s'il avait opéré à deux ou à trois, il m'a simplement dit que l'affaire s'était faite à Roccapina et que la voiture ainsi que le corps avaient été débarrassés à Porto-Vecchio même[1]. » Ces dires corroborent ce que la police sait déjà. En outre, lors d'une perquisition ultérieure, on retrouvera chez Contini la montre de Guy Orsoni.

Pour la police, l'affaire est simple : il s'agit d'une méprise dans une banale affaire de droit commun. Mais c'est alors que celle-ci prend une tournure et une amplitude inattendues. D'abord attentistes, les dirigeants nationalistes se décident à réagir. Dans le climat qui prévaut alors, il y a de fortes probabilités que l'enquête vienne encore plus accréditer la thèse d'une dérive criminelle de leur mouvance. Pour empêcher ces imputations, les nationalistes

---

1. *Les Parrains corses*, op. cit.

vont frapper un grand coup en faisant de Guy Orsoni un martyr de leur cause ! Et, si improbable que cela puisse paraître, cette récupération va marcher ! Dans le tract définissant sa position officielle, le FLNC affirme qu'il s'agit là d'un « assassinat politique » perpétré par « une bande de truands au service du colonialisme et de ses services spéciaux[1] ». Alors même qu'elle ne repose sur rien, tout est fait pour crédibiliser cette thèse, quitte à en rajouter avec une mauvaise foi qui passe l'entendement. S'appuyant sur l'absence de corps et de mobile, une stratégie de déstabilisation politique se met en place avec, pour relais impossible à bâillonner, la rumeur. Et celle-ci n'a pas fini de broder : elle va bientôt prétendre que les procès-verbaux auraient été détruits pour dissimuler la vérité ; ou bien que Guy Orsoni, dont le corps n'a pas été retrouvé, a été torturé. Dans un premier temps aux côtés des forces de l'ordre, Alain Orsoni lui-même fait subitement volte-face et reprend à son compte la propagande du Front.

Le samedi 25 juin, deux mille personnes défilent sur le cours Napoléon à Ajaccio. La foule scande : « Broussard assassin ! », tandis que photos et pancartes à la gloire du « martyr du peuple national » sont brandies. Le 26 juin, la CCN rejoue la scène, devant un millier de militants, sur le même registre dénonçant l'État colonialiste assassin. Le discours assène que « la phase de liquidation physique de certains militants parmi les plus gênants a été enclenchée »...

À Paris, on pense que l'affaire va se dégonfler d'elle-même, tant la thèse paraît absurde et dénuée de fondements[2].

---

1. Extrait des tracts diffusés alors par les mouvements indépendantistes.
2. Voir *L'Œil du pouvoir*, op. cit.

Pourtant, le dimanche 10 juillet, une nouvelle étape est franchie. À Vero, devant la propriété même de la famille Orsoni, sous l'œil complaisant des caméras de télévision, on appose à la mémoire du défunt une plaque en forme de provocation pure et simple. Y est inscrit en langue corse : « À la mémoire de notre frère de lutte Guy Orsoni, militant FLNC, martyr de notre cause, assassiné par l'État français le 17 juin de l'an 83. Nous ne t'oublierons pas. FLNC, 10 juillet 1983. » À l'issue de la cérémonie, des militants cagoulés, en treillis militaire, tirent des salves d'honneur avec des armes de poing.

Dans l'île, tout un chacun retient son souffle en attendant la réaction de l'État. Broussard, lui, décide de temporiser. Il sait le contexte hautement inflammable et préfère ne pas intervenir directement. Cependant, il n'est pas question de tolérer le fait accompli. Les autorités doivent publier un communiqué en forme de démenti certifiant que le dossier Orsoni est bien une affaire de droit commun, qu'en aucun cas l'État ne saurait y avoir joué un rôle quelconque. Mais ce communiqué tarde à venir. Et ce silence va se révéler préjudiciable.

C'est qu'au sommet de l'État, on tâtonne, on atermoie. S'il est d'accord pour prendre des mesures, Gaston Defferre pense qu'il est urgent d'attendre. La dissolution de la CCN, à laquelle est favorable Gilles Ménage, n'est plus à l'ordre du jour. En outre, le maire de Marseille est tout à fait réticent à l'idée de faire enlever sur-le-champ la plaque apposée à Vero. La justice insulaire semble de son avis.

Dans la semaine, le commissaire Broussard prend l'initiative de poursuivre légalement certains proches du clan Orsoni ainsi que des dirigeants de la CCN pour « propagation de fausse nouvelle ». Le 14, le ministre de l'Intérieur publie un communiqué en forme de mise au point. Il dément – enfin ! – officiellement toute implication de l'État dans l'affaire Orsoni, et annonce fièrement que neuf arrestations sont déjà intervenues dans le cadre de ce dossier. Mais – couac de taille ! – les militants ont entre-temps été relâchés après intervention expresse de la chancellerie ! Et c'est une coupe de champagne à la main qu'ils vont narguer un Broussard désavoué[1].

Le ministre a beau piquer une colère noire, le mal est fait. Sur place, tandis qu'on se gausse dans les milieux nationalistes, l'humiliation du commissaire est mal vécue par les effectifs de police.

Finalement, c'est avec l'aval de la justice que la plaque de Vero sera enlevée en douceur, en présence de la famille Orsoni, le 20 juillet. Une nouvelle plaque n'en sera pas moins apposée, le 5 août, par des militants, avec un texte édulcoré. Mais, le soir même, André Orsoni, père de Guy, la retirera.

Comme souvent en Corse commence alors une période de vendetta. Des proches de Leccia sont les premiers visés. Félix Rosso, trafiquant de drogue notoire, et, à la ville, beau-frère du commissaire Charles Pellegrini, est abattu par un commando qui lui tire dans le dos. Le 13 septembre, c'est le sous-préfet Pierre-Jean Massimi, secrétaire général de Haute-Corse, qui tombe à son tour, assassiné à bord de sa voiture de deux balles de 38 spécial tirées à bout portant. Une semaine plus tard, le 21 septembre, dans le journal *Le Petit Bastiais*, le FLNC revendique les deux assassinats pour « implication dans l'affaire Orsoni[2] » : Massimi est accusé d'avoir été un des

---

1. Voir *L'Œil du pouvoir*, op. cit., p. 238.
2. *Ibid.*

principaux organisateurs de l'enlèvement d'Orsoni, tandis que Félix Rosso, gangster proche de Leccia, est supposé, lui, travailler pour les services secrets et en être l'une des chevilles ouvrières. Cependant, la police judiciaire de Bastia se montre dubitative. Dans un rapport, elle note : « Bien que revendiqué par le FLNC, cet assassinat dont les mobiles ne peuvent être formellement déterminés ne semble pas, à première vue, pouvoir être attribué au banditisme local et il se pourrait que le FLNC ne fasse que revendiquer une action qui n'est pas de son fait, mais qui peut servir sa politique. »

La cavale de Jean-Marc Leccia prend fin dans une cabine téléphonique de Miami. Arrêté, il est extradé vers la Corse et emprisonné à Ajaccio où sont déjà incarcérés le Sarde Salvatore Contini, l'homme soupçonné d'avoir éliminé physiquement Guy Orsoni, et Paul Andréani, celui qui est passé aux aveux. Curieusement, le FLNC est le premier à annoncer la nouvelle par communiqué alors même qu'elle n'a pas encore filtré ! Cette arrestation n'est pas sans poser quelques problèmes au FLNC : en effet, si Leccia se met à table, révélant qu'il s'agit bien d'une banale affaire de droit commun, toute la stratégie de communication mise en œuvre depuis l'été, visant à faire d'Orsoni un martyr de la cause, ainsi que la justification des assassinats de Massimi et Rosso, s'effondrent.

Le 6 juin 1984, la vendetta connaît son apogée. Ce matin-là à 6 h 10, trois nationalistes, Pantaleon Alessandri, membre fondateur du FLNC, Noël Pantalacci et Pierre Albertini, figure montante du mouvement, s'introduisent dans la prison d'Ajaccio. Les intrus exécutent dans leur sommeil Jean-Marc Leccia et Salvatore Contini. Andréani, lui, est interrogé et menacé, mais en sort vivant.

Le commando est immédiatement intercepté à sa sortie. Jugés à Lyon en juillet 1985, les trois nationalistes bénéficient d'une clémence plutôt inattendue de la part du jury. Alors que le parquet a requis la réclusion à perpétuité, ils ne sont condamnés qu'à huit ans de prison ferme. Le 22 août 1989, dans le cadre d'une mesure de libération conditionnelle, ils seront libérés après n'avoir purgé qu'un peu plus de la moitié de leur peine !

L'affaire Orsoni semble alors close, mais un énième rebondissement a encore eu lieu dans la nuit du 10 au 11 août 1995. Entre-temps, le FLNC s'est scindé en deux blocs distincts : le FLNC-Canal habituel, dont la vitrine légale est le MPA, et le FLNC-Canal historique, dont la vitrine légale est la Cuncolta. Cette nuit-là, dans le cadre de la guerre larvée à laquelle se livrent les deux camps, le FLNC-Canal historique tient dans le maquis une conférence de presse clandestine dont le but premier est de répondre aux attaques dont ont été victimes les dirigeants d'A Cuncolta de la part du MPA. Au cours de cette conférence, le FLNC-Canal historique se met à évoquer l'affaire Orsoni : « Comment passer sous silence, dit le communiqué, le fait que plusieurs membres de la proche famille d'Alain Orsoni – dont son oncle et son cousin – sont à la tête d'un important réseau de drogue qui sévit en Corse-du-Sud ? L'existence de ce réseau remonte aux années 1980. Ses activités ne sont pas étrangères à la disparition de Guy Orsoni, fait divers crapuleux que seule l'autorité alors incontestée du leader de l'époque permit de travestir en affaire politique[1]. »

Cette dérive mafieuse au sein du mouvement nationaliste a continué à provoquer des affrontements entre membres

---

1. *Le Monde*, 12 août 1995.

du FLNC. En 1988, la « guerre des boîtes » à Calvi en a été une des manifestations. Deux bandes de truands se sont disputé le contrôle des établissements de nuit, l'une d'elles liée au FLNC alors uni avant de rallier le FLNC-Canal habituel dirigé par Alain Orsoni. Ces affrontements font alors plusieurs morts. L'été suivant, la guerre reprend de plus belle. Jean-Pierre Avazeri, trafiquant d'héroïne à Calvi, est abattu ; il avait la réputation d'être le « militaire » le plus actif au sein du FLNC dans la zone de Calvi.

Le sang ne va plus cesser de couler et le mélange des genres « natios »-truands-affairistes, après la scission intervenue au sein du FLNC, va encore trouver à s'amplifier. Par dérision, on l'a vu, le mouvement lancé par Alain Orsoni, le MPA, sera connu sous l'appellation « Mouvement pour les affaires » (au lieu de Mouvement pour l'autonomie). Hormis ceux visant des bâtiments publics, la plupart des attentats perpétrés sous couvert de lutte contre la spéculation immobilière ou pour la préservation du patrimoine naturel visent des promoteurs immobiliers, des installations touristiques, des hôtels, tous lieux propices à l'extorsion de fonds. Dans les faits, le FLNC, quelle qu'en soit la faction, s'approprie des établissements ou des entreprises qui sont alors gérés par des prête-noms et qui servent en réalité à financer le mouvement, à l'instar de Bastia Securita qui, en sus de fournir le plus légalement du monde des armes et des emplois aux cadres du mouvement, devient, selon les propres dires de François Santoni, la « pompe à fric » de la Cuncolta[1].

Exemple de ces dérives : le 21 juillet 1993, Antoine Nivaggioni, bras droit d'Orsoni au sein du MPA, est arrêté

---

1. Voir *Défis républicains*, Jean-Pierre Chevènement, Fayard, 2004, p. 349.

en flagrant délit après une tentative d'assassinat ratée sur la personne de Roch Orsini, tenancier d'une boîte de nuit sur laquelle le mouvement tente de faire main basse. Cet attentat ne doit rien à la politique, mais, là encore, tout à la volonté de contrôler des profits générés notamment dans l'immobilier et les lieux de plaisir. Cette stratégie du Canal habituel n'est ni plus ni moins que la poursuite de celle de conquête des bars et boîtes de nuit entamée dès 1988 par le FLNC alors encore uni[1].

En avril 2010, le vice-procureur de la JIRS de Marseille, requérant dans l'affaire de la Société méditerranéenne du sécurité (SMS), s'écartera à plusieurs reprises du rappel des faits pour éditorialiser son réquisitoire[2] en montrant comment les leaders nationalistes ont gangrené la sphère économique au même titre que les truands : « Cette transition d'une idéologie violente à l'économie libérale, vertueuse dans son principe, était plus contestable dans ses modalités, puisqu'elle s'affranchissait des règles ordinaires de gestion et reposait sur la complaisance d'élus locaux. Bénéficiant de l'octroi d'avantages injustifiés accordés par deux chambres de commerce à l'occasion de commandes publiques, les dirigeants de la SMS allaient en outre, par le recours systématique à une surfacturation aisément décelable et pourtant non décelée, obtenir des rémunérations d'autant plus indues qu'elles étaient supportées par les deniers publics. [...] Le déroulement de la procédure mettra encore en évidence que le train de vie d'Antoine Nivaggioni et de son entourage – fort éloigné de l'aride austérité du combat pour les idées – avait la particularité

---

1. In *Pour solde de tout compte*, op. cit., p. 61-62.
2. Le 19 avril 2010, n° de parquet 07/000007, n° Instruction 507/00001.

d'être soutenu par des ponctions considérables sur la trésorerie de l'entreprise ou de sociétés détenues par des proches. » Et en conclusion provisoire à cette partie de notre propos : « La progression des investigations illustrait la reconversion improbable des acteurs de la dramaturgie nationaliste, lesquels, bénéficiant des indécisions successives de l'autorité républicaine, avaient, sans difficulté, pu pénétrer la sphère économique traditionnelle afin de capter une partie de la manne financière publique. »

16.

Les derniers « barons » de la French Connection passent le relais

Il était Mister Heroin à Washington ; à Paris c'était devenu un homme respectable, fréquentant le gratin gaulliste ; en Corse, il est un grand notable. A-t-il rêvé de transformer un jour l'île de Beauté en nouveau Cuba ou Monaco ? L'ascension de Marcel Francisci n'aura pas dépassé la deuxième vice-présidence du conseil général de Corse-du-Sud et le siège de conseiller régional. Après avoir procédé à un grand ménage parmi ses concurrents, notamment ceux du clan Guérini, il va renvoyer l'ascenseur à deux de ses fidèles qui, à leur tour, participeront de façon active à l'écriture de l'histoire que j'essaie de raconter ici : le « Cubain » Paul Mondoloni et Jean-Jé Colonna. Ces deux anciens de la French Connection mettront en effet le pied à l'étrier à Robert Feliciaggi et Michel Tomi qui deviendront les deux « parrains » de la Gabonese Connection, personnages centraux de la dernière partie de ce livre.

Le compte des tentatives d'attentat montées contre Marcel Francisci est difficile à tenir, mais encore plus difficile si on y ajoute celles le visant au travers de ses frères. Le 14 décembre 1967, les Guérini utilisent 150 kg de TNT pour souffler sa maison. Le 21 juin 1968, Marcel et ses deux frères essuient des rafales d'armes automatiques tirées par cinq tueurs ; l'attentat fait un mort et six blessés, mais pas parmi les Francisci. Quatre mois plus tard, les cinq tueurs sont assassinés par des hommes déguisés en policiers. La guerre semble finie ; le clan des Guérini, exterminé.

Au début des années 1970, Marcel Francisci se bat pour contrer les révélations américaines du *Time*. Il intente procès sur procès, mais, tout soudain, n'en fait plus. Ainsi n'attaque-t-il pas le livre *Dossier M... comme Milieu*, de James Sarazin, publié en 1977. Sous la présidence giscardienne, il agace, mais sans plus. Il est persuadé que tout ira mieux avec les socialistes au pouvoir. Mais le 3 juillet 1981, Gaston Defferre, ministre de l'Intérieur, lui retire l'autorisation d'exploiter le cercle Haussmann. Le 8, son vieil ami Charles Pasqua intervient et écrit à Defferre pour solliciter la réouverture du cercle. Rien ne va plus pour Francisci. Fin 1981, début 1982, il est harcelé par les douanes, fait l'objet d'une enquête de police et de perquisitions fiscales. Le 15 janvier 1982, il est tué à bout portant dans son parking, rue de la Faisanderie.

L'affaire fait grand bruit, car elle survient huit jours après la première audition de la commission d'enquête parlementaire sur les activités du SAC, créée à la suite de la tuerie d'Auriol du 18 juin 1981[1]. Le nouveau pouvoir socialiste compte exploiter ce scandale pour porter un coup fatal à des personnages qui se réclament du gaullisme mais qui, accuse-t-il, en réalité, ont dévoyé la République. Les journaux évoquent notamment les liens entre Charles Pasqua, le SAC et Marcel Francisci. Ils rappellent les

---

1. Le chef du SAC de Marseille est assassiné dans sa bastide, avec toute sa famille, parce qu'il était soupçonné de trahir « la cause » au profit de la gauche venant de prendre le pouvoir.

activités « barbouzardes » anti-OAS de ce dernier et son implication dans la French Connection pour expliquer le meurtre. Huit jours avant son assassinat, Francisci n'a-t-il pas déjeuné avec un ancien résistant surnommé « Ronibus », à qui il aurait confié son intention de révéler à l'Élysée les chantages financiers exercés naguère par le SAC, en contrepartie de la réouverture de son cercle de jeu[1] ? Aurait-on voulu le faire taire avant qu'il ne fasse ces révélations ? Le suicide à Marseille d'un proche du SAC est présenté par une partie de la droite comme une exécution ordonnée par le pouvoir. C'en est trop pour Gaston Defferre qui, devant l'Assemblée, s'en prend directement à Pasqua et à ses amis gaullistes : « Les cercles de jeu, cela rapporte beaucoup d'argent. D'abord à la Ville de Paris. [...] Cela a peut-être rapporté beaucoup d'argent à d'autres, à certains partis politiques, aux producteurs, aux amis, aux complices de Francisci. À Chirac, à Pons, à Pasqua... » Charles Pasqua porte immédiatement l'affaire devant les tribunaux et Defferre est condamné pour diffamation...

Francisci mort, Paul Mondoloni, son homme de confiance, devient, comme son ancien protecteur, une sorte de juge de paix du milieu, reconnu par tout le gotha du crime organisé. Il a été, on l'a vu, une grosse pointure de la French Connection. Il a échappé en 1976 à un attentat monté contre lui à Sartène par Jacques Benedetti qui avait fait huit ans de prison pour le vol des bijoux de la Bégum et qui lui reprochait de ne pas l'avoir aidé. Quelques semaines plus tard, le même Benedetti sera abattu de vingt balles de 11,43.

---

1. In *Ce terrible monsieur Pasqua*, de Philippe Boggio et Alain Rollat, éditions Olivier Orban, 1991.

Après l'assassinat de Francisci, Mondoloni envoie en Floride un de ses poulains, « le Libanais », pour régler son compte à Edgar Zemour qu'il soupçonne d'avoir fait assassiner son ami et associé. Edgar est tué par un inconnu au fusil à lunette à une distance de quatre cents mètres dans sa villa de Miami, le 8 avril 1983.

Officiellement devenu un « père tranquille » ayant ses habitudes au bar *Les Danaïdes*, à Marseille, Paul Mondoloni réunit de temps en temps autour de lui de grands trafiquants. N'a-t-il pas servi d'intermédiaire entre la mafia corse et la mafia sicilo-américaine ? Après sa mort, policiers et juges découvriront que leurs soupçons étaient fondés. Au début des années 1980, il a conçu et supervisé l'opération Phœnix, portant sur des centaines de kilos d'héroïne, qui aura laissé 240 millions de francs de bénéfices à ses différents acteurs, dont 20 millions pour lui, Mondoloni. Un repenti surnommé « le Messie » racontera ainsi, fin 1987, à Michel Debacq, juge d'instruction à Marseille, dans le cadre d'une commission rogatoire internationale : « Mondoloni était un personnage jouissant d'une particulière crédibilité aux yeux des Américains, étant donné ses origines et son passé, sans parler de sa participation dans les affaires cubaines. Ce n'est absolument pas un hasard si Mondoloni a eu vent de l'affaire qui se préparait et dans laquelle étaient impliqués Benevento et Maneri, car Maneri avait l'habitude de se rendre souvent sur la côte, en particulier à Monaco. En possession de ces renseignements, Mondoloni a informé les personnes importantes du milieu criminel de Marseille et des autres villes (Lyon, Toulon, Paris)[1]. » Dans le cadre de la même instruction, le fameux juge Falcone aura expliqué à Debacq que Mondoloni était considéré comme le représentant de

---

1. Voir *Les Parrains corses*, *op. cit.*, et rencontre avec l'auteur.

Cosa Nostra en France. Mondoloni a également parrainé en 1984 une autre grosse affaire avec un Marseillais d'origine arménienne, André Manoukian, dit « le Panzone », en association avec des passeurs italiens et israéliens.

Mondoloni ne s'intéressait pas qu'à la drogue. Il lorgnait aussi sur les casinos de la côte. Il fait appel, pour l'aider à cette fin, à la famille Tomi au début des années 1980. Ex-commissaire de police, Ange Tomi, un très proche ami de Marcel Francisci, a deux fils : Jean, maire de Tasso, et Michel, qui a déjà une petite carrière de casinotier. Celui-ci a en effet été croupier au cercle Opéra contrôlé par les Francisci, puis chef de partie au *Ruhl*, avec Jean-Do Fratoni, autre grand du milieu, protégé du maire de Nice, Jacques Médecin. Il a ensuite travaillé dans un casino espagnol avec Richard Casanova à qui le lie une indéfectible amitié qui ne sera pas sans conséquences dans la suite de notre récit. Casanova, encore d'obédience nationaliste, va en effet devenir un des barons de la Brise de mer... Michel Tomi est obligé de quitter l'Espagne en 1981, son agrément de croupier lui ayant été retiré parce qu'il a truqué des parties. Ce « petit » accident ne gêne pas outre mesure Mondoloni. Officiellement, les deux fils d'Ange Tomi prennent le contrôle du casino de Bandol : Jean en devient le président, Michel, né en 1947 à Alger, l'assiste.

L'entrée en scène des Tomi est... très *rock'n roll* ! Dès la réception de l'autorisation d'exploitation accordée à Jean Tomi, *Le Bingo*, boîte de nuit intégrée au complexe de Bandol et bien gardée, est détruit par une explosion : 2 millions de francs de dégâts. Deux hommes chargés de la surveillance sont retrouvés dans les locaux annexes, victimes d'une intoxication à l'oxyde de carbone. L'un d'eux, beau-frère de Tomi, ne survivra pas. Trois mois plus tard, le nouveau *night-club* attaché au casino, *Le Bowling*, est à son tour détruit par le feu ; les incendiaires ont réussi à emporter un coffre-fort de 400 kg contenant 80 000 francs.

Une période de répit permet aux frères Tomi d'envisager le développement de leurs activités. Ils sont alors approchés par Toussaint Luciani pour le compte de son cousin, Robert Feliciaggi, lequel est en train de faire fortune au Congo et souhaite placer une partie de son argent dans des casinos en métropole. Né en 1937, Toussaint Luciani est polytechnicien, ancien militant OAS proche du colonel Argoud ; néanmoins, à la fin des années 1970, il « milite » au MRG et, en 1981, passe au PS. Il est élu conseiller général de Corse-du-Sud et maire de Moca-Croce. Au début des années 1980, le groupe des enquêtes réservées de la préfecture de police de Paris s'est intéressé à ses liens avec Jean-Jacques Susini, ancien chef de l'action politique et psychologique de l'OAS, mais l'enquête, jugée par trop « sensible », a été abandonnée. Luciani a fait fortune dans le bois en Afrique et va devenir, de 1986 à 1988, patron d'Elf-Corse.

Début 1985, Jacques Médecin autorise à Nice la réouverture du *Ruhl* par les frères Tomi qui travaillent alors à la fois pour Paul Mondoloni et pour Robert Feliciaggi ; mais Pierre Joxe, ministre de l'Intérieur, refuse de voir débarquer les frères Tomi sur la promenade des Anglais.

Mondoloni, désormais protecteur des Tomi et associé à Feliciaggi, prépare, en cette même année 1985, le retour au « pays » de Jean-Jé Colonna qu'il a aidé pendant et après ses dix ans de cavale. C'est en revenant d'un rendez-vous destiné à organiser ce retour qu'il est abattu, le 29 juillet 1985, par des tueurs à gages.

Cinq jours après la mort de son protecteur, Jean-Jé remet les pieds à Pila-Canale, son village. La mort de Mondoloni marque la fin de la toute-puissance du milieu corse à Marseille, épilogue d'une histoire amorcée avant guerre avec Carbone et Spirito, les protégés de Simon Sabiani. La suite va désormais s'écrire en Corse même et en Afrique : avec Jean-Jé Colonna dans l'île, avec Robert Feliciaggi sur le continent noir.

Né le 24 juin 1939 à Sartène, Jean-Baptiste Jérôme Colonna, dit Jean-Jé, est le fils d'un marchand d'huile d'olive, mais surtout le neveu de Jean Colonna, dit « Jean-Jean », légende du milieu des années 1950, proche de « Jo » Renucci, de Marcel Francisci et de Nick Venturi, grands noms de la French Connection. Jean Colonna était lui aussi revenu au pays où il était devenu un notable après son élection à la mairie de Pila-Canale, village du clan.

Jean-Baptiste Jérôme a seize ans quand son père est tué sous ses yeux, le 18 juillet 1955, au volant de sa traction avant, victime collatérale de la vendetta du *Combinatie* consécutive à une escroquerie à l'assurance dans le trafic des « blondes » organisé à partir de Tanger[1]. L'oncle de Jean-Jé est à son tour victime d'un mitraillage qui, on l'a vu, le laisse amputé des deux jambes. Jurant de venger son père, Jean-Jé se construit dans l'assouvissement de cette vengeance. Pendant plus de dix ans, on l'a vu aussi, il va traquer et tuer tous les membres encore vivants impliqués dans cette histoire de vendetta. De quoi accréditer sa légende de « bandit d'honneur » à laquelle il sera toute sa vie attaché : « Je n'ai tué que pour venger mon père, jamais pour de l'argent, vous m'entendez ? Jamais ! [...] Je ne suis ni fier ni honteux de ce que j'ai fait. Je devais agir ainsi pour pouvoir me regarder dans une glace chaque matin que Dieu faisait », déclara-t-il sans remords aucun, en 2002, dans la seule interview qu'il ait jamais donnée[2].

---

1. Voir *supra*, p. 97 et suiv.
2. In *Corsica* d'août 2002.

Son oncle étant un proche de Nick Venturi, pilier de la French Connection, il se retrouve impliqué à son tour dans une affaire de trafic de stupéfiants. Arrêté en janvier 1975, il s'évade en simulant une blessure au ventre en juillet de la même année. Commence alors pour lui une longue cavale. Cependant que ses complices sont jugés et condamnés à des peines allant de dix à quinze ans de réclusion et à de lourdes sanctions financières, Jean-Jé, qualifié d'organisateur du trafic, écope par contumace de dix-sept ans. En appel, les peines s'alourdissent, sauf pour lui, les juges refusant d'examiner son cas tant qu'il est en fuite. Mais Jean-Jé demeure introuvable, tant et si bien que la cour d'Aix-en-Provence omet de le rejuger et outrepasse le délai légal pour le faire. Mécaniquement, l'action publique contre lui s'éteint. À la mi-1985, Jean-Jé est un homme libre avec, de surcroît, un casier judiciaire vierge[1] ! Il peut rentrer en Corse la tête haute.

Moins de quatre mois après son retour, Jean Colonna, son oncle, meurt. Jean-Jé lui succède avec brio, imprimant sa marque, développant encore ses sphères d'influence, avec d'autant plus d'aisance qu'il n'a aucune peine à s'imposer à des bandes criminelles qui, de surcroît, sont alors occupées à régler leurs comptes. L'État, qui a aussi d'autres chats à fouetter, ne réagit pas à son installation et à l'extension de sa clientèle d'obligés dans tous les milieux : affaires, politiques, criminels. Ce que Jean Glavany, dans son rapport, désignera treize ans plus tard comme le « système Jean-Jé », dénonçant l'ancien de la French Connection comme le « seul véritable parrain » de l'île.

Jean-Jé a alors quarante-six ans et donc du temps devant lui...

---

1. Voir *Les Parrains corses*, op. cit.

17.

La Brise de mer et le clan Jean-Jé, associés pour réaliser le nouveau « rêve cubain »

Soutenus par les deux puissances mafieuses corses du moment, le clan de Jean-Jé et la Brise de mer – et, ce qui n'est pas rien, se réclamant à tort ou à raison de la mouvance de Charles Pasqua –, Robert Feliciaggi et Michel Tomi, non contents de s'être rapprochés, vont s'associer pour installer en Afrique une énorme « machine » à faire du fric à l'abri des regards des policiers, des douaniers, des percepteurs et des juges, faisant ainsi du Gabon, du Cameroun et du Congo un ensemble pouvant prétendre au titre de nouveau « Cuba »...

Robert Feliciaggi – Bob, comme l'appellent ses amis – est né le 15 mai 1942 au Cap, en Afrique du Sud, sa famille, originaire de Pila-Canale, entre Ajaccio et Propriano, ayant dû évacuer Pointe-Noire, au Congo-Brazzaville, où elle était habituellement en poste, par suite d'une épidémie de choléra sévissant dans la région du Kouilou. Seule colonie française importante ralliée au général de Gaulle, l'Afrique-Équatoriale française (A-EF) dépend alors matériellement des approvisionnements britanniques.

Le père de Bob est receveur des postes à Pointe-Noire, principal port maritime de l'A-EF ; sa mère est directrice d'école. Robert a un frère, Charlie, qui fréquente le lycée Victor-Augagneur entre 1953 et 1956. Il quitte bientôt l'Afrique pour la Corse où il fréquente le lycée Fesch d'Ajaccio avant d'y être plus tard surveillant et d'y connaître le jeune Michel Tomi. Il retourne dans les années 1960 à Pointe-Noire où Charlie s'est lancé dans les affaires – bien modestes, il est vrai : un hôtel-restaurant miteux donnant sur la mer, au nom typiquement corse, le *Sol e Mare*, l'exploitation d'un bateau de pêche et un bureau d'import-export, la conjonction de ces deux dernières activités en facilitant une troisième autrement plus rentable dans un pays accablé par des taxes aux taux exorbitants : la contrebande.

Malgré un régime militaire qui dérive de plus en plus vers le marxisme-léninisme et se rapproche du Kremlin, la famille s'en sort à peu près bien. Tout change en 1969 avec l'arrivée en force d'Elf-Aquitaine à Pointe-Noire à la suite de la découverte du gisement de pétrole *off shore* « Émeraude », puis de ceux de Cabinda, Likouala et Loango, toujours en mer. En l'espace de quelques mois, Pointe-Noire fait figure de capitale pétrolière. Il faut accueillir et loger des dizaines d'ingénieurs dans les délais les plus brefs. L'homme chargé de cette mission est André Tarallo, énarque passé par le ministère des Finances et qui a suivi son patron d'abord à la Sanofi, ensuite à Elf où il travaille à la direction financière avec Jacques Boyer de La Tour, austère inspecteur des finances qui contrôle de près la gestion du groupe depuis 1958. Mais, surtout, Tarallo est corse, originaire de Bonifacio, et il va tout naturellement s'appuyer sur ses compatriotes de Pointe-Noire et faire leur fortune. Il rachète à prix d'or le *Sol e Mare*, transformé en base arrière d'Elf-Congo, puis sous-traite aux

Feliciaggi de plus en plus de missions pour le compte de la compagnie : gardiennage, embauche de manœuvres, ravitaillement, transport... Tarallo les introduira ensuite auprès des autres filiales d'Elf au Gabon, au Cameroun et en Angola pour remplir le même office. La famille s'enrichit à toute allure et Bob prend la gérance de l'*Olympic*, alors le grand hôtel de Brazzaville où descend le gratin des hommes d'affaires...

À la suite d'un coup d'État militaire, Denis Sassou-Nguesso prend le pouvoir en 1979. Charlie, qui est allé à l'école avec lui, devient un de ses proches. Jovial, bavard, il assure avec brio les relations publiques de la famille dont Robert est la tête incontestée. Grâce à l'appui du nouveau président congolais, celle-ci peut entrer dès 1981 dans un nouveau secteur on ne peut plus réglementé : les jeux. Les premiers tripots s'ouvrent à Brazzaville à l'enseigne du *Fortune's Club*, puis dans le reste de l'Afrique centrale. Charlie s'introduit dans l'entourage du président angolais Dos Santos à qui il rend de nombreux services et fournit des armes. Les agents américains en lutte contre le trafic de drogue le soupçonnent bientôt de transporter de la coke colombienne à destination de l'Europe sous couvert d'une société de pêche installée à Banguela, port situé au sud de l'Angola, quasi désaffecté du fait de la guerre civile entre le MPLA et l'Unita. Gravée dans les esprits à Brazzaville, la rumeur laisse entendre que sa fidélité à Sassou serait d'autant plus assurée qu'au cours d'une rixe de jeunesse, il aurait tué un Européen à Pointe-Noire et qu'un seul mot des autorités congolaises suffirait à l'expédier devant une cour d'assises.

Intermédiaire aisé, déjà protégé par Sassou et Tarallo, Robert Feliciaggi va rapidement arrondir sa fortune en devenant d'abord l'incontournable intermédiaire pour décrocher des contrats au Congo, ensuite en se lançant dans les casinos, d'abord en France, puis en Afrique, et en nouant ou renouant des relations avec d'ex-mafieux, des mafieux en exercice, voire d'autres Corses ayant pour habitude de frôler, voire franchir, à l'abri des regards, la ligne jaune de la légalité. Il va ainsi rencontrer Christian Megrelis, ancien de la BFCE[1] ; renouer avec son cousin Toussaint Luciani ; avec Noël Pantalacci qui gère des affaires dans l'ombre de certains chefs d'État africains ; puis avec Michel Tomi, lié, on l'a vu, à la French Connection par les Francisci et les Mondoloni ; enfin avec Jean-Jé Colonna, parrain de la Corse-du-Sud.

S'appuyant sur un pareil réseau, Robert l'Africain va disposer de cartes exceptionnelles pour jouer les « grands » dans la zone grise des affaires. En 1983, c'est à l'*Olympic*, dont il est le gérant, que des rencontres capitales vont infléchir le destin de Feliciaggi. Bob est certes déjà un homme respecté. Tout le monde connaît ses liens avec Tarallo, avec Sassou et ses proches, dont Emmanuel Yoka, ministre de la Coopération. Les hommes d'affaires de premier plan descendent à l'*Olympic*. À l'époque, Jean-Paul Doumenc, surnommé « le milliardaire rouge », est tout-puissant au Congo (pas qu'au Congo, d'ailleurs !) et remporte contrat sur contrat dans l'agroalimentaire. Georges Feldhandler est un familier de Doumenc, et tout naturellement de Bob. Il présente ce dernier à Christian Megrelis, fondateur d'EXA International. Leurs premières discussions tournent autour de la rénovation de l'hôtel. Grâce à ses relations avec la BFCE, Megrelis permet à Feliciaggi de mener à bien son projet. Mais les deux hommes ne vont pas s'en tenir là.

---

1. La Banque française du commerce extérieur, contrôlée par l'État, garantit les investissements français à l'étranger.

Emmanuel Yoka harcèle son ami Bob pour qu'il évalue les besoins du Congo en infrastructures, notamment en routes indispensables à son développement. Mais le pays n'a pas assez d'argent pour se lancer dans de tels projets. Qu'à cela ne tienne : Megrelis a de l'entregent et se dit capable de monter de vastes opérations. Il entre en rapport avec une société brésilienne de travaux publics (Andrade Guttierez) et obtient un crédit de la Coface brésilienne pour financer la construction de l'axe Owendo-Ouesso. Bob se retrouve ainsi partie prenante à ce gros contrat et à la substantielle commission qui va avec.

Il en faut plus pour étancher la soif de Robert, maintenant que l'argent pleut sur lui comme à Gravelotte. Pour devenir incontournable au Congo et acquérir une dimension internationale, il crée une nouvelle structure, et, par l'intermédiaire de Charlie, noue une relation plus étroite avec Sassou qui, seul, est à même de lui permettre de mobiliser tout ou partie des potentialités du Congo. Le poids de Yoka n'étant pas suffisant pour « mettre en musique » ses projets, Bob fait appel à son cousin Toussaint Luciani à qui il demande de développer ses affaires dans plusieurs directions : les jeux, l'intermédiation, et, bientôt, le trafic des déchets toxiques. Luciani s'installe en 1984 à Paris aux commandes de ce qui va devenir la première base française du groupe Feliciaggi, où il sera rejoint peu après par Michel Tomi : le Ciat (Comptoir international d'achat et transit Afrique export).

Mais, pour atteindre leurs objectifs, Bob et Toussaint doivent au préalable concurrencer, dépasser, voire supplanter une société d'études dirigée conjointement par Jack Sigolet – un des financiers d'Elf, mais aussi dirigeant de la Fiba, la banque de Sassou, de Bongo et d'Elf –, par Jacques Sabatier et surtout par Jean-Claude Boucher, informaticien, consultant de la Caisse congolaise d'amortissement. Cette société de conseil auprès du gouvernement congolais assure à titre exclusif la gestion de sa trésorerie. Plus ennuyeux encore pour les projets des Feliciaggi : Boucher devient le conseiller privé de Sassou et son propre gestionnaire de fortune. « Pour les Corses, c'est très embêtant, car Sigolet et Boucher ont la main sur l'argent du Congo. D'où la volonté de créer la Société d'études et de développement (SED), avec pour mission première mais secrète de contrer ou en tout cas diminuer le poids de Sigolet, pour pouvoir avoir accès à une partie plus importante de la trésorerie congolaise », explique un ex-proche de Bob qui préfère garder l'anonymat.

La SED est créée par Noël Pantalacci, ancien de la Cegos[1] reconverti en Afrique, mais aussi ancien membre du cabinet de Jacques Médecin, ami de Jean-Do Fratoni, le grand mafieux niçois. La SED est une filiale du Ciat. Elle va notamment s'occuper des plans quinquennaux du Congo. Dès lors, Robert Feliciaggi devient incontournable : « Dans les années 1980, il n'y avait pas de contrat au Congo qu'une entreprise française, publique ou privée, ait obtenu sans nous. Tout le monde venait nous solliciter : "Il faut absolument que la France décroche ce contrat[2]." »

Sous la pression de Sassou, Elf, qui gagne beaucoup d'argent au Congo, est obligée d'y investir dans l'agriculture. La société pétrolière confie cette mission... aux Feliciaggi qui se servent de la SED pour créer, en 1986, Agricongo. L'objectif est d'assurer le ravitaillement des

---

1. Le plus ancien cabinet de conseil français.

2. In *Ces Messieurs Afrique 2* de Stephen Smith et Antoine Glaser, Calmann-Lévy, 1997.

personnels d'Elf expatriés et de recycler sur place une partie des pétrodevises. Mais le point particulièrement choquant, c'est qu'Agricongo va réussir à bénéficier des aides de l'État français, via le Fonds d'aide et de coopération (FAC), en dépit de la très vive opposition des hauts fonctionnaires français gérant ce fonds. Qui va intervenir pour débloquer la situation et obtenir un passe-droit à Elf et à Robert Feliciaggi ? Claude Érignac, d'abord directeur des affaires politiques de l'outre-mer sous le ministère Bernard Pons, puis directeur de cabinet du nouveau ministre de la Coopération, Jacques Pelletier ! C'est le financier Jack Sigolet, bras droit du « Monsieur Afrique » d'Elf et patron de la FIBA – banque qui « créait des mécanismes juridiques et financiers par lesquels l'argent circulait de façon [...] que le système soit encore plus opaque[1] » – qui présente Bob Feliciaggi à Érignac. Bob s'emploie à convaincre le directeur de cabinet de Jacques Pelletier de se battre contre sa propre administration. Après avoir obtenu du FAC des crédits importants, Feliciaggi aurait laissé entendre à son entourage que ce cadeau n'aurait pas été « gratuit ». Ce sont deux de ses anciens collaborateurs qui m'ont distillé cette donnée « sensible », laquelle avait déjà figuré dans un livre d'Arnaud Labrousse et François-Xavier Verschave intitulé *Les Pillards de la forêt*[2], relayant l'enquête des policiers sur la mort du préfet. L'information (ou la rumeur) a également été reprise dans *La Gazette du Maroc*[3]...

Bob s'intéresse aussi aux casinos français et s'allie, on l'a vu, à Michel Tomi qui a fait du chemin depuis

---

1. In *Affaire Elf, affaire d'État*, entretiens d'Éric Decouty avec Loïk Le Floch-Prigent, Le Cherche midi éditeur, 2001.
2. Aux éditions Agone en 2002.
3. Du 24 juillet 2009.

le lycée Fesch et fait partie du milieu corse des jeux... L'arrivée de Pasqua place Beauvau en mars 1993 est une bénédiction pour Jean Tomi, proche de « Charles » ; donc indirectement pour Michel, son frère, et pour Robert Feliciaggi. Le ministre corse, natif de Grasse, accorde à ce beau monde de nouvelles autorisations pour reprendre de modestes casinos comme ceux de Palavas-les-Flots et d'Aix-en-Provence.

La chance, épaulée par l'ami Tarallo, continue également à favoriser la bonne fortune de Bob. Toussaint Luciani et Noël Pantalacci prennent la direction d'Elf-Corse, une véritable poule aux œufs d'or : « C'était une belle structure pour acheminer de l'argent aux "natios"... et à d'autres. Comme elle avait le monopole de la distribution, le prix de vente des carburants pouvait être modulé en fonction des besoins politiques... », raconte l'homme[1] qui, pendant quelques années, aida Toussaint Luciani, Robert Feliciaggi puis Michel Tomi à mettre de l'ordre dans leurs comptabilités et à libeller les contrats de différentes sociétés.

Bob se lance à présent dans ce qu'il croit être un commerce potentiellement très juteux : l'enfouissement des déchets toxiques dans des décharges africaines. Pour monter un système à l'abri des regards, Toussaint Luciani prend d'abord contact avec Luciano Spada, homme de confiance de Bettino Craxi, président du Conseil italien, et avec la société Bauwerk immatriculée au Liechtenstein. Ceux-ci avaient déjà monté le projet dit « Urano 1 » qui prévoyait en 1987 l'envoi et le déversement d'énormes quantités de déchets – principalement d'origine américaine (entreprises et activités militaires) – dans un immense cratère naturel

---

1. Son histoire est contée dans le chapitre 21.

situé dans le Sahara espagnol. Derrière l'organisation de ce trafic se cachait la mafia calabraise, la Ndrangheta... Associés à Luciano Spada, Luciani et Pantalacci signent un premier contrat avec le Congo.

Fin 1987, ils se livrent à un intense lobbying, aidés d'André Tarallo et du « clan des Gabonais[1] », auprès du président Omar Bongo pour créer un Centre international de déchets radioactifs au Gabon en dépit des réticences du commissariat français à l'Énergie atomique (CEA). La politique officielle de la France est en effet on ne peut plus claire en la matière : non seulement elle traite et stocke ses propres déchets, mais elle travaille « à façon » pour d'autres pays. Afin de contourner ce problème de taille, contact est pris avec un groupe anglo-canadien, Dennison Mines, qui accepte d'assurer la maîtrise d'œuvre du centre de stockage. À Jacques Foccart est dévolue la mission d'obtenir la couverture scientifique du CEA. Aux amis d'Elf d'« accompagner » les efforts de Foccart...

Le 28 janvier 1988, Bongo, encore convaincu qu'il obtiendra le soutien du CEA, prend une ordonnance accordant le monopole du stockage des déchets de combustible nucléaire à la Sogaben (Société gabonaise d'études nucléaires) créée quelques jours plus tôt sous l'égide de Pascaline, sa propre fille. La Sogaben est officiellement présidée par Hervé Moutsinga, ministre de l'Environnement. À son conseil entrent deux Corses : Toussaint Luciani et Noël Pantalacci. Les principaux membres du gouvernement gabonais sont impliqués dans le projet d'attribution du monopole à la Sogaben. Mais, malgré de

---

1. Référence aux Français qui protègent le système Bongo pour leur plus grand avantage. Lire à ce sujet *Affaires africaines*, publié par l'auteur en 1983 chez Fayard.

fortes pressions, le CEA traîne les pieds et la Sogaben va finalement rester une coquille vide...

Les affaires vont décidément moins bien. À Bandol, en août 1988, cinq hommes masqués et armés raflent 730 000 francs sur les tables de jeu et dans le coffre du casino. Le 31 octobre suivant, Pierre Joxe, ministre de l'Intérieur, ne renouvelle pas l'autorisation d'exploitation. Et Tracfin[1] découvre des mouvements financiers suspects entre Sanary-Bandol et le village de Tasso d'où sont originaires les Tomi : des mandats de 5 000 francs ont été envoyés pour un montant global de 4 millions. Puis des détournements à hauteur de 54 millions sont découverts. Une double comptabilité est mise au jour. Si les enquêteurs n'ont pas trouvé de preuves suffisantes, ils ont émis de lourds soupçons sur la destination des détournements. « Cet établissement qui, avant sa fermeture, réalisait un chiffre d'affaires annuel de l'ordre de 45 millions de francs, pouvait tout aussi bien apparaître comme une sorte de "zone franche" aux mains de dirigeants corses particulièrement bienveillants à l'égard des financements de partis politiques. Sans discrimination aucune. C'est ce que laissent entendre aujourd'hui différentes sources. » Moyennant toutefois une forte inclination pour l'entourage de l'ex-occupant de la place Beauvau... Le 12 mai 1989, neuf personnes sont inculpées de détournement de produits de jeux, abus de biens sociaux, recel, et écrouées : il s'agit notamment de Jean et Michel Tomi, mais aussi de deux membres de la famille Mondoloni. Au mois de février précédent, sept autres avaient été inculpées et écrouées, dont l'ancien directeur responsable du casino, le comptable et deux chefs caissiers. L'affaire ne sera jugée qu'en 1996.

---

1. Organisme antiblanchiment de Bercy.

Les frères Tomi seront condamnés pour fraude fiscale, minoration de recettes et abus de biens sociaux, à trois ans de prison, dont deux avec sursis. En attendant, Tomi est mis à l'index par la police des jeux. Le casino de Bandol ne sera rouvert qu'en juillet 1991 par des professionnels anglais, mais ceux-ci ne pourront finaliser l'opération, faute d'avoir pu vendre leurs deux établissements outre-Manche, et seront obligés de le rétrocéder aux précédents propriétaires dont le principal n'était autre que... Robert Feliciaggi[1] !

Alors que Pierre Joxe vient de faire fermer le casino de Bandol, Toussaint Luciani et les actionnaires de la Sogaben se lancent dans l'implantation d'un casino à Annemasse. Mon ami Pierre Plancher, éditeur du journal *Le Faucigny*, se fait un malin plaisir de brosser le portrait de ces nouveaux « investisseurs » : « Le chef – devrait-on dire le "capo" ? – répond au joli nom de Toussaint Luciani. Un peu en avance pour la saison, ce Toussaint ! Mais un patronyme qui fleure bon tout à la fois la Corse et les frères de la Côte. Pas très disert, M. Luciani. Il ne se veut que le "manager du projet" et "représentant des investisseurs". Dire que ce "manager" a l'air d'un milord serait peut-être exagéré. Les cinéphiles lui trouveraient un air de famille avec André Pousse. Et on sent que sa culture générale ne doit rien ignorer des pronostics quotidiens de *Paris-Turf*[2]... » L'investissement prévu est de 150 millions de francs.

À la fin des années 1980, les affaires de Bob « explosent ». Si Elf a déjà fait sa fortune, l'arrivée à la tête du groupe de Loïk Le Floch-Prigent en 1989 lui offre une position

---

1. In *La Guerre secrète des casinos*, par Jérôme Pierrat et Christian Lestevel, Fayard, 2007.
2. Le 22 octobre 1988.

encore meilleure auprès de la compagnie pétrolière. Pasqua est un homme sur qui le nouveau patron peut compter pour rester en place durant l'après-Mitterrand et éviter d'être vidé comme il le fut de Rhône-Poulenc, en 1986, par la nouvelle majorité chiraquienne issue des législatives de 1985... Le Floch-Prigent doit en partie sa nomination à un ami d'Alfred Sirven, Mathieu Valentini, natif de Corte, passé comme Sirven par le bataillon français de Corée au début des années 1950, et franc-maçon influent. Valentini a ses entrées à l'Élysée via Patrice Pelat, ami intime de Mitterrand et proche de Pasqua. Pour sa part, Tarallo ne supporte pas Valentini qui, fort de ses relations avec Sirven, nouvel homme fort de la compagnie, n'hésite pas à l'humilier en public : « Tais-toi », lui dit-il souvent. Tarallo fait appel à un Corse surnommé « le Peintre » pour se renseigner sur cet homme qui lui empoisonne la vie... Feliciaggi, qui a donc changé de « filière corse » au sein de l'état-major d'Elf, tente même une incursion dans le domaine proprement pétrolier au nord du Sahara. Par l'intermédiaire de François Castellani, ancien de Total, il approche aussi Le Caire où il se heurte au directeur général d'Elf-Égypte.

Dans le même temps, Bob noue des relations de plus en plus étroites avec Jean-Jé Colonna. Mais le poids de Pasqua va poser un certain problème à Toussaint Luciani, son principal collaborateur, beau-frère de Jean-Pierre Susini, ex-activiste de l'OAS, organisation que Pasqua et Marchiani ont naguère traquée de manière impitoyable. Luciani va alors prendre quelque distance avec Bob pour se rapprocher de ses vieux réseaux ex-OAS, ou plutôt de la progéniture de ses anciens compagnons de lutte, notamment de Francis Perez et d'Alain Orsoni. Le premier a fait fortune dans les machines à sous et les casinos, notamment au Brésil, et se lance dans l'exploitation des petits casinos du Grand Sud (Sète, Palavas, Gruissan, Balaruc) et de Lons-le-Saunier. Perez montera ensuite, à partir de Barcelone, la Pefaco – casinos et machines à sous – qui rayonnera en Amérique du Sud et en Afrique avec, non loin et officieusement, le concours d'Alain Orsoni...

18.

Sous la cagoule, Alain Orsoni

Je dois humblement le confesser : j'ai, moi aussi, été tenté de prendre le maquis, de me procurer quelques émotions fortes, de me prendre pour un héros de bande dessinée, voire de film mêlant suspense politique et performances physiques... Ce petit faible aurait pu se trouver compensé par une étude approfondie du dossier corse après l'éclatement du FLNC en deux branches, Canal historique et Canal habituel. J'ai donc pris l'avion pour Ajaccio, sans le bagage minimal qui m'aurait permis de ne pas me faire « balader » par les « cagoulés ». Un certain Dominique – je ne connaissais pas encore son vrai nom – m'avait proposé de rencontrer un « haut responsable » du FLNC. Il avait piqué ma curiosité en prétendant que ce « haut responsable » avait été chargé de participer à l'exécution d'un contrat sur ma propre tête à la fin de l'année 1984. Et si c'était Alain Orsoni ? Je travaillais alors avec Jean-François Bizot, patron d'*Actuel*, et c'est pour ce mensuel branché que je partis donc pour l'île de Beauté...

Dominique avait téléphoné à l'hôtel *Sofitel* de Porticcio pour me retenir une chambre et ne me lâcha pas d'une semelle jusqu'à mon réembarquement pour Roissy... Le 2 février 1991, je m'installe donc à l'hôtel et attends,

attends encore, bloqué dans ma chambre pour ne pas louper le coup de fil promis. Celui-ci n'intervient qu'en fin d'après-midi. Une voix anonyme me fixe un rendez-vous téléphonique pour le lendemain midi ; on me renverra alors à un nouveau rendez-vous pour le soir, assorti de la recommandation de louer une voiture. Le coup de fil du soir fixe le nouveau rendez-vous pour le lendemain 13 heures : des instructions me seront alors données. À l'heure dite, dernier coup de fil : « Désolés, nous avons observé des mouvements de voitures pas très nets autour de l'hôtel... Nous ne voulons pas prendre de risques. Repartez. Vous serez recontacté... » Je rentre à Paris.

Effectivement, Dominique me recontacte. Je reviens en Corse le 26 février. Une voix anonyme me rappelle. Tout se passe cette fois comme prévu. Premier coup de fil à 15 heures, deuxième contact à partir de 18 h 30. Peu avant 22 heures, les instructions arrivent : je dois me rendre en voiture en un lieu situé en rase campagne, m'arrêter, éteindre mes feux et m'installer à la place passager, puis attendre. Une voiture arrive. Un homme cagoulé ouvre la portière côté conducteur et s'installe au volant. Il me tend des lunettes noires très enveloppantes. Le militant FLNC paraît nerveux. Ses amis et lui, dit-il, ont repéré des mouvements inhabituels du côté des forces de l'ordre. Mon chauffeur conduit vite. La petite route en zigzag laisse place à un chemin de terre. Nous cahotons dans ce qui doit être le maquis. La voix du conducteur s'est radoucie. Elle devient presque sympathique. L'homme s'excuse pour ce luxe de précautions :

« Depuis quelques semaines, les flics mettent le paquet... On est obligés de prendre beaucoup de précautions. Un rendez-vous comme celui-ci mobilise beaucoup de monde et est très compliqué à organiser... Avez-vous une arme ?

— Non.

— Je serai quand même obligé de vous fouiller en descendant de voiture... »

Le véhicule stoppe. Gêné par mes lunettes de ski, j'ai du mal à m'extraire de mon siège. Je dois poser les deux mains à plat sur le capot cependant que mon chauffeur me fouille. Il me fait ensuite mettre les deux mains sur ses épaules et nous marchons – le verbe n'est pas exact : il marche et je trébuche – sur deux ou trois cents mètres, empruntant ce qui est probablement un sentier. Je sens soudain qu'il y a du monde autour de nous. Nous descendons un escalier, puis remontons. Mon cicérone frappe de façon codée à une porte. Celle-ci s'ouvre. On me conduit jusqu'à une chaise. Je m'assieds. Une nouvelle voix me demande d'ôter mes lunettes. Je me retrouve dans une cuisine, accoudé à une petite table. En face, un homme que j'imagine jeune, en cagoule noire recousue de telle sorte que je serais dans l'incapacité de reconnaître aussi bien ses yeux que sa voix, car le trou ménagé pour la bouche est placé à la commissure droite des lèvres et la déforme. Il porte un blouson noir genre Bomber et des gants de soie noire. Le pistolet est placé bien en évidence près de sa main droite. Il se présente comme un « responsable » du FLNC-Canal habituel, c'est-à-dire des « modérés » ; au fil de l'interview, « modérés » sera remplacé par « modernes ». Le long cérémonial d'approche semble destiné à montrer que l'organisation est toujours clandestine et armée alors même qu'elle affiche son opposition au Canal historique qui « entretient l'illusion que seule la lutte militaire peut faire reculer l'État français »...

Pendant une heure et demie, l'homme s'emploie à m'expliquer qu'il y a quelque chose de changé dans le camp nationaliste. Lui préfère parler de « réadaptation stratégique ». Le « moderne » me raconte les enchaînements qui ont conduit à l'éclatement du FLNC en juin 1988 : « La décision de suspendre les actions militaires a pris en compte le changement de gouvernement[1]. Nous avons lancé la balle dans le camp de l'État français. Nous attendions qu'il initie un processus de décolonisation. » Le « responsable » affirme que la situation du Canal habituel est devenue délicate en ce qu'il combat sur deux fronts : « l'État français et les "durs" du Canal historique ».

Nous évoquons aussi les dérives mafieuses et le problème de la drogue. S'il n'exclut pas ce danger, mon interlocuteur préfère parler des « principaux problèmes de l'île : la non-formation et le chômage qui créent les conditions objectives de la délinquance. Il existe des bandes organisées dans le nord et dans le sud de la Corse, et l'on peut constater les liens plus ou moins directs entre certains hommes politiques corses et ces bandes »... Au travers de mon reportage, le Canal habituel cherche à faire comprendre au gouvernement que c'est donc avec lui, « moderne », qu'il doit trouver un terrain d'entente...

L'homme en cagoule consulte de plus en plus souvent sa montre. Il est bientôt temps de clore l'entretien « pour raisons de sécurité ». Se retrouver à 2 heures du matin à me ramener, équipé de lunettes noires, pourrait poser un problème si survenait un contrôle. Mon vis-à-vis évoque encore la période noire 1986-1988 ; pour lui, Charles Pasqua y a joué le rôle de Grand Satan avec ses « manœuvres d'intoxication, les attaques personnelles, les barbouzes et

---

1. Après son élection, François Mitterrand a dissous l'Assemblée nationale. Les élections des 5 et 12 juin 1988 ont amené une nouvelle majorité et un nouveau gouvernement avec Michel Rocard comme Premier ministre et Pierre Joxe au ministère de l'Intérieur.

les policiers sur le dos »... Si les « modernes » sont déçus par les socialistes, ils attendent manifestement encore beaucoup d'eux, et aspirent notamment à ce que cette période noire ne revienne pas. Ils souhaitent qu'on fasse le ménage dans les vieux clans, faute de quoi les « durs » reprendront seuls le flambeau du nationalisme corse.

Je remets mes lunettes noires et refais le chemin inverse, mains posées sur les épaules de mon chauffeur. Une fois en voiture, nous revenons probablement par un autre itinéraire qu'à l'aller.

Le véhicule s'arrête dans un chemin creux. La route suivie reste aussi difficile à appréhender que la frontière floue entre autonomistes et indépendantistes... Je reprends le volant et, au bout de quelques kilomètres, me retrouve à mi-chemin entre Ajaccio et Porticcio.

Mon reportage est publié dans le n° 149 d'*Actuel* (avril 1991). Il a pour titre et entame : « Le FLNC a explosé. Un morceau nous parle. Nous avons essayé d'aller au-delà de la langue de bois avec un représentant de la fraction "moderne" du FLNC. Le western est toujours là, mais ces militants veulent s'installer entre la loi Joxe et la loi des armes. Leur marge est étroite. »

J'ai appris plus tard que mon interlocuteur n'aurait été autre qu'Alain Orsoni. Lequel a dû beaucoup s'amuser quand il a lu que j'avais gobé sa « modernité », qui n'était qu'un habile habillage pour son affairisme, le Mouvement pour l'autodétermination (MPA) occultant son « Mouvement pour les affaires ». Seule maigre consolation : Pierre Joxe, alors ministre de l'Intérieur, l'avait choisi lui aussi comme interlocuteur « valable »...

19.

Le « système » Pasqua (1)

Giulio Andreotti, l'« inoxydable » homme politique italien, avait assis sa puissance sur ses relations privilégiées avec le Vatican, mais aussi avec Cosa Nostra. Rien à voir, apparemment, avec un Charles Pasqua[1] qui a longtemps cultivé une image de grand républicain. Pourtant, rarement un homme politique français aura autant défrayé la chronique judiciaire, jamais un ministre n'aura attiré dans sa mouvance d'aussi grands voyous, corses pour la plupart. La chronique judiciaire n'a évidemment mis sur la place publique qu'une partie des turpitudes liées au « système » Pasqua, la fraction émergée de l'iceberg. Pourtant, à partir de ces éléments connus se dessine, aux yeux de maints commentateurs, le portrait d'une sorte de « super-parrain » protecteur, entouré de personnages sulfureux, généralement corses. Auréolé de multiples soupçons, l'homme à été notamment condamné pour avoir « vendu » aux parrains corsico-africains l'autorisation d'ouvrir un casino afin de financer une de ses campagnes électorales. Il a également

---

1. Pour ceux qui souhaiteraient aller plus loin dans la connaissance de Charles Pasqua et de son « système », lire notamment *Ce terrible monsieur Pasqua*, de Philippe Boggio et Alain Rollat, éditions Olivier Orban, 1988, et *La Maison Pasqua*, de Nicolas Beau, Plon, 2002.

aidé les mêmes à exaucer leur rêve : faire un jour de l'île de Beauté un « nouveau Cuba »...

La Corse n'a pas été son seul pôle d'intérêt. Mais, aidé de sa garde rapprochée corse, de ses casinotiers corses, de personnels corses d'Elf, il a pendant une quinzaine d'années mené une politique africaine autonome, dénoncée par ses opposants comme reposant sur la corruption, pour le bénéfice de ses seuls protégés. Il aurait ainsi participé à la dégradation de l'image de la France sur le continent noir en instituant ce qui pourrait être dénommé la « Pasquafrique ». Le personnage de prétendu grand républicain est démenti notamment par l'existence de ses principaux spadassins, Étienne Léandri, ancien membre de la bande de Carbone et Spirito, mais aussi ex-collabo, Jean-Charles Marchiani, préfet au casier judiciaire chargé, Daniel Léandri, le brigadier, et François Antona, le commissaire... Tous personnages que nous retrouverons dans la suite de notre histoire...

« Le seul homme dont j'aie toujours eu physiquement peur est Charles Pasqua ! » Qui parle ainsi ? Jacques Foccart. Il m'a fait cette confidence à Luzarches, le 25 février 1995, peu après la sortie du tome I de *Foccart parle*[1]. Pourtant, le vieux gaulliste ne passait pas pour une mauviette. Parachutiste, il fut pendant quelques années le patron occulte du service « action » du SDECE, et ses réseaux n'étaient pas composés d'enfants de chœur. Cette déclaration, faite à la suite de révélations sur le jeu, en Centrafrique, des gens de la mouvance Pasqua, parmi lesquels il incluait le capitaine Barril, oblige à aller au-delà de l'image « bon enfant » de l'ancien représentant en pastis, personnage truculent, « Raimu des Hauts-de-Seine », toujours prêt à frôler la ligne

---

1. Coédité par Fayard et *Jeune Afrique*.

jaune, voire à la franchir pour la défense de la République. Une image qu'il a peaufinée en participant à l'opération « Résurrection » pour faire revenir le général de Gaulle aux affaires en 1958, en luttant contre l'OAS, en organisant la « marche du 30 mai 1968 » sur les Champs-Élysées aux côtés de Philippe Seguin et de François Fillon, authentiques républicains. Affecté par l'affaire Markovič dans laquelle certains proches de Pasqua avaient été impliqués, le président Pompidou ne croyait pas, lui, à ses protestations gaullo-républicaines et s'en plaignit amèrement à Jacques Foccart après sa nomination, qu'il estimait « ridicule », à la tête de « Présence et Action », association gaulliste : « Vous voyez ce type, s'il prend la parole, mettons pour l'anniversaire du général de Gaulle à Colombey, il va faire rigoler la terre entière. Vraiment, c'est lamentable[1] ! »

Cofondateur du SAC avec son ami Étienne Léandri, Charles Pasqua, avec déjà Jean-Charles Marchiani à ses côtés, a lutté activement contre l'OAS avant de devenir un pilier dudit « Service d'action civique », association peuplée d'hommes de sac et de corde qui, au fil des ans, va régulièrement défrayer la chronique judiciaire. Il n'empêche qu'il aurait bien voulu récupérer cette organisation de « gros bras » à la fin des années 1960, mais Jacques Foccart y met alors le holà. En 1974, délégué national « à l'action » de l'UDR, puis chargé du recrutement et de la vie des fédérations, Pasqua permet par ses manœuvres à Jacques Chirac de récupérer le parti gaulliste avec lequel il était en délicatesse pour avoir soutenu VGE et être devenu son Premier ministre. Il passe déjà, aux yeux de ses adversaires, pour un spécialiste du bourrage des urnes du parti. « Pasqua ? Je ne l'ai jamais vu

---

1. In *Jacques Foccart. Journal de l'Élysée*, tome IV, *1971-1972*, Fayard-Jeune Afrique, Paris, 2000.

sur le pont, il est toujours dans les soutes », résumait Michel Debré, premier Premier ministre du général de Gaulle[1]. Il contribue à l'ascension de Jacques Chirac. Le 25 septembre 1977, il est élu pour la première fois sénateur des Hauts-de-Seine. Il devient secrétaire général adjoint du RPR. Il récupère d'anciens militants d'extrême droite, compagnons de son fils Pierre, qui n'ont pas emboîté le pas à Jean-Marie Le Pen. Il organise la campagne de Chirac pour l'élection présidentielle de 1981 et participe activement à la défaite du président sortant, Valéry Giscard d'Estaing. Il devient ensuite président du groupe RPR au Sénat.

Après la tuerie d'Auriol et la dissolution du SAC en 1982, Pasqua tente une nouvelle fois de remettre la main sur les débris de cette organisation qui a toujours existé de façon autonome par rapport aux mues successives du parti gaulliste. Il encourage la création en février 1982 de Solidarité et défense des libertés, qui ressemble beaucoup à un SAC bis. Ce qui explique le peu d'empressement du RPR et de l'UDF à soutenir cette initiative dont l'existence sera éphémère : sa seule manifestation officielle aura lieu en mai 1982 à la suite de l'attentat de la rue Marbeuf[2]. La manifestation tourne vite à une opération anti-Mitterrand, d'autant plus qu'on y remarque de nombreux militants du Parti des forces nouvelles[3] et du Centre national des indépendants et paysans[4]. Peu après, Solidarité et défense des

---

1. Voir *La Maison Pasqua*, de Nicolas Beau, *op. cit.*
2. Le 22 avril 1982, une voiture explose devant le siège du magazine libanais *Al Watan Al Arabi*. Une femme est tuée sur le coup dans cet attentat imputé à Carlos, qui blesse aussi soixante-six personnes.
3. Le PFN est un parti d'extrême droite né de la scission en 1974 entre Ordre nouveau et le Front national de Jean-Marie Le Pen.
4. Parti libéral-conservateur, créé en 1949.

libertés se dissoudra, marquant par là l'échec des tentatives de récupération ou de restauration du défunt SAC par Pasqua.

En 1984, celui-ci commence à s'intéresser à l'Afrique, plus précisément au Gabon, alors que le président Omar Bongo a interprété la publication d'*Affaires africaines*[1] comme une mauvaise manière tolérée par le pouvoir socialiste. C'est Samuel M'Baye, alors ambassadeur de l'« émirat noir » à Paris, qui prend langue avec le sénateur des Hauts-de-Seine. Bongo a besoin du concours d'hommes forts pour des missions de sécurité à Libreville... et en France. Des hommes de la mouvance pasquaienne vont ainsi « s'intéresser » sérieusement à moi pendant quelques années et me pourrir la vie, envisageant même un temps de m'enlever[2].

De 1986 à 1988, Charles Pasqua va poursuivre, place Beauvau, ses relations avec le Gabon et le Congo, et en nouer avec le Soudan en vue de récupérer Carlos, le fameux terroriste. Jean Taousson, membre de son cabinet, venu de l'OAS, aide le régime d'apartheid sud-africain.

---

1. Livre de l'auteur publié chez Fayard en 1983.
2. Dans une perquisition menée par le juge Eva Joly dans le bureau du « colonel » Daniel au siège d'Elf, le 15 mai 1997, fut découverte une note mentionnant en effet un projet d'attentat contre moi à la fin 1984 à cause du livre *Affaires africaines* : « 23 avril 1991. Compte rendu entrevue avec M. Tarallo (P-DG d'Elf-Gabon). M. Tarallo informé du souhait de Pierre Péan de me rencontrer. Feu vert. A.T. confirme ce que P.P. m'avait appris : fin 1984, on a voulu l'assassiner. Depuis, il connaît l'exécuteur et le commanditaire. L'affaire devait être mise sur le compte du Gabon. A.T. m'apprend qu'il s'agit de B.B., qui s'occupe actuellement du Burundi. » Le projet aurait été lancé depuis Libreville et Paris, rue de Ponthieu, dans les bureaux de Demain la France et de France-Afrique-Orient, deux associations montées par Charles Pasqua.

Cette diplomatie parallèle trouve son apothéose dans l'affaire des otages. Alors qu'il n'occupe pas de fonction officielle et a un passé plutôt sulfureux, Marchiani[1] devient l'homme le plus important de l'entourage de Charles Pasqua. Il voyage au Proche et au Moyen-Orient avec un faux passeport au nom d'Alexandre Stefani et devient un des principaux *missi dominici* de la France au Liban, en Syrie, en Iran, en Libye et en Algérie. Durablement, la France donne ainsi dans ces pays l'image d'une République bananière. Marchiani apparaît alors comme le grand embrouilleur de la diplomatie tricolore, moyennant des conséquences qui n'ont jamais été complètement élucidées. Mêlant en permanence missions d'intérêt public et intérêts privés[2], il n'en devient pas moins un homme intouchable, et acteurs politiques comme observateurs médiatiques le créditent de la libération des trois otages français retenus au Liban, quarante-huit heures avant le deuxième tour de l'élection présidentielle de 1988. Il n'a pourtant fait là que doubler le cheikh Zein, responsable chiite de Dakar qui, lui, a mené toutes les négociations avec les dignitaires iraniens.

Jacques Chirac m'a confié[3] tout le mal qu'il pensait de Jean-Charles Marchiani. Je n'ai eu nul besoin de lui tirer les vers du nez pour l'en faire parler. Il démarra au quart de tour : « Depuis cette époque, je n'ai cessé

---

1. Il a déjà été cité dans plusieurs scandales de la République et a fait deux mois et demi de prison en 1984, accusé par un juge de Pontoise d'avoir tenté de violer une employée de Servair dont il était directeur du personnel, puis d'avoir dépensé une grosse somme avec un chéquier du comité d'établissement.
2. Voir *La Menace*, par l'auteur, Fayard, 1988.
3. Lors de mon enquête pour *L'Inconnu de l'Élysée*, Fayard, 2007.

de dire à Pasqua qu'il n'était pas fréquentable et qu'il racontait des bobards. J'ai pu vérifier que dans toutes les histoires d'otages où il s'est attribué un rôle, c'était largement bidon. J'ai eu un grand tort dans ma vie. Un jour, Pasqua m'a demandé comme un service personnel de nommer Marchiani préfet du Var. Je me suis laissé faire, et je le regrette. » Puis d'ajouter sur un ton d'ironie amère : « Peut-être étais-je bourré, ce soir-là ! »

Après quoi Chirac a repris sa charge : « Tout ce qu'il a raconté sur les otages était dépourvu du moindre fondement. Mais il avait le génie de l'esbroufe... Ce n'est pas lui qui a libéré Kaufmann !.. Pasqua était pendu à mon téléphone. Vingt fois, cinquante fois, cent fois je lui ai répété que ce Marchiani disait n'importe quoi, que tout ce qu'il racontait était faux. En plus, Marchiani réclamait sans cesse de l'argent – que je ne lui donnais pas. Pasqua, lui, voulait que je prélève sur les fonds spéciaux de Matignon[1] pour payer Marchiani... »

Après avoir quitté la place Beauvau, Charles Pasqua, président du conseil général des Hauts-de-Seine depuis mars 1988, prend un nouvel élan qui va faire de lui un tout-puissant « électron libre » menant avec ses correspondants corses sa propre politique africaine, puis sa politique à l'égard de l'île de Beauté. Le 4 juillet 1988, il crée avec Pierre Messmer l'association France-Afrique-Moyen-Orient pour « gérer le relationnel africain des deux promoteurs de l'opération ». Il vise simplement à prendre la place d'un Foccart vieillissant qu'il exècre depuis longtemps. À cette fin, il lui faut mobiliser ses « réseaux », les élargir, les renforcer, et trouver les moyens nécessaires.

---

1. Jacques Chirac était alors Premier ministre d'un gouvernement « de cohabitation ».

L'association aurait notamment été financée par une partie de l'argent prélevée sur la rançon des otages, ainsi que l'a révélé une note de la DST datée du 5 octobre 2000, dont le commissaire divisionnaire Jean-François Gayraud est l'initiateur : « L'homme d'affaires français d'origine libanaise Iskandar Safa téléphone régulièrement à son banquier en Suisse pour faire virer d'importantes sommes d'argent à l'agence CCF de l'avenue des Champs-Élysées... Régulièrement, il envoie retirer au guichet d'importantes sommes en liquide... Ainsi, une ou deux fois par semaine, l'employé retire chaque fois 200 à 300 000 francs, sommes portées immédiatement à Mme Faure, au siège de l'association France-Orient. Mme Faure est la secrétaire du préfet Jean-Charles Marchiani. Cet argent est destiné, d'après la source, à J.-C. Marchiani et à Charles Pasqua... Après son départ du gouvernement, Pasqua a vécu dans un appartement d'Iskandar Safa, avenue de La Tour-Maubourg, à Paris. » Une note blanche de deux pages au même sujet est acheminée le 19 janvier 2001 au directeur de la PJPP[1]. Publiée par *Le Monde* un an plus tard, cette note déclenchera une instruction judiciaire[2]. Sur le seul mois d'octobre 2000, les versements en liquide se seraient élevés à 850 000 francs ; 30 millions de francs auraient été retirés en liquide au profit d'Iskandar Safa entre 1995 et 2000. « La source à l'origine de ces renseignements semble persuadée que cet argent provient de l'affaire des otages français du Liban... Il s'agirait d'une partie de la rançon débloquée par l'État français et conservée par les négociateurs, en

---

1. Police judiciaire de la préfecture de police de Paris.
2. Qui se soldera, en octobre 2009, par un non-lieu général.

l'occurrence MM. Marchiani et Safa[1]. » Une autre note affirme qu'avant l'affaire des otages, Safa était un « crève-la-faim ». Sa fortune daterait de cette époque. « La source, sans pouvoir apporter de preuve, sait ou se dit convaincue que Marchiani et Safa ont gardé par-devers eux la plus grande partie de l'argent que l'État français avait débloqué pour libérer les otages. »

Lorsque débute l'affaire Falcone[2], Marchiani et Safa ont craint d'être l'objet, début février 2002, de perquisitions après en avoir été avisés par quelqu'un qui connaissait parfaitement les instructions les visant. Au parquet de Paris ? Des proches du dossier se sont demandé si les fuites ne provenaient pas d'un haut magistrat, vieux militant RPR, proche de Pasqua et Marchiani. Pris de panique, Safa aurait alors détruit ou fait détruire toutes ses archives personnelles et professionnelles, et arrêté les versements en liquide à « France-Afrique-Moyen-Orient ». L'enquête de la brigade financière a établi que cette association avait « oublié » de payer un loyer mensuel de 100 000 francs à la société propriétaire des murs, en l'occurrence une filiale de la Triacorp, d'Iskandar Safa.

Lorsque le commissaire Patrice Demoly, de la PJPP, interrogera Marchiani, celui-ci se montrera sûr de lui, arrogant, n'hésitant pas, hors PV, à exciper de ses contacts à un haut niveau, au sein de la police, au cabinet du préfet de police et dans la magistrature. Il aurait même cité à cette occasion comme son « ami » Raymond Nart, ex-numéro 2 de la DST. Lors des perquisitions opérées chez

---

1. *Le Monde* du 8 janvier 2002.
2. La justice française reprochait à quelques personnalités du monde politique et du monde des affaires d'avoir été mêlées à la vente pour 790 millions de francs d'armes soviétiques à l'Angola.

Marchiani furent retrouvées des traces de ces contacts, notamment avec le directeur des RGPP[1].

Marchiani est toujours l'homme-clé de la mouvance pasquaienne. Protégé par son ami Charles, il monte un service « action » qui, dit-il lui-même, continue toujours d'être opérationnel. Il en a fait la confidence à Gilles Ménage, directeur adjoint du cabinet de François Mitterrand, alors qu'il lui proposait ses services. Le lundi 30 mai 1988, escorté d'Iskandar Safa, il fournit ainsi quelques éléments sur son « réseau », indépendant des services français et « surtout de la DGSE ». Il prétend avoir eu carte blanche pour le constituer, mais ne va pas jusqu'à dire de qui il est composé. Il raconte néanmoins que ledit réseau est organisé sur deux niveaux : un système de relations gouvernementales dont il est l'animateur, fondé sur des relations personnelles avec les autorités de divers pays (Iran, Liban, Libye, Pakistan, Afghanistan...) ; un service « action » sur lequel il fournit peu de détails, si ce n'est pour préciser qu'il a une capacité opérationnelle essentiellement au Liban. Il affirme ainsi tranquillement qu'il a diligenté quelques actions « homo[2] » visant des personnes qui entendaient voir se perpétuer les attentats, à la fin de 1986, ainsi que des gens opposés à la poursuite des négociations pour la libération des otages. Ainsi Marchiani raconte-t-il posément à l'Élysée, à un proche collaborateur du président de la République, qu'il a fait tuer des individus qui s'opposaient à lui, faisant fi des procédures habituelles dans ces cas extrêmes où entre en jeu la raison d'État[3]. Plus hallucinante encore est l'affirmation que ce service « action » serait toujours opérationnel.

---

1. Renseignements généraux de la préfecture de police.
2. Il s'agit, dans le langage des « services », d'exécutions.
3. Tout ce passage a été écrit à partir d'archives de l'Élysée.

Si Marchiani continue à remplir des missions au Proche et au Moyen-Orient, c'est pour tenter notamment de vendre des armes pour le compte de Thomson dont il est l'employé. Par ailleurs, si Daniel Léandri, Pierre Pasqua et lui, épaulés par Bettino Craxi, entretiennent des liens avec la Sécurité militaire algérienne et avec Ben Ali, le président tunisien, c'est surtout dans les capitales africaines qu'ils vont être vus à l'œuvre à partir de 1988...

La puissance de Pasqua, qui bénéficie encore du soutien de Jacques Chirac, va se trouver alors démultipliée par le poids qu'il acquiert au sein d'Elf avec l'arrivée de Loïk Le Floch-Prigent à la tête du groupe. Par des voies détournées, il a appuyé cette nomination, décidée en dernière instance par François Mitterrand. Une de ces voies a été Étienne Léandri, via Michel Carmona, brillant historien, spécialiste de Richelieu et de Marie de Médicis[1], ex-collaborateur à la chancellerie d'Albin Chalandon. Chalandon s'est beaucoup démené pour empêcher le renouvellement de Michel Pecqueur à la tête du groupe, notamment en s'appuyant sur André Tarallo. Il a soutenu la candidature de Le Floch-Prigent, approuvée par le chef de l'État. Dans ce *Kriegspiel*, Carmona assurait la liaison avec le Breton : « J'avais un crédit auprès de Le Floch. J'ai aidé Léandri auprès d'Elf », se souvient-il[2]. L'affirmation de Marc Cossé, ancien président d'Elf-Gabon, prend ici tout son sens : « Le Floch est arrivé à Elf avec dans ses bagages un certain nombre de gens avec qui il devait composer : Étienne Léandri, Alfred Sirven et les Pasqua's boys... »

---

1. Ouvrages publiés chez Fayard.
2. Rendez-vous avec l'auteur, le 7 mai 2012 et fin mars 2013.

D'après les confidences de Le Floch-Prigent à Éric Decouty[1], François Mitterrand n'entendait rien changer au système mis en place par les gaullistes : « Mitterrand [...] n'ignorait rien du système des commissions. [...] Je lui pose la question : "Vous savez que ce système est incontrôlable ? Nous versons des commissions dont nous ne connaissons pas forcément la destination finale. — Oui..., me répond-il avec un sourire qui a l'air de dire : Tu ne m'apprends rien. [...] Faites fonctionner le système comme l'avait voulu le général de Gaulle." »

Et Loïk Le Floch-Prigent, qui passe sous silence le rôle de Michel Carmona auprès de lui, d'affirmer : « Plus j'avance et plus je constate qu'Étienne Léandri est partout, sur toutes les affaires. C'est le chef des affaires de fric. Mon souci est d'éviter qu'il se mette trop sur le pétrole. Je le dis à Tarallo. C'est Daniel Léandri qui traite Étienne. Il y a deux réseaux corses chez Elf : celui de Tarallo-Robert Feliciaggi et celui de Pasqua-Sirven[2]. » Dès lors, Pasqua joue auprès de la société nationale le même rôle qu'y jouait naguère Foccart...

Autre outil important du « système Pasqua » : la « SEM Coopération 92 ». On retrouve là aussi Étienne Léandri. Carmona affirme que la liaison entre Elf et Pasqua a débuté quand Elf a investi dans la SEM 92 sous la houlette de celui-ci. Il assure que le vrai patron en était bien Étienne Léandri : « C'est lui qui a fait nommer Pierre-Henri Paillet comme patron de la structure. Il lui donnait des ordres. » Ladite structure gère 1 % du budget du département des Hauts-de-Seine et regroupe une quinzaine d'actionnaires prestigieux parmi lesquels la Caisse des dépôts et l'Office

---

1. In *Affaire Elf, affaire d'État*, op. cit.
2. Entretien avec l'auteur, le 7 mai 2012.

des HLM, Elf-Aquitaine, Bouygues, la Générale et la Lyonnaise des eaux, la firme de négoce Sucres et denrées de Serge Varsano[1]. Le président du conseil général des Hauts-de-Seine a depuis longtemps choyé les dirigeants des grandes entreprises et aurait tenté d'y placer des gens relevant de ses « réseaux ». Le meilleur exemple en est Antoine Pagni, fondateur de la « Lyre de Salomon », loge de la GLNF[2] rassemblant nombre d'hommes d'affaires et de membres des services secrets. Tout-puissant à EDF où il dirigeait une cellule de sécurité, il a fallu beaucoup d'énergie à François Roussely pour l'en déloger à la fin des années 1990. Pagni était également rémunéré par Elf-Aquitaine International et sa présence était souvent signalée en Afrique. Le Floch-Prigent souligne : « Presque toutes les plus grandes entreprises françaises ont leur siège dans les Hauts-de-Seine, notamment celles qui travaillent avec l'Afrique. [...] Charles Pasqua avait la possibilité de s'appuyer sur ces sociétés pour créer un partenariat avec certains États africains. » Ledit Pasqua se rend de plus en plus souvent au Gabon. Après les émeutes de Port-Gentil, en avril 1990, faisant suite à l'assassinat de Joseph Rendjambé, un opposant gabonais, Bongo demande à son ami de lui construire des écoles ; entre 1991 et 1993, le conseil général des Hauts-de-Seine finance ainsi pour plus de 40 millions de francs de travaux à travers la SEM Coopération 92.

Derrière cette façade officielle, mais pour continuer dans le registre des bons sentiments, Charles Pasqua consolide

---

1. SUCDEN, créée en 1952, est un acteur majeur du commerce du sucre, avec environ 20 % du marché. Installée dans le monde entier, elle est particulièrement puissante en Afrique.
2. Grande Loge nationale française (loge maçonnique).

l'installation de ses amis corses Michel Tomi et Robert Feliciaggi au Cameroun et au Gabon. Ceux-ci ajoutent à leurs activités dans les jeux celle du PMU. Ont-ils, comme me l'a affirmé un proche de Feliciaggi, fait appel à Pasqua avec, en tête, l'objectif précis d'en faire leur protecteur[1] ? Toujours est-il qu'ils vont devenir des membres à part entière de la mouvance Pasqua et les garants de la sécurité-stabilité de certains présidents de l'ancien pré carré de la Françafrique, notamment Omar Bongo. Cette association de fait entre Charles Pasqua et les Corsico-Africains prend dès lors des allures de reconquête impériale...

---

1. Voir chapitre 21.

20.

Le « système » Pasqua (2)

Difficile de suivre Charles Pasqua pas à pas dans ses pérégrinations africaines, ses « correspondants » ne laissant guère de traces écrites. Lors de la perquisition effectuée par le juge Eva Joly dans le bureau du colonel Daniel, au siège d'Elf, le 17 mai 1997, quelques bribes des activités de ce dernier en 1991 ont été retrouvées. Dans une note datée du 27 novembre de cette année-là, le colonel Daniel dresse un compte rendu d'une rencontre avec André Tarallo : « Mokoko a rejoint Brazza le 26 novembre. Sassou doit essayer de le persuader d'agir. Bongo, dès son retour le 25, avait téléphoné à Sassou dans le même sens. L'entretien du 24 novembre chez A.T. n'avait pas atteint le but recherché. Mokoko reste légal, mais ne va rien entreprendre, sauf si le gouvernement ne tient pas ses promesses. » Mokoko est l'ancien chef d'État-major congolais que Sassou-Nguesso espère rallier à ses projets de prise du pouvoir. Daniel explique qu'« une équipe de mercenaires est prête à agir depuis LBV [Libreville] : Marchiani-Léandri [...]. Appel de Maurice, le 27 novembre : Léandri vient de rentrer de Brazza avec vraisemblablement Marchiani. » Quatre Corses sont ici nommés. Ils seraient arrivés à São Tomé (île qui fait face au Gabon) à bord d'un avion King Air. C'est de là que les « barbouzes » françaises envisagent à l'époque de soutenir Sassou-Nguesso contre le président Lissouba. Daniel Léandri a recruté trois mercenaires pour s'occuper de la campagne électorale de Sassou[1].

La DGSE, alors dirigée par le préfet Claude Silberzahn, suit de près l'agitation des Corses dans la région ; il s'inquiète de leur poids, de l'image désastreuse qu'ils donnent et des graves interférences ainsi créées avec la politique française en Afrique. La première grande note sur le sujet est rédigée en juillet 1992[2]. Elle fournit toute une série de noms de la nébuleuse corsico-pasquaienne sans que celui de Pasqua lui-même soit mentionné une seule fois. Cette note commence par évoquer le rôle de Toussaint Luciani et l'affaire du casino d'Annemasse, puis c'est le tour de ceux qui contrôlent sur place les casinos : les frères Feliciaggi qui « ont fait leur fortune au Congo dans le sillage d'Elf, mais ont étendu leur empire au Gabon avec l'aide efficace de Pascaline Bongo et Samuel M'Baye ». Est détaillé le patrimoine des Feliciaggi au Congo. Pierre Oba, patron des services de sécurité, y apparaît comme l'ami intime de Feliciaggi qui, lit-on, est également proche de Jean-Yves Lethier, ex-numéro 2 de la DGSE, et de l'Américain Michael Ledeen, personnage sulfureux, « néocon », impliqué dans de nombreuses affaires, dont l'Irangate. Viennent ensuite les principales têtes du « système » : Alain Tomi, des casinos de Bandol, Pierre Martini, saint-cyrien refusé au SDECE (« s'occupe des jeux à Yaoundé, Brazzaville et Pointe-Noire »), Jules Filippeddu (« l'homme du

---

1. Patrick Ollivier, Jacques-Louis Lallemand et Philippe Sablon du Corail.
2. J'ai lu cette note.

vrai-faux passeport[1] »), Jean-Pierre Tosi (« ex-DGSE, propriétaire du *Cintra*, au Cameroun »), Noël Pantalacci et Daniel Léandri...

Alors qu'il ne cesse de monter en puissance, Pasqua n'est pas seulement dans le collimateur de la DGSE, mais aussi dans celui de Jacques Chirac et de Jacques Foccart, son « Monsieur Afrique ». Le « Raimu des Hauts-de-Seine », en effet, n'a pas renoncé à ses ambitions nationales. Avec Demain la France et le concours de Philippe Seguin, il tente de renverser Chirac et de prendre sa place à la tête du parti gaulliste. Chirac doit rappeler qu'il est le seul patron à droite et que Foccart est son représentant exclusif pour l'Afrique...

Nommé une nouvelle fois place Beauvau dans le gouvernement Balladur en 1993, Pasqua donne une nouvelle impulsion à sa propre politique africaine. Il a alors suffisamment de poids pour dire à Michel Roussin, ancien directeur de cabinet de Jacques Chirac à la mairie de Paris, devenu ministre de la Coopération : « Mon petit Michel, je vous aime beaucoup, mais les relations privilégiées avec les chefs d'État africains passent désormais par moi, et par moi-seul[2]. » Il n'a évidemment pas changé de méthodes, comme le souligne Yves Bertrand, longtemps patron des RG : « Charles Pasqua est un homme qui a pratiqué l'art du cloisonnement avec une grande maîtrise. Place Beauvau, il disposait d'un cabinet officiel, chargé des remises de décorations et des inaugurations – assez insignifiant, au demeurant. Et puis il y avait le cabinet privé

---

1. Filippeddu a en réalité hébergé au Brésil Yves Chalier qui avait obtenu un vrai-faux passeport, de mai à novembre 1986, dans l'affaire « Carrefour du Développement ».
2. In *La Maison Pasqua*, op. cit.

dont faisait partie, entre autres, mon ami Jean-Charles Marchiani. C'était ça, le système Pasqua. Cela consistait à s'appuyer officieusement sur un réseau qui s'était étoffé au moment de la lutte contre l'OAS, mais dont les prémices remontaient à la Résistance. C'étaient sa culture, sa vie, son passé. À ses yeux, l'administration officielle comptait pour du beurre. Même s'il la respectait, il passait son temps à la contourner. Au quotidien, il s'appuyait sur ses fidèles, parmi lesquels le policier Daniel Léandri, mais aussi Didier Schuller, alors élu des Hauts-de-Seine, ou les deux Guillet, Bernard et Jean-Jacques, respectivement chargés, entre autres choses, de l'international et des sondages[1]. » Et l'ancien patron des RG de fournir quelques précisions sur ce mode de fonctionnement. Des réunions informelles avaient lieu le soir dans le bureau du ministre, autour du saucisson, de la coppa et du vin rouge. Pour les rendez-vous plus discrets, le ministre utilisait un petit studio situé avenue Foch : « Pasqua se contentait d'une simple chaise sur laquelle il s'asseyait à califourchon, les coudes posés sur le dossier. Il voyait là tous ceux dont il ne voulait pas qu'ils laissent de traces à l'entrée du ministère. »

Après une tentative avortée de l'installer à la tête de la DGSE, Marchiani devient l'« homme de l'ombre » tout-puissant de Pasqua, souvent aux côtés du brigadier Daniel Léandri, également rouage important du « système ». On le croise un peu partout dans les capitales africaines, dans le maquis cabindais, à Beyrouth ou à Damas. La place Beauvau est devenue le « village africain » de Paris. On y voit le président tchadien Idriss Déby, le chef de l'État angolais José Eduardo Dos Santos, l'islamiste soudanais

---

[1]. Yves Bertrand, *RG : Ce que je n'ai pas dit dans mes carnets*, entretiens avec Frédéric Ploquin, Fayard, 2009.

Hassan El Tourabi. Mais, comme au temps de Foccart, la base de la mouvance Pasqua reste le Gabon.

J'avais vu en 1964 le système Foccart s'installer à Libreville après la tentative de coup d'État perpétrée contre Léon M'Ba et réprimée par la France. En 1993, vingt-neuf ans plus tard, j'ai vu un système à l'œuvre pour truquer l'élection présidentielle et conforter le pouvoir d'Omar Bongo. Si je ne l'ai pas écrit à l'époque, c'est que j'étais alors conseiller du chef de l'opposition de ce pays et ne souhaitais pas verser dans le mélange des genres. Mais il est sûr qu'à compter de ce moment, la machinerie corse assure désormais le bon fonctionnement et la pérennité du pouvoir gabonais.

Le mardi 7 décembre 1993, soit deux jours après le premier tour de l'élection présidentielle, je me trouve encore à Libreville pour assister Paul M'Ba Abessole, rival de Bongo. Convaincu que les autorités françaises souhaitent vraiment des élections honnêtes, j'assure la liaison entre Paul et Louis Dominici, ambassadeur de France au Gabon. Lequel me rassure en faisant état sur tous les tons des bonnes dispositions de Paris. En milieu d'après-midi, je rencontre Jean-Paul Benoît qui dirige la délégation des observateurs européens :

« Ce qui est sûr, c'est qu'il doit y avoir un second tour. Bongo devrait obtenir 41 % des suffrages, et il y en aurait 38-39 % pour M'Ba Abessole... Mais personne n'ose en faire part à Bongo. On devrait pourtant lui dire rapidement qu'il y aura un second tour, pour calmer les esprits... »

Un peu plus tard, Benoît déclare au chef de l'opposition :

« J'ai dit à Bongo que s'il gagne grâce à la fraude, il ne pourra se maintenir au pouvoir... »

Le lendemain, Louis Dominici estime que, quels que soient les résultats, Bongo ne pourra plus rester longtemps à la tête du pays : « Il faut donc organiser la transition. Et la France, qui pousse déjà depuis quelques jours à un second tour, quels que soient les résultats, convaincra Bongo de se préparer au départ. » Il me dit qu'il va proposer un report de trois mois du second tour, assorti d'une préparation assurée par des spécialistes étrangers. Le délai permettrait de réduire la pression de la rue et d'apaiser les esprits...

Je dois rentrer à Paris, mais j'hésite à quitter le Gabon avant d'être sûr qu'il y aura bien un second tour. L'ambassadeur me rassure : je peux partir sans crainte. Je prends donc le vol de 23 h 30...

Le lendemain, vers 9 h 30, l'ambassadeur m'appelle et me demande de me mettre en rapport avec M'Ba Abessole pour lui conseiller de « rester au-dessus de la mêlée ». Je ne comprends pas d'emblée que des manifestations se sont déclenchées après l'annonce, la veille au soir, de la victoire dès le premier tour d'Omar Bongo. Celui-ci a en effet été déclaré vainqueur avant minuit, alors même que le dépouillement n'était pas terminé. J'apprendrai plus tard que c'est Louis Dominici en personne qui a incité Bongo à se déclarer vainqueur, et que ce sont les « mécaniciens » corses qui ont bourré les urnes !

Fin 1994, Éric Fottorino, du *Monde*, décide de mener une vaste enquête sur « Charles Pasqua l'Africain ». Il me demande de l'aider. Je m'empresse d'accepter. Fottorino a procédé à une enquête fouillée, notamment au Gabon. À son retour, surprise : Hervé Gattegno, adjoint d'Edwy Plenel, est au courant, et dans les moindres détails, de ses pérégrinations gabonaises... Il apprend alors que Gattegno entretiendrait des relations plutôt chaleureuses, semble-t-il, avec Marchiani et Léandri... Pour couronner le tout, après lecture de son enquête, Edwy Plenel lui demande d'aller voir Daniel Léandri, flic, secrétaire, garde du corps, fidèle entre les fidèles et homme des missions sensibles de Pasqua... Une fois place Beauvau, au ministère de l'Intérieur, Fottorino a l'impression désagréable que Léandri a déjà lu son papier. Le voici bientôt contraint d'édulcorer notablement son texte qu'il rend à la rédaction en chef autour du 1er février 1995. Un mois plus tard, l'article repose encore dans le tiroir d'Edwy Plenel. Amer face à cette censure qui n'ose dire son nom, Fottorino s'en ouvre à moi le 1er mars : « Mon papier sur les réseaux Pasqua est sous le coude de Plenel depuis un mois... » Le journaliste explique en ces termes pourquoi le rédacteur en chef l'a censuré, puis en a retardé la publication : « Plenel m'a dit être l'ami de Pasqua : "J'ai voulu sa peau, il a voulu la mienne. Nous sommes maintenant amis.[1]" »

Que dit Fottorino dans son article, enfin publié par le quotidien le 3 mars 1995 ?

« Sous couvert d'anonymat, on affirme que la réélection du président gabonais Omar Bongo en décembre 1993 fut facilitée par le soutien actif d'hommes se disant proches de Charles Pasqua. [...] En 1993, le président Bongo s'inquiète pour sa réélection. Des experts en scrutin se réclamant de Charles Pasqua prendront leurs quartiers dans les locaux d'une société de radio-transmission installée dans la zone industrielle Oloumi. Discrètement, ces hommes vont collecter des informations parvenant des provinces lors du premier tour. Ils les "traitent", puis les envoient par fax au ministre gabonais de l'Intérieur. C'est ainsi que la victoire d'Omar Bongo sera annoncée le 8 décembre 1993 avant la transmission du rapport du gouverneur d'une

---

1. Lire à ce sujet *Mon tour du « Monde »*, par Eric Fottorino, Gallimard, 2012, et *La Face cachée du Monde*, de Philippe Cohen et Pierre Péan, Mille et une nuits, 2003.

grande province, celle de l'Estuaire. Il n'y aura pas de second tour. Le patron de la société concernée, un Français, répugne à parler : "J'ai un contrat avec le ministère de l'Intérieur gabonais depuis dix ans. Et puis, laissez-nous travailler ici ! Vous nous avez déjà imposé la démocratie, le multipartisme..." Sur l'honneur, il ne se souvient pas d'avoir hébergé quiconque pendant la campagne. "Il ment, rétorque un observateur gabonais. Ils étaient là." Un fonctionnaire français confirme avec amertume : "Les réseaux Pasqua sont massivement intervenus dans la réélection de Bongo. L'ambassadeur de France était alors Louis Dominici, un Corse. Il laissait entendre au chef de l'État que Paris fermerait les yeux sur ces pratiques. Nous n'avons pas pu poser de conditions en contrepartie de l'appui à Bongo." Et cette remarque, pour finir : "Pendant cette période, les tirages sur le pétrole étaient très gros." »

Les circonstances de la parution de son article n'ont pas permis à Fottorino de citer les noms des proches de Charles Pasqua qui auraient organisé les trucages sous la houlette de Daniel Léandri, en dernière instance véritable censeur de l'article. Peu connu, le fait que le seul homme à avoir tenté de s'opposer aux manœuvres des amis corses de Pasqua est un autre Corse : André Tarallo, numéro 2 d'Elf, lequel soutenait le chef de l'opposition...

Dans son livre *The Politics of Truth*[1], Joseph Wilson consacre un chapitre entier à la politique de la France au Gabon telle qu'elle fut conduite sur place par Louis Dominici. Sa conclusion sur la farce électorale de 1993 : « Il y avait trois candidats principaux pour cette présidentielle. Le scrutin était à deux tours. Mais les Français craignirent

---

1. Publié par Carroll & Graf Publishers, New York, 2004.

que Bongo perde. Au soir du dépouillement, vers 23 h 30, les autorités annoncèrent précipitamment que Bongo avait gagné dès le premier tour. Ne voulant prendre aucun risque, les Français décidèrent nuitamment de prendre les devants et de court-circuiter le processus. La France avait décidé de faire fi des apparences et d'imposer purement et simplement son homme. Le cynisme des Français était stupéfiant : ils ne firent même pas semblant de cacher leur jeu. »

Et Wilson d'avancer quelques éléments de compréhension supplémentaires :

« Lors d'un séjour à Saõ Tomé, je rencontrai l'ambassadeur du Portugal qui me parla pour la première fois des manigances de la France dans la région. Il me révéla que l'un des représentants de la France à Saõ Tomé était le frère de l'ambassadeur de France au Gabon de l'époque, Louis Dominici, et que la France contrôlait cette zone d'Afrique centrale par les Corses ; qu'il fallait se méfier de ces Corses. L'ambassadeur portugais me jura que le Portugal avait une bonne expérience des Corses, depuis Napoléon, et que son pays empêcherait que ces Corses prennent l'île de Saõ Tomé. [...]

« Par contraste avec Saõ Tomé, le Gabon était fermement sous contrôle des Français, et les Français n'entendaient laisser personne leur ravir leur précieuse possession. Avec son pétrole, son or, ses minéraux, le Gabon était une vache à lait pour la France. Le pétrole gabonais était exploité par la firme Elf qui, en ce temps-là, était une société publique française. Compte tenu des menées frauduleuses de la France dans les élections africaines, et des mallettes d'argent qui circulaient entre l'Afrique et la France, je ne fus pas du tout surpris quand, quelques années plus tard, Elf fut impliquée dans un scandale financier qui éclaboussa les plus hauts sommets des États français et gabonais. Elf avait tissé des relations on ne peut plus étroites avec Omar Bongo... »

En 1996, les élections législatives sont également trafiquées, tout comme le sera la présidentielle de 1998 avec les Corsico-Africains à la manœuvre. Les « spécialistes » interviennent lors des opérations de recensement, en remplaçant les résultats réels par les leurs lors du transport des urnes par avion, en distribuant des cartes d'électeur comportant les mêmes noms et les mêmes numéros (le nombre de cartes allant jusqu'à doubler dans les zones favorables à Bongo), en falsifiant les listes électorales...

Les hommes de la mouvance Pasqua sont partout dans la région, surtout là où il y a des hydrocarbures. Mais c'est aussi le cas en Centrafrique. Fin 1994, le président centrafricain Ange-Félix Patassé vante publiquement les mérites de son ami Pasqua qui l'a installé au pouvoir avant de décorer l'ex-capitaine Paul Barril. Avec la bénédiction dudit « ami », l'ex-capitaine, patron d'une entreprise privée de sécurité, s'est vu confier différentes missions en ce domaine, notamment la surveillance de l'aéroport de Bangui.

Marchiani, Léandri – ainsi que Pierre Pasqua qui n'est jamais bien loin – s'intéressent de près au Cabinda à partir du Congo et du Gabon. Marchiani s'est même rendu à l'intérieur de l'enclave angolaise après avoir recruté une dizaine de mercenaires pour venir en aide au FLEC, mouvement réclamant l'indépendance du Cabinda. Les deux hommes de Pasqua travaillent en étroite collaboration avec Alfred Sirven, directeur à Elf. Dans l'affaire cabindaise comme dans la gabonaise, c'est encore André Tarallo qui tente de bloquer les initiatives émanant des amis de Pasqua, car elles gênent la politique qu'il mène notamment auprès de Dos Santos, le président angolais. De son côté, Robert Feliciaggi suit les événements de près, car il cherche à obtenir de Dos Santos et de Jonas Savimbi, chef de l'opposition, la promesse qu'il bénéficiera du monopole des jeux en Angola. Or Dos Santos voit d'un très mauvais œil les soutiens français apportés aux séparatistes cabindais...

Les hommes de la mouvance Pasqua s'intéressent également à Madagascar en vue du renversement du président en place, Marc Ravalomanana. Alors que Pasqua négocie en août 1994 l'exfiltration de Carlos avec Khartoum, les réseaux corsico-africains approvisionnent le Soudan en armes à partir de l'Afrique du Sud. Plus tard, à la mi-1997, avec l'accord de Jacques Chirac, de la DGSE, du COS (Commandement des opérations spéciales), et avec l'aide d'Elf, Pasqua installera Sassou au pouvoir à Brazzaville en faisant intervenir l'Angola.

Toujours en Afrique centrale, avec Pierre Pasqua associé à Jean-François Dubost, poussés discrètement par Patrick Balkany, les amis de Pasqua ont tenté, on l'a vu[1], d'implanter le « rêve cubain » à São Tomé et Príncipe. Une zone franche industrielle et un pôle bancaire *off shore* auraient permis aux Corsico-Africains d'améliorer l'efficacité de leurs « blanchisseuses » du golfe de Guinée, à l'abri des contrôles, voire de monter une chaîne d'hôtels et de casinos. Elf était également intéressée à entreposer à São Tomé matériels d'entretien et pièces détachées pour toutes ses filiales dans la région, ainsi qu'à installer une aire de repos pour leurs personnels... Cette opération était

---

1. Voir les déclarations de l'ambassadeur du Portugal à J. Wilson, *supra*, p. 248.

montée avec le concours de Miguel Trovoada[1], président de Saõ Tomé.

Loin de moi l'idée de prétendre ici à l'exhaustivité dans l'énumération des agissements des hommes de la mouvance Pasqua au cours de cette période. Mais, pour mieux souligner à quel point ils ont pris des libertés avec les valeurs de la République, je veux raconter une anecdote dont je fus un des très modestes acteurs.

À l'automne 1992, la CIA transmet à la DST un renseignement crucial : les services de renseignement iraniens, la VEVAK[2], vont envoyer de manière imminente un commando à Paris pour assassiner un opposant politique. L'information est précise : elle comporte le nom des deux agents voyageant sous de fausses identités – Ahmed Taheri, *alias* Ali Kamali, et Moshen Esfahani, *alias* Mahmoud Sajadian – ainsi que leur itinéraire : ils arriveront par route depuis l'Allemagne à bord d'une Mercedes blanche immatriculée dans ce pays. Toutefois, l'information de la CIA comporte une lacune : l'identité de la cible à abattre n'est pas connue. L'alerte est prise au sérieux au siège de la DST, rue Nélaton, car la CIA n'a pas pour habitude de diffuser des messages fantaisistes. D'autant que la République islamique est engagée depuis le début de la Révolution iranienne dans une campagne d'assassinats de ses opposants réfugiés à l'étranger, laquelle a déjà fait des dizaines de morts. Les opposants politiques installés

---

1. Dont j'avais été l'ami, en 1964, quand il était réfugié à Libreville et militait avec le docteur Carlos Da Graça au MLSTP (Mouvement de libération de Saõ Tomé et Príncipe) qu'ils avaient créé.
2. Acronyme en persan de *Vezārat-e Ettelā'at va Amniat-e Keshvar*, ou ministère du Renseignement et de la Sécurité.

en France sont nombreux, et le dernier Premier ministre du shah, Chapour Bakhtiar, vient justement d'être abattu par les services iraniens, le 6 août 1991, dans sa résidence de Suresnes (Hauts-de-Seine). Le contre-espionnage français sait parfaitement que le bureau 154 de la VEVAK, spécialement chargé du suivi de la France, a fait de la surveillance et de la liquidation des opposants à Khomeyni son principal objectif.

Dès la réception du message de la CIA, la DST se livre à une course contre la montre pour empêcher un nouvel homicide. Le sous-directeur chargé du contre-terrorisme et du monde musulman, le contrôleur général Jean-François Clair, met aussitôt sur le pied de guerre la section chargée de l'Iran. Dirigée par le jeune commissaire Jean-François Gayraud[1], elle dispose d'une fine connaissance tant du dispositif de renseignement iranien en France que de l'état de l'opposition au régime des mollahs. Pour les policiers de la DST, la cible probable est Manoucher Ganji, fondateur d'un petit parti monarchiste, l'Organisation du drapeau de la liberté d'Iran (ODLI), financé par la CIA, dont les bureaux sont situés en banlieue parisienne, à Boulogne-Billancourt. Manoucher Ganji est prévenu par la DST qui lui demande de se « mettre au vert » pour quelque temps. Ganji obtempère. Il a noué des relations de confiance avec la DST et sait d'expérience que les services iraniens sont sur sa trace : Cyrus Elahi, un de ses amis et collaborateurs, a été assassiné à Paris le 23 octobre 1990 dans le hall de son immeuble, abattu de six balles dans la tête.

---

1. Nous avons déjà évoqué l'action de ce commissaire dans *La République des mallettes* : sa clairvoyance sur le cas d'Alexandre Djouhri dans les années 2000 lui aura valu la vindicte de Bernard Squarcini et aura provoqué son départ volontaire de la DST en 2007.

Reste que, pendant ce temps, malgré tous ses efforts, la DST ne parvient pas à localiser les deux tueurs de la VEVAK. L'activation de toutes les sources techniques et humaines, la mise en observation, dans tous les fichiers, tant des tueurs que de la Mercedes blanche signalée, ne produisent aucun résultat tangible. C'est alors que le commissaire Gayraud décide de lancer une chasse à l'homme dans la capitale : il fait diffuser auprès de la Sécurité publique de la préfecture de police un message comportant le signalement des tueurs à la Mercedes, lequel devra être lu lors de la prise de service des effectifs en tenue, débutant à minuit. Le commissaire mise sur le caractère exceptionnel de la démarche pour motiver ces « nuiteux ». Il connaît leur sens aigu de la « chasse », et il n'est pas si fréquent que le contre-espionnage lance une pareille alerte en vue de coffrer des tueurs. Le pari est risqué : les individus sont probablement armés. Mais, miracle, vers les 3 heures du matin, une équipe de la Sécurité publique parvient à repérer la Mercedes avec à son bord les deux Iraniens. Après une course-poursuite, ceux-ci sont interpellés.

La DST découvre deux individus plutôt frustes, mal fagotés, qui ont tout d'hommes de main. Interrogés, ils nient leur appartenance à la VEVAK et affirment être de simples hommes d'affaires. Taheri prétend diriger une société d'import-export et venir en France avec son collègue Esfahani pour acheter des moteurs Renault. Ils en ont aussi profité, précisent-ils, pour faire du tourisme : ils sont allés voir les « hommes-femmes » au bois de Boulogne (comprendre : les travestis !). Les spécialistes de la DST ne sont pas dupes, mais, embêtés, ils savent qu'ils viennent certes d'enrayer un processus meurtrier, mais sans avoir trouvé d'indice matériel – des armes, par exemple – pouvant permettre d'incriminer les sbires de la VEVAK. Faute de base légale, Taheri et Esfahani doivent être relâchés.

Le lendemain matin, le gouvernement de Pierre Bérégovoy n'entend pas laisser repartir aussi facilement pour Téhéran les deux membres du commando. Ordre est donné à la DST de les interpeller à nouveau, cette fois dans un cadre judiciaire ! Un artifice juridique est trouvé, en accord avec le parquet de Paris (usage de fausses identités), et voilà la section iranienne de la DST qui va rechercher d'urgence Taheri et Esfahani, logés désormais à l'hôtel Ibis de la place d'Italie, dans le 13e arrondissement.

Ce 15 novembre 1992, ahuris de voir revenir à la charge la DST, les deux Iraniens sont menottés et ramenés toutes sirènes hurlantes rue Nélaton, au deuxième sous-sol, puis placés en garde à vue.

Les interrogatoires serrés confirment que la DST a affaire à des individus peu raffinés, d'un faible niveau culturel. Les limiers de la DST n'ajoutent toujours aucun crédit à leur histoire de « voyage d'affaires et de tourisme ». Certains détails suspects n'échappent d'ailleurs pas à la sagacité des hommes du contre-espionnage, comme cette liste de dépenses tenue scrupuleusement, retrouvée dans leurs bagages : essence, sandwichs, eau, téléphone, etc. – soit un authentique petit relevé de notes de frais !

Pendant que le commissaire Gayraud et ses hommes interrogent les deux tueurs, le commissaire divisionnaire Alain Pouessel, son supérieur hiérarchique, chef de la division Moyen-Orient, entre en relations avec la police fédérale de Berne. La DST ne doute pas, en effet, que Taheri et Esfahani aient déjà participé à d'autres éliminations. Grâce au commissaire Christian Duc, du contre-espionnage suisse, la DST découvre ainsi que les deux hommes en garde à vue rue Nélaton sont en fait recherchés sous d'autres noms pour l'assassinat, le 24 avril 1990, à Coppet, près de Genève, de Kazem Radjavi, frère de Massoud Radjavi, leader historique du principal mouvement d'opposition iranien, l'Organisation des moudjahidin du peuple d'Iran (OMPI)[1], mouvement de tendance marxiste-léniniste soutenu par l'Irak de Saddam Hussein. Kazem Radjavi a été abattu au volant de sa voiture, de cinq balles dans la tête, par un commando nombreux, précis et bien renseigné. L'enquête suisse a démontré que l'équipe de la VEVAK comprenait alors au moins treize personnes disposant toutes de passeports diplomatiques comportant la même adresse à Téhéran et de billets d'avion au départ de la Suisse avec des numéros de série se suivant ! Le juge helvète Roland Chatelain connaît le duo arrêté par la DST sous les noms de Yadollah Samadi (Ahmed Taheri) et Mohamed Rezvani (Moshen Esfahani). Les photos récupérées en Suisse confondent définitivement les deux hommes.

Durant leur garde à vue rue Nélaton, Taheri et Esfahani se décomposent peu à peu sous la pression de leurs interrogateurs français. S'ils nient être venus à Paris pour un repérage ou un assassinat d'opposant politique, ils finissent toutefois par admettre leur participation à l'assassinat commis en Suisse en 1990, et leur appartenance aux services iraniens. Présentés à la justice française, ils sont placés sous écrou extraditionnel. La cour d'appel de Paris rend le 10 février 1993 un avis favorable à leur future extradition vers la Suisse. La justice de ce pays va ainsi pouvoir

---

1. Cet assassinat fut alors célébré officiellement par les plus hautes autorités de la République islamique comme une victoire majeure de la Révolution. Dans le même temps, Téhéran niera toute implication...

récupérer deux auteurs présumés d'un assassinat commis sur son territoire. Dans le même temps, la France rend ainsi la politesse à des policiers et des magistrats qui viennent de se montrer particulièrement diligents : les autorités helvétiques avaient en effet extradé en 1991 et 1992 deux Iraniens réclamés par la justice française pour l'assassinat de Chapour Bakhtiar : Ali Vakili Rad et Zeyal Sarhadi. Le succès est désormais complet, si bien que le directeur de la CIA, James Woolsey, envoie une chaleureuse lettre de félicitations à la DST[1].

Mais coup de théâtre dix mois plus tard : le 29 décembre 1993, Taheri et Esfahani, escortés par le chef des services de renseignement iraniens affecté à l'ambassade d'Iran à Paris sous couverture du poste de deuxième secrétaire, embarquent à 20 heures à Orly sur le vol AF 168 Paris-Téhéran, sous le regard dépité des hommes de la DST. Les deux extradables ont été libérés à la demande expresse du ministre de l'Intérieur, Charles Pasqua ! L'indignation internationale est à son comble. Matignon tente péniblement de se justifier par un communiqué laconique, le 30 décembre. Les services du Premier ministre déclarent que la décision a été prise « pour des raisons liées à l'intérêt national » et qu'« aucun commentaire supplémentaire ne sera fait sur cette affaire ». L'ambassadeur de Suisse à Paris, Christian Dunant, élève aussitôt « une protestation formelle ».

Que s'est-il donc passé pour que Téhéran bénéficie d'un si beau cadeau ? Quel est cet « intérêt national » invoqué par Matignon ? Est-ce une banale « raison d'État » consistant à

---

1. Elle est adressée au contrôleur général Jean-François Clair, sous-directeur du contre-terrorisme, ainsi qu'aux commissaires Alain Pouessel et Jean-François Gayraud.

céder à des menaces de représailles ou à escompter remporter des contrats ? Ou bien l'« intérêt national » cache-t-il la « raison d'un clan », la poursuite d'intérêts privés d'ordre pécuniaire ? La question se pose, car, dans la coulisse, depuis des mois, Jean-Charles Marchiani négocie avec Téhéran, rejouant une partie qu'il a déjà entamée en 1987 lors de l'affaire des otages retenus au Liban.

Grâce à Pierre Chassigneux, alors directeur de cabinet de François Mitterrand, je disposais de certaines informations sur les marchandages entre Marchiani et Téhéran, notamment à propos d'un voyage tenu secret de celui-ci en Iran. Faute de temps, attelé alors à la rédaction d'*Une jeunesse française*, je n'avais pas l'intention de mener à ce propos une enquête approfondie, mais je souhaitais néanmoins faire paraître mon petit scoop. L'affaire faisait alors grand bruit en Suisse. Les autorités helvétiques étaient particulièrement fâchées contre Paris qui avait empêché l'extradition à Genève des deux assassins évoqués plus haut. Mon ami Richard Labévière travaillait alors à la Télévision suisse romande et y présentait le *Téléjournal*. Je lui demandai de m'interviewer sur ce sujet brûlant. Ce qui fut fait le 6 janvier 1994. Je pus ainsi fournir quelques éléments d'explication sur les tractations ayant précédé le renvoi à Téhéran des deux terroristes...

Le 25 janvier, le commissaire divisionnaire Alain Pouessel me demanda de venir le voir d'urgence rue Nélaton dans un café proche du siège de la DST. Pouessel me dit s'exprimer au nom de Philippe Parant, directeur de la surveillance du territoire, et m'avisa d'arrêter net toute enquête sur Marchiani. À défaut, je serais en danger de mort : on aurait mis un « contrat » sur ma tête !

Fort bien renseigné par des responsables du Quai d'Orsay et des membres des « services » de plus en plus exaspérés par les pratiques du ministre de l'Intérieur, *L'Express* du 23 mars 1995 racontera comment Marchiani, à l'automne 1994, juste avant le procès des assassins de Chapour Bakhtiar, aurait continué à amadouer les mollahs en échangeant cette fois la trêve des attentats contre des arme.

Les auteurs de cet article, Jean Lesieur et Jean-Marc Gonin, seront violemment attaqués[1], et leurs informateurs se mettront aux abonnés absents. La « Pasqua connection » – titre de l'article – ne serait-elle qu'un mirage ?...

Malgré ses puissantes protections, Marchiani a quand même été rattrapé par la justice dans quelques affaires. Ainsi, le 4 août 2004, il est mis en examen et écroué pour « recel d'abus de biens sociaux et trafic d'influence » dans le cadre d'un marché de fournitures de boîtes de vitesse pour des chars Leclerc destinés à être vendus aux Émirats arabes unis ; il reste six mois en prison. En octobre 2005, le tribunal correctionnel de Paris requiert contre lui quatre ans de prison pour avoir indûment perçu 1,25 million d'euros. La Cour de cassation confirme sa condamnation à trois ans, dont un an ferme, et à la privation des droits civiques pour une durée de cinq ans, entraînant son inéligibilité. Il se constitue prisonnier en mai 2008 mais est remis en liberté neuf mois plus tard à la faveur d'une grâce présidentielle instamment réclamée par Charles Pasqua. Jean-Charles Marchiani est également impliqué dans l'affaire des ventes d'armes à l'Angola (l'« Angolagate ») : le 27 octobre 2009, il est condamné par le tribunal correctionnel de Paris à trois ans de prison, dont vingt et un

---

1. Les principaux intéressés attaqueront *L'Express* pour diffamation et gagneront leur procès.

mois avec sursis, pour complicité de trafic d'influence et recel d'abus de biens sociaux. Il fait appel et, le 29 avril 2011, est relaxé du chef d'accusation de trafic d'influence pour avoir fait obtenir à Arcady Gaydamak la médaille du Mérite pour son rôle dans la libération d'otages retenus en Bosnie[1]...

Moins inquiété par la justice est Étienne Léandri : fidèle entre les fidèles depuis le début des années 1960, il a réussi, jusqu'à sa mort en 1995, à ne pas se faire repérer par les « radars » médiatico-judiciaires : « La justice française n'a jamais voulu poursuivre Léandri tant que Pasqua était puissant », fait dire Renaud Lecadre[2] à un de ses proches. Ce n'est effectivement que des années après sa mort que son nom est apparu dans des instructions judiciaires visant le « système » Pasqua. Pour le compte d'une filiale d'Elf, comme me l'a confié Loïk Le Floch-Prigent, il était omniprésent dans de nombreuses combines aux côtés d'Alfred Sirven ; il participe ainsi avec son ami Nadhmi Auchi, milliardaire irakien et important actionnaire de Paribas, au montage d'une opération de portage sur Ertoil, une raffinerie espagnole. L'opération aurait généré 400 millions de francs de commissions. Dans l'affaire des frégates de Taïwan, il organise la rencontre entre ses amis Sirven et Alain Gomez, patron de Thomson. Dans le cadre de l'affaire de la Sofremi, la société d'exportation rattachée au ministère de l'Intérieur, Léandri aurait perçu 21 millions

---

1. Le rôle de Marchiani-Gaydamak dans la libération des deux pilotes français dont l'avion a été abattu à Pale est très contesté, y compris par Jacques Chirac lui-même. Le général Gallois, « père » de la force atomique française, y a joué en tout cas un rôle important.

2. In *Libération* du 11 janvier 2006 : « L'ombre d'un truand sur le procès Alstom ».

de francs de commission pour la vente d'équipements policiers en Amérique du Sud. Bernard Dubois, ex-président de la Sofremi, l'a reconnu sur PV : « Étienne Léandri était commissionné à la demande du cabinet de l'Intérieur. J'ai compris dès les premiers jours que, par des retours de commissions, il finançait ce que Charles Pasqua ou son entourage allait lui demander de financer » ; 10 millions reviennent ainsi au *Quotidien du maire*, journal dirigé par un proche de Pasqua, Jean-Jacques Guillet, ancien conseiller du ministre, qui se montre plus évasif : « Il est exact qu'Étienne Léandri était très généreux. Il connaissait bien Charles Pasqua, ils avaient plaisir à dîner ensemble. » Michel Carmona, ancien proche collaborateur d'Étienne Léandri, se souvient[1] : « Jean-Jacques Guillet a été sa croix, à la fin de sa vie, car il venait lui demander de l'argent – beaucoup d'argent – pour *Le Quotidien du maire*, les 27 ou 28 du mois. Il faisait cela pour éviter des problèmes au grand Charles. » Étienne Léandri apparaît également dans l'affaire Alstom pour des commissions qu'il était censé reverser à Pierre Pasqua, fils de Charles, devenu son protégé, qu'il emmenait régulièrement entendre du *bel canto* à la Scala de Milan. « J'ai compris qu'Étienne Léandri finançait le fils pour éviter de compromettre le père par des affaires douteuses. Selon moi, ce souci qu'il avait du fils était une sorte d'investissement pour ménager le père. Une sorte de créance morale… », confiera le même Carmona à Renaud Lecadre et à moi, quelques années plus tard. La mort lui aura épargné les démêlés judiciaires qu'aurait pu lui valoir pareille « créance »…

Et Charles Pasqua ? Dans l'affaire « Pétrole contre nourriture », il aurait bénéficié « d'environ 12 millions de

---

1. Rendez-vous avec l'auteur le 7 mai 2012 et fin mars 2013.

barils » dans le cadre de trois contrats signés en 1999. Mis en examen pour « trafic d'influence aggravé » et « corruption d'agent public étranger », il a été renvoyé en 2011 devant le tribunal correctionnel de Paris qui l'a finalement relaxé. Il est également mis en examen pour « prise illégale d'intérêt », en mai 2006, le conseil général des Hauts-de-Seine étant censé avoir versé 750 000 euros à la fondation d'art contemporain Hamon[1]. Dans le cadre de l'« Angolagate », Charles Pasqua est condamné le 27 octobre 2009 à un an de prison ferme et deux ans de sursis, assortis de 100 000 euros d'amende, pour « trafic d'influence », mais la cour d'appel de Paris le relaxe finalement des chefs de trafic d'influence passif et de recel d'abus de biens sociaux. Il est également relaxé dans l'affaire Thinet[2]. Son nom est encore cité dans l'affaire du financement occulte du ministère de l'Intérieur et de l'Union des groupements d'achats publics. Dans l'affaire dite de la Sofremi[3], l'avocat général requiert le 29 avril 2010 quatre

---

1. Jean Hamon, qui a fait fortune dans l'immobilier, décide de faire don de 192 toiles et sculptures d'art contemporain à un musée sis sur l'île Saint-Germain, à Issy-les-Moulineaux. Est créé un syndicat mixte coprésidé par Charles Pasqua et André Santini, député-maire d'Issy, aux fins de réaliser cette opération. La justice s'étonne de voir le département investir de fortes sommes pour l'entretien et le stockage des œuvres. En janvier 2013, Pasqua est condamné à deux ans de prison avec sursis et 150 000 euros d'amende. Appel a été interjeté devant la cour de Versailles.
2. En 1990, Elf a vendu un terrain situé à Issy à l'entreprise Thinet pour 200 millions de francs. Six ans plus tard, Thinet l'a revendu 300 millions à la SEM 92 ; 59 millions de francs se sont évaporés des « caisses noires ».
3. Alors que Pasqua était place Beauvau, la Société française d'exportations de matériels, systèmes et services (Sofremi) a versé des

ans de prison, dont deux avec sursis, assortis d'une peine d'inéligibilité, précisant que « ce grand ministre n'a pu résister à l'opportunité de favoriser ceux qui lui étaient chers ». Le lendemain, il est condamné à un an de prison avec sursis.

L'affaire du casino d'Annemasse demeure la plus intéressante, car elle installe comme vérité judiciaire que Charles Pasqua a bien reçu de ses poulains corses, Robert Feliciaggi et Michel Tomi, 7,5 millions de francs (1,14 million d'euros) pour sa campagne électorale des européennes de 1999. Une rétrocommission liée à la vente du casino d'Annemasse dont il avait autorisé l'exploitation, en 1994, en tant que ministre de tutelle, contre l'avis de la Commission supérieure des jeux. À ce titre, Charles Pasqua a été définitivement condamné à dix-huit mois de prison avec sursis pour « faux, financement illégal de campagne et abus de confiance ».

L'affaire Elf aurait dû le faire plonger en compagnie de ses fidèles correspondants corses. Le « système » Pasqua était en effet largement alimenté par la compagnie pétrolière. Mais les juges ont choisi de ne pas ouvrir ce front-là, tout comme ils ont décidé de fermer les yeux sur le dossier de la Fiba, la banque d'Omar Bongo, Denis Sassou et Elf, pourtant essentiel pour qui veut comprendre la circulation des « mallettes » de billets et connaître leurs destinataires. Les noms de certains Corses sont souvent revenus dans le dossier d'instruction. Ils apparaissaient sur les listes de passagers des avions d'Elf, dans les agendas du colonel Daniel, « barbouze » en chef de la compagnie pétrolière,

---

commissions indues qui ont été reversées à certains de ses proches, notamment à Étienne Léandri, Jean-Charles Marchiani et à son fils Pierre-Philippe Pasqua...

sur les bordereaux précisant les destinataires des largesses de celle-ci. En définitive, au sein du « système » Pasqua, seul Daniel Léandri, condamné à dix mois de prison et 200 000 euros d'amende, aura trinqué, les juges ayant décidé de s'en tenir là[1].

Et pourtant...

---

1. Certes corse, mais ne faisant pas partie du « système », André Tarallo a été condamné à sept ans de prison, mais libéré, vu son âge, pour raison de santé.

21.

Une nébuleuse mafieuse ?

Pendant une bonne dizaine d'années, des liens se sont ainsi tissés entre Elf, la Fiba, le Crédit foncier de Monaco, une filiale du Crédit agricole, la SED de Robert Feliciaggi et Michel Tomi, des chefs d'État africains, des élites de la République et des mafieux corses, dont les parrains Jean-Jé Colonna et Étienne Léandri jusqu'à la mort de ce dernier en 1995. Un circuit qui a vu passer une intense circulation de mallettes bourrées de billets, transportées par des voyous corses, hommes liges de Jean-Jé...

Une partie au moins de l'édifice bénéficiant d'une certaine tolérance, voire, mieux, d'une protection avérée au plus haut niveau de l'État, François Mitterrand — si l'on en croit Loïk Le Floch-Prigent qui venait d'être nommé président d'Elf — ayant dit en 1988 de ne rien changer au système mis en place par la société pétrolière pour corrompre nombre de membres de l'*establishment*. Une protection redoublée grâce aux policiers proches du réseau corsico-africain et d'Elf.

Peut-on parler pour autant d'une organisation criminelle aux activités soumises à une direction collégiale occulte, reposant sur une stratégie d'infiltration de la société civile et des institutions, autrement dit d'un système mafieux, à tout le moins d'une nébuleuse mafieuse ? Ce n'est que quelques années après les faits que des réponses partielles à cette question peuvent être envisagées, quand on scrute plusieurs instructions judiciaires, notamment dans les affaires Elf, Crédit foncier de Monaco, Angolagate, sans oublier celles visant personnellement Charles Pasqua, Daniel Léandri, Jean-Charles Marchiani, entre autres...

Le 9 juin 1997, le juge Joly, chargé de l'instruction de l'affaire Elf, recevait une lettre anonyme dénonçant la « mafia corse » : « Maintenant que le pouvoir a changé, peut-être allez-vous enfin vous intéresser à la branche mafieuse reliée aux réseaux Pasqua et en particulier à celle qui se dissimule derrière une société de facturation, la Société d'études pour le développement (SED). Vous verrez pénétrer dans cette officine créée dès 1985 un bel échantillon. [...] En contrepartie des services rendus et en plus de leur pourcentage, Charles Pasqua leur a donné les autorisations de jeux en France et en Afrique où le président Bongo leur a servi de commis voyageur. Il n'y a qu'à voir les voyages effectués par Omar Bongo, le brigadier Daniel Léandri, les frères Feliciaggi et les frères Tomi en avion privé et en avion présidentiel. Il faut observer les ouvertures de maisons de jeu et de PMU qui ont suivi au Congo, au Gabon, au Cameroun, au Mali. Sans oublier les autorisations de casinos en France, à Bandol et à Annemasse, immédiatement revendus pour des milliards. »

L'auteur de la lettre évoque également le rôle de Jean-Jé Colonna, parrain de Corse-du-Sud, de Jean-Baptiste Tomi, condamné dans l'affaire du casino de Bandol et qui roule carrosse... Bien vu ! Parmi les liens on ne peut plus visibles entre les uns et les autres, l'auteur anonyme mais bien renseigné aurait pu mentionner le dossier d'Elf-Corse, belle sinécure attribuée par André Tarallo à Robert Feliciaggi et à ses amis. Loïk Le Floch-Prigent raconte : « Les frères Feliciaggi avaient l'habitude de venir voir Tarallo à son bureau de la tour Elf. À l'évidence, les relations entre Tarallo et la Corse étaient complexes. À plusieurs reprises j'ai voulu consulter le dossier Elf en Corse. Chaque fois [...], il me répondait : "Je vous le montrerai..." Je ne l'ai jamais vu[1]. »

Mais estimant probablement que le dossier était déjà tentaculaire, le juge Joly n'y donna pas suite, pas plus qu'il n'ouvrit celui de la Fiba, la banque-blanchisseuse de Bongo et Sassou en même temps que celle d'Elf et des Corsico-Africains Feliciaggi et Tomi. Fin connaisseur de la Fiba, Loïk Le Floch-Prigent explique que c'était une banque postcoloniale : « Tous les rapports que la société [Elf] entretenait avec l'Afrique passaient par elle. [...] La perquisition du 7 mars 2000 au siège de la Fiba n'a pas été suivie d'investigations complémentaires. En fait, un accord avait été passé : les juges ne poursuivaient pas leur enquête si la banque fermait. [...] La décision a été prise de fermer la banque. Pas vu, pas pris – pas de vagues. [...] Si, comme les juges, vous ne regardez pas la Fiba, vous n'ouvrez pas réellement le dossier Elf : le dossier historique qui commence bien avant moi et se poursuit naturellement après. L'absence d'enquête sérieuse de la part des juges a servi l'intérêt de nombre de dirigeants d'Elf, et probablement de l'ensemble de la classe politique. [...] Concernant la Fiba, la banque d'Elf, je déclare, à un moment de l'enquête [en 1996] : "Je disposais d'argent liquide, et l'argent venait de la Fiba." On aurait pu imaginer que, dès le lendemain, cette affirmation serait vérifiée auprès de la banque. Eh bien non ! Il n'y a eu une perquisition à

---

1. In *Affaire Elf, affaire d'État*, entretiens avec Éric Decouty, *op. cit.*

la Fiba que quatre années plus tard, et on a effectivement trouvé du liquide sans chercher [...] à savoir pourquoi ce liquide se trouvait là. Pour la justice, Le Floch-Prigent est un escroc et la Fiba une entreprise modèle. [...] Chaque fois que la justice s'approche de la révélation de ce que je qualifierai de "système d'État", elle recule et trouve un bouc émissaire... »

La Fiba était la banque des « rétrocommissions ». Elle organisait la circulation des valises de billets, arrosait les politiques français et africains comme les voyous corses, permettait des achats d'armes discrets et blanchissait l'argent des jeux, des paris et des casinos. Robert Feliciaggi était un des associés de la banque. Deux de ses anciens proches, qui ont évidemment réclamé l'anonymat, m'ont affirmé que la Fiba et lui ont monté des opérations de blanchiment de rétrocommissions dans l'affaire des frégates de Taïwan[1], notamment par des rachats de bons du Trésor congolais surpayés, Bob assurant par son propre système les versements en liquide à ses correspondants. Modestes opérations qui n'en sont pas moins déjà constitutives d'une nébuleuse mafieuse couverte par plusieurs États, et pénétrant la société civile.

Dans un premier temps, c'est la justice monégasque qui va se substituer à la française pour révéler quelque peu le mode de fonctionnement de cette nébuleuse et, au détour d'un dossier, permettre de retrouver en son centre la fameuse Fiba. Au deuxième trimestre de 2000, des enquêteurs de la principauté découvrent en effet que plusieurs dizaines de millions de francs en espèces ont

---

1. Dans le cadre d'un contrat de vente de six frégates à Taïwan par des industriels français, 500 millions de dollars de commissions ont été versés, dont une partie est revenue dans l'Hexagone.

été retirées sur les comptes bancaires détenus par Robert Feliciaggi, Michel Tomi et leurs proches au Crédit foncier de Monaco. Plusieurs bénéficiaires de ces remises d'espèces appartenaient au milieu du grand banditisme. L'enquête est ouverte le 30 juin 2000 par le juge Jean-Christophe Hullin. Dans un rapport de synthèse daté du 6 mars 2001, les enquêteurs estiment avoir mis au jour une « structure de blanchiment ». Ils suspectent les deux Corsico-Africains d'avoir « largement utilisé le secteur bancaire de la principauté et des relais douteux pour se livrer à des opérations qui ont permis de réinvestir dans des activités légales, dans l'immobilier, dans le financement de partis politiques et dans la mise à disposition d'individus membres du milieu des sommes importantes en liquide ». Le même document souligne l'existence de réseaux des deux hommes au sein de la classe politique insulaire ainsi que sur le continent.

Il vise là notamment Charles Pasqua. Les Monégasques avaient déjà tiqué sur la plus-value dégagée par Robert Feliciaggi sur la revente en mars 1995, pour 100 millions de francs, du casino d'Annemasse (Haute-Savoie). Ils suspectaient qu'une partie de cet argent avait été utilisée pour financer le RPF de Pasqua en vue des élections européennes de 1999 ; 7,5 millions de francs avaient été virés sur un compte détenu par Marthe Mondoloni, fille de Michel Tomi, dirigeante du PMU gabonais et épouse de Toussaint Mondoloni, neveu du fameux Paul...

Le 30 mars 2001, le juge Hullin inculpa Tomi et Feliciaggi pour blanchiment. Il revint ensuite au juge Philippe Courroye de les mettre en examen pour « corruption »... Au cours de ces deux instructions, notamment à la faveur des perquisitions opérées à la SED les 13 février et 1er mars 2001 par les juges Hullin, Joly et Courroye, nombre d'éléments ont été trouvés, qui ont permis de dessiner les contours du « système ». Les juges mirent au jour des circuits de mallettes. Des espèces sorties des caisses des PMU, loteries et casinos d'Afrique étaient blanchies au CFM (Crédit foncier de Monaco) du groupe Crédit agricole. De la principauté, l'argent allait à Paris sur des comptes à la banque Indosuez appartenant elle aussi au Crédit agricole. Des millions furent ainsi mis à disposition aux guichets de l'établissement bancaire du boulevard Haussmann, puis rapportés à la SED par des porteurs de valises. Cette circulation d'espèces pouvait aussi transiter par la Fiba, voire par la BIAO. Une fois à la SED, les espèces pouvaient être remises en main propre, 26, rue de La Tremoille, ou acheminées par porteurs jusque dans des palaces parisiens. Pour les opérations délicates, les porteurs de valises n'étaient autres que des mafieux corses proches de Jean-Jé Colonna. Apparaît également dans le « système » la figure de Jean-Luc Codaccioni, proche de Richard Casanova. Certains d'entre les convoyeurs de mallettes étaient bien connus des services de police pour faits de proxénétisme, association de malfaiteurs, vol à main armée, attentat à l'explosif : « L'enquête a permis d'établir que des hommes proches de Jean-Jé Colonna ont reçu d'importantes sommes d'argent. Le parrain de Corse-du-Sud, accompagné de sa garde rapprochée, a lui-même été aperçu dans les locaux de la SED en grande conversation avec Michel Tomi et Robert Feliciaggi[1]. »

Les noms de Noël Pantalacci, Toussaint Luciani, Pierre Lanfranchi (condamné dans l'affaire du casino de Bandol) et quelques autres apparaissent dans les dossiers bancaires analysés par les juges. L'épouse de Jean-Jé Colonna semble

---

1. In *Le Parisien*, 15 mars 2001.

être également une familière de la SED... Les perquisitions opérées au siège de celle-ci ont permis de visualiser quelques-uns des destinataires finaux des mallettes. Sans surprise, on trouve évidemment parmi eux les décideurs africains du golfe de Guinée. Charles Pasqua appelait fréquemment les patrons de la SED, et son fils Pierre était en affaires avec eux. Ont également été trouvées des lettres adressées à Robert Feliciaggi par des policiers français, lui demandant d'intervenir pour des mutations, des décorations, des promotions. Les juges découvrirent aussi de faux tampons consulaires du Gabon[1]... Il fut trouvé trace de subventions occultes pour un montant de 6,5 millions de francs pour Gazélec, le club de football d'Ajaccio présidé par Robert Feliciaggi.

Tandis que les justices monégasque et française enquêtaient, la Commission bancaire monégasque soulignait les liens étroits entre la Fiba et le Crédit foncier de Monaco, première banque de la principauté. Elle évoquait parmi les clients de celle-ci, outre des figures du « réseau corse », des proches et des membres de la famille des présidents Bongo et Sassou.

Pour compléter cette esquisse de tableau, un Corse qui fut « mécanicien » du système pendant quelque sept années a accepté de me parler à visage découvert. Aujourd'hui encore il a la rage au ventre contre Robert Feliciaggi et Michel Tomi. Lesquels, assure-t-il, ont « ourdi un piège » qui l'a conduit, peu de temps, certes, jusqu'à la case prison pour avoir encaissé des sommes faramineuses provenant des Corsico-Africains alors que celles-ci avaient abouti

---

1. Pour ce passage et quelques autres, voir *Les Pillards de la forêt*, Arnaud Labrousse et François-Xavier Verschave, Marseille, Agone, 2002.

sur le compte d'un homonyme, représentant du syndicat de transporteurs Strada Corsa. Malheureusement, peu de temps avant que ce livre parte à l'imprimerie, ce témoin important a préféré retourner à l'anonymat...

C'est Toussaint Luciani qui, en 1989, a fait appel à cet homme d'affaires pour « mettre de l'ordre » dans les comptes de la SED. « On a tout négligé et, à la longue, on va avoir de sérieux problèmes », lui a-t-il dit. Le siège de la SED est encore situé 75, avenue des Champs-Élysées, où un bureau lui est alors attribué. Promu nettoyeur en chef, le mystérieux homme d'affaires fait la connaissance de Robert Feliciaggi, à l'époque surtout basé à Brazzaville. Fin 1990, celui-ci lui parle jeux. Et Toussaint Luciani le charge de reprendre les pourparlers avec le maire d'Annemasse, puis l'envoie à Djibouti faire le ménage : l'argent des machines à sous ne « remonte » plus.

Il découvre à cette occasion les mécanismes de la circulation de l'argent au sein du système Luciani-Feliciaggi. Autour de plusieurs pôles dont Figestor, une fiduciaire genevoise alimentée par des espèces venant de France, un flux important transite entre New York, Djibouti et divers paradis fiscaux... « Beaucoup d'argent circulait et je ne savais pas exactement d'où il provenait. » Il voit Feliciaggi « arroser » du monde aussi bien à Paris qu'en Corse ; constate qu'il s'intéresse beaucoup à la politique insulaire et subventionne les nationalistes tout comme la droite et la gauche : « Robert se disait nationaliste, estimait qu'il fallait être con pour être de droite à la fin du XXe siècle, et se disait donc plutôt de gauche... » Même s'il n'en connaît pas tous les secrets, le réorganisateur du système enrichit au fil des ans ses connaissances ; il comprend le rôle de la Fiba, du Crédit foncier de Monaco, du CCF, de Monte Paschi Banque de Monaco – filiale de la plus ancienne banque au monde – dans la circulation des espèces ; il comprend que les gains des jeux, puis, plus tard, ceux du PMU remontent en métropole avec le feu vert des banques centrales africaines qui jouent le rôle de blanchisseuses ; il découvre le rôle de Louis Battestini, dit « Porte-avions », qui vient aux sièges successifs de la SED, d'abord sur les Champs-Élysées, puis rue de La Tremoille, enfin avenue de La Bourdonnais, chercher des espèces. Battestini porte un long manteau en cuir sous lequel il est très « enfouraillé » ; il se fait scotcher autour du corps de nombreuses liasses de grosses coupures, puis renfile son manteau et repart pour Genève.

Mon témoin part donc pour Djibouti rencontrer Jacques Bonnefoy, directeur sur place de la Loterie nationale[1], que Toussaint Luciani soupçonne de détournement. Il est mal accueilli mais, après des échanges difficiles, Bonnefoy lui confie un vieux carton dans lequel sont entassées des bribes de comptabilité. Malgré cette documentation fragmentaire, il se rend compte que les gains des machines à sous servent d'abord à acheter des bijoux pour Madame, un Zodiac pour Monsieur, entre autres dépenses somptuaires. Tout l'argent reste à Djibouti alors que 1,2 million de francs net par mois devrait remonter. Peu après, Toussaint Luciani lui présente son ami Francis Perez. Grâce à Luciani, ce Perez, déjà propriétaire des casinos du Grand Sud, occupe une place de plus en plus importante dans le groupe. Il devient administrateur du casino d'Annemasse et directeur général à Djibouti. Le « mécanicien » envoie Marin, un de ses collaborateurs, régler définitivement le cas Bonnefoy. Mais il est néanmoins obligé d'y

---

1. Bonnefoy était associé à Toussaint Luciani dans le projet gabonais de la Sogaben opérant dans le recyclage des déchets radioactifs.

aller à son tour, car, prié de quitter les lieux, Bonnefoy s'accroche. Il repart donc pour Djibouti, accompagné cette fois de Dominique Sciacci, homme de main originaire de Calvi, pour assurer sa protection. À leur descente d'avion, Sciacci[1] avise Bonnefoy qu'il doit rester cantonné chez lui pendant le temps de leur mission. Cette fois, Bonnefoy comprend qu'il n'a pas intérêt à bouger. Et, comme par enchantement, Djibouti ne tarde pas à redevenir rentable. Mais pour peu de temps : bientôt, la rentabilité baisse à nouveau. Monsieur X diagnostique que, cette fois, c'est probablement sur instruction de Perez que l'argent est détourné. Ce dernier se trouve alors en prison à Lons-le-Saunier pour abus de biens sociaux se montant à 12 millions de francs au préjudice du casino de cette ville et de ceux du Grand Sud.

Le témoin : « Je vais alors trouver Robert Feliciaggi pour lui expliquer que des mallettes – pour environ 500 000 francs – sont parties de Djibouti pour atterrir dans les caisses du casino de Palavas... Quand il apprend ma démarche, Toussaint Luciani entre dans une fureur noire contre moi. Entre nous, c'est la rupture. » Il profite de cette anecdote pour dire qu'il ne croit pas à l'affirmation d'un autre collaborateur de Feliciaggi selon laquelle les chemins de Toussaint et de Bob avaient divergé pour raisons politiques. Notamment parce que, ancien de l'OAS, Toussaint Luciani aurait voué alors une haine inexpiable à Charles Pasqua, qui l'aurait conduit à s'éloigner de Robert Feliciaggi, devenu proche de l'ancien et futur ministre de l'Intérieur.

Mais mon témoin affirme en revanche que Feliciaggi a pris alors ses distances avec son cousin Luciani après

---

1. Il sera assassiné à Corbara quelques années plus tard ; son assassinat sera imputé – à tort – à Jean-Paul Fieschi.

cette affaire de mallettes... Fin 1993, début 1994, Robert Feliciaggi lui présente Michel Tomi et lui annonce qu'il va confier à ce dernier des parts de Charlie Feliciaggi, son frère, dans la Cogelo : la Congolaise de gestion et de loteries, créée le 13 février 1991 autour des deux frères Feliciaggi et de quelques comparses, pour la plupart corses.

« Quelle est la raison économique de ce transfert ? s'enquiert-il.

— J'ai envoyé des machines à sous au Gabon, et Bongo les a fait bloquer. Les machines sont également bloquées au Cameroun. Tomi va faire débloquer la situation. »

Et l'ancien « mécanicien » du système de raconter que cette montée en puissance de Michel Tomi avait été réclamée par un Francisci. C'est Jean, frère de celui que les Américains appelaient Mister Heroin, qui aurait en effet prié Robert Feliciaggi d'intégrer davantage Michel Tomi à ses affaires africaines. À charge pour lui de solliciter Charles Pasqua pour obtenir les autorisations nécessaires à l'installation des machines à sous et surtout du PMU au Congo, au Cameroun et au Gabon...

L'émergence des Francisci dans cette histoire n'est pas surprenante. Ce clan connaissait aussi bien les Feliciaggi que les Tomi pour avoir été, lui aussi, actionnaire occulte du casino de Bandol.

L'assemblée générale de la Cogelo, qui officialise les nouveaux rapports des Feliciaggi et des Tomi en Afrique, se déroule le 16 avril 1994, à l'hôtel de La Tremoille à Paris, devenu le quartier général des Pasqua's boys et de surcroît à quelques mètres des bureaux de la SED.

Robert Feliciaggi a donné à Michel Tomi une bonne partie des actions de son frère Charlie et un pouvoir en imitant sa signature.

« Tu as prévenu Charlie ? lui demande mon témoin.

— Non...
— Mais...
— Ne t'inquiète pas, je ferai le nécessaire. »

« Dix minutes avant l'assemblée générale du 13 avril 1994, Michel Tomi était encore en short et en tongs. Au terme de la réunion à l'hôtel de La Tremoille, de rien il est devenu tout. » Le témoin qui a préparé cette assemblée générale exagère probablement quelque peu le changement des relations d'affaires entre les deux hommes. Mais il insiste en disant qu'« à partir de ce jour-là Michel a pris l'ascendant sur Robert, lequel est devenu son obligé »...

De fait, Michel Tomi aurait fait intervenir son frère, et Charles Pasqua a obtenu les autorisations d'installation des machines à sous et du PMU au Gabon et au Cameroun.

Michel Tomi aurait également assorti sa prééminence sur Bob de manifestations de haine à l'encontre de Jean-Jé Colonna, parrain de Corse-du-Sud et ami de son associé. Il a également pris beaucoup de poids grâce à ses relations de plus en plus étroites avec Omar Bongo et avec la fille de celui-ci, Pascaline, qu'il associe à ses affaires.

Jusqu'à sa mort, Robert Feliciaggi aura été traité d'« empereur des jeux » en Afrique, titre en partie usurpé. C'est Tomi qui se comporte en fait en nouveau patron : « Les Corses sont des cons ; ils ont toujours eu la trouille d'un type en fauteuil roulant... », se gaussait Tomi, faisant allusion au rôle de l'oncle de Jean-Jé, blessé dans la vendetta du *Combinatie*. « Dire qu'il rêvait de devenir *le* parrain corse ! »

Le témoin décrit Tomi comme un manipulateur qui tout à la fois bernait et subjuguait Robert Feliciaggi. Tout en se contentant pour sa part d'un bourgeois « Marie-Antoinette, c'est ma vie, ma maîtresse, ma folie », il a incité Bob à mener une vie de patachon, les poches débordant de billets, entouré de « bombas ».

Il a également vu rappliquer Richard Casanova à la SED. Censé être en cavale, celui-ci ne se cachait pas pour y venir : « À l'évidence, c'était lui, le supérieur de Tomi. » Mais l'homme qui mettait en ordre les papiers du système ignore de quand datait cette dépendance. Et ne sait pas davantage si Casanova a joué un rôle dans le changement de statut de Tomi au sein de son association avec Robert : « Richard faisait ce qu'il voulait. Très sympathique, calme, posé, il ne parlait jamais affaires... » La SED est le Camp du Drap d'or pour les parrains corses. Alors même que Casanova était engagé dans un « bras de fer » avec Jean-Jé Colonna pour la place de parrain de Corse-du-Sud, les deux clans étaient des habitués des bureaux de la SED. Mme Colonna, épouse de Jean-Jé, l'ami de Robert, en était aussi une habituée, mais n'avait toutefois pas droit aux mêmes égards que le « beau Richard » : « Marianne et Robert lui versaient environ l'équivalent de 15 000 euros par mois alors qu'elle aurait dû toucher dans les 150 000... »

Les dirigeants de la SED n'étaient pas des sentimentaux : alors que Denis Sassou-Nguesso était à l'origine de leur fortune, ils n'hésitaient pas à spolier sa femme, persuadés que Sassou ne reviendrait pas au pouvoir. Robert s'est arrangé avec Nguila Moungounga Nkombo, le ministre des Finances et du Budget de Pascal Lissouba, le président congolais, pour spolier sans vergogne Mme Sassou lors de l'assemblée du 18 décembre 1994. Quelques années plus tard, il lui faudra débourser beaucoup d'argent pour redevenir *persona grata* à Brazza après le retour au pouvoir de Sassou...

Le « mécanicien » raconte aussi comment Michel Tomi a pénétré le système mis en place par Feliciaggi à Paris. Marie-Antoinette Feliciaggi, épouse de Robert, avait monté avenue de La Bourdonnais, dans un hôtel particulier, une école d'esthétique qui était un véritable gouffre financier. Bob a chargé mon témoin d'en examiner les comptes. Diagnostic facile : il n'y avait aucune chance pour que l'affaire devienne un jour rentable. Les salaires étaient mirobolants, et la directrice de l'établissement n'était autre qu'une ex-connaissance de Michel Tomi, Anne-Marie Gachon, veuve Pereira da Cruz, ancienne employée du casino de Bandol[1].

Le témoin conseille fortement à Robert Feliciaggi de fermer l'école, au vif déplaisir de Michel Tomi. Bob songe alors à reconvertir l'hôtel particulier en nouveau siège de la SED, et en confie le réaménagement – dispendieux – à sa propre maîtresse. Pour encercler d'encore plus près Bob à Paris, Michel Tomi fait de Marianne Pereira da Cruz, fille d'Anne-Marie Gachon, qu'il considère un peu comme la sienne, la cheville ouvrière de la SED. Marianne a été directrice du personnel du casino de Bandol où deux de ses frères étaient chefs de table.

Ainsi, en Afrique comme à Paris, ce sont les anciens du casino de Bandol qui relaient les décisions de Tomi.

À la moindre question qui se pose au siège parisien de la SED, Marianne téléphone pour recevoir ses instructions.

À ce tableau impressionniste de la nébuleuse mafieuse corsico-africaine, le rapport Glavany a apporté quelques touches supplémentaires, même si, à compter de 1998, Elf s'en était déjà détachée... À propos de l'affaire du Crédit

---

1. En 2012, elle était P-DG du Center's Parking dont le siège n'est autre que... le casino de Bandol !

agricole, il cite ainsi les noms de Toussaint Luciani et Noël Pantalacci. Il évoque la mise au jour de « montages particulièrement complexes » dans lesquels ceux-ci apparaissent, notamment le dossier des ventes successives de l'hôtel *Miramar*, impliquant non seulement Jean-Jé Colonna, mais aussi Noël Pantalacci, président de la Cadec – la Caisse de développement de la Corse –, Robert Feliciaggi, maire de la commune de Pila-Canale, fief de la famille Colonna, qui a fait fortune en Afrique dans l'import-export et les jeux[1]. « On ne peut que s'étonner des liens croisés et des rivalités qui concernent des hommes aux intérêts importants dans plusieurs secteurs économiques, dont le monde des jeux en France ou en Afrique. Leur proximité avec le banditisme et certains milieux nationalistes conforte la perception de l'"émergence d'un système" », concluait ledit rapport.

---

1. On parlera de ce dossier dans un prochain chapitre.

22.

Le nouveau « rêve cubain » des Corsico-Africains

Grâce à la protection de Charles Pasqua, doublée après coup de celle d'Omar Bongo, Bob et Michel Tomi ont réussi, comme Lucky Luciano et Meyer Lansky à Cuba dans les années 1950, à avoir un État à leur main, le Gabon, et donc à ne plus risquer d'être importunés par les policiers, les douaniers et les hommes de loi. Devenus de riches et puissants « parrains », ils consolident leur pouvoir en se dotant, par leur générosité, d'une vaste clientèle d'obligés, notamment dans les milieux corses. Les initiés savent que leur entreprise constitue un savant équilibre entre le nord et le sud de l'île, entre le gang de la Brise de mer et Jean-Jé Colonna. Grâce à leurs largesses, ils sont bientôt en mesure d'apaiser çà et là les tensions, d'éteindre les débuts d'incendie...

Mais ce jeu-là ne suffit plus à Bob. Il entend jouer un rôle politique dans « son » île. Il a d'abord songé à y parvenir par personne interposée, en l'occurrence par le truchement de son cousin Toussaint Luciani qui n'a jamais cessé de s'y intéresser, même si ses chemins se sont révélés particulièrement tortueux, de l'OAS au PS en passant par le MRG. La gauche ayant accédé au pouvoir et Pierre Joxe à l'Intérieur, Toussaint avait de bonnes cartes en main, notamment sa proximité avec Alain Orsoni, leader du MPA. Aux élections régionales de 1992, Luciani fit élire sept conseillers à l'Assemblée territoriale de Corse, dont Bob, devenu entre-temps délégué régional pour la Corse-du-Sud du RPF, parti créé par Charles Pasqua et Philippe de Villiers après la brouille du premier avec Chirac en 1990.

Bob piaffe d'impatience. Il trouve que l'ascension politique de son cousin lambine. Sa condition d'« homme de l'ombre » ne lui suffit plus. Il a désormais des ambitions personnelles et aspire à devenir lui aussi un acteur de premier plan sur la scène corse afin de la transformer. L'arrivée en 1993 de Charles Pasqua place Beauvau change évidemment la donne. Ce sont désormais leurs amis qui, après les avoir aidés en Afrique, ont la main sur le dossier corse et sur les jeux ! Avec notamment Daniel Léandri à la manœuvre : « Léandri est un ami depuis toujours, bien avant que Pasqua ne devienne ministre[1]. » Bob a de surcroît dans sa manche le tout-puissant Jean-Jé. Il a des idées simples, voire simplistes, qu'il pense être à même de mettre en œuvre grâce à ses relations, à son argent et à ses nouveaux clients. Il se confie à quelques amis : d'après l'un d'eux, il entend faire de l'île de Beauté un nouveau Tanger, celui de l'après-guerre à partir duquel Jo Renucci, associé à Lucky Luciano, à Marcel Francisci et aux frères Guérini, dirigeait le trafic des « blondes » dans l'ensemble de la Méditerranée. Son « discours » connaît néanmoins quelques variantes. Son rêve prend parfois le nom de Monaco dont il connaît la discrétion bancaire, puisqu'il utilise la place monégasque dans ses montages

---

1. *Le Monde*, 24 juillet 2002. Cité dans *Les Parrains corses*, *op. cit.*

financiers opaques. La meilleure façon de pérenniser ces flux massifs d'argent africain – blanc ou sale – serait de les investir en Corse même, mais, pour cela, il faudrait modifier le statut de l'île, la détacher de Paris. Bob n'est à coup sûr pas le seul à rêver d'un pareil changement de statut. Tous les mafieux, son ami Jean-Jé en tête, mais aussi les membres de ses réseaux cherchent à l'obtenir de l'État, notamment en se servant de ces « abrutis de nationalistes » pour négocier avec lui. « Je les aide, confie-t-il, en leur procurant argent et armes... » Quelques années plus tard, Jean Glavany, dans son rapport de 1998 sur la Corse, évoquera cette « tentation politique du milieu » touchant aussi bien les membres de la Brise de mer que leurs relais.

Depuis l'arrivée de François Mitterrand au pouvoir en 1981, le statut de l'île a beaucoup évolué. Conformément à ce qu'il avait promis, le chef de l'État l'a dotée d'un statut particulier instituant une assemblée régionale élue à la proportionnelle et bénéficiant de compétences étendues. La Corse aura été la première région de France à en être dotée et aura servi, de ce fait, de laboratoire à la décentralisation[1]. Mais les effets de cette évolution institutionnelle ont été surestimés : « À la vérité, l'ouverture politique promise avant le 10 mai, intégralement respectée après, n'était pas, en soi, de nature à régler la question corse[2]. » Faute de cap, chacun aura eu du mal à trouver ses marques et une incompréhension durable entre l'État et les différents courants composant la nouvelle Assemblée territoriale va s'installer. Quoique minoritaires, les nationalistes occupent tout l'espace politique alors que, dans le

---

1. In *L'Œil du pouvoir*, Gilles Ménage, Fayard, 2000.
2. *Ibid.*

même temps, la porosité entre nationalisme et banditisme est de plus en plus évidente.

En mars 1986, Charles Pasqua hérite du dossier corse. Il fait montre d'une fermeté sans faille à l'encontre des nationalistes et lance, lors d'un déplacement sur l'île, son célèbre : « Nous allons terroriser les terroristes. » Dans la foulée, plus de soixante militants nationalistes sont mis sous les verrous.

En 1988, la réélection de François Mitterrand ramène Pierre Joxe à l'Intérieur, et, avec lui, la volonté de doter la Corse d'un nouveau statut inspiré de celui de la Polynésie où les élus locaux exercent des responsabilités plus étendues et effectives. La Corse deviendrait une collectivité territoriale. Pour le nouveau ministre, « la mise en place d'institutions plus efficaces est non pas un préalable, mais une des conditions du développement de la Corse[1] ». Le projet est plutôt bien accueilli, d'autant que la perspective d'une nouvelle amnistie permet de renouer le dialogue avec les nationalistes.

Au sein du FLNC, pourtant, les avis sur ce projet gouvernemental sont contrastés. Pierre Poggioli, leader du mouvement et détenteur du canal d'identification qui permet d'authentifier les communiqués et déclarations, y est même clairement opposé. Le 31 mai 1988, il tente de rompre la trêve décrétée par le FLNC afin de faire capoter les discussions autour du statut Joxe, lesquelles se doublent, dans l'ombre, de négociations très actives en vue de l'élargissement de certains prisonniers nationalistes[2]. À ceux qui veulent bien l'entendre, il explique que le gouvernement va encore se jouer des Corses, que les

---

1. http://www.senat.fr/rap/l199-069/l199-0698.html
2. In *Pour solde de tout compte, op. cit.*

nationalistes n'obtiendront rien, que les pourparlers vont de toute façon entacher la lutte. En dehors de son cercle de fidèles, les arguments de Poggioli ne sont guère entendus. Il se heurte en effet frontalement à François Santoni, autre chef historique du mouvement, qui, comme la majorité des autres dirigeants, ne veut pas rompre la trêve avant que les prisonniers ne soient élargis. En réalité, Poggioli n'a pas vraiment intérêt à ce que certains militants embastillés sortent. En effet, nombre d'entre eux, en raison de leurs actes, jouissent d'un grand prestige auprès de la base et il ne faudrait pas longtemps avant que son propre leadership ne soit mis en péril. La campagne d'attentats qui démarre alors n'a donc pas d'autre but que de mettre un terme aux discussions en cours avec Paris et de bloquer l'amnistie afin de maintenir Poggioli en place[1].

Ostensiblement, dans les mois qui suivent, le fossé se creuse entre la base et la mouvance incarnée par Pierre Poggioli. Certains commencent à poser tout haut des questions, une en particulier : contrairement à la majorité des membres dirigeants du FLNC, Poggioli n'a jamais été arrêté. Et, une fois encore, la rumeur fait son office. Bientôt, la tension est telle que le FLNC n'a d'autre issue que d'exclure le leader nationaliste. Finalement, Poggioli va faire passer son exclusion pour une démission, histoire de sauver la face, et fondera dans la foulée l'Accolta naziunal corsa (ANC), suivie par son incarnation clandestine, Resistenza. La première scission au sein du FLNC est entérinée.

Une seconde, beaucoup plus profonde, fait éclater le mouvement nationaliste. Elle intervient après un très

---

1. *Ibid.*

sérieux accrochage entre des militants du fameux secteur V, dirigé par Alain Orsoni, suite à un enlèvement raté, puis au détournement de fonds destinés au FLNC, mais utilisés en partie à des fins personnelles. Orsoni est mis en minorité. Le ton monte. À ceux qui lui demandent des comptes, Orsoni rétorque que « le sang va couler »... Pour finir, son groupe claque la porte et fait scission. Le 17 octobre 1990, il crée le Mouvement pour l'autodétermination (MPA), vitrine légale du futur FLNC-Canal habituel, ainsi dénommé parce qu'il a gardé le canal de revendication habituel que lui a transmis Poggioli avant d'être mis sur la touche. Les autres militants, dont Santoni et Charles Pieri, se regroupent alors sous la bannière FLNC-Canal historique dont la vitrine légale sera la Cuncolta naziunalista[1].

Les tractations sur le futur statut de l'île continuent avec le seul MPA, soit avec Alain Orsoni, via les réseaux francs-maçons et avec, dans l'ombre, Toussaint Luciani. Les socialistes sont alors persuadés d'avoir face à eux la composante majoritaire du mouvement nationaliste. Ils font tout pour l'aider : le gouvernement lui facilite l'accès au crédit, débloque des situations, renforce sa politique clientéliste. Pierre Joxe entend mener son projet au pas de charge, balayant d'un revers les critiques qui se font jour à gauche. Prophétique, Michel Charasse adresse ainsi une note à François Mitterrand : « L'île semble prête à tomber entre les mains d'une sorte de mafia. Face à un État dans sa coquille [...], nationalisme et mafia ne feront bientôt plus qu'un[2]. » Le 13 mai 1991, la loi

---

1. *Ibid.*

2. Cité dans *Un crime politique en Corse* d'Alain Laville, Le Cherche midi éditeur, 1999.

portant statut particulier de la collectivité territoriale de Corse (statut Joxe) est promulguée. Elle prend effet en 1992[1].

Les sondages donnent la droite gagnante aux élections législatives de mars 1993. Les ennemis d'Alain Orsoni se préparent à entrer dans l'arène politique. De son côté, l'autre bloc – le FLNC-Canal historique, via sa vitrine légale, A Cuncolta –, entreprend de nouer des contacts avec le RPR en vue d'un éventuel retour de la droite au pouvoir. François Santoni est mandaté pour cette approche, via Maurice Ulrich, alors conseiller de Jacques Chirac à la mairie de Paris, lequel, après les législatives, l'oriente sur Charles Pasqua, place Beauvau, qui traitera directement le dossier corse via Daniel Léandri, lequel n'est pas un inconnu pour Santoni.

Habile et discret, Léandri aime à laisser croire qu'il est resté le simple brigadier qu'il était, alors qu'en réalité il concentre entre ses mains certains des dossiers les plus brûlants, notamment les relations avec les chefs d'État africains. Se met alors en place un *modus operandi* qui durera tout au long de la mandature Pasqua, voire au-delà, jusqu'à ce que les contacts soient rompus en 1996. Pasqua mise en fait sur les deux volets nationalistes : d'un côté celui de Santoni ; de l'autre, celui d'Orsoni, privilégié sur le plan économique ; chacun restant indissociable de certains pans mafieux...

Les Corsico-Africains ne peuvent à l'évidence être absents des tractations qui vont déterminer les futures zones d'influence sur l'île. Ils ont déjà glissé un orteil dans le système politique avec Toussaint Luciani et Bob

---

1. http://www.legifrance.gouv.fr/affichTexte.do?cidTexte=JORFTEXT000000536085&dateTexte=

qui, soutenu par Jean-Jé Colonna, a pris la mairie de Pila-Canale et participe, dans l'ombre, aux pourparlers sur le statut de l'île. Cette incursion n'a pas échappé à François Santoni, négociateur en chef pour le compte du FLNC-Canal historique. Il voit ainsi débarquer en 1994 des gens qui évoluent « dans le monde des affaires et du pétrole à Paris, en Corse et ailleurs. [...] Pour eux, la Corse présente trois gros avantages. C'est un terrain vierge, sans infrastructures, et donc le site idéal pour implanter un nouveau système de blanchiment d'argent. L'île est à moins d'une heure de vol de Nice ou de Marseille, à trois heures de bateau de l'Italie. Et, surtout, c'est, pour les piliers de ce réseau affairiste, tous d'origine corse, une façon de réinvestir "au pays"... Il est clair que certains veulent utiliser le mouvement et la revendication nationalistes pour mettre sur pied un projet économique dans lequel nous n'avons rien à voir. Nous le savons, mais nous avons toujours pensé que si la négociation était parvenue à son terme, nous aurions été capables de régler ce problème par la suite. Car je pense que les représentants des gros intérêts, cachés derrière ces manipulations, avaient l'intention, une fois le statut adopté, de liquider les nationalistes. Soit en les achetant, pour les faire entrer dans leurs structures – ils auraient toujours eu besoin de vigiles, de petites mains pour de sales besognes. Soit en les éliminant physiquement[1]. » Il est important de préciser qu'au moment des faits François Santoni n'avait pas donné l'impression d'être particulièrement gêné par ces perspectives. Son analyse a été écrite environ cinq ans plus tard...

Alain Orsoni, ennemi irréductible de Santoni, dénonce, lui, en temps réel, les négociateurs de l'ombre à un

---

1. François Santoni, *Contre-enquête sur trois assassinats*, op. cit.

moment où Santoni et Jean-Jé contestent brutalement l'extension de ses zones d'influence en Corse-du-Sud. Le 19 septembre 1994, dans une conférence de presse tenue à Pila-Canale, fief des Colonna, il déclare en effet : « On constate une imbrication totale entre certains personnages politiques, certains mafieux locaux et certains intérêts touristiques extrêmement juteux. Nous ne pouvons l'accepter ! » Cette bataille entre la Cuncolta et le MPA se cristallise autour du contrôle de l'île de Cavallo[1], de boîtes de nuit, de restaurants, du casino d'Ajaccio et de ses machines à sous...

L'attentat manqué du golf de Sperone[2], dans lequel sont impliqués François Santoni et ses amis, met du sable dans l'engrenage des négociations... Pasqua, qui sait que l'élection présidentielle approche et qui ne veut pas d'attentats durant cette période, demande une trêve en échange de la libération des militants impliqués. Il l'obtient. Le 14 novembre 1994, le FLNC-Canal historique l'annonce dans un communiqué. Pasqua rassure ses interlocuteurs. Persuadé que Balladur va remporter les élections, il est assuré de rester ministre et, une fois la victoire en poche, il promet que les choses bougeront vite. Pour Santoni, le statut de TOM n'a jamais été aussi près.

Mais Pasqua a fait le mauvais choix. C'est Jacques Chirac qui est élu président de la République. Jean-Louis Debré lui succède place Beauvau. En Corse, la tension entre les deux blocs de l'ex-FLNC est à son comble. Les morts et les attentats s'enchaînent à un rythme soutenu. Fin

---

1. Île de l'archipel des Lavezzi, en Corse-du-Sud, d'une superficie de 120 ha.
2. Le 28 mars 1994.

mai, François Santoni échappe de justesse à une fusillade. L'idéologie est passée à la trappe. La guerre entre Orsoni et Santoni masque la dérive mafieuse des mouvements indépendantistes.

À Paris, fin juin 1995, le contact entre la Cuncolta et le gouvernement est renoué grâce à... Daniel Léandri, l'homme de confiance de Pasqua qui avait été licencié. Les nouveaux occupants de la place Beauvau n'ont pas mis longtemps à s'apercevoir que l'ex-brigadier constitue le passage obligé pour tout contact avec les milieux nationalistes insulaires. Léandri déclare à Santoni que Jean-Louis Debré va poursuivre la politique mise en œuvre par son prédécesseur. En gage de bonne volonté, il confirme la proche libération de Baptiste Canonici, dernier prisonnier de l'affaire du golf de Sperone.

Dans le courant de l'été, deux *missi dominici* – corses, bien sûr, proches de Pasqua-Léandri – se rendent dans l'île sonder les cœurs des dirigeants du FLNC-Canal historique. Ces deux-là vont jouer un rôle-clé dans les affaires corses des années suivantes. Il s'agit de Bernard Squarcini, alors numéro 2 des renseignements généraux, et de Gérard Zerbi, patron de la PJ des Hauts-de-Seine. Le premier, surnommé « le Squale », demande si le FLNC-Canal historique va se cantonner dans une logique d'affrontement, au détriment de toute action politique, ou s'il compte sortir de la crise et avancer, comme cela a déjà été fait avec Pasqua[1]. Les rapports renoués, le gouvernement réclame une trêve des violences. Mais les frontistes veulent auparavant connaître les réponses à leurs propositions, et, pour peser davantage, ils déclenchent la plus grande campagne d'attentats jamais fomentée en Corse. Début décembre, alors que ceux-ci sont

---

1. Voir *Pour solde de tout compte*, op. cit.

quasi quotidiens, une réunion est organisée à l'initiative de Matignon, dans les salons de l'hôtel *Bristol*, près de l'Élysée, avec notamment Maurice Gourdault-Montagne, directeur de cabinet d'Alain Juppé, nouveau Premier ministre.

François Santoni a alors le sentiment qu'il y a un certain décalage entre les positions de Matignon et celles de la place Beauvau... Jean-Louis Debré reporte constamment sa venue en Corse, craignant un regain de violences lorsqu'il sera sur l'île. Finalement, entre Noël et le jour de l'an, un compromis est trouvé avec Léandri à la manœuvre. Le Canal historique remet une liste de propositions et décrète une trêve de trois mois. En réponse, le ministère propose un calendrier avec des trêves reconductibles à chaque échéance, et, *in fine*, une dissolution du FLNC-Canal historique. L'amnistie de ceux qui sont encore embastillés est prévue, un plan de reconversion pour les militants est envisagé, ainsi que des négociations sur les réformes institutionnelles. Le projet prévoit aussi la création de cent à cent cinquante emplois réservés. Le 2 janvier, le texte du Front est prêt. Celui-ci se serait bien contenté d'un communiqué, mais le ministre veut que l'on puisse dire que la quasi-totalité des clandestins se prononce en faveur de la négociation, et insiste pour qu'il y ait à cette fin une conférence de presse.

Celle-ci a finalement lieu dans la nuit du 11 au 12 janvier 1996. Quelques heures avant l'arrivée dans l'île de Jean-Louis Debré, le FLNC-Canal historique donne cette conférence de presse dans le maquis, non loin du village de Tralonca, en Haute-Corse. Les revendications sont lues par un porte-parole cagoulé ; elles sont sans surprise : reconnaissance du peuple corse, statut de TOM pour l'île, avec système fiscal spécifique, système éducatif adapté, refonte des services de transport et dissolution des deux conseils généraux...

Pour répondre aux exigences du ministre, le Canal historique a fait les choses en grand : quatre à six cents individus cagoulés et lourdement armés s'exhibent cette nuit-là. Les caméras s'attardent sur l'arsenal ultramoderne déployé : lance-roquettes jetables, lance-grenades, pistolets Glock ou Jéricho, fusils Galil pour le tir de précision à grande distance, pistolets-mitrailleurs Uzi, fusils-mitrailleurs allemands Heckler & Koch, M-16 américains, AK-47 soviétiques, fusils à pompe, etc. Si, dans un premier temps, le ministère fait savoir qu'il est satisfait, l'effet sur l'opinion va se révéler simplement désastreux et ruiner les espoirs d'une solution négociée, même si, le lendemain soir, Jean-Louis Debré répond point par point, et dans l'ordre, aux exigences des nationalistes formulées la nuit précédente...

Juppé, furieux, siffle la fin de la récréation. Devant les élus de Corse qu'il reçoit le 16 janvier à Matignon, il récuse en bloc les propos de son ministre de l'Intérieur. Debré est désavoué. Sur le terrain, la réponse ne se fait pas attendre : attentats et mitraillages reprennent de plus belle.

Pour le leader de la Cuncolta naziunalista, il est temps de calmer le jeu. Il faut tenter de trouver une médiation avec le MPA et son leader, Alain Orsoni. Gilbert Casanova, président de la chambre de commerce – et, on l'a vu, proche d'Orsoni –, reçoit dans son bureau une délégation de la Cuncolta conduite par Santoni afin d'essayer de trouver une sortie de crise. Sur le chemin du retour, Santoni s'arrête chez Jean-Jé Colonna. Après un échange rapide, les deux hommes s'enferment et abordent en tête à tête non seulement les conséquences du conflit qui oppose les deux ex-branches du FLNC, mais aussi les effets calamiteux de la conférence de Tralonca à la suite de laquelle le gouvernement d'Alain Juppé a rompu toute négociation avec les nationalistes[1].

Ladite conférence de presse aura eu un autre effet : la nomination d'un nouveau préfet.

---
1. Voir *Les Parrains corses*, *op. cit.*, p. 333.

23.

Le préfet contre le « rêve cubain » des Corsico-Africains et natio-mafieux de tout poil[1]

L'homme qui arrive en Corse par le vol de 11 h 55, au matin de ce 11 février 1996, sait que sa mission sera la plus ardue de sa déjà longue carrière. Claude Érignac est né le 15 décembre 1937 à Mende, en Lozère. Ancien élève de Sciences Po, il entre au début des années 1960 dans la carrière préfectorale. Ses proches le décrivent comme un homme de convictions et de dialogue, charismatique, sportif, passionné de cyclisme, profondément attaché à sa terre natale. Doué d'une vraie volonté d'agir, il a la réputation d'être ferme. En Corse comme ailleurs, il ne vient pas pour faire de la figuration et ne sera certes pas un préfet potiche. Alain Juppé l'a convaincu qu'il était l'homme qui pourrait incarner le changement de politique sur l'île de Beauté : « On a surestimé les nationalistes, lui a dit le Premier ministre, et voilà le résultat. On ne négociera plus jamais avec ces terroristes[2]. »

---

1. Ce chapitre doit beaucoup à l'excellent livre d'Alain Laville intitulé *Un crime politique en Corse*, op. cit.
2. *Ibid.*

À sa bio officielle et aux conditions de sa nomination, il conviendrait d'ajouter quelques éléments moins élogieux et/ou plus ambigus. Il a échoué au concours d'entrée à l'Ena. Plutôt que de fermeté, certains de ses collaborateurs parlent à son sujet de brutalité. « Il était très dur. Il nous laissait la bride courte », se souvient Didier Vinolas, son secrétaire général à Ajaccio. À la fin des années 1980, alors qu'il était « dir cab' » du ministre de la Coopération, il a eu, on l'a vu, des relations avec Robert Feliciaggi à l'occasion d'un prêt « FAC » accordé à Agricongo, création d'Elf et de Bob, contre l'avis de son administration. Celui-ci répand depuis lors des rumeurs désagréables à son sujet. Or Feliciaggi est devenu un personnage politique important en Corse. Quand on connaît la puissance de la GLNF[1] sur l'île, il est permis de se demander si son appartenance à cette obédience maçonnique, où il a été initié avec l'ancien ministre radical Olivier Stirn et parrainé par Marc Kunstlé, alors chargé de mission au Service d'information et de diffusion (SID) du Premier ministre, n'a pas été un élément déterminant dans sa nomination.

Moins connue, la situation délicate du préfet, alors en poste dans les Yvelines, à la suite de l'affaire Laurent Wetzel, victime en juin 1995 d'un internement arbitraire. Né en 1950, élève de Normale Sup, section lettres classiques, professeur, collaborateur d'Alain Peyrefitte dans la rédaction du *Mal français*[2], Wetzel avait été, en 1989, élu maire de Sartrouville, deuxième commune du département. Il sollicitait sa réélection en juin 1995. À minuit cinq, le 18, jour du second tour, le commissaire de police Bertrand Affres, entouré de cinq agents de la BAC, l'ar-

---

1. Grande Loge nationale française.
2. Éditions Plon, 1976. Réédition chez Fayard, 2006.

rête et l'embarque à bord d'une ambulance pour l'hôpital Sainte-Anne. Le maire sortant de Sartrouville est empêché de téléphoner à un avocat, à un médecin et même à son épouse. Malgré l'avis du médecin de garde à Sainte-Anne pour qui Wetzel ne présente « pas de troubles maniaques, ni dépressifs, ni dissociatifs, ni le moindre comportement anormal », la direction de l'hôpital l'interne pendant douze jours sur ordre du préfet Érignac. L'affaire fait du bruit. Après l'élection du RPR Pierre Fond, le scrutin est annulé par le tribunal administratif « en raison des rumeurs calomnieuses » colportées sur le maire sortant. Mais, bizarrement, le Conseil d'État confirme l'élection de son adversaire RPR. Wetzel s'agite, écrit[1], parle, met en cause le préfet et ses autorités de tutelle, Jean-Louis Debré, ministre de l'Intérieur, et Alain Juppé, Premier ministre. La section du parti communiste de Sartrouville, pourtant farouche adversaire de Laurent Wetzel, parle de « l'utilisation, en toute illégalité, de l'hôpital psychiatrique pour éliminer de force un candidat gênant », et conclut : « Pourquoi, après ce coup de force, le pouvoir a-t-il muté en Corse le préfet des Yvelines ? »

Avant de gagner Ajaccio, Claude Érignac ne peut éviter une rencontre avec Daniel Léandri, censé être au fait des particularismes locaux et de la situation sur le terrain. Grand serviteur de l'État, le préfet n'apprécie pas ces hommes de l'ombre qu'il surnomme « les égoutiers ». Il sait parfaitement que Léandri a joué un rôle majeur dans ce qu'il qualifie de « cirque » de Tralonca[2]. Entre le collaborateur de Pasqua passé au service de Jean-Louis Debré et

---

[1]. Laurent Wetzel a raconté cette histoire dans *Un internement politique sous la Ve République*, publié par Odilon Média en juin 1997.
[2]. *Un crime politique...*, *op. cit.* Voir *supra*, p. 291.

le nouveau préfet de région, le courant ne passe pas. Dès les semaines suivantes, celui-ci s'apercevra, sidéré, grâce à une note des RG, que celui-là a été signalé sur l'île sans même être passé par la préfecture...

Le 27 mars 1996, au cours d'un comité interministériel, Juppé évoque la création d'une zone franche à caractère strictement économique censée relancer l'activité en Corse. Le Premier ministre a parfaitement compris que les tractations secrètes initiées par Charles Pasqua et prolongées dans le même esprit sous Debré visaient à transformer l'île en zone *off shore*, du style « îles Caïmans ». Toujours ce « rêve cubain » dont il ne veut à aucun prix. Commence alors un bras de fer avec les nationalistes, soutenus par les grands mafieux et affairistes. Le voyage du Premier ministre en Corse, à la mi-juillet, se passe mal. Personne ne veut entendre parler de sa zone franche. François Santoni écrit un édito vengeur dans *U Ribombu*[1], intitulé « L'État massacre », et parle de la zone en question comme d'une « vaste escroquerie »...

Le préfet a vite fait de se rendre compte que la reprise en main de l'île de Beauté sera un travail de longue haleine. Il découvre aussi les points de vue divergents qui ont cours au sommet de l'État. « Si, chez Juppé, c'est blanc, chez Debré c'est noir », constate-t-il. Et lui préfère évidemment le blanc. D'autant que la politique de la main tendue aux nationalistes prônée par la place Beauvau va l'obliger à louvoyer encore, ce qui n'est pas dans ses manières habituelles. Avant de partir, le ministre de l'Intérieur lui a adressé ses recommandations qui tiennent en une formule : dialogue et fermeté plutôt que fermeté et dialogue...

---

1. Le 22 août 1996.

Contrairement aux apparences, le fil n'est pas tout à fait rompu entre le gouvernement et les nationalistes. En août, sur ordre du ministre, Bernard Squarcini a recontacté Santoni, histoire de tâter le terrain. Ce dernier lui a expliqué que le FLNC n'y croyait plus et allait reprendre ses opérations à plus grande échelle sur le continent. Le 12 août 1996, le palais de justice d'Ajaccio brûle on ne peut plus opportunément : le sinistre consume les archives du parquet, celles des deux procès de la catastrophe de Furiani et de nombreux dossiers d'instruction d'affaires criminelles en cours[1]. Le 26 septembre, une charge explosive détruit les locaux de la cour d'appel d'Aix-en-Provence. Pour couronner le tout, l'explosion de 40 kg de dynamite, le 4 octobre, revendiquée par le Canal historique, provoque d'énormes dégâts à la mairie de Bordeaux, fief d'Alain Juppé. Celui-ci se saisit en personne de la gestion du dossier corse et procède à une épuration des « pasquaiens » au ministère de l'Intérieur. Daniel Léandri est muté, Claude Guéant également ; Bernard Squarcini ne doit son salut qu'à l'intervention d'Alexandre Djouhri, ex-délinquant blanchi par son passage dans la mouvance Pasqua, qui a su se rétablir et trouver ses entrées à l'Élysée via le secrétaire général, Dominique de Villepin[2].

François Santoni est mis hors jeu pour un délit mineur remontant à 1993. Le leader de la Cuncolta, alors en pleine période de négociations avec Pasqua, avait été contrôlé en possession d'une arme. Si le gouvernement de l'époque lui avait garanti qu'il n'y aurait pas de suites, les événements ont modifié la donne. À l'issue d'un imbroglio juridique, Santoni est condamné en appel à quatre mois de prison

---

1. Guy Benhamou, *Libération*, 2 août 1996.
2. Voir *La République des mallettes*, *op. cit.*

ferme, le 26 octobre 1996, pour « utilisation et transport irrégulier d'arme à feu ». Absent à l'audience, il est depuis lors en cavale. Le 24, le RAID tente une opération d'envergure pour l'arrêter. Prévenu par un service parisien, il a le temps de s'esbigner. Malgré sa cavale, un représentant de Matignon trouve moyen de le contacter pour lui proposer un *deal* : en échange de son départ pour l'étranger, on lui promet un substantiel soutien financier. Le gouvernement semble prêt à se montrer généreux pour inciter ceux qui sont jugés indésirables à sortir du jeu. Mais Santoni refuse. Quelques jours plus tard, le juge Bruguière, chargé d'une nouvelle affaire d'extorsion au golf de Sperone, revendiquée par le Canal historique, l'accuse, ainsi que sa compagne Marie-France, d'en être l'instigateur. Le 16 décembre, alors qu'elle s'apprête à prendre l'avion à Bastia, Marie-France est cueillie par les services de police. Prévenu, Santoni décide de ne pas prendre la fuite. L'après-midi même, il se rend et est aussitôt placé en détention[1].

Fini donc, les apartés et les arrangements entre les « pasquaiens » et les Corses. Le préfet Érignac entend agir au grand jour, rétablir l'état de droit et faire appliquer les lois de la République sur l'île. À cette fin, il ouvre tous les dossiers délicats, prépare les fichiers de tous ceux, nombreux, qui outrepassent la « ligne jaune », attaque de front des personnalités qui avaient l'habitude d'être protégées, s'intéresse aux liens entre mafieux et nationalistes, se heurte aux spéculateurs fonciers qui souhaitent bétonner à outrance le littoral et à ceux qui aspirent à faire de la Corse un gigantesque Las Vegas...

Claude Érignac a compris qu'en Corse, l'argent est le maître mot : « Chaque fois que j'ouvre un dossier, lâche-t-il

---

1. In *Pour solde de tout compte*, op. cit.

en privé, c'est pourri. Il y a des enjeux d'argent partout[1]. »
Il redoute désormais que l'île soit dotée du statut de territoire d'outre-mer qu'un certain nombre d'acteurs – Robert Feliciaggi en tête – cherchent à imposer : cela reviendrait à créer une enclave hors la loi, ouverte aux affairo-mafieux. Pas étonnant qu'il commence à faire rapidement l'objet de menaces.

Le préfet républicain s'inquiète de l'introduction sur l'île d'importants capitaux occultes, notamment dans le sillage d'Alain Orsoni et Gilbert Casanova, président de la chambre de commerce, étiqueté MPA (Mouvement pour l'autodétermination), de moins en moins nationaliste mais de plus en plus affairiste. Le préfet a du mal à comprendre qu'un personnage comme Orsoni puisse encore bénéficier de réels soutiens parmi les nationalistes sincères. À l'époque, selon un rapport de l'OCRB (Office central de répression du banditisme), il se serait en effet reconverti dans « des opérations de blanchiment de fonds » et ferait « sous de fausses identités de fréquents voyages à Gênes ou à Naples où il entretiendrait des contacts avec des individus liés à la Camorra napolitaine. Ces opérations seraient réalisées à travers la même banque à Paris et à Gênes[2] ». Une note de Demetrius Dragacci, patron du SRPJ d'Ajaccio, parle de son côté de « relations notoires et amicales » avec Lillo Lauricella, trésorier de la famille sicilienne des Santa Paola. Le préfet s'évertue à comprendre le combat que se livrent François Santoni et Alain Orsoni pour s'arroger une part importante du butin généré par le contrôle de l'île de Cavallo. Jusqu'à l'arrestation, le 3 septembre 1998, de Lauricella, les mafieux italiens « arrosaient » les

---

1. *Un crime politique...*, *op. cit.*
2. *Ibid.*

deux leaders, mais, après la reprise en main de l'île par le mafieux romain Vignuzzi, c'est Santoni qui aurait été privilégié...

En juillet 1996, par suite d'un attentat à la voiture piégée, Alain Orsoni avait pris ses distances avec l'activisme non sans accuser le gouvernement d'avoir pactisé avec le FLNC-Canal historique. Il s'agit là, bien sûr, d'une accusation dénuée de fondement, d'autant plus que, pour certains, l'attentat en question aurait en fait été imputable... au MPA ! Orsoni va désormais séjourner plus souvent à Miami et en Amérique du Sud que sur l'île de Beauté...

Huit mois après l'arrivée du préfet au palais Lantivy, à Paris la droite est déboulonnée et Lionel Jospin remplace Alain Juppé à Matignon. Jean-Pierre Chevènement s'installe à l'Intérieur. Le nouveau ministre est sur la même ligne politique que son prédécesseur de droite. Il s'apprête d'ailleurs à poursuivre l'action de rétablissement de l'ordre entamée huit mois plus tôt par le gouvernement Juppé. Néanmoins, le rigorisme républicain de Chevènement n'est pas, loin s'en faut, partagé par l'ensemble de la nouvelle majorité plurielle. De quoi compliquer la donne. « Au fond de lui-même, tout au moins dans sa majorité "rocardo-jospinienne", le Parti socialiste n'avait pas renié sa vieille inclination à l'"autonomisme". Les socialistes qui avaient raté la décolonisation voulaient réussir quelque part[1] », expliquera plus tard l'élu de Belfort. Pour l'heure, néanmoins prisonnière de l'exploitation qu'elle a faite de la conférence de presse de Tralonca, la nouvelle majorité s'en tient à une ligne de fermeté. Le discours du Premier

---

1. In *Défis républicains*, Jean-Pierre Chevènement, Fayard, 2004, p. 346.

ministre sur la Corse s'inscrit dans la lignée de son prédécesseur : « L'état de droit ne doit pas souffrir d'exception. En Corse comme partout ailleurs sur le territoire national, le gouvernement veillera au respect de la loi républicaine auquel la population aspire et sans lequel il n'y a pas d'essor possible. » Dans l'autre camp, pour saluer l'arrivée au pouvoir de la gauche et lui faire un appel du pied, le FLNC-Canal historique décrète une « suspension des actions militaires pour permettre au nouveau gouvernement de la France, après la déroute de la droite, de se mettre en place et de réfléchir à une politique concrète à mener en Corse[1] ».

Claude Érignac espère qu'à la faveur des nouvelles élections il va pouvoir rentrer en métropole, même s'il se sent plutôt en phase avec le nouveau ministre. La mission qu'il conduit avec tant d'ardeur l'éreinte. La politique clientéliste est en nette régression sur l'île. Il ne laisse passer aucune irrégularité. Ainsi rejette-t-il le schéma d'aménagement présenté par l'assemblée de Corse. Motif ? La loi sur la protection du littoral y était largement bafouée. Que cela contrarie d'énormes intérêts financiers et que certains élus lui en veulent plus ou moins ouvertement ne le fait pas dévier. Depuis son arrivée, il a annulé plus de cinquante permis de construire ! « Tant que je serai préfet, déclare-t-il, nous nous battrons contre la bétonisation. »

Mais, chemin faisant, Claude Érignac est en proie au doute. Fait exceptionnel chez cet homme discret, il s'ouvre volontiers de son malaise : « Ils auraient dû me laisser partir, déclare-t-il à ses proches ; je connais trop de difficultés, trop de menaces. J'en ai presque trop fait en si peu de temps. Il faudrait un homme neuf sur le dossier

---

1. In *Pour solde de tout compte, op. cit.*, p. 108.

corse[1]. » Mais il lui faut rester et il va continuer à tenir à jour ses fichiers, à traquer tous ceux qui, selon lui, tirent la Corse vers le bas.

Il s'intéresse de plus en plus à la mouvance Pasqua et aux Corsico-Africains. Il tient dans son collimateur la nébuleuse dont Robert Feliciaggi est devenu la figure emblématique. De même l'ex-collaborateur de celui-ci, Noël Pantalacci, devenu président de la Cadec, qui consent des prêts « clientélistes » non remboursables, notamment à Jean-Jé. De même Daniel Léandri, éminence grise de Pasqua, mais aussi bien le député Denis de Rocca Serra dont Bob a été le suppléant aux législatives du printemps 1997. De même Toussaint Luciani, ex-OAS « de gauche », mais aussi (et surtout ?) Jean-Jé Colonna lui-même, que tout un chacun s'accorde à reconnaître comme le vrai parrain de l'île, à tout le moins de la Corse-du-Sud... Tous ces gens disposent de beaucoup d'argent plus ou moins propre qu'ils souhaitent investir sur l'île afin d'en prendre le contrôle, en commençant par mettre la main sur l'Assemblée territoriale. En résumé, le préfet s'intéresse de près aux amis de Pasqua et à leur rôle sur place. Il s'interroge quand l'ex-ministre en personne vient y installer Demain la Corse[2], escorté de Paul Natali et des adversaires de Jean-Paul de Rocca-Serra, tous corsico-africains... « On ne peut rien comprendre à la Corse si on n'essaie pas de démêler tout cela », confie-t-il à ses proches.

Claude Érignac pose des actes symboliques, aisément déchiffrables par ceux qui ont tôt fait de devenir ses ennemis irréductibles. Ainsi refuse-t-il à Jean-Baptiste Andréani,

---

1. *Un crime politique...*, *op. cit.*
2. Déclinaison régionale du mouvement Demain la France lancé par Charles Pasqua.

patron de la société Kallisté, qui s'occupe de la sécurité de l'aéroport de Figari, mais aussi de la protection de la superbe villa d'André Tarallo, la possibilité d'exercer son métier. Découvrant l'ampleur des investissements de l'ancien « Monsieur Afrique » d'Elf dans cette villa, le préfet estime qu'« un tel investissement doit être surveillé ».

Il ne lui échappe pas non plus que les Corsico-Africains se démènent beaucoup pour s'implanter politiquement dans l'île. Après avoir été le suppléant de Denis de Rocca-Serra aux législatives du printemps 1997, « Bob » Feliciaggi se prépare à postuler aux élections de mars 1998 à l'assemblée de Corse aux côtés de son ami Noël Pantalacci. En attendant, pour cultiver sa popularité, le maire de Pila-Canale a investi beaucoup d'argent pour racheter le Gazélec, club de football d'Ajaccio qui a reçu de la mairie des subventions « choquantes ».

Robert Feliciaggi est particulièrement irrité par l'acharnement dont le préfet fait montre à son encontre et envers ses amis. Il croyait entretenir de bonnes relations avec lui depuis l'obtention du prêt « FAC » consenti naguère à Agricongo. Un proche ami de Bob m'a déclaré que le Corsico-Africain fut même reçu au palais Lantivy, qu'il rappela au préfet leurs anciennes relations en vue d'obtenir son soutien dans ses projets concernant le casino d'Ajaccio et la caserne Montlaur[1]. L'entretien se serait mal passé, le visiteur se heurtant à une fin de non-recevoir de la part de Claude Érignac.

Le préfet s'attaque aussi à la nébuleuse Jean-Jé, il rejette la demande de la mairie d'Ajaccio de doubler le nombre de bandits manchots du casino dont l'installation avait été autorisée par Charles Pasqua en dépit de l'avis contraire de

---

1. Voir *infra*, p. 308.

la Commission des jeux. Tracfin a découvert des retraits d'espèces sans justificatifs pour un total de 11,625 millions de francs entre 1994 et 1997. Le SRPJ d'Ajaccio estimera que « la façon dont les espèces ont été extraites des comptes bancaires laisse à penser qu'elles ont été destinées à une tierce personne ». Qualifié d'« associé occulte » par la justice, l'inconnu aurait donc reçu près de cinquante pour cent des dividendes générés par le casino, et ce sans rien apporter en retour[1]. Pour Claude Érignac, ledit associé occulte ne serait autre que Jean-Jé Colonna...

Pour mettre son veto à la requête de la mairie, le préfet brandit d'abord l'argument moral : le casino n'est distant que de quelques centaines de mètres du lycée Fesch, et il est courant que des élèves, mais aussi des gens âgés, peu fortunés, viennent y jouer. Pour contrer ce refus, Noël Pantalacci, gérant de la Cadec, monte au créneau ; il rétorque au préfet qu'« on n'oblige personne à jouer. L'exploitation des machines à sous est légale, et les gens attendront moins pour prendre leur tour ». Pour sa part, Érignac y voit plutôt un « collecteur d'impôt parallèle », alors que la ville vient juste de passer avec les banques une convention encadrant ses finances pour cinq ans. L'interdit préfectoral n'est pas suivi : le 27 juin 1997, dans une première délibération, le conseil municipal vote un avis favorable. Qu'à cela ne tienne : le préfet n'est pas homme à s'avouer vaincu et il va dès lors tout mettre en œuvre pour retarder l'échéance. Il ordonne une nouvelle enquête publique. Celle-ci penche également en faveur de l'extension du parc, moyennant la recommandation d'ouvrir après 17 heures au lieu de 15 heures, une fois les lycéens rentrés chez eux. La seconde délibération du conseil municipal, le

---

1. Voir *Les Parrains corses*, op. cit.

17 novembre, confirme la première par 38 voix contre 4. Cette fois, les arguments des « pour » sont plus aiguisés : en jeu, la création d'une dizaine d'emplois supplémentaires du fait de l'activité décuplée du casino, donc l'intérêt touristique indéniable que revêt son développement.

Invoquer l'emploi comme argument pour créer des machines à sous, voilà qui reste en travers de la gorge du préfet ! Même s'il n'a pas de pouvoir décisionnaire, il n'en émet pas moins un avis très défavorable auprès de la Commission des jeux dans une lettre qu'il prend soin de rédiger de sa main.

De son côté, Noël Pantalacci, défenseur des machines à sous, ne décolère pas. Proche de Jean-Jé Colonna et de Robert Feliciaggi, celui qui aime à être surnommé « le premier des Africains de Pasqua » est un homme de grande influence à Ajaccio. L'attitude de ce préfet qu'il juge imbu de son pouvoir le met hors de lui. À n'en pas douter, Érignac s'est fait là un adversaire de taille, un « ennemi intime ». Comme à son habitude, le préfet ne s'en soucie guère. C'est qu'en marge de cette épreuve de force il tient à faire savoir à ceux qui placent des machines à sous clandestines dans les bars de l'île qu'ils ont désormais face à eux un opposant déterminé.

La bataille entre le préfet et Noël Pantalacci ne se limite pas aux bandits manchots. Ils s'affrontent à propos de l'attribution de la concession de l'exploitation des parkings d'Ajaccio à une société privée dirigée par... le même Pantalacci. Le *deal* est on ne peut plus étrange : la ville paie toutes les charges tandis que le concessionnaire empoche toutes les recettes. L'un des contrats porte sur la place Abbatucci, site inscrit en « espace boisé classé ». Refus du préfet. La municipalité contourne l'obstacle en édictant un avenant concernant le lieudit Marconajo, avec extension du parc et donc davantage de parcmètres. Pour le préfet, il s'agit là d'une atteinte substantielle à la loi Sapin sur la transparence de la gestion publique ; il demande l'annulation de l'avenant et un nouvel appel d'offres pour l'ensemble du contrat. Cette fois, le tribunal administratif lui donne raison.

La caserne Montlaur – la citadelle de Bonifacio –, mise en vente par le ministère de la Défense, fait fantasmer tous les mafieux locaux. En 1996, Lucien Longo, directeur de la Société insulaire de construction, s'en porte acquéreur pour le compte du mafieux italien Lillo Lauricella, alors en prison, et de la « famille de Catane », désireux d'y aménager un complexe touristique avec casinos. Longo a déjà réalisé des travaux de gros œuvre sur l'île de Cavallo pour le compte de Lauricella. À partir de mars 1997, ce dernier et Jules Filippeddu, proche de « Bob » Feliciaggi, appartenant à la mouvance Pasqua[1], s'efforcent, par de multiples interventions, d'obtenir une vente de gré à gré plutôt qu'en réponse à l'appel d'offres public prôné par le préfet Érignac. Celui-ci a gain de cause à la fin de l'année.

Le préfet a bel et bien choisi la confrontation avec les Corsico-Africains pasquaiens Robert Feliciaggi, Toussaint Luciani, Noël Pantalacci, Jules Filippeddu et leur ami Jean-Jé, appuyés, dans l'ombre, sur Daniel Léandri, Jean-Charles Marchiani et consorts. Contre l'avis du préfet, tous veulent, en vertu de la décentralisation, soustraire à Paris et étendre à la région Corse la compétence sur l'implantation et le contrôle des casinos.

---

1. C'est lui qui avait défrayé la chronique en 1986 pour avoir hébergé au Brésil Yves Chalier, directeur de cabinet de Christian Nucci, ministre de la Coopération, muni, on l'a vu, d'un « vrai-faux » passeport délivré par le cabinet du ministère de l'Intérieur.

Il n'est pas inintéressant, à ce stade, de signaler qu'à Paris la justice et l'État ont entamé leur traque contre Pasqua et ses amis. Sous l'impulsion de Matignon, mais en accord avec l'Élysée, la DGSE mène des enquêtes approfondies sur les réseaux existant en Afrique, donc sur les Corsico-Africains, « Bob » Feliciaggi et Michel Tomi en tête. La DGSE aurait ainsi approvisionné par des moyens indirects – lettres anonymes, notamment – les juges chargés de l'affaire Elf, puis de l'Angolagate. On se souvient ainsi des missives non signées envoyées au juge Eva Joly lui recommandant de s'intéresser « à la branche mafieuse reliée aux réseaux Pasqua ».

« Je sens que nous allons compter les semaines », lâche Claude Érignac quand, à la fin 1997, il apprend qu'il va enfin rentrer sur le continent. À son ami Antoine Rufenacht, maire du Havre, il confie : « Je suis soulagé, c'est fait. Au printemps, je serai ailleurs. » Mais, avant ce retour fixé pour avril, il lui reste à mener à bien une ultime mission : organiser les élections territoriales du mois de mars suivant à l'assemblée de Corse.

Lionel Jospin voudrait relancer les négociations rompues avec les nationalistes depuis l'affaire de la conférence de presse nocturne de Tralonca. La trêve décrétée par les « natios » après son accession à Matignon se prolonge. François Pupponi, maire de Sarcelles, est mandaté pour aller sonder François Santoni, alors en prison. Las, les anciens amis de ce dernier décident, le 25 janvier 1998, de rompre la trêve et de reprendre le cycle des attentats...

Plus que d'autres, Claude Érignac ressent l'usure du pouvoir. Chaque dossier ou presque est pour lui un combat qui lui crée de nouveaux ennemis. Ses six derniers mois ont été terribles. Il se sent seul contre tous dans sa volonté de faire prévaloir l'état de droit. Les membres de son équipe préfectorale sont mutés les uns après les autres. Il leur souhaite sincèrement bonne chance, et les envie. Du fait de ces départs, son équipe est moins homogène, alors que, la fatigue aidant, il aurait un besoin plus pressant de s'appuyer sur elle. Pourtant, fidèle à lui-même, il ne lâche rien. Jusqu'au bout, consciencieusement, il mène la mission qu'on lui a confiée en dépit des nombreuses menaces de mort qu'il a reçues[1]. Il tient d'ailleurs à vivre « comme avant », sans protection, libre d'aller et venir à sa guise.

---

1. Voir *Un crime politique...*, *op. cit.*

24.

Assassinat d'un préfet

Le vendredi 6 février 1998 au soir, le préfet Érignac dîne sur le pouce, passe quelques coups de fil, dont le dernier à son fils Charles-Antoine, puis monte avec sa femme dans sa Safrane de fonction. Il va arriver en retard au concert *Musique en Corse* qui a lieu au théâtre-cinéma *Le Kallisté*. Il remonte le cours Napoléon, l'artère principale d'Ajaccio, puis, à partir du feu de l'avenue Beverini-Vico, il ralentit pour ne pas rater l'avenue Colonel-Colonna-d'Ornano qui monte sur la gauche. C'est un quartier qu'il connaît mal, parce qu'il y vient rarement. Il n'est pas plus de 20 h 45 quand la Safrane s'engage dans l'avenue, sombre et sinistre. Le préfet roule au pas, cherchant une place où se garer. Il tourne un peu, mais, faute de place, dépose sa femme devant le théâtre. Sitôt descendue, Dominique Érignac est rejointe par Joseph Colombani, trésorier de l'association « Musique en Corse », qui tient à accueillir lui-même le préfet. Par réflexe, il regarde sa montre : il est 20 h 58. Vu l'heure avancée, Colombani décide de faire conduire sans attendre Mme Érignac à sa place, au premier rang du balcon. Elle est escortée par Mathilde Muffragi, membre de l'association, tandis que le trésorier attendra que le préfet ait rangé sa Safrane.

Le préfet continue à tourner en quête d'une place. Soudain, dans la salle du *Kallisté*, le noir se fait. Le chef François-Xavier Bilger entre en scène. Aux applaudissements succède un très court silence avant que retentissent les premières mesures de la *Symphonie inachevée* de Schubert. Dominique Érignac se retourne sans cesse vers l'entrée : que peut bien faire son mari ? Fataliste, elle se dit peut-être que, s'estimant trop en retard, il est resté au fond de la salle pour ne pas perturber le jeu des musiciens.

À cent cinquante mètres de là, sur le cours Napoléon, Claude Érignac vient enfin de trouver une place. C'est d'un bon pas qu'il se dirige à présent vers le théâtre. Il n'a d'ailleurs même pas pris la peine de ranger la clé de sa voiture, qu'il tient encore à la main. Devant l'entrée du *Kallisté*, Joseph Colombani est désormais seul. Au loin, il aperçoit une silhouette qui marche dans sa direction, à hauteur de la station-service Shell, mais il n'identifie pas encore le préfet. À l'orée de l'impasse qui porte aussi le nom de Colonel-Colonna-d'Ornano, deux hommes ont emboîté le pas au préfet. N'y prêtant pas attention, Érignac change de trottoir et presse l'allure sans se retourner. Dans son dos, l'un des deux hommes se tient si près de lui qu'il pourrait le toucher. L'homme agit à visage découvert, il ne porte ni casque ni cagoule. Claude Érignac ne peut pas voir qu'il tient à la main un pistolet automatique, un Beretta 1992 F fabriqué sous licence par la Manufacture de Saint-Étienne. Soudain, l'inconnu lève le bras, l'arme au poing. Le geste est net, sans l'ombre d'une hésitation. Une détonation retentit. D'où il est placé, Joseph Colombani voit la scène sans pour autant distinguer les visages. La balle atteint le préfet en pleine nuque. Foudroyé, il s'écroule face contre le béton. Le tireur s'apprête à tirer une seconde fois, mais l'arme s'enraye. Avec un calme impressionnant et une maîtrise qui trahit un homme expérimenté, il réarme et ouvre à nouveau le feu à deux reprises. Toujours en visant la nuque. Derrière lui, son complice lui assure une couverture rapprochée, à la manière d'un garde du corps. Les tueurs s'enfuient en refluant dans l'impasse. En son milieu, le tireur prend le temps de s'accroupir pour lâcher délicatement à terre l'arme du crime. Puis, deux mètres plus loin, il balance le chargeur avant de disparaître.

Il est 21 h 05. Le préfet Claude Érignac est mort.

25.

L'enquête

Qui a donc tué le préfet ? La même interrogation avait déjà fait la une des journaux en janvier 1886. Le 13, Jules-Marc-Antoine Barrême, préfet d'Évreux, avait pris le train, à 18 h 45, à la gare Saint-Lazare. Vers 21 heures, un cheminot découvrait son corps sur le ballast, à quelques centaines de mètres de Maisons-Laffitte, la tête trouée d'une balle de revolver. L'assassin ne fut jamais retrouvé. Au contraire, dans le cas du préfet Érignac, la justice a trouvé et condamné les exécutants de l'assassinat, Yvan Colonna en tête. A-t-elle pour autant *tout* trouvé ?

Dix-neuf mois après le début des investigations, une commission sénatoriale, sous la houlette de René Garrec, les a décortiquées[1] et a conclu que « l'enquête sur l'assassinat du préfet Érignac illustre jusqu'à la caricature les dysfonctionnements et la concurrence entre les services chargés de la sécurité en Corse ». Les sénateurs ont d'abord estimé qu'elle avait été mal engagée par le SRPJ d'Ajaccio : d'emblée, le conflit entre Roger Marion, chef de la DNAT[2], saisie de l'affaire, et Demetrius Dragacci,

---

1. Le 16 novembre 1999, René Garrec a déposé son rapport intitulé *La Sécurité en Corse : un devoir pour la République*.
2. Division nationale antiterroriste.

chef du SRPJ d'Ajaccio, était patent, handicapant manifestement la recherche de la vérité. Les deux hommes étaient en désaccord sur la méthode, et le premier, soutenu par le préfet Bonnet, successeur de Claude Érignac à Ajaccio, allait obtenir le départ du second à la fin avril 1998.

Le fait que l'arme du crime ait été un pistolet dérobé dans la nuit du 5 au 6 septembre 1997 à un gendarme lors de l'attaque de la brigade de Pietrosella, que l'enquête sur cette attaque, confiée à la gendarmerie, n'ait pas été menée avec grande diligence a abouti à son dessaisissement par le juge antiterroriste Thiel. Les sénateurs parlent à ce propos de la « susceptibilité d'un juge ombrageux », mais reconnaissent que la tension a été portée à son comble par l'intervention incontestable de la gendarmerie dans l'enquête sur l'assassinat du préfet dont elle n'était pas saisie. C'est par le biais de l'enquête sur l'attaque de la brigade de Pietrosella que la gendarmerie, encouragée par le préfet Bonnet, a recherché l'identité des assassins. Par l'intermédiaire d'une « gorge profonde » qu'il désignera sous l'*alias* Corte, Bonnet obtiendra le premier de très bonnes informations qu'il demandera au colonel Mazères, commandant la gendarmerie en Corse, de vérifier. Dès août-septembre, Corte aura livré les noms des trois principaux membres du commando, dont Alain Ferrandi, chef de l'agence Hertz à Ajaccio.

À propos de l'indicateur, le préfet Bonnet écrit : « Corte, un émissaire ? L'hypothèse est probable. Corte est un ancien terroriste du FLNC, rien d'étonnant à ce qu'il se soit consulté avec des responsables du mouvement de Haute-Corse avant de venir me voir. » Pourquoi ? « La majorité des nationalistes, comme tous les corsistes[1], espérait une plus large autonomie. Or, Corte m'a toujours

---

1. Partisans de l'indépendance politique de l'île.

affirmé que Lionel Jospin, alors Premier ministre, n'aurait jamais concédé un nouveau statut à l'île tant que les assassins du préfet n'auraient pas été arrêtés. De là la nécessité, pour d'autres composantes du mouvement nationaliste, de dénoncer le commando des indépendantistes dissidents qui refusaient tout dialogue avec l'État. » Corte a-t-il été rémunéré pour ses confidences ? Bonnet répond[1] : « N'étant plus assuré des raisons qui ont réellement déterminé Corte à me livrer les noms des assassins, je ne peux toutefois exclure qu'il ait pu bénéficier, à mon insu, de fonds secrets. »

Le dessaisissement de la gendarmerie a donc eu un effet paradoxal, estiment les sénateurs. La gendarmerie a en effet levé le voile sur l'identité de la quasi-totalité des tueurs, même si ces révélations exigeaient encore d'être étayées par des preuves. Or elle se trouve dessaisie au profit de la DNAT, orientée encore à cette date sur une tout autre piste, la « piste agricole », à partir de deux communiqués du groupe « Sampieru » désignant Marcel Lorenzoni, éleveur de porcs, nationaliste, comme coupable.

Les sénateurs soulignent ensuite la longue et inexplicable inertie des magistrats parisiens après la réception des « notes Bonnet ». Ainsi Roger Marion, responsable de la DNAT, nouveau patron de l'enquête, n'a pas été directement le destinataire de ces informations. Il aura fallu attendre janvier 1999 pour que la DNAT reçoive ces notes du ministère de l'Intérieur... La commission d'enquête sénatoriale tient d'ailleurs à souligner que, « s'il convient de se féliciter de l'arrestation des véritables coupables en mai 1999, à l'exception notable du tueur présumé, votre commission tient à souligner la contribution du préfet

---

1. In *À vous de juger. Corse, contre-enquête sur une affaire d'État*, Flammarion, 2001.

Bonnet à l'enquête, ses notes ayant indéniablement servi de support, à partir de janvier 1999, aux investigations des services en charge de l'enquête ».

Le 21 mai, alors que le préfet Bonnet est entendu par le juge Cambérou, chargé de l'instruction de l'affaire des paillotes[1], neuf personnes sont appréhendées, à savoir : Alain Ferrandi, Pierre Alessandri, Didier Maranelli et Marcel Istria, ainsi que trois de leurs compagnes et deux autres militants nationalistes. Les principaux suspects sont ensuite conduits dans les locaux de la DNAT, rue des Saussaies, à Paris. Les enquêteurs obtiennent les aveux de trois des individus gardés à vue en faisant tomber leurs alibis. Ils s'appuient, pour ce faire, sur les communications passées dans les minutes qui ont précédé l'assassinat entre un portable localisé à proximité de la préfecture et un autre dans le secteur du théâtre, sachant que l'un de ces appareils avait pour utilisateur Alain Ferrandi, déjà sous surveillance policière depuis décembre 1997.

Les sénateurs s'interrogent sur le choix peu judicieux de la date de déclenchement des opérations d'interpellation et insistent longuement sur le « loupé » qu'a constitué la fuite d'Yvan Colonna. Dans la nuit du vendredi au samedi, la compagne de Didier Maranelli reconnaît avoir fourni un faux alibi à son compagnon. Les aveux de Maranelli interviennent, eux, dans la nuit du samedi au dimanche. Il donne alors le nom des membres du commando et désigne Yvan Colonna comme l'assassin du préfet. L'interpellation de Colonna et de deux autres membres présumés du

---

[1]. Des gendarmes avaient admis avoir mis le feu, le 19 avril 1999, à une paillote implantée illégalement sur le domaine maritime, sur ordre du préfet Bernard Bonnet, lequel fut condamné à trois ans de prison, dont un an ferme.

commando est alors décidée pour la matinée du dimanche matin. Or, ce dimanche 23 mai au matin, si la DNAT interpelle effectivement Joseph Versini et Martin Ottavioni, Yvan Colonna, selon les dires de son frère, est « parti aux chèvres » quand les policiers se présentent dans son village, à Cargèse. Un juge chargé de l'instruction a admis devant la commission que la fuite d'Yvan Colonna était bel et bien un « loupé ». Il était en effet inexplicable, soulignent les sénateurs, que son interpellation n'ait pas été décidée plus tôt, ne fût-ce que dans la journée du samedi.

Les frères Colonna – Yvan et Stéphane – avaient fait l'objet d'une surveillance de la part du RAID et des renseignements généraux. La police pensait donc à leur implication possible. Les enquêteurs prétendent qu'ils ne disposaient d'aucune charge réelle contre Yvan Colonna au moment de la première vague d'interpellations, le vendredi 21 mai. Mais, dans la nuit du vendredi au samedi, la compagne de Didier Maranelli a précisé qu'Yvan Colonna était venu boire un café avec son compagnon le lendemain même de l'assassinat. Roger Marion et le juge Laurence Le Vert, qui suivent sur place les interrogatoires, n'ont pas estimé opportun d'interpeller Yvan Colonna à ce moment-là, mais le premier, conscient d'être en présence d'un « indice », a demandé aux renseignements généraux de « resserrer le dispositif » sur lui.

Alors qu'il ne reste plus qu'à arrêter Yvan Colonna, survient une bien étrange affaire, connue à midi, ce samedi 22 mai. *Le Monde* publie un scoop concernant l'enquête sur l'assassinat du préfet. L'article relate l'arrestation, opérée la veille, le 21 mai au matin, de quatre membres du commando : Alain Ferrandi, Jean Castela, Pierre Alessandri et Didier Maranelli. L'article de Jacques Follorou précise que « le groupe compte également d'autres figures qui n'ont pas été inquiétées, comme Joseph Caviglioli, gérant d'un motel à l'entrée de Cargèse, qui fut un temps au MPA et a rejoint depuis les rangs de Corsica viva. Dans son entourage, on note la présence de ses deux beaux-frères, Yvan et Stéphane Colonna. [...] Yvan Colonna, berger, a élevé ses enfants dans la seule langue corse avant qu'ils n'intègrent le système scolaire. Représentant la Cuncolta à Cargèse, il milite pour un nationalisme intransigeant. Stéphane Colonna, qui tient une paillote sur une plage voisine, paraît beaucoup plus modéré ».

On ne peut être plus clair : le soir même, Yvan Colonna prend le maquis, mais, avant de disparaître, il s'autorise un dernier pied de nez aux autorités sous la forme d'une interview diffusée le soir même au journal télévisé de TF1...

Jean-Pierre Chevènement ne décolère pas. Il considère ces agissements comme irresponsables, car on aurait voulu faire capoter l'enquête qu'on ne s'y serait pas pris autrement. Il s'en ouvre en privé aux responsables du journal parisien[1]. Le juge Bruguière partage cet état d'esprit : « Ma conviction profonde est que *Le Monde*, son rédacteur ou certains *lobbies*, ont cherché délibérément – je dis bien délibérément –, sachant que l'enquête progressait, à tout faire pour qu'elle ne sorte jamais ! Ce journal a joué contre l'État ! C'est mon sentiment profond, et c'est ma responsabilité de le dire : je répète que *Le Monde* a joué contre les intérêts supérieurs de l'État par une manœuvre délibérée et perverse tendant à faire en sorte que cette enquête n'aboutisse jamais[2]. »

---

1. Voir *Défis républicains*, *op. cit.*

2. Audition, le 9 septembre 1999, devant la commission d'enquête parlementaire sur le fonctionnement des forces de sécurité en Corse.

Yves Bertrand, directeur central des renseignements généraux, n'hésite pas à dire de son côté : « S'il nous a échappé, c'est à cause d'un article paru dans *Le Monde*, ce qui lui a laissé le temps de faire une conférence de presse et de disparaître[1]. »

Alors qu'il est lui aussi mis en cause pour n'avoir pas arrêté plus tôt Yvan Colonna, Roger Marion explique devant la commission sénatoriale que les charges pesant sur le berger corse étaient trop faibles pour envisager son interpellation avant que son nom n'ait été livré par Didier Maranelli. Marion se retourne alors violemment vers les renseignements généraux qu'il va jusqu'à accuser d'avoir prévenu Yvan Colonna de la surveillance dont il était l'objet. Cette grave accusation vise en réalité Bernard Squarcini, alors numéro 2 des RG.

Si je devais résumer l'enquête que j'ai menée sur ces investigations et la traque d'Yvan Colonna qui a suivi, je parlerais ici de « jeu de massacre ». Tous ceux que j'ai rencontrés se déchargent en effet les uns sur les autres.

En mai 1999, quelques hommes de la DNAT surveillent Yvan Colonna, y compris en cette journée du 22 où il intervient sur TF1 : « Nous avons l'ordre de Marion de ne pas l'interpeller alors que nous avions tous les éléments pour le faire et un bon dossier sur lui, notamment par la localisation de son téléphone », raconte le capitaine Max Marcet. Un de ses « tontons », comme il appelle ses indics, lui a dit avoir tous les éléments pour le « serrer », mais a demandé de l'argent pour rémunérer ses propres indics. Max Marcet rencontre le commissaire divisionnaire Dominique Abbenanti, chef d'antenne de la PJ de Bastia, trois

---

1. Audition du 29 juin 1999 devant la commission d'enquête parlementaire.

jours après le début de la cavale ; il lui demande « un peu de monnaie ». Une semaine plus tard, la monnaie n'est toujours pas arrivée. « J'ai laissé tomber », se souvient Marcet.

Ce souvenir recoupe en partie celui du capitaine Guy Ronzeau : « Grâce à un informaticien de notre équipe, nous avions localisé le portable de Colonna. Lors de la conférence de presse d'Yvan Colonna, le commissaire Lelièvre, adjoint de Marion à la DNAT, a demandé à son patron :

« "Est-ce qu'on le saute ?

« — Attendez", ont répondu le commissaire Marion et le juge Le Vert.

« Et Lelièvre de prévenir qu'il ne serait pas seul à porter le chapeau si on lui reprochait de ne pas avoir arrêté Colonna :

« "Si je trinque, vous allez tous trinquer…" »

Marcet et Ronzeau se souviennent qu'un an plus tard Bernard Squarcini et ses collaborateurs ont tenté de rencontrer leur « tonton Félix », celui qui disposait d'éléments suffisants pour « serrer » Colonna. Marcet dit avoir reçu directement un appel de Squarcini à ce sujet. Le capitaine estime que la démarche est alors trop tardive et dangereuse. Il n'en arrange pas moins la rencontre de Félix avec le Squale qui propose 150 « patates » (1,5 million de francs). Félix refuse : trop risqué…

La version de Ronzeau est quelque peu différente. Juste après avoir quitté Bastia, à la fin juillet 2000, affecté à la PJ de Lyon, il déjeune à l'*Olympic Bar*, sur la route de Vienne. Il est abordé par un individu qui se présente comme appartenant aux RG de Paris, membre du groupe qui a remplacé celui de Jean-Marc Dufour, chef de groupe à la cellule des RG du groupe « enquêtes réservées ». Vient rapidement sur le tapis la question du « tonton » surnommé

Félix, ancien nationaliste qui connaît les dessous de l'assassinat du préfet Érignac. Le type porte une valise pleine de billets et demande :

« Tu ne veux pas rencontrer mon patron ? »

Marcet et Ronzeau déclarent par ailleurs que, jusqu'en juillet 2003, la cavale de Colonna a été suivie de près. Ils affirment par exemple qu'il a été repéré en Italie où un flic des RG se serait même logé une balle dans le pied en cours de filature...

Yvan Colonna est finalement arrêté près d'Olmeto, le 4 juillet 2003, après s'être soustrait pendant plus de quatre ans à la justice. Le soir de l'arrestation, Nicolas Sarkozy, ministre de l'Intérieur, faisant fi de la présomption d'innocence, déclare imprudemment que « la police française vient d'arrêter Yvan Colonna, l'assassin du préfet Érignac ». Il faut dire que le ministre avait fait de cette arrestation une cause personnelle. C'est ainsi que Bernard Squarcini, aidé de son ami le commandant François Casanova, tous deux fins connaisseurs des milieux aussi bien nationalistes que mafieux, sont devenus les traqueurs du fugitif. « Squarcini traitait directement Richard Casanova [un des fondateurs de la Brise de mer] qui l'a, avec d'autres [allusion notamment à Antoine Nivaggioni, ami d'Alain Orsoni], mis sur la piste de Colonna[1]. »

Le lundi 2 mai 2011 s'ouvre le troisième procès d'Yvan Colonna. Celui-ci est condamné pour la troisième fois à la réclusion criminelle à perpétuité sans période de sûreté par la cour d'assises spéciale de Paris. Soit une peine équivalente à celle qui avait été prononcée le 11 juillet 2003 contre Alain Ferrandi et Pierre Alessandri. Jean

---

1. In *L'Espion du président*, d'Olivier Recasens, Didier Hassoux et Christophe Labbé, Robert Laffont, 2012.

Castela et Vincent Andriuzzi écopent de trente ans de prison et Joseph Versini, Marcel Istria, Martin Otaviani et Didier Maranelli de peines comprises entre quinze et vingt-cinq ans de prison. Le 11 juillet 2012, la Cour de cassation rejette le pourvoi que la défense d'Yvan Colonna a formé[1].

La condamnation d'Yvan Colonna laisse insatisfait. Les deux seuls témoins directs de l'assassinat n'ont pas reconnu le tueur. Pour Joseph Colombani, qui est venu à la rencontre du préfet pour l'escorter jusqu'à l'intérieur du *Kallisté* où se donnait un concert, le tireur était vêtu d'une doudoune gris foncé et d'un « couvre-chef bleu marine » ; c'était un « homme assez costaud » au « visage bien rempli », d'une « stature plus imposante » que son complice. « Les traits, je ne m'en souviens pas », a-t-il déclaré. « La forme, oui. » Alors que l'un des avocats d'Yvan Colonna lui demandait s'il reconnaissait ce dernier, le témoin a répondu : « Lorsque je vois M. Colonna, je n'ai pas l'impression de voir celui qui a tiré ce soir-là. »

De même pour Marie-Ange Contart, la seule à avoir croisé son regard. Ce soir-là, elle circulait en voiture dans l'avenue Colonel-Colonna-d'Ornano, celle-là même que venaient d'emprunter le préfet et sa femme. Elle était sur le siège avant, au côté de sa mère qui conduisait à petite vitesse. À hauteur du *Kallisté*, Marie-Ange voit un homme qui manipule une arme : « Il portait un gant de motard. On s'est regardés, dit-elle à la barre des témoins. Son regard, je m'en souviendrai toute ma vie », insiste-t-elle. Elle voit

---

1. La requête d'Yvan Colonna présentée devant la Cour européenne des droits de l'homme pour « atteinte au procès équitable » en janvier 2013 a été jugée recevable en janvier 2015. Il n'est donc pas impossible que l'affaire soit rejugée.

l'arme, et le tireur en train de taper sur la crosse. « Qu'est-ce qu'il fait, celui-là, à tirer par terre ? » s'est-elle demandé. Puis, légèrement en retrait, elle aperçoit un deuxième individu. Ce n'est que plus tard qu'elle comprendra avoir assisté à l'assassinat du préfet. Raison pour laquelle elle s'empresse de disculper deux jeunes Maghrébins interpellés au tout début de l'enquête. Du tueur elle se rappelle qu'il avait une bouche fine et étirée, des cheveux mi-longs. « Rien à voir avec Yvan Colonna », assure-t-elle. Marie-Ange Contart ne cesse de répéter : « Ce n'est pas Yvan Colonna que j'ai vu ce soir-là. » Elle prétend que, depuis lors, le comportement des enquêteurs à son endroit a changé.

26.

Les commanditaires de l'assassinat du préfet Érignac

Une condamnation limitée aux seuls exécutants laisse insatisfait. Il subsiste en effet de larges zones d'ombre dans cette affaire. Les mobiles de l'assassinat restent flous. Alain Ferrandi, Yvan Colonna et leurs amis étaient-ils seuls ? Y avait-il derrière eux des commanditaires ? Nombre de personnalités au courant de l'affaire en sont convaincues.

C'est le cas du préfet Bernard Bonnet, très affecté par l'assassinat de son prédécesseur. Il défend vigoureusement la thèse selon laquelle les véritables commanditaires de l'exécution n'ont jamais été recherchés. Cette thèse, il l'a soutenue avec force lors du procès Colonna : « Qu'Yvan Colonna soit coupable ou innocent, la vérité ne sera jamais connue », a-t-il regretté. L'occasion pour lui de dire que l'enquête avait été un « long égarement ». Que certaines révélations de Corte, son informateur, auraient pu se révéler déterminantes si elles avaient été exploitées rapidement et complètement. Il évoque notamment une première tentative d'attentat avortée à l'occasion d'un match de volley-ball qui se jouait à Ajaccio et auquel devait initialement assister son collègue Érignac. Tentative qui prouvait que ce dernier était talonné et qu'il était donc « impossible de croire qu'un groupe d'hommes avait perdu la raison, en février 1998, et décidé subitement d'assassiner un préfet. [...] Au lieu de chercher les coupables, on les a choisis. » Pour lui, c'est Ferrandi qui détiendrait les clés de l'affaire : « Pour moi, Ferrandi était le chef du commando qui a tué Claude Érignac, a-t-il martelé, et il en connaît les commanditaires »[1].

Sentiment partagé par Yves Bertrand, ancien patron des RG : « Le groupe qui s'en est pris à Claude Érignac était mû par des objectifs qui n'ont pas été découverts. Derrière le paravent du nationalisme se cachaient, à mon sens, d'autres mobiles et des intérêts plus mercantiles. Le préfet se montrait très sourcilleux en matière d'investissements immobiliers. Il s'est alors mis à dos beaucoup de monde dans l'île. Yvan Colonna, fils de mon ami Jean-Hugues Colonna[2], faisait-il partie du groupe ? Tout ce que je sais, c'est que le préfet ne s'est pas tué tout seul !... L'affaire Colonna est un chef-d'œuvre de maladresse politique et judiciaire... Je suis de ceux qui pensent que lorsqu'on ne dispose pas de preuves, on acquitte un suspect[3]. »

Pour un ancien juge de Marseille[4] qui a travaillé sur les mafieux corses, il n'y a aucun doute possible : « C'est un crime mafieux... La famille Colonna était liée aux Corsico-Africains. Le père est monté au créneau pour les défendre dans l'affaire du casino d'Annemasse, notamment pour l'introduction des machines à sous, mais aussi pour la réouverture du casino de Nice. Ses deux fils rendaient

---

1. In *À vous de juger. Contre-enquête sur une affaire d'État en Corse*, Bernard Bonnet, Flammarion, 2001.
2. Ancien député socialiste.
3. In *Ce que je n'ai pas dit dans mes carnets...*, op. cit.
4. Qui préfère garder l'anonymat.

des "services" aux mafieux. Tout particulièrement Yvan, très lié à Robert Feliciaggi et à Jean-Jé. Yvan et son père sont allés au contact avec Érignac à la préfecture d'Ajaccio. Il ne faut pas oublier que Cargèse était située dans l'aire de Jean-Jé... »

Le témoignage de François Santoni est évidemment celui qui a le plus de poids, car il était au parfum de nombre de secrets sur les relations entre la « mouvance Pasqua », les nationalistes et les mafieux. N'avait-il pas lui-même négocié directement avec Pasqua et Daniel Léandri ? N'était-il pas proche de Jean-Jé ? de Richard Casanova ? Ne connaissait-il pas les principaux acteurs de la saga corse ?

Dans son premier livre[1], Santoni estime que le commando Érignac est constitué « d'hommes de main qui se prennent pour des idéologues. Ils essaient d'habiller leur action d'un discours politique, mais nous sommes convaincus qu'ils ont été manipulés. Ils ont été instrumentalisés par l'intermédiaire de membres de leur propre groupe qu'on peut appeler les penseurs de l'acte, même actionnés par les vrais concepteurs. Ceux-là ne figurent pas dans la liste des personnes arrêtées et incarcérées. Mais ils visaient une déstabilisation grave de la situation corse... afin de mettre en place une nouvelle classe dirigeante d'obédience mafieuse, actionnée par certains relais politiques parisiens ».

Dans son second livre[2], François Santoni va plus loin. Il rappelle d'abord que le meurtre d'un préfet est une idée déjà ancienne. Un tel projet d'assassinat fut, selon lui, débattu au sein d'un petit groupe de dirigeants du Front – essentiellement du secteur de Bastia – avec quelques

---
1. *Pour solde de tout compte*, *op. cit.*
2. *Contre-enquête...*, *op. cit.*

militants en rupture de ban. Cette structure informelle avait des liens avec certains policiers issus de la « maison » Pasqua. Les discussions ont roulé sur la cible. Il a d'abord été envisagé de viser une personnalité politique du sud de l'île, ou un fonctionnaire de police d'Ajaccio. François Santoni raconte avoir appris d'un militant venu le voir en prison qu'une liste de cinq objectifs à liquider avait été établie. S'agissait-il là d'un écran de fumée pour cacher l'opération Érignac ? se demande-t-il. Le même affirme que trois attentats furent commis pour motiver le commando dans le cadre de la préparation de l'action visant le préfet : contre l'Ena, à Strasbourg, dans la nuit du 4 au 5 septembre 1997 ; contre la gendarmerie de Pietrosella, dans la nuit du 5 au 6 septembre 1997 ; à Vichy, dans la nuit du 10 au 11 novembre 1997. Santoni raconte que, quelques jours avant l'attentat contre la gendarmerie de Pietrosella, un nationaliste du Front tint publiquement des propos belliqueux : « Nous, nous allons aller plus loin que ce qui a été fait jusqu'à présent. » Ce « natio » est parti pour l'Angola au lendemain de l'assassinat du préfet. Si le groupe bastiais a fait capoter les pourparlers avec Jospin, c'est parce qu'il était essentiel qu'ils échouent avant l'attentat.

Santoni prétend que des manœuvres ont été montées par le groupe bastiais pour détourner les soupçons des vrais commanditaires de l'assassinat. Ainsi en désignant un mystérieux « groupe Sampieru », censé avoir été créé par lui, Santoni. Ce groupe aurait fait exécuter Érignac par le grand banditisme sudiste en le motivant par le refus du préfet d'entériner l'opération immobilière de l'ancienne caserne Montlaur, à Bonifacio[1].

---

1. Voir *supra*, p. 308.

François Santoni dénonce, comme on l'a déjà vu, une « opération de grande envergure visant ni plus ni moins à s'emparer de la Corse. [...] Ses promoteurs évoluent dans le monde des affaires et du pétrole à Paris, en Corse, en Afrique et ailleurs. Ces gens brassent d'énormes quantités d'argent, des milliards pas toujours très propres et qu'il faut faire circuler dans des circuits parallèles, qu'il faut "blanchir" avant de les réinjecter dans l'économie légale. » Il désigne ainsi clairement, sans les nommer, les Corsico-Africains et leurs réseaux, notamment ceux d'Elf.

Le même Santoni enfonce le clou : « L'assassinat [du préfet Érignac] devait sans doute, dans l'esprit de ses instigateurs, pousser l'État à une répression tous azimuts contre les nationalistes et contre la classe politique traditionnelle, afin de mettre en place une nouvelle classe dirigeante d'obédience mafieuse actionnée par certains relais politiques parisiens. » Et, à propos du projet de zone franche : « Si l'évolution institutionnelle se fait trop rapidement, comme il est à craindre que cela se produise, si une autonomie est octroyée demain, la Corse tombera entre les mains de la Mafia... »

Difficile de ne pas penser à la « tentation politique » des Corsico-Africains, dont Jean-Jé et Richard Casanova, et de la « nébuleuse » gravitant autour d'eux.

L'enquête parallèle de la gendarmerie, qui suscita le courroux du juge Thiel, s'est aiguillée sur cette piste. Le 24 juin 1998, un « tonton » oriente les gendarmes sur les « réseaux Pasqua ». À partir de là, en juillet, ils envoient une note blanche[1] à Paris, dans laquelle on peut lire : « De plusieurs rencontres avec des personnes habituellement fiables et des recoupements au cours des semaines

---

1. Révélée par *Bakchich* du 16 février 2009 et vérifiée par l'auteur.

passées, il ressort un certain nombre d'éléments relatifs au réseau sur l'île. De plus, un individu a fait des révélations sur l'affaire de l'assassinat. » Et les rédacteurs de la note de citer des noms comme ceux de Jean-Charles Marchiani et Michel Tomi auprès desquels figure la lettre *a* : « Selon l'informateur, toutes les personnes désignées par (*a*) seraient des commanditaires de l'assassinat d'Érignac. » Et la note de désigner l'auteur du crime lui-même : « un individu surnommé Trois doigts. Il s'agit d'un Français qui dirige une équipe [...] au service du RPR, en particulier de Pasqua depuis longtemps. Cet homme aurait déjà agi en Corse pour commettre des actions violentes et aurait été vu sur l'île avant l'assassinat ». Et les gendarmes de lister « plusieurs individus » répondant au « surnom de Trois doigts ». Ils fournissent par ailleurs des indications sur les motivations qui auraient amené le prétendu « réseau Pasqua » à faire assassiner le préfet Érignac : « Il semblerait qu'à l'origine de toute cette affaire, hormis les raisons évoquées quant à une lutte d'influence dans les milieux nationalistes, ce réseau se serait intéressé à l'édification, entre autres, d'un complexe hôtelier très important sur la plaine orientale, entre Ghisonaccia et Aléria. » Et de conclure : « À l'heure actuelle, le préfet Bonnet, qui applique inexorablement les directives gouvernementales et met en danger le réseau ci-dessus, ferait l'objet d'un contrat. »

La même note parle aussi longuement de Noël Contart, père de Marie-Ange Contart, témoin numéro un de l'assassinat, celle qui dit n'avoir pas reconnu Yvan Colonna. Les gendarmes rapportent que des policiers du SRPJ avaient, sur la foi d'un « renseignement », frappé à la porte des Contart, un témoin ayant relevé la plaque d'immatriculation de la voiture sur les lieux de l'attentat. Ils apprirent que Marie-Ange Contart avait décidé de ne pas témoigner, mais que son père « avait insisté auprès des services de police pour que son épouse et sa fille soient entendues, précisant qu'elles ne devaient pas savoir » qu'il était à l'origine de cette démarche. Le même document ajoutait que « Noël Contart, dont les contacts avec les milieux nationalistes seraient connus, tenterait de se refaire ainsi une virginité ».

Dans les heures qui suivent l'attentat, tous les services travaillent sur le cas Noël Contart. Il est vrai que son CV a de quoi alimenter les fantasmes. Mais les Contart sont peu à peu négligés par les policiers de la DNAT alors même que les gendarmes s'acharnent sur lui. Une attitude qui est une des causes du dessaisissement de la gendarmerie prononcé par le juge Thiel.

Devant la commission d'enquête sénatoriale sur le fonctionnement des forces de sécurité en Corse, le 7 octobre 1999, le juge antiterroriste livre sa propre version de l'affaire Contart. Fin novembre 1998, ayant décidé de monter, courant décembre, une opération contre les assassins présumés du préfet Érignac, le juge demande aux gendarmes d'établir des fiches d'objectifs avec des noms. Parmi la liste qui lui est faxée, deux noms ont été rajoutés : Noël Contart et sa femme, laquelle est, avec sa fille, le témoin le plus direct de l'assassinat. « Autant nous nous étions tous posé des questions – tous services confondus – sur le rôle qu'aurait éventuellement pu jouer Noël Contart, qui est une espèce de mercenaire, autant nous avions jugé préférable de ménager cette voie – sauf, bien sûr, à établir sa culpabilité – de façon à ne pas braquer définitivement la femme et la fille par des opérations intempestives, puisque, en l'état, elles étaient les seules à pouvoir reconnaître physiquement les assassins du préfet Érignac. Le bruit courant sur Contart était à cette époque récurrent dans toute la Corse. » Alors qu'il essaie de savoir d'où viennent ces deux nouveaux noms, on lui répond que, n'étant pas saisi du dossier Érignac, on ignore qui est Contart, bien qu'on l'ait ajouté à la liste. Le juge décrète alors : « Là, trop c'est trop ! », et dessaisit les militaires...

Quelques jours plus tard, dans sa note datée du 10 décembre 1998, le préfet Bonnet cite encore le nom de Contart : « Il est à noter le rôle ambigu joué par une relation de Ferrandi, un certain Noël Contart, ancien sous-officier du 2e REP. Il serait le père du principal témoin de l'assassinat du préfet. » Autrement dit, au moins jusqu'à la fin de 1998, les deux principaux témoins sont des Contart, et un des suspects serait également un Contart...

Autour de ce constat peu banal, et jusqu'à aujourd'hui, les rumeurs ont continué de circuler. Marie-Ange n'a pas été traitée avec les égards généralement accordés à un témoin principal. Devant les magistrats, elle a raconté à plusieurs reprises que les policiers étaient devenus plus agressifs avec elle à partir du moment où elle maintenait ses déclarations. Elle a dit avoir la certitude que son appartement avait été visité par deux fois, son téléphone placé sur écoutes, et qu'elle avait été suivie. Preuve supplémentaire de sa mise à l'écart au cours de l'enquête, Marie-Ange Contart ne sera jamais confrontée aux membres du commando : « Vous savez, être le témoin numéro un, c'est très lourd. Être convoquée et reconvoquée pendant des heures et des heures, répondre toujours aux mêmes questions... Même s'il est question de la mort d'un homme, il s'agit aussi de ma vie ! »

Maître Benoît Chabert, avocat de l'État au dernier procès Colonna, s'est demandé si Marie-Ange Contart avait peur de dire la vérité, et a émis l'hypothèse que, quand bien même la jeune femme aurait reconnu Colonna le soir de l'assassinat, elle ne l'aurait pas dit aux autorités.

Nombreux sont ceux qui s'accrochent toujours à la piste Contart. Tel ce commissaire de la DCRI[1] qui m'affirme que « la thèse politique est un habillage. Il faut partir de Marie-Ange Contart, croupière à Ajaccio, maîtresse d'un Mondoloni, liée à Jean-Jé et aux Corsico-Africains. Physionomiste, ex-miss Corse, elle était accompagnée de sa mère quand elle a assisté à l'assassinat d'Érignac. Les Contart faisaient partie du scénario pour détourner l'enquête en sorte que Y. Colonna ne soit pas inquiété ».

Le *curriculum vitae* du père de Marie-Ange ne peut qu'attirer l'attention dans le contexte de l'assassinat d'un préfet de la République. Né le 25 décembre à Esquernes, demeurant à Ajaccio, il a servi au 2e REP jusqu'au 20 janvier 1989. Il a notamment participé à l'« opération Léopard » au Zaïre en 1978. Il était chef de section, commando-moto. Adjudant à la retraite, il est devenu le représentant pour la Corse-du-Sud du GPMA (groupe d'assurances spécialisé pour le personnel de défense et de sécurité). Il est donc continuellement en rapport avec des personnels militaires. Il aurait ainsi été en contact avec la brigade de gendarmerie de Pietrosella où a été dérobé le pistolet qui a tué Claude Érignac. Très sportif, Contart est un adepte des courses de longue distance (40 à 100 km). Il a été élu en 1992 président de la Ligue corse d'athlétisme pour quatre ans. Il s'est marié avec une demoiselle Caitucoli dont il a eu une fille, Marie-Ange, élue miss Corse avant d'être première Dauphine de miss France en 1992. Beaucoup plus troublant aux yeux des différents enquêteurs, il est

---

1. Qui, comme presque tous mes informateurs quand il s'agit de sujets aussi « sensibles », préfère garder l'anonymat.

inscrit en mars 1992 sur une liste de soutien à Corsica Nazione pour les élections régionales. Et parce que son nom commence par un *c*, il y figure près de celui d'Yvan Colonna... En juin 1995, il outrepasse la simple signature d'une pétition pour figurer sur la liste Corsica Nazione aux élections municipales d'Ajaccio, à la 13ᵉ place sur une liste de 45 candidats. Une enquête DPSD[1] du 31 mai 1995 précise : « On peut penser que pour un "non-Corse" (*pinzutu*) comme lui, il aura fallu donner des gages à ses nouveaux "amis" pour figurer en aussi bonne position sur leur liste. Compte tenu de ses fréquentes rencontres avec les militaires (délégué du GMPA), il peut représenter une menace pour la Défense. »

Le 3 février 1999, *Le Monde* fait allusion à Noël Contart sans le nommer. L'article affirme que « le commando compterait dans ses rangs d'anciens activistes du FLNC localisés dans la vallée de la Gravona ou au col Saint-Georges. Déjà condamnés dans plusieurs affaires, ses membres seraient rompus aux techniques militaires et à la vie en clandestinité. Ils auraient agi avec des personnes condamnées pour des affaires de droit commun et réinsérées professionnellement dans l'automobile. » Plus loin, on lit qu'« un ancien légionnaire, soupçonné d'exercer des fonctions d'instructeur au sein de la mouvance nationaliste, pourrait avoir joué un rôle dans la préparation de cette opération ». Et dans les quelques lignes de présentation de l'article, Jacques Follorou écrit : « Au nombre de cinq ou six, les membres du commando – composé d'anciens

---

1. La direction de la protection et de la sécurité de la Défense est le service de renseignement dont dispose le ministre de la Défense pour assumer ses responsabilités en matière de sécurité du personnel, des informations, du matériel et des installations « sensibles ».

du FLNC et d'anciens condamnés de droit commun – auraient été encadrés par un ancien légionnaire. Un mois avant la mort du préfet, une précédente tentative d'assassinat aurait eu lieu. »

Le lendemain de l'article du *Monde*, la DPSD avance quelques éléments sur « ce qui est dit sur l'équipe qui aurait assassiné le préfet ». Deux noms dominent : Jean-Baptiste Istria, qui tient l'auberge du col Saint-Georges, et « celui d'un ancien légionnaire, Noël Contart, par qui on aurait eu connaissance de certains éléments sur l'assassinat à partir de révélations recueillies dans un dancing ». S'il a affirmé avoir quitté la mouvance nationaliste, Contart a en réalité envoyé d'Angola, le 8 mars 1999, un télégramme de félicitations à Corsica Nazione, dont le texte a été publié par *U Ribombu*. Doit-on rapprocher cette affirmation avec celle de François Santoni sur un personnage « qui a tenu des propos belliqueux à Cauro et, quelques jours après le meurtre d'Érignac, a quitté la Corse pour l'Angola sur installations pétrolières » ?

Les policiers retraités ou encore en activité qui estiment que l'enquête sur Contart n'est pas allée jusqu'au bout suggèrent de s'intéresser à la CIAS[1] et à celui qui la dirigeait à l'époque, le colonel Lucien Thomas, lui aussi ancien du 2ᵉ REP de Calvi. Affirmant que Contart et Thomas étaient liés, ils précisent que c'est par Thomas que Contart serait parti en Angola, les deux étant liés à la mouvance Pasqua. Ce qui est sûr après enquête – la mienne –, c'est que la CIAS faisait partie de la « nébuleuse » décrite *supra*. Elle avait été créée à la demande du colonel Jean-Pierre Daniel, ex-chef de la DGSE à Libreville, devenu patron de la sécurité chez Elf. Lucien

---

1. Compagnie internationale d'assistance spécialisée.

Thomas travaillait au Gabon, au Congo et en Angola, notamment à la protection des plates-formes pétrolières. « La CIAS faisait également partie du dispositif de Robert Feliciaggi. Officiellement, elle était dirigée par le colonel Thomas, mais le vrai patron en était le colonel Daniel », rapporte un des amis de Feliciaggi qui m'a aidé dans mes recherches. La perquisition menée le 15 mai 1997 par le juge Eva Joly dans le bureau du colonel Daniel a fait surgir du coffre-fort des contrats de sous-traitance d'opérations extérieures menées par diverses sociétés, dont la CIAS du colonel Thomas. Cette société a probablement été utilisée au printemps 1996 lors de l'accord passé entre l'État et les nationalistes corses « pour permettre aux chefs de se retirer avec de confortables avantages matériels. Les hommes de main les moins présentables, compromis dans des assassinats et des actions de droit commun, devaient bénéficier d'une exfiltration vers l'étranger. Selon un proche de la négociation, il aurait été envisagé de les utiliser pour la surveillance de plates-formes pétrolières d'Elf au Gabon[1] ».

Jean-Pierre Dupont, ancien du SDECE, qui a travaillé dans la mouvance Pasqua, raconte[2] que la CIAS était une société de « barbouzes » travaillant pour Pasqua-Sirven-Léandri-Antona. Le colonel Thomas était surnommé « Luciano », et s'est retrouvé en prison pendant huit jours avec quelques autres « barbouzes » envoyées par Pasqua pour restructurer la mairie de Brazzaville et épauler Bernard Kolelas, alors maire de l'ex-capitale de l'A-EF...

---

1. In *Libération* du 29 octobre 1996. « Ce que François Santoni a choisi de ne pas dire », par Guy Benhamou.
2. Rencontre avec l'auteur, le 13 février 2014.

Tous indices intéressants, certes, mais sans plus. Le mystère autour des commanditaires de l'assassinat de Claude Érignac demeure, même si je suis personnellement convaincu que François Santoni a approché de la vérité, quelques mois avant son propre assassinat, le 17 août 2001.

27.

L'affaire des paillotes

Pour le gouvernement, pas question de laisser se prolonger une vacance du pouvoir en Corse. Dès le vol qui le mène à Ajaccio en cette terrible nuit de l'assassinat, Jean-Pierre Chevènement dresse une première sélection, qui doit être soumise dans la journée à Lionel Jospin. Dans l'après-midi du 7 février sont donc passés les premiers appels à l'adresse des personnalités retenues. Jean-Pierre Chevènement préférerait que le candidat se déclare spontanément, mais il semble que les prétendants ne se bousculent pas au portillon. En fait, parmi les pressentis, un seul va répondre positivement à l'appel du ministre : il s'appelle Bernard Bonnet, vient juste d'être nommé préfet du Haut-Rhin, mais n'a pas encore rejoint Colmar pour prendre ses fonctions. À Matignon, Olivier Schrameck, proche de Jospin, pousse quant à lui Jean-Pierre Lacroix, préfet en poste dans le Val-d'Oise, qui s'est déclaré prêt à assumer la mission. Le ministre de l'Intérieur n'est pas convaincu par cette candidature. Il cherche non seulement un homme à poigne, mais aussi quelqu'un d'expérience. Son entretien avec Bernard Bonnet, le dimanche matin suivant, achève de le convaincre. Dès le lundi, le nom de Bernard Bonnet est proposé par le ministre de l'Intérieur à

Lionel Jospin et Jacques Chirac. Aucun des deux n'émettant de réserves, Bernard Bonnet est donc nommé. Le vendredi 13 février, le ministre fait lui-même le déplacement pour installer le nouveau préfet dans ses fonctions.

La tragédie de la mort du préfet Érignac est, dans l'esprit de tous, l'occasion d'en finir avec vingt années de dérives et de rétablir une bonne fois l'état de droit en Corse. La volonté des membres du gouvernement, mais aussi des élus insulaires, semble sans faille. Dès ses premières notes, le nouveau préfet dénonce « ces dérives à la fois sur le plan civique, économique et politique, pointant en Corse l'émergence d'un véritable système mafieux paré des apparences de la légalité[1] ». Il s'inscrit dans une ligne encore plus inflexible que celle de son prédécesseur et déclenche une véritable opération « mains propres ». Il encourage magistrats et policiers à accélérer leur traque des assassins de Claude Érignac. Mais il ne peut que constater que deux des plus farouches adversaires du préfet assassiné entrent le 22 mars, avec quelques-uns de leurs amis, à l'assemblée de Corse : Robert Feliciaggi sous l'étiquette « divers droite », Toussaint Luciani sous celle des « indépendants »... Il ne peut également que s'interroger sur l'entrée de Jean-Claude Guazzelli, ex-président du Crédit agricole, au conseil exécutif de l'Assemblée territoriale où il est chargé des questions économiques et financières. Celui-ci sera mis en examen, moins de trois mois plus tard, pour « détournements de fonds et abus de biens sociaux » dans sa gestion douteuse du Crédit agricole insulaire. Tout le monde sait par ailleurs que deux de ses frères appartiennent à la Brise de mer, qui cherche alors à investir sur l'île l'argent accumulé par la succession de

---

1. *Défis républicains*, par Jean-Pierre Chevènement, *op. cit.*

ses spectaculaires braquages. Guazzelli dirige également l'Association de développement économique de la Corse qui a remplacé la Cadec.

Dans une nouvelle note du 5 juin 1998, Bernard Bonnet signale « l'espoir perceptible de la population ». Mais l'association « Manifeste des femmes pour la vie », qui s'est constituée au lendemain de l'assassinat pour lutter contre la violence sur l'île, douche son enthousiasme en émettant la crainte que « l'action de l'État ne puisse s'exercer dans la durée en raison des réactions prévisibles du système ». Comme le souligne Jean-Pierre Chevènement, ces intuitions étaient prémonitoires[1].

Le préfet ne va pas tarder à s'en apercevoir. Dans une note du 25 août, il convient que, malgré le soutien de la population, « l'action de la justice est mal comprise » et « que le retour au droit est douloureux pour une partie de la population »[2]. *U Ribombu* du 13 août parle ainsi d'« état de guerre » pour qualifier l'action du préfet et provoque ce dernier : « Il faut le dire une bonne fois pour toutes, l'état de droit est incompatible avec le développement économique... »

Pour accélérer le processus, le préfet réclame des efforts, notamment des résultats dans les différentes enquêtes en cours. D'emblée, ces exigences vont tendre ses relations avec Bernard Legras, procureur général de Bastia, nouvellement nommé. Ces deux fortes personnalités se heurtent de front. Legras reproche au préfet son usage abusif de l'article 40 du code de procédure pénale qui oblige chaque fonctionnaire à porter à la connaissance de la justice les manquements à la loi qu'il constate. En réaction, Bonnet

---

1. *Ibid.*
2. *Ibid.*

se plaint des lenteurs dans les enquêtes judiciaires engagées, notamment celle concernant la Brise de mer. Il suit de près deux autres procédures touchant les deux principaux instruments financiers de l'île : le Crédit agricole et la Cadec. Le premier couvre la moitié du marché bancaire, la seconde, dirigée par un proche de Robert Feliciaggi, maintient artificiellement en vie de nombreuses entreprises : une cinquantaine d'hôtels vivent grâce à ses subsides.

Le 2 septembre 1998, alors qu'il est hospitalisé au Val-de-Grâce pour des calculs à la vésicule biliaire, Jean-Pierre Chevènement est victime d'un grave accident d'anesthésie, par suite d'une allergie au produit « curarisant » utilisé. Plongé dans le coma durant huit jours, il ne sort de l'hôpital que le 22 octobre et est tenu éloigné de la place Beauvau pendant quatre mois. Durant ce laps de temps, les relations se distendent entre Matignon et l'Intérieur. Au début, Jean-Pierre Chevènement n'est pas trop inquiet. Les résultats sont globalement bons, le nombre d'attentats et de vols à main armée a notablement chuté. Les contrôles fiscaux à répétition portent aussi leurs fruits, et les recettes de la TVA sont en hausse de 20 % pour cette année 1998.

Il y a néanmoins des ombres au tableau. Le différend relationnel entre le préfet et le procureur de Bastia est devenu tel que les deux hommes ne s'adressent plus la parole. Par ailleurs, les liens entre le préfet et l'Intérieur se sont eux aussi distendus. En effet, Bernard Bonnet, qui entend rester le pivot de l'enquête sur l'assassinat de son prédécesseur, a noué des relations étroites avec Matignon, court-circuitant le directeur de cabinet du ministre alité. Jean-Pierre Chevènement pense qu'il ne faudrait pas trop attendre avant de mettre un terme à la mission du préfet Bonnet, mais il souhaite, pour cela, attendre l'arrestation du « commando Érignac » dont il devine qu'elle pourrait survenir rapidement[1].

Le préfet apprend en octobre 1998 que le puissant Robert Feliciaggi, ami de Jean-Jé, s'investit de plus en plus dans ses activités insulaires. Après avoir financé l'équipe de football du Gazélec d'Ajaccio, le maire de Pila-Canale achète à Ajaccio le dernier étage d'un immeuble situé à l'angle de l'avenue du Premier-Consul et de la place du Diamant.

Les tensions entre le préfet et les « natio-mafieux » s'exacerbent. Le 8 janvier 1999, Bastia Securita annonce le licenciement de huit personnes sous prétexte que le préfet a refusé de leur délivrer un port d'arme. La semaine suivante, devant le TGI d'Ajaccio, survient un vif incident entre maître Antoine Sollacaro, ex-bâtonnier, avocat d'Yvan Colonna et ami d'Alain Orsoni, et le préfet.

Le 2 février 1999, des journalistes non corses élisent le préfet « haut fonctionnaire de l'année ». Après l'annulation des élections à l'Assemblée territoriale, les deux tours du nouveau scrutin, les 7 et 14 mars, confirment les précédents, notamment la réélection de Robert Feliciaggi sous une nouvelle étiquette, « Pour une Corse nouvelle », qui obtient quatre sièges, et celle de Toussaint Luciani pour le « Mouvement pour la Corse ». Bob et Toussaint deviennent des éléments incontournables pour le président de l'Assemblée, José Rossi. Le « rêve monégasque » de Feliciaggi se rapproche : il a les moyens politiques, financiers, économiques, relationnels de peser sur l'organisation à venir de l'île. Seule ombre au tableau : son ami Jean-Jé est de plus en plus contesté par les anciens de la Brise de

---

1. Voir *La Face cachée du* Monde, Pierre Péan et Philippe Cohen, Mille et une nuits, 2003.

mer qui ont les dents de plus en plus longues en Corse-du-Sud après avoir, via la famille Canarelli, mis la main sur la boîte de nuit *Via Note*.

Le préfet a précisément reçu en août 1998 une étude de la DCPJ sur les boîtes de nuit révélant les âpres combats que se livrent à la fois le clan Jean-Jé *vs* la Brise de mer, mais aussi la Cuncolta *vs* le MPA d'Alain Orsoni, le clan Jean-Jé étant allié à François Santoni, de la Cuncolta, tandis que la Brise de mer fricote avec Orsoni. La note détaille notamment l'emprise des Bozzi-Michelosi, du clan Jean-Jé, sur les boîtes de nuit de Porticcio et d'Ajaccio : « À travers ces établissements, on voit apparaître des nationalistes aussi bien du MPA que de la Cuncolta, incontournables dans la mesure où eux aussi participent aux affaires. [...] Les Bozzi-Michelosi exercent des pressions sur le maire actuel de Grosseto-Prugna, l'ancien policier des RG José Santoni. Ce dernier tient encore la mairie grâce à un nationaliste élu sous l'étiquette des "Verts". Les Bozzi et autres veulent construire un casino à Porticcio et sont toujours à la recherche de terrains à vendre. [...] On voit des trafiquants de stupéfiants, anciens ou actuels, déterminés à acquérir terrains, boîtes de nuit, casinos et machines à sous, hôtels et complexes touristiques par tous les moyens (meurtres, violences, faux, etc.), considérant que cette activité est le seul avenir de la Corse-du-Sud. » Un passage de cette étude a probablement retenu l'attention du préfet, toujours aussi déterminé à retrouver les assassins de son prédécesseur : « Les Bozzi-Michelosi sont en contact à ce sujet [l'emprise sur les boîtes de nuit] avec Jean-Martin Mondoloni, né le 6 février 1955 à Ajaccio [famille sartenaise] dont la maîtresse, Contart Marie-Ange, a été témoin de l'assassinat du préfet Érignac. »

Maître Alain Bollé[1] qui, alors lieutenant de gendarmerie, avait débarqué à Ajaccio pour travailler sur les assises financières du milieu et des nationalistes, se souvient de son immersion dans cette mouvance et de l'écœurement qui l'a saisi lorsqu'il a découvert les réalités insulaires. Ce qui l'a le plus frappé à l'époque, ce sont les nombreux liens tissés entre les mafieux-nationalistes – pour lui, mafieux et nationalistes sont le double visage du même Janus – et les politiques et hauts fonctionnaires complices : « Le gouvernement les a constamment utilisés. Dans nos enquêtes, on retrouvait constamment les gens de Pasqua. J'ai été choqué quand j'ai vu François Léotard embrasser Francis, celui des paillotes[2]. On nous envoie là-bas pour se donner bonne conscience, mais on ne nous donne pas les moyens d'aller jusqu'au bout. Manque surtout une volonté politique pour ramener l'état de droit. Je me souviens avoir étudié longuement l'affaire de la destruction de la DDE[3] de Ghisonaccia par des "natios". Je me suis aperçu que l'entreprise qui avait obtenu le marché de la reconstruction était liée à ceux qui avaient fait le coup. Lesquels avaient très probablement obtenu un pourcentage sur le marché... Une grande partie des attentats sont d'ordre alimentaire. Les "natios", c'est la vitrine... Après un attentat, j'en avais intercepté un des auteurs et l'avais longuement interrogé. Il avait fini par me confier qu'il travaillait pour n'importe qui, pour ceux qui le payaient, "natios" ou mafieux... Les deux grandes sources de revenus sont la manne de l'État et les "explosions alimentaires" perpétrées avec la bienveillance des politiques. » Bollé dénonce la porosité entre les mafieux-nationalistes

---

1. Rencontre avec l'auteur le 23 mai 2014.
2. En réalité Yves Féraud, propriétaire du restaurant *Chez Francis*.
3. Direction départementale de l'équipement.

et ceux qui sont théoriquement chargés de les traquer. Et de citer à titre d'exemple une brigade de gendarmerie avec laquelle il a travaillé, dont l'adjudant-chef avait prévenu le mafieux qu'il comptait interpeller. Ayant demandé au pandore le pourquoi d'un tel comportement, il s'était entendu répondre par celui-ci qu'il avait une famille, des enfants, et qu'il ne voulait pas de problèmes pendant son séjour en Corse... « Cette histoire ne constitue pas un cas isolé, chaque opération des forces de sécurité est connue des destinataires avant sa mise en œuvre... Le système mafieux a pénétré l'ensemble de la société corse. »

En avril, une étrange affaire va compromettre gravement la politique du retour à l'état de droit en décrédibilisant le préfet Bonnet. Dans la nuit du 19 au 20 avril 1999, la paillote *Chez Francis*, installée illégalement sur le domaine public – la plage de Coti-Chiavari –, est incendiée. Très vite, l'enquête démontre que ce sont les gendarmes du groupe des pelotons de sécurité (GPS) qui, sur ordre, ont mis le feu à l'établissement. Les exécutants ont en effet abandonné armes et équipements de transmissions sur place, à peine enfouis dans le sable. Voilà qui est plutôt surprenant de la part d'un groupe censé être une unité d'élite de la gendarmerie ! Sommé de s'expliquer par le ministre de l'Intérieur, Bernard Bonnet semble peu pressé de rendre son rapport. Au directeur de cabinet de Jean-Pierre Chevènement, il rétorque que ce n'est là qu'un simple fait divers, rien de plus. Pourtant, la tension monte. La presse locale et nationale tire à boulets rouges sur le préfet, *Le Monde* en première ligne. Il faut dire que le quotidien du soir a depuis des mois le préfet Bonnet dans son collimateur. Gabriel-Xavier Culioli, écrivain corse qui écrit souvent dans *Le Monde*, a donné, dès le 16 décembre

1998, le signal de la campagne contre le préfet dans une tribune libre : « La DNAT (Direction nationale de l'action antiterroriste) a procédé à plus de cinq mille auditions, plus de mille trois cents gardes à vue visant des franges de plus en plus larges de la population corse. [...] Être corse devient un facteur aggravant en tous domaines, y compris intellectuel. [...] Après la piste agricole et la piste informatique, voilà donc la piste intellectuelle où un style d'écriture peut vous mener en prison. » Le 25, *Le Journal du dimanche* qualifie le GPS de milice privée du préfet. Le 27, celui-ci est convoqué chez le ministre. En guise d'explication, Bonnet émet deux hypothèses : soit c'est un coup monté contre les gendarmes, soit c'est un acte volontaire desdits gendarmes. Bien évidemment, il insiste sur le fait que le procureur général Legras instruisait à charge, via son adjoint.

En Corse, les réactions ne se font pas attendre. Le bâtonnier d'Ajaccio, Antoine Sollacaro, met le préfet en demeure de partir. Ce à quoi Bernard Bonnet réplique : « Je partirai quand vos amis cesseront le racket, quand vos amis cesseront d'assassiner dans les fêtes de village, quand vos amis cesseront de déposer des explosifs[1] ! » Lionel Jospin, lui aussi pris à partie dans les médias, déclare : « C'est une affaire de l'État, pas une affaire d'État. »

Finalement placé en garde à vue, le préfet est suspendu. Dans la foulée, le colonel Mazères, commandant de la légion de gendarmerie de Corse, reconnaît les faits. Il indique aux enquêteurs avoir agi sur ordre direct du préfet. Transféré à Paris, celui-ci est inculpé et incarcéré à la prison de la Santé. Jugé coupable en 2002, il est condamné à trois ans de prison, dont un an ferme, et trois ans de

---

1. *Le Figaro*, 16 octobre 2012.

privation de ses droits civiques et civils, peine confirmée en appel en janvier 2003. Son pourvoi en cassation ainsi que sa demande de recours en grâce seront rejetés.

L'affaire des paillotes a de lourdes conséquences. Selon Jean-Pierre Chevènement, « elle marqua la fin du consensus national apparent sur la politique de rétablissement de l'état de droit et ouvrit la porte à un retournement de politique au sein même de la majorité plurielle ». Elle scella par ailleurs l'inéluctable détérioration des relations entre Lionel Jospin et son ministre de l'Intérieur. Par-dessus tout, elle laissa le champ libre à tous ceux qui avaient combattu frontalement le préfet assassiné : les Corsico-Africains, les soi-disant « nationalistes », la Brise de mer, Jean-Jé et consorts...

28.

Le processus de Matignon : la seconde mort du préfet Érignac

Brasserie *Lipp*, jeudi 20 juillet 2000 : il est bientôt 21 heures quand une bande de convives endimanchés pénètre dans le restaurant du boulevard Saint-Germain où il faut être admis en bonne place pour voir et être vu. Ils n'ont ni le *look* bohème de Verlaine et de Rimbaud, ni celui, compassé, de François Mitterrand ou des vieux habitués « rad-soc » de la maison. Ils arrivent de l'hôtel Matignon où Alain Christnacht, conseiller de Lionel Jospin, leur a lu solennellement, dans la salle de la Chapelle, les propositions-conclusions du Premier ministre, aboutissement de neuf réunions de travail sur ce qu'on a appelé « le processus de Matignon ». À la sortie, José Rossi, patron de l'exécutif corse, mais aussi Jean-Guy Talamoni pour les nationalistes et le RPR Jean Biaggioni estiment que c'est un bon accord. Plus discrètement, Robert Feliciaggi et Toussaint Luciani se frottent les mains, mais ils préfèrent exprimer leur joie entre amis, élus sur leur liste ou fidèles collaborateurs, comme Noël Pantalacci. Un homme du deuxième cercle[1] pousse la

---

1. Qui m'a autorisé à rapporter cette scène mais préfère garder l'anonymat.

porte de l'établissement et vient les embrasser. « Ils étaient fous de joie. Le grand rêve de Bob et Toussaint de transformer la Corse en Tanger, Monaco ou Cuba, était enfin à portée de main... » Le processus de Matignon était en effet censé déboucher sur l'annulation de la loi sur la protection du littoral et sur la prolifération de casinos, *resorts*, marinas et autres complexes touristiques. La seconde mort du préfet Érignac...

Bob n'a pas ménagé sa peine, son argent ni ses relations (sans compter celles de Jean-Jé) pour arrondir les angles. « Toujours prêt à démêler les embrouilles et à rapprocher les ennemis au sein de l'hémicycle. Quand les politiques se déchirent, il court de bureau en bureau, de table en table, et devient le ciment de ceux qui votent pour la réforme institutionnelle de Lionel Jospin en 2000[1]. » Toussaint Luciani et lui ont d'emblée applaudi à l'initiative du Premier ministre. Ils ont fait partie des vingt-huit élus de Corse qui ont participé au premier « dialogue sans tabou » tenu à Matignon le 13 décembre 1999. « Toussaint Luciani a été l'âme des accords de Matignon, via Olivier Spithakis, ex-directeur général de la Mnef[2] », écrit même *La Lettre du Continent*.

À la fin de l'automne 1999, le renoncement à la violence comme préalable à toute négociation est abandonné dans le dos du ministre de l'Intérieur. Discrètement, le cabinet du Premier ministre a en effet décidé d'ouvrir sa porte aux nationalistes. Dans son livre *Matignon rive gauche*, Olivier Schrameck, directeur de cabinet de Lionel Jospin, justifie ce revirement : « C'est après des conversations menées

---

1. Ariane Chemin, « Le dernier nabab corse », *Le Monde* du 13 mars 2006.
2. In *La Lettre du Continent* n° 490 datée du 16 mars 2006.

avec certains éditorialistes bien au fait de l'état d'esprit, si mêlé de contradictions et d'oppositions, des milieux de l'île, que le Premier ministre prit la décision d'abandonner le préalable de la renonciation à la violence pour engager le processus de Matignon[1]. » Les éditorialistes en question sont Jean-Marie Colombani et Edwy Plenel qui ont joué un rôle déterminant dans le démarrage du processus, puis dans son déroulement jusqu'à la fin. Dans un article daté du 6 mai 1999, le directeur du *Monde*, en pleine affaire des paillotes, a montré la voie au Premier ministre : « Initier une vaste consultation sur le modèle de ce qui a prévalu en Nouvelle-Calédonie, qui permette de jeter les bases d'une plate-forme minimale, politique, économique, sociale et culturelle, qui donne le sentiment d'un nouveau départ. Pourquoi ne pas se saisir de ce second traumatisme [l'affaire des paillotes] pour en faire l'occasion d'une nouvelle chance ? »

Ostensiblement, *Le Monde* a pris fait et cause pour les nationalistes. Pour le journal, mais pour lui seul parmi la presse nationale, il ne fait aucun doute que la Corse, à l'instar de l'Irlande, est un pays en guerre. À l'occasion d'un dîner avec Colombani, Jospin tente de le convaincre du bien-fondé de sa politique, et surtout de sa volonté de mettre un terme aux violences. Colombani réplique : « Si vous ne faites rien, la violence ne s'arrêtera pas. » Réponse de Jospin : « Il faut préserver l'ordre républicain. » Ultime contre-argument du patron du *Monde* : « Il y a dix exemples de par le monde qui montrent que le dialogue doit se nouer *malgré* la violence. Du moins si on veut vraiment la paix[2]. »

---

1. Olivier Schrameck, *Matignon rive gauche*, Seuil, 2001, p. 151.
2. Voir *La Face cachée du* Monde, *op. cit.*

Tout l'automne, le journal égrène la litanie des attentats à répétition. Qu'attend donc Jospin pour changer de cap ? Nul doute aussi qu'à ce moment-là Olivier Schrameck, qui a déjà noué une étroite relation avec Edwy Plenel, ait poussé du bon côté. Dès lors, *Le Monde* va s'ériger à la fois en facilitateur et en avocat du processus de Matignon.

Première mission du quotidien : accréditer l'idée que le processus fait reculer la violence, les nationalistes choisissant la trêve pour montrer leur bonne volonté. Le 25 novembre 1999, des bombes éclatent en plein jour devant des bâtiments publics. Pour Lionel Jospin, la coupe est pleine. Il connaît le poids du dossier corse dans la vie politique nationale et semble bien décidé, cette fois, à agir, conforté en cela par les membres de son cabinet. Il n'en réaffirme pas moins ses positions lors d'une réunion interministérielle tenue à Matignon le 26 novembre. Quatre jours plus tard, devant la représentation nationale, il annonce clairement l'ouverture du dialogue avec les élus corses : « Face au sentiment de malaise et de crispation qui persiste, les élus de l'île doivent dire ce qu'ils souhaitent en toute clarté, quelles sont leurs propositions, leurs réponses aux attentes de la population dont ils tiennent leur mandat. Cette prise de responsabilité, nous le sentons tous, en Corse comme sur le continent, est aujourd'hui nécessaire. » Après avoir ainsi appelé les Corses au dialogue, le Premier ministre ajoute : « Ces débats concernent les élus de la Corse, mais aussi les représentants de la société civile. Il faut que les Corses prennent la parole pour dire ce qu'ils rejettent et ce à quoi ils aspirent[1]. » Pour le ministre de l'Intérieur qui n'a appris la nouvelle que quelques heures auparavant par un coup de téléphone laconique,

---

1. http://discours.vie-publique.fr/notices/993003154.html

la pilule est amère. Désormais, selon les propres mots de Jean-Pierre Chevènement, l'assemblée corse est érigée en « matrice » d'une « volonté générale corse » alors qu'elle n'a qu'une attribution de compétences.

Les élus indépendantistes et les Corsico-Africains peuvent se féliciter. Ils savent qu'avec leurs seize sièges (huit autour de Jean-Guy Talamoni, quatre pour Robert Feliciaggi, autant pour Toussaint Luciani), ils vont pouvoir peser dans les débats qui vont s'ouvrir. José Rossi va, dans les faits, devenir un des interlocuteurs privilégiés du gouvernement : le patron de l'assemblée insulaire voit là une belle occasion de se refaire un destin national.

Dans une longue analyse datée du 2 décembre, Jacques Follorou, dans *Le Monde*, s'en prend à la politique de Jean-Pierre Chevènement : « Par ailleurs, contrairement à l'analyse du mouvement nationaliste développée par le ministre de l'Intérieur, mardi, sur LCI, la multiplication des groupes clandestins ne signifierait pas la fuite en avant de "soldats perdus". À en croire certains responsables nationalistes, si des dizaines de militants ont quitté les organisations traditionnelles et créé leurs propres structures, ces clandestins seraient davantage enclins à suivre les mouvements publics qu'une voie brigadiste. Si un dialogue était engagé avec l'État, les organisations nationalistes publiques seraient en mesure de contrôler l'activité armée. La mouvance nationaliste paraît en effet, même si les attentats semblent démontrer le contraire, désireuse de trouver une sortie pacifique au conflit qui l'oppose à l'État depuis plus de vingt ans. »

Le 23 décembre, les nationalistes clandestins annoncent une trêve illimitée. Pourtant, contrairement à ce qui a été publiquement annoncé, les attentats continuent. Seulement, on n'en trouve plus trace dans les colonnes du

Monde ! Entre janvier et juillet 2000, trente-deux de ces attentats sont recensés par l'AFP, mais les lecteurs du quotidien du soir n'en ont pas connaissance. Un peu plus tard, celui-ci s'émerveille même de la magnanimité des combattants armés dans un article au titre éloquent : « Les nationalistes corses entendent riposter sans rompre[1] ».

En dépit de ce camouflet, Jean-Pierre Chevènement ne démissionne pas. Il se plie aux volontés du chef du gouvernement. L'homme de Belfort se dit que, de l'Intérieur, il pourra toujours tenter d'infléchir un tant soit peu les nouvelles options de Lionel Jospin. Le 16 février 2000, dans le dessein d'aplanir leurs dissensions, le Premier ministre, justement, l'invite à déjeuner en compagnie de son directeur de cabinet, Olivier Schrameck, et d'Alain Christnacht, autre de ses conseillers. Au menu de la conversation, la question de savoir s'il faut viser ou non un accord avec les « natios », et quelle serait l'ampleur des concessions à accorder. Pour le ministre de l'Intérieur, fidèle à ses convictions républicaines, il est un « noyau dur » sur lequel il ne faut pas transiger : refus de la notion de peuple corse, de la délégation de pouvoirs législatifs et, enfin, de l'apprentissage de la langue corse[2]. Si le Premier ministre approuve, ses conseillers, eux, se montrent d'un tout autre avis. D'abord, ils sont favorables à l'entrée des « natios » dans le tour de table sur le processus, quitte à en passer, cette fois, par des concessions sur le « noyau dur ». Pour Chevènement, rechercher à tout prix un accord avec les nationalistes revient à se tirer une balle dans le pied. Il estime en effet que négocier de la sorte est tout simplement se placer à leur merci. Il ne fait aucun doute, dans son esprit, que les

---

1. Voir *La Face cachée du* Monde, *op. cit.*
2. In *Défis républicains, op. cit.*, p. 439.

concessions faites seront toujours, pour le camp adverse, la base de revendications et donc de concessions ultérieures.

Le regard des décideurs parisiens se focalise sur les « natios » alors que les Corsico-Africains jouent un rôle déterminant pour rassembler les élus corses autour d'un projet donnant en même temps satisfaction aux uns et aux autres. Dans cette éventualité, ils pourraient enfin implanter à grande échelle casinos, complexes touristiques et machines à sous refusés par les deux derniers préfets. Les membres du cabinet de Lionel Jospin ne semblent guère s'intéresser, pour leur part, aux découvertes des policiers qui, en travaillant sur Jean-Jé, parrain de Corse-du-Sud, ont ramené dans leurs filets de nouveaux éléments pour compléter le portrait de Robert Feliciaggi, lequel est en train de s'imposer comme un acteur-clé dans le processus de Matignon.

Hors des regards des journalistes, des observateurs et des politiques, ça bouge beaucoup, en effet, côté Mafia, autour de Bob et de Toussaint Luciani. La lutte sourde entre la Brise de mer et ses alliés, d'un côté, et le clan Jean-Jé/Feliciaggi, se fait plus âpre, notamment au sujet de leurs zones d'influence dans le Sud (boîtes de nuit et machines à sous). Une analyse des enquêteurs de la DNAT remarque que depuis sa sortie de prison, le 10 novembre 1998, François Santoni s'est relancé dans la violence nationaliste avec « Armata Corsa », sans pour autant renoncer aux actions de droit commun portant sur les machines à sous et le racket. Son alliance avec Jean-Jé tient toujours et pourrait se révéler utile à ce dernier en cas de guerre ouverte avec la Brise de mer. Pour limiter les risques, Jean-Jé prend des mesures afin que la famille Orsoni, alliée à la Brise de mer, quitte la Corse-du-Sud pour le Nicaragua entre le printemps 1998 et le printemps 1999 :

« La mère Orsoni a démissionné de son mandat de maire de Vero en 1999 pour gagner le Nicaragua. Plusieurs raisons à cela :

« Orsoni était beaucoup trop agressif en Corse-du-Sud en matière de machines à sous et de racket, d'Ajaccio à Bonifacio, en passant par l'île de Cavallo ;

« Les nombreux règlements de comptes entre les deux tendances nationalistes devaient cesser ;

« C'était une façon d'aider Santoni et ses amis, voire de les "payer" [...].

« Sans doute... les pressions exercées par Colonna ont-elles été suffisamment sévères pour être bien comprises par Orsoni. Si bien que les arrestations, le 1er septembre 1999, d'une partie de la bande au Nicaragua à la suite d'une dénonciation à la DEA (Drug Enforcement Administration) dérangent Jean-Jé [...]. Quatre membres de la bande à Orsoni seront extradés vers la France[1]... »

Par-delà la guerre que se livrent les parrains corses pour le partage des zones d'influence, Bob est alors soupçonné de se livrer au trafic d'armes à partir de l'Afrique du Sud, notamment aux côtés de Toussaint Luciani : « Trafics d'armes avec la Libye, l'Angola et le Soudan, notamment, placements et blanchiment d'argent, activités liées à la société pétrolière Elf... Ces individus sont très appuyés par des autorités locales, très mobiles et utilisés par la DGSE. Il y a trois mois environ, les douaniers britanniques ont saisi un important lot d'armes, notamment des drones destinés au Soudan, via les Pays-Bas. Les Soudanais voulaient utiliser ces engins contre les chrétiens du

---

1. Six membres seront en réalité déclarés « indésirables », et cinq d'entre eux extradés vers Paris, via Miami : Paul Giacomoni, Marcel Zonza, Stéphane Zonza, Stéphane Orsoni et Étienne Lovisi.

Sud en les chargeant de gaz de combat », lit-on dans une note de la DCPJ qui emploie à plusieurs reprises l'expression « bande Jean-Jé/Feliciaggi ». La même fiche parle d'un tueur utilisé par la bande, « installé à Miami, soupçonné d'avoir parcouru l'Afrique avec une équipe, sous couvert de recherches pétrolières, pour perpétrer des assassinats qui restent à identifier ».

Dans une fiche datée du 15 octobre 1999, il est de nouveau question de drones et du signalement aux frontières de Jean-Jé, de sa femme, de Toussaint Luciani et de Robert Feliciaggi. À l'époque, les limiers s'intéressent particulièrement aux intérêts de Bob, Toussaint et Filippeddu dans les casinos français. Ils leur accolent le dénommé Francis Perez : « Cet individu a vécu au Portugal, puis au Brésil où il a monté une société de machines à sous avant de revenir en France en 1988 lorsque celles-ci ont été de nouveau autorisées. C'est à cette époque que les Corses en ont fait le P-DG de la société du casino du Grand Sud couvrant les casinos de Palavas, Sète, Lons-le-Saunier, Balaruc et Gruissan [on remarquera qu'il s'agissait de petits établissements achetés par Feliciaggi et autres pour des montants peu élevées]. [...] Perez ira par la suite s'établir en Afrique, notamment à Djibouti où les Feliciaggi disposeraient d'une flotte de pêche. On le retrouve même en 1997 à Lomé (Togo) où il tente de mettre en place des machines à sous avec la société Lydia Ludic. Actuellement, les Feliciaggi et consorts ont des intérêts dans les casinos de Toulouse, Bandol, Grasse et Nice (il y en a certainement d'autres en France et à l'étranger, sans parler de l'Afrique). »

À propos de Perez, les enquêteurs de la PJ ne citent pas le groupe Pefaco, installé à Barcelone mais également présent en Amérique du Sud et en Afrique, notamment au Togo, derrière lequel on ne retrouve pas seulement des éléments du milieu corse, comme Alain Orsoni et certains de ses amis, mais des mafieux italiens comme Fausto Pellegrinetti et Lilo Lauricella[1], le représentant de la famille Santapaola de Cosa Nostra. Toussaint Luciani sert de conseiller à Perez, lequel s'entourera ultérieurement d'Olivier Spithakis, ancien patron de la Mnef, ex-conseiller de Lionel Jospin, mais aussi de son cousin Laurent Obadia, directeur de la communication de Veolia, ou encore de l'ancien juge Alain Marsaud. Perez peut également se prévaloir d'une certaine proximité avec Bernard Squarcini.

Fin octobre 1999, alors que Bob va bientôt entrer dans la cour des « grands » à l'occasion du processus de Matignon, la DCPJ résume ses investigations à son sujet et sur sa bande : « Très bien implanté en Corse-du-Sud et en France continentale, le clan mafieux Feliciaggi-Colonna-Luciani-Filippeddu-et-autres tire ses revenus de tous les trafics, avec une nette priorité pour les stupéfiants et les armes, et des jeux allant des machines à sous aux casinos. Une branche apparaît très nettement comme s'occupant par priorité de l'Afrique, notamment de l'Afrique noire et de l'Afrique du Sud, avec Robert Feliciaggi. » Et les policiers d'expliquer que « cette bande est confrontée à deux problèmes majeurs : la disparition d'Elf et la volonté des services de renseignement américains, britanniques et sud-africains d'en finir avec des trafiquants qui vont même jusqu'à alimenter en armes le Soudan (la DGSE, qui travaille avec nombre de ces voyous, finira bien par comprendre avant de connaître de sérieux ennuis) ». Parallèlement, les enquêteurs constatent que Bob a été désigné comme responsable du mouvement politique RPF (Pasqua-de Villiers) pour la Corse-du-Sud.

---

1. Abattu le 31 octobre 2002 à Caracas.

Le 25 mars 2000, Robert Feliciaggi reçoit en effet une première récompense qui consacre son action visant à modifier le statut de l'île : à Ajaccio, au restaurant *Les Alizés*, s'est en effet tenu le congrès du RPF pour la Corse. Il en est adoubé responsable régional. Il y a du beau monde pour fêter l'événement : d'abord ceux qui travaillent à ses côtés depuis le milieu des années 1980, Toussaint Luciani et Noël Pantalacci, nommé porte-parole ; José Rossi s'est également déplacé ; cerise sur le gâteau, Joseph Comiti, ancien ministre du général de Gaulle, a apporté sa caution au mouvement et donc à Feliciaggi. Peu regardant sur ses propres contradictions, Bob n'hésite pas à clamer son attachement à la France et aux principes républicains. Et fait connaître, à sa façon, son soutien au processus de Matignon, affirmant vouloir que la Corse retrouve la paix : « Si cela passe par une évolution institutionnelle, nous devons avoir une attitude positive. » Il livre en ces termes le fond de sa pensée : « Seule une large autonomie peut rassembler les forces de l'île, et cela n'est pas en contradiction avec notre engagement national. L'autonomie est le meilleur rempart contre le séparatisme ! »

Dans le même temps, les policiers qui « s'intéressent » de près à lui décortiquent les voies et moyens dont Bob et sa bande usent pour faire de la politique. Ils remarquent que, « actuellement, plusieurs enquêtes sont menées en Corse-du-Sud au sujet de listes électorales où figurent de nombreuses personnes disant demeurer en Afrique et qui "votent". À Tasso, par exemple, dont le maire est Jean Tomi, 30 inscrits sur 150 disent être domiciliés au Gabon. Si les investigations se poursuivent (Pila-Canale, Olmetto, etc.), l'implantation politique locale de la bande va être déstabilisée ».

Fin 1999, ils relèvent que « les enquêteurs sud-africains de Pretoria désirent poursuivre leurs investigations en France sur la bande de Bob à propos du trafic d'armes à destination du Soudan. Les éléments couvrent la période 1997-1999 avec l'Afrique du Sud, la France, la Grande-Bretagne, les Pays-Bas et le Soudan. Les enquêteurs sont on ne peut plus déterminés, mais ont été éconduits par le parquet de Nice et les douanes. Les autorités sud-africaines s'en plaindront officiellement auprès de M. l'Ambassadeur de France ».

L'implication de Robert Feliciaggi, ami de Jean-Jé, et de Toussaint Luciani dans les discussions préliminaires aux accords de Matignon ne semble perturber personne. Les conseillers de Lionel Jospin sont en revanche troublés par l'accueil réservé au processus par les élus de l'Assemblée territoriale. Le 10 mars 2000, deux motions s'opposent : celle de droite, portée par José Rossi (DL), soutenu par les nationalistes de Jean-Guy Talamoni et les Corsico-Africains ; celle de gauche, d'Émile Zuccarelli (PRG), alors ministre de la Fonction publique, de la Réforme de l'État et de la Décentralisation. Leur principal point de divergence porte sur la délégation du pouvoir législatif à l'assemblée de Corse, dont les élus de gauche ne veulent pas entendre parler. Contre toute attente, la motion pilotée par Émile Zuccarelli devance aux voix (26 contre 22) celle de José Rossi. Pour le punir de s'être mis en travers du processus, Matignon videra du gouvernement le maire de Bastia, deux semaines plus tard, à la faveur d'un remaniement.

Malgré ce revers, le gouvernement décidera de remettre le processus sur les rails. À partir du 15 mai 2000, tous les lundis, un groupe de travail réunira élus et hauts fonctionnaires chargés du dossier.

Entre-temps, fin mars 2000, les Corsico-Africains sont à nouveau sur la sellette, cette fois pour fraudes électorales. Lors des élections à l'assemblée régionale de 1998, dans la commune de Tasso, fief des Tomi, les associés de Robert Feliciaggi dans les casinos en France et en Afrique, le maire, Jean Tomi, son premier adjoint, René Tasso, et la secrétaire de mairie, Noëlle Bartoli, ont été placés en garde à vue à la brigade de recherche de Sartène. Tomi a été hospitalisé après un « malaise cardiaque », Tasso et Bartoli ont été présentés à un juge et inculpés de fraude électorale, le tour de Tomi étant censé venir plus tard. Une information est également ouverte à propos des élections européennes de 1999 et du vote massif intervenu sur place en faveur de Charles Pasqua.

Chargé de cadrer les discussions en cours, Jean-Pierre Chevènement campe sur ses positions. Il reste absolument rétif à toute modification de la Constitution concernant l'assemblée corse. Le 17 juin 2000, il expose une nouvelle fois son point de vue et se dit prêt à être déchargé de sa mission. Jospin répond qu'il n'a nulle envie de se séparer d'un ministre qu'il apprécie et en qui il a toute confiance. Pourtant, le 3 juillet, nouvelle couleuvre à avaler pour Chevènement : dans un compte rendu rédigé par Alain Christnacht sur les entretiens avec les élus corses, qu'il a fait distribuer sans l'aval – et pour cause – du ministre de l'Intérieur, il est question, en toutes lettres, d'un pouvoir législatif partagé. Dès le lendemain, Chevènement s'en ouvre à Jospin. Pour lui, dit-il, il ne sera plus possible de travailler avec Christnacht. Le Premier ministre encaisse et, en guise de réponse, convoque le gouvernement, le surlendemain, pour débattre de cette question du pouvoir législatif de l'assemblée corse. Aux yeux de tous les ministres, il est clair qu'en république le pouvoir législatif reste et doit rester l'apanage de l'Assemblée nationale, seule expression légitime de la volonté du pays : un député est l'élu de la nation tout entière, pas d'une simple circonscription. Pour eux, il n'est pas question de transiger et de déléguer tout ou partie du pouvoir législatif à une assemblée régionale. Jospin s'incline. Mais il n'a pas dit son dernier mot[1]. De leur chapeau, les conseillers du Premier ministre tirent en effet une jurisprudence du Conseil constitutionnel datant de 1993 qu'ils ont dans l'idée de faire appliquer. Il s'agit d'autoriser des dérogations aux règles législatives, à titre expérimental et sous réserve d'encadrement. Le 10 juillet, une dépêche publiée par l'AFP stipule que le gouvernement étudie la proposition d'« un pouvoir législatif partagé et encadré ». Cette fois, c'en est trop pour Chevènement. Le 18 juillet, il donne une interview dans les colonnes du *Monde*, cherchant encore à faire revenir Jospin sur sa décision. Pour qualifier le recadrage désiré par le ministre, le journal titre : « Corse : L'ultimatum », et, ce faisant, jette de l'huile sur le feu. Dès le lendemain, un conseil interministériel réuni dans l'urgence dote à titre expérimental l'assemblée de Corse de pouvoirs législatifs, en attendant 2004, date à laquelle une révision constitutionnelle pourra rendre la délégation définitive. Le 20 juillet se tient à Matignon une ultime réunion avec les élus corses. À son issue, Robert Feliciaggi et Toussaint Luciani se dirigent vers la brasserie *Lipp*...

Les Corsico-Africains ne sont pas les seuls à sabler le champagne ce soir-là. Un grand article paru dans *Capital* de septembre 2000 résume bien l'état d'esprit des milieux d'affaires. En titre : « Les accords signés à Matignon sur

---

1. In *Défis républicains*..., *op. cit.*

l'avenir de l'île de Beauté font le jeu des milieux d'affaires. Les parrains du *business* corse sortent de l'ombre ». Apparaissent évidemment les noms de Bob, Toussaint, Jean-Jé, entre une douzaine d'autres, notamment celui de Jean-Claude Guazzelli, membre du conseil exécutif de l'Assemblée territoriale, l'interlocuteur privilégié de Matignon pour les volets bancaires et fiscaux du futur statut de l'île. Cet ex-directeur de la Caisse régionale du Crédit agricole (1985-1996) dont le frère, Francis, est un des piliers de la Brise de mer, est pourtant mis en examen pour « escroquerie aggravée, ABS[1], détournements de fonds publics et privés » (procédure instruite par le juge Jean-Pierre Niel, du pôle financier de Bastia). Guazzelli a également joué un rôle important en réussissant à convaincre le RPR Jean Baggioni, chef de l'exécutif corse, de changer de position et de rallier le projet Jospin. Un Guazzelli dont Jean-Michel Rossi déclarera[2] que son projet se résume à « créer un paradis fiscal bientôt aux mains de la Mafia »...

Le 27 juillet 2000, Jean-Pierre Chevènement, qui refuse de porter ce texte devant l'Assemblée, démissionne. Il est aussitôt remplacé par Daniel Vaillant, proche du Premier ministre. En Corse, les nationalistes, mais aussi les Corsico-Africains applaudissent. La démission de l'élu de Belfort est pour eux une excellente nouvelle. Le lendemain, à Ajaccio, quarante-quatre élus de l'Assemblée territoriale approuvent le relevé de conclusions de Matignon. Lionel Jospin reçoit Chevènement à la Lanterne et accepte sa démission. Dès ce 28 juillet, Jean-Guy Talamoni évoque la caducité des accords si l'amnistie pour les prisonniers politiques, y compris pour les terroristes coupables de

---
1. Abus de biens sociaux.
2. In *Pour solde de tout compte, op. cit.*

crimes de sang, n'est pas au rendez-vous. Il en rajoutera une louche, le 14 septembre 2000, en déclarant : « Je réclame l'amnistie pour l'ensemble des faits politiques. Il me paraît évident que l'attentat contre le préfet Érignac est un attentat politique. »

Les crimes de sang ? Ils n'ont pas cessé, en dépit de la « paix armée » si ardemment soutenue par *Le Monde*. Le 7 août 2000, autour de 8 h 30, comme presque tous les matins, Jean-Michel Rossi est attablé à la terrasse du bar *La Piscine* en compagnie de son ami Jean-Claude Fratacci qui joue aussi à ses côtés le rôle de garde du corps. Les deux hommes épluchent la presse quand surgit un commando composé de deux fois deux hommes. Les assaillants sont à peine grimés, mais lourdement armés. Ils prennent l'ex-leader du FLNC et son ami sous un feu nourri et croisé. La surprise est totale. Fratacci prend vingt-cinq balles dans le corps sans avoir le temps de dégainer son pistolet Beretta. Rossi, lui, n'est que blessé. Il est achevé à bout portant sous le regard médusé des premiers touristes matinaux. Son forfait achevé, le commando se replie tranquillement à bord d'une voiture garée à proximité[1].

L'affaire fait l'effet d'un séisme. C'est le spectre des grands règlements de comptes du début des années 1990 qui réapparaît. En pleine période de paix autoproclamée, voilà qui fait désordre ! D'autant que l'assassinat a lieu deux jours avant les journées de Corte, le grand rassemblement des nationalistes. Aussitôt, l'élu de la Cuncolta, Jean-Guy Talamoni, monte au créneau : « Il n'y a pas aujourd'hui en Corse de brebis égarées capables de commettre de tels actes. La méthode, le jour, l'endroit... tout nous indique que cela ne vient pas du mouvement

---

1. Voir *Les Parrains corses*, *op. cit.*

national[1]. » Pourtant, d'aucuns n'hésitent pas à dire que l'ex-leader Jean-Michel Rossi était devenu encombrant en énonçant des vérités pas bonnes à entendre dans son livre d'entretiens publié avec François Santoni et le concours de Guy Benhamou, *Pour solde de tout compte*. Les deux hommes y dénonçaient avec vigueur la dérive mafieuse des mouvements nationalistes alors même que Santoni, toujours en relations avec Jean-Jé, s'opposait au processus de Matignon pourtant soutenu par certains de ses amis, dont le même Jean-Jé. Bien qu'il se retrouve désormais isolé, Santoni continuera à se poser en ultime rempart face à la menace mafieuse ; à ceux qui veulent bien l'entendre, il explique que son ami est mort pour s'être opposé à l'implantation de plusieurs cabarets et boîtes de nuit entre Calvi et L'Île-Rousse[2].

Le 9 décembre 2000, l'assemblée de Corse approuve l'avant-projet de loi modifiant le statut de l'île par 42 voix sur 51. Rien ne semble plus pouvoir enrayer le processus. C'est pourtant le moment choisi par le président Jacques Chirac pour sortir de sa réserve. Depuis le début, il fait le mort sur ce dossier. S'il se déclare favorable à telle ou telle mesure, le chef de l'État s'oppose fermement au transfert de souveraineté. Il ne veut pas voir la République unitaire devenir une fédération de régions. Au surplus, tout comme Jean-Pierre Chevènement, il est contre l'enseignement obligatoire de la langue corse. Malgré des critiques du président, mais aussi les réserves du Conseil d'État, le projet est présenté le 22 février 2001 en Conseil des ministres.

---

1. *Le Parisien*, 9 août 2000.
2. François Santoni, *Contre-enquête sur trois assassinats...*, Folio, Gallimard, 2002, p. 23-35.

À l'approche des élections municipales de mars 2001 et dans la perspective du changement de statut de l'île, la bande de Pila-Canale (Bob, Jean-Jé, Michelosi, les Bozzi) avance à marches forcées vers la réalisation du « rêve cubain ». L'argent de Bob a coulé à flots, les menaces ont fait le reste. Marie-Jeanne Bozzi, épouse d'Antoine Bozzi, intime de Jean-Jé, est élue maire de Grosseto-Prugna, ce qui devrait permettre à son mari et à ses amis de faire ce qu'ils veulent sur Porticcio, station balnéaire fréquentée chaque été par quelque cinquante mille touristes. La mairie de Sartène tombe également entre les mains de la bande avec les Mondoloni, et l'on parle déjà de construire en bord de mer sur des terrains jusque-là protégés.

Mais, coup dur, de mauvaises nouvelles arrivent à la mi-mars de Monaco. La justice de la principauté s'intéresse de près à Robert Feliciaggi, Michel Tomi, Marthe Mondoloni, sa fille, Jean-Jé, à propos de mouvements de fonds concernant les jeux et l'Afrique (casino d'Annemasse, le Gabon). Puis, nouveau coup dur, le 21 juin : Marie-Jeanne et Antoine Bozzi sont arrêtés pour proxénétisme aggravé parce que, au *Pussy Cat* (à Ajaccio) et au *César Palace* (à Porticcio), des « entraîneuses » font monter les clients. Le conseil municipal manifeste son soutien inconditionnel à Madame le Maire... Commentant cette énième affaire, Vincent Carlotti, ancien édile PS d'Aléria, déclare : « Ce qui est très inquiétant pour l'autonomie à venir de l'île, c'est que bon nombre de Corses n'arrivent plus à faire la différence entre ce qui est légal et illégal, et accordent leur confiance à des gens dont ils savent très bien que le milieu les soutient. Mais aussi que de plus en plus de voyous cherchent à maîtriser la donne politique en briguant des mandats électoraux. À force de ne s'intéresser qu'aux dérives nationalistes, l'État a laissé prospérer une mafia qui s'est petit à petit infiltrée dans tous les rouages de la société insulaire[1]. »

Sur la même longueur d'onde, François d'Aubert déclare le 15 mai 2001 dans *Le Figaro* : « En Corse, certains rêvent déjà d'accueillir des hôtels, casinos, complètement tenus par l'argent sale... Veut-on que l'argent public soit encore plus dilapidé ? Veut-on une autogestion de l'île ouvertement prise en main par des intérêts mafieux déjà par trop présents ? »

Dans la nuit du 16 au 17 août 2001, François Santoni sort d'un mariage à Monacia-d'Aullène, en Corse-du-Sud. L'ex-leader de la Cuncolta se dirige jusqu'à sa voiture, une BMW stationnée à quelques mètres de là. Alors qu'il vient d'ouvrir la portière, des rafales d'un fusil d'assaut Kalachnikov AK-47 le touchent à treize reprises, dont deux balles mortelles à la tête. La voie est déblayée pour les mafieux qui soutiennent le processus de Matignon. Les nombreuses arrestations qui suivent la mort de Santoni et la suspension du soutien de Jean-Guy Talamoni et Corsica Nazione au processus de Matignon n'empêchent pas le vote au Palais-Bourbon, le 18 décembre 2001, du projet final par 249 voix pour, 229 contre et 48 abstentions...

Mais, coup de théâtre : le 17 janvier 2002, le Conseil constitutionnel retoque l'alinéa IV de l'article L. 4424-2. En clair, les « sages » refusent que l'Assemblée territoriale adopte des lois. Le nouvellement déclaré candidat à sa propre succession, Jacques Chirac, s'en félicite : « Au terme du processus d'élaboration de la loi sur la Corse, l'île, dotée de compétences nouvelles et de moyens propres à assurer son développement économique, social et culturel,

---

1. In *Le Nouvel Observateur* des 12-18 juillet 2001.

reste pleinement ancrée dans la République. C'est ce que j'avais demandé à plusieurs reprises[1]. »

Le 22 janvier, la loi revue et corrigée est néanmoins promulguée. Un peu plus de an après, le 28 mars 2003, alors que, contre toute attente, Jacques Chirac a été réélu, Jean-Pierre Raffarin annonce la tenue d'un référendum sur la modification de l'organisation institutionnelle de l'île. Cette consultation régionale du peuple corse reçoit le soutien des nationalistes et des Corsico-Africains. Le vote a lieu le 6 juillet 2003. Le résultat est sans appel : le projet est rejeté par 51 % des voix.

Pour Bob et Toussaint, le « rêve cubain » s'était d'ores et déjà évanoui, faute d'avoir réuni autour de ce projet tous les clans, aussi bien mafieux que nationalistes. Les « natios » du Nord et du Sud n'en finissaient pas de régler leurs comptes. La Brise de mer estimait qu'un tel statut la corsetait, l'empêchant de continuer à affaiblir le clan de Jean-Jé. Il ne lui avait pas échappé que Bob était derrière le processus de Matignon. Depuis quelque temps, les tiraillements entre les Corsico-Africains, Tomi et Casanova, d'un côté, et Feliciaggi et Jean-Jé, de l'autre, s'exacerbaient. Les menaces judiciaires s'aggravaient, comme si les protections ne jouaient plus. Bref, la guerre qui couvait entre les factions rivales avait eu raison de l'utopie, de la « possibilité d'une île » entièrement à leur main...

---

1. *Libération* du 13 mai 2002.

29.

Fin d'un parrain, fin d'une époque

Pila-Canale, lundi 13 mars 2006 : le cercueil recouvert de trois drapeaux – français, congolais, corse – est posé devant l'église Saint-Pancrace. Tous sont là, deux mille environ, à dessiner un tableau impressionniste de la carrière du défunt, des ambiguïtés des pouvoirs à son endroit comme à celui des autres parrains corses. Ils font comme si Bob était mort de sa belle mort, ou d'un banal accident de voiture, non de trois balles de calibre 38. Pour honorer sa mémoire, il y a là Pierre-René Lemas[1], un des successeurs du préfet Érignac, qui, au nom de la République, salue « l'homme de cœur et de bien » qui a « contribué à créer beaucoup d'emplois sur un continent (l'Afrique) délaissé par le développement économique » ; Mgr Jean-Luc Brunin, évêque d'Ajaccio ; Camille de Rocca-Serra ; Ange Santini, patron du conseil exécutif de l'Assemblée territoriale ; José Rossi, mais aussi Émile Zuccarelli, maire de Bastia. Aux côtés des membres de l'*establishment*, quelques nationalistes, dont Christine Colonna, sœur de celui qui aurait tiré sur le préfet Érignac ; et l'homme que le rapport Glavany désigne comme le parrain de Corse-du-Sud, l'ami, le complice, celui qui

---

1. Qui sera, de 2012 à 2014, secrétaire général de l'Élysée.

lui a offert la mairie de Pila-Canale et l'a aidé à devenir un notable influent : Jean-Jé, abrité derrière des verres fumés. Là aussi, l'homme qui est à l'origine de sa fortune, Emmanuel Yoka, directeur de cabinet de Denis Sassou-Nguesso, président du Congo, le dernier à avoir vu Bob vivant. Le 10 mars 2006, en effet, les deux hommes ont partagé un couscous à Paris. Le soir même, à sa descente d'avion à l'aéroport d'Ajaccio, Bob s'est dirigé vers sa BMW noire, a mis sa valise dans le coffre, et a reçu trois balles tirées par un tueur masqué... Ému, le Congolais : « Robert, mon ami, Robert, mon frère [...], tu aurais pu, tu aurais dû choisir de vivre en terre africaine, là où tu es né, là où la vie humaine est sacrée, là où on craint Dieu, et là où on ne peut pas impunément défaire ce qu'Il a fait. » Surprise : la foule applaudit. Quant à Marie-Antoinette, l'épouse de Bob, elle prononce un éloge qui, en d'autres circonstances, aurait fait sourire Jean-Jé. Notamment quand elle affirme que son mari « avait fait sienne cette pensée de Montaigne [...] : "Là où j'aurais pu me faire craindre, j'ai préféré me faire aimer" ». Enfin, pour compléter ces touchants hommages au héros sur lequel le rapport Glavany avait pourtant attiré l'attention pour ses liens très troubles avec le parrain Jean-Jé, Charles Pasqua, qui n'a pu faire le déplacement, déclare non sans une dose d'humour involontaire : « Robert Feliciaggi n'avait que des amis en Corse. Pour moi, cet assassinat est dans le droit fil de celui du préfet Érignac... »

Jean-Jé, ancien de la French connection, lunettes noires et col roulé, laisse Ange-Marie Michelosi, son lieutenant du Petit Bar, porter le cercueil à sa place. Il est convaincu que le meurtre de son ami est l'œuvre directe ou indirecte du « Menteur », Richard Casanova, un des cerveaux de la Brise de mer, en guerre contre son clan tant en France qu'en Afrique. Le « beau Richard » est devenu quelqu'un d'important. Tous les observateurs attribuent notamment sa montée en puissance aux renseignements qu'il aurait fournis à François Casanova, commandant des RG, le meilleur chien de chasse de Bernard Squarcini, lors de la traque d'Yvan Colonna. Un ancien de la mouvance Pasqua m'a assuré que l'aide de Richard Casanova ne se limitait pas à cette traque mais était utilisée à des « besognes délicates ». Alors qu'il était officiellement en cavale, convoqué de temps à autre à Paris, installé au *Sofitel* de la rue Boissy-d'Anglas, il accomplissait sa mission, puis repartait... « Casanova est partout chez lui en Corse et en Afrique où il gère certaines affaires qui voient se croiser services secrets, rois nègres et grands maîtres de la pègre corse[1]. » Jean-Jé sait aussi que Richard Casanova marche main dans la main avec Alain Orsoni, alors en exil, pour mettre le grappin sur ses affaires, via le fidèle Antoine Nivaggioni. Et que ce dernier pourrait fort bien avoir été l'exécuteur de Bob... Enfin, compte tenu de l'amitié entre Richard Casanova et Michel Tomi, il soupçonne aussi ce dernier d'être dans le coup.

L'époque où Jean-Jé contenait l'expansionnisme de la Brise de mer et de la famille Orsoni est révolue depuis plusieurs années. Les tensions de plus en plus fortes entre Michel Tomi, ami de Richard Casanova, et Robert Feliciaggi, ami de Jean-Jé, ont contraint Bob à prendre ses distances avec Tomi. Dans un premier temps, la séparation entre les deux associés s'est passée à l'amiable. L'un voulait récupérer le Congo, fief familial, contre les parts de l'autre au Cameroun. Mais le partage a ensuite suscité des frictions, Jean-Jé renâclant pour sa part à abandonner

---

1. Jean-Michel Verne, le 6 juin 2013, in *Lyon Capitale* : « Corse, le dernier souffle de la Brise ».

le continent noir à la Brise de mer, trop liée à Michel Tomi... Ce partage incite finalement Bob à vouloir se retirer d'Afrique. Seul son frère Charly tire son épingle du jeu. Bob souhaiterait désormais se reconvertir entièrement dans les casinos et machines à sous en France métropolitaine. Mais autant en Afrique il a fait merveille, autant en France, les protections une fois évanouies, il n'est plus qu'un artisan incapable de faire le poids face aux grands groupes spécialisés dans les jeux (Barrière, Partouche, Accor). Il est de surcroît traqué par la justice et les médias pour son rôle dans le financement du RPF. Il est bien malgré lui devenu un homme public, au-delà même de sa réélection, en mars 2004, à l'assemblée de Corse sur la liste de l'ancien ministre José Rossi – liste dissidente de l'UMP qui lui a refusé son investiture au profit du président en exercice de l'assemblée insulaire, Camille de Rocca-Serra. Bob a perdu de sa superbe, tout comme son ami Jean-Jé. Son rêve de devenir le grand parrain bienveillant d'une Corse-Monaco, avec, derrière lui, les « natios » du nord et du sud de l'île, la Brise de mer, le clan Orsoni et Michel Tomi, est tombé à l'eau. Jean-Jé et lui sont devenus des hommes à abattre.

Aux haines spécifiquement corses, il faut ajouter celle d'Omar Bongo qui ne supporte pas que Feliciaggi, qui a été chargé de récupérer les archives de la Fiba, s'en serve pour le faire chanter. Bob se démène en outre pour tenter de lézarder la relation étroite entre Michel Tomi et le président gabonais. Un contrat a donc été mis sur sa tête, même si les enquêteurs, après avoir longtemps privilégié la piste Tomi, l'ont abandonnée, faute d'éléments probants. Les vrais commanditaires ont cependant oublié qu'ils signaient, ce faisant, à plus ou moins brève échéance, leur propre arrêt de mort...

30.

Les « pendules » corses

Le tueur à gages qui, le 10 mars 2006, a exécuté le *consigliere* du parrain de Corse-du-Sud sur le parking de l'aéroport d'Ajaccio donnait le coup d'envoi à 68 assassinats et 29 tentatives entre 2008 et fin 2013 qui allaient décimer les deux gangs et leurs alliés selon une symétrie presque parfaite. Pis encore que la vendetta du *Combinatie* qui avait fait une bonne trentaine de victimes, dont l'oncle et le frère de Jean-Jé. La mort de Bob a définitivement rompu les équilibres ménagés par ce que certains observateurs appelaient le « *deal* de Libreville ». Pour le procureur Jacques Dallest, cet assassinat constitue en effet un « acte fondateur » dans les hostilités qui vont fracturer la mafia corse pour ne laisser subsister, *in fine*, qu'un seul « parrain », Michel Tomi, et une multitude de PME du crime organisé.

Dans son *Rapport sur la criminalité organisée en France, 2013-2014*, le Sirasco (Service d'information, de renseignement et d'analyse stratégique sur la criminalité) situe plutôt cette rupture des équilibres criminels après le décès, le 1er novembre 2006, de Jean-Jé, l'ami de Bob, connu pour jouer le rôle de « juge de paix » entre factions rivales. Ce décès allait « entraîner l'éclatement des clans sous le poids des luttes de pouvoir et des guerres intestines. Matérialisée par une vague de règlements de comptes sans précédent, cette recomposition du milieu conduisait à un morcellement des groupes et à la multiplication d'alliances de circonstance dans un contexte marqué par le retour sur l'île d'Alain Orsoni, dont l'ambition avait été ravivée par la disparition de ses concurrents, la montée en puissance de l'équipe du Petit Bar autour des héritiers de Jean-Jé Colonna, l'enjeu du contrôle de la ville d'Ajaccio et l'autonomisation du banditisme en plaine orientale ». Un ou deux « actes fondateurs » ? Toujours est-il que s'est alors mise en marche la morbide pendule à balancier corse...

Avant de se stabiliser, le balancier a oscillé pendant quelques années de manière erratique. Les parrains corses n'ont nul besoin de preuves judiciaires pour connaître la vérité sur les assassinats perpétrés dans leur monde. Ils ont toujours un ou deux coups d'avance sur les enquêteurs officiels qui ne trouvent pratiquement jamais d'ADN ou d'empreintes digitales sur les scènes de crime, et sont immuablement confrontés à l'*omerta* respectée par les témoins éventuels. Depuis la mort du préfet Érignac, des tensions ont surgi entre les parties prenantes au crime organisé et les nationalistes gravitant dans leur mouvance, les « sudistes » opposés à François Santoni et leurs alliés balanais de Jean-Michel Rossi[1], du côté de Jean-Jé, Charles Pieri, proche de la Brise de mer et d'Alain Orsoni.

Officiellement en cavale, Richard Casanova cherche de plus en plus à empiéter sur les territoires de Jean-Jé, et donc de Bob. La Brise de mer et Alain Orsoni poursuivent le même objectif. Richard a fait une belle prise chez Jean-Jé

---

1. Rappelons que Jean-Michel Rossi a été abattu le 7 août 2000, et son ami François Santoni le 16 août 2001.

en débauchant Jean-Luc Codaccioni, une grosse pointure, lieutenant du parrain de Corse-du-Sud. Cette défection n'a évidemment pas été du goût de son clan et il a dû à la chance – un pistolet enrayé – de ne pas avoir été abattu durant l'été 2005. Pendant l'enterrement de Bob, Jean-Luc Codaccioni, soupçonné d'avoir été le bras armé de Richard Casanova, est violemment pris à partie par Ange-Marie Michelosi. Les membres du clan Jean-Jé n'arrivent pas à croire que l'arrestation de Richard Casanova, le 3 mars, soit dix jours avant l'assassinat de Robert Feliciaggi, ait été le fruit du hasard. En cavale depuis une quinzaine d'années, il était en effet visible de tous, à Paris comme en Corse. Pour ses ennemis, en se faisant tranquillement coffrer, « le Menteur » s'est simplement préparé un alibi pour l'opération visant le patron des « divers droite » à l'Assemblée territoriale…

Le 13 septembre 2006, Paul Giacomoni, proche d'Alain Orsoni, est assassiné. Ange-Marie Michelosi, le lieutenant de Jean-Jé qui portait le cercueil de Bob, est soupçonné. Est-ce déjà une réplique à la mort de ce dernier ? Pour le clan Jean-Jé, il est clair qu'Alain Orsoni, Richard Casanova et leurs hommes sont désormais à ranger dans le camp ennemi.

De même que les amis de Bob et de Jean-Jé n'ont pas cru au hasard dans l'arrestation du Menteur, quelques jours avant la mort de l'empereur des jeux, ils ne croient pas davantage à la rencontre fortuite de Jean-Jé avec la pile de béton d'un pont, sur une petite route près de Porte-Polo, le 1er novembre 2006, sept mois après l'assassinat de Bob. Les enquêteurs ont d'abord pensé à la perte de contrôle du véhicule par suite d'un malaise cardiaque. Mais l'autopsie n'a révélé ni malaise cardiaque, ni rupture d'anévrisme. Les policiers ont par ailleurs trouvé les traces d'une substance explosive dans le moteur. Ils ont fini par ravaler leurs doutes, mais, aujourd'hui encore, certains enquêteurs persistent à s'interroger. J'en ai rencontré au moins un...

Le 25 avril 2008, Richard Casanova, ennemi juré de Bob et de Jean-Jé, est assassiné à Porto-Vecchio par Francis Mariani, lui aussi pilier de la Brise de mer et allié *de facto* du clan Jean-Jé. Mariani avait fait l'objet d'une tentative d'assassinat de la part de Jean-Luc Germani, beau-frère de Richard. Le beau Richard avait rompu le pacte de solidarité entre les grands voyous de la Brise et lancé de l'intérieur un second mouvement de balancier dont les oscillations vont interférer avec celles fauchant déjà les membres du clan Jean-Jé et ceux des groupes Richard Casanova-Alain Orsoni.

À Libreville, au siège du groupe Kabi, appartenant aux Tomi et regroupant casinos, PMUG, Afrijet..., l'annonce de la mort de Richard plonge la maisonnée dans le deuil. Michel Tomi, à qui échoit le statut de dernier « parrain » après la mort du beau Richard et de Jean-Jé, pleure celui qu'il considérait comme son fils. Après la disparition de Richard, c'est Germani qui va reprendre le flambeau à Paris au cercle Wagram, s'occuper des intérêts de son beau-frère en Afrique et donc bénéficier de la protection de Tomi.

Pour ses amis, la mort de Richard Casanova ne peut avoir été commanditée que par les héritiers de Jean-Jé ou ses alliés du Petit Bar, fondé par la famille Michelosi. La riposte ne tarde pas. Le 16 juin 2008, Jean-Claude Colonna, quarante-sept ans, deux enfants, cousin de Jean-Jé et propriétaire du « Clos Colonna », une vigne de 6,5 ha achetée en 2003 près de Tizzano, est tué sur une route secondaire, au col de Belle Valle, d'une décharge tirée à bout portant en pleine tête. Vice-président d'un club de football ajaccien (le GRFCOA), il revenait du stade de Mezzavia, en fin d'après-midi, par une départementale peu fréquentée qui dessert Pila-Canale, le village de Bob et de Jean-Jé. La section de recherches (SR) de la gendarmerie le dit inconnu de la justice ; la police ne pipe mot.

Le rythme du balancier s'accélère. Le 3 juillet 2008, un homme de main de la Brise de mer, Daniel Vittini, est assassiné selon un cérémonial identique à celui qui a été fatal à Jean-Claude Colonna : une embuscade sur une route secondaire. À la Brise de mer de réagir : six jours plus tard, Ange-Marie Michelosi, fidèle de Jean-Jé et de Bob, est exécuté à Grosseto-Prugna, au fusil de chasse, sur un chemin communal désert. Michelosi était un habitué du siège social de la SED, la société parisienne de Bob et de Michel Tomi où il venait régulièrement chercher sa rétribution.

Revenu pourtant récemment en Corse, Alain Orsoni a toute sa place, on l'a vu, dans ce cycle diabolique, et, selon divers témoins, fait tout, avec son compère Antoine Nivaggioni, pour accélérer le rythme des vendettas en montant les truands les uns contre les autres. Conformément à la logique pendulaire, il est donc l'objet, en août 2008, d'une tentative d'assassinat... Mais la mort d'Ange-Marie Michelosi n'est toujours pas vengée. La police est alors prévenue, le 20 août, par un « informateur anonyme », que quelques-uns des proches de Michelosi envisageraient de « se faire justice eux-mêmes ». Filatures, écoutes et sonorisations de domiciles sont mises en place. Le 5 septembre 2008, divers individus sont interpellés par les gendarmes ; faute de preuves, ils sont relâchés. Un détail, cependant : parmi les interpellés figuraient deux vieilles connaissances : Marie-Jeanne Bozzi, née Michelosi, sœur d'Ange-Marie et épouse d'Antoine Bozzi, ainsi qu'un autre lieutenant de Jean-Jé censé avoir prêté sa voiture à un tueur. Ces membres du clan Jean-Jé/Bob, on l'a vu précédemment, avaient été mis en examen pour proxénétisme aggravé en 2000.

Simultanément, Alain Orsoni tient une conférence de presse dans les locaux de son club de football, l'AC Ajaccio. Il révèle qu'il a été convoqué par les policiers pour être informé qu'il serait la prochaine cible des proches d'Ange-Marie Michelosi. La main sur le cœur, il assure n'être revenu en Corse, en avril 2008, que pour s'occuper de son club de football, et n'avoir aucun contentieux avec la victime de Grosseto-Prugna. Il s'indigne des « méthodes policières » et va jusqu'à subodorer et dénoncer des « poussettes » censées attiser des conflits inexistants.

Quelques mois plus tard, en avril 2009, un second coup de filet intervient en deux temps. L'ensemble des individus déjà arrêtés en septembre est de nouveau interpellé ; s'y ajoutent Jean-Toussaint Michelosi et Edmond Melicucci. Enfin, à la fin du même mois, les policiers appréhendent Pascal Porri et Stéphane Raybier dans un hôtel situé sur la route des Sanguinaires. Une dizaine de personnes sont mises en examen. Et il appert qu'Alain Orsoni avait raison : c'était bien lui, la cible des anciens du clan Jean-Jé, convaincus qu'il était l'instigateur du meurtre d'Ange-Marie Michelosi...

Si ces derniers ont raté Alain Orsoni, son ami Antoine Nivaggioni, lui aussi ancien du MPA, installé dans les « affaires », est abattu le 18 octobre 2010 à Ajaccio par deux tueurs embusqués alors qu'au petit matin il sortait de chez une amie. Nivaggioni avait été impliqué dans une affaire de détournement de fonds de la Société méditerranéenne de sécurité (SMS).

La logique pendulaire désignait dès lors un parrain de l'ancien clan de Jean-Jé comme cible suivante du clan Orsoni. Effectivement, le 21 avril 2011, Marie-Jeanne Bozzi, ex-maire de Porticcio, considérée comme un chef de bande après la mort d'Ange-Marie, son frère, est abattue.

En février 2012, la DRPJ d'Ajaccio et l'Office central de lutte contre le crime organisé (OCLCO) interpellent dix-sept individus en Corse-du-Sud, à Marseille et à Paris dans le cadre de trois règlements de comptes perpétrés à Ajaccio, visant à la fois des membres des deux clans rivaux, celui d'Alain Orsoni et celui du Petit Bar. D'un côté, Alain Lucchini, gérant de la boîte de nuit *Privilège*, ancien du MPA, donc proche d'Orsoni, Fabrice Accardo, patron du restaurant d'Ajaccio *Le Roi de Rome*, et Yves Manunta, finalement abattu le 9 juillet 2012. L'opération porte un coup sévère aux deux équipes de malfaiteurs du Petit Bar et du clan Orsoni.

Les temps ont bien changé depuis la fin des années 1990 où la chambre de commerce et la caisse de développement de la Corse étaient entre les mains de Bob et de Jean-Jé. La chambre de commerce est maintenant dirigée par Jacques Nacer, un homme d'Alain Orsoni, lequel a pour avocat le bâtonnier Antoine Sollacaro, homme qui, en sus de ses fonctions à la fédération insulaire de la Ligue des droits de l'homme, a, peut-on dire, les mains plongées dans le « cambouis » corse. Maître Sollacaro est abattu le 16 octobre 2012 peu après 8 heures, sur la route des Sanguinaires, par un tireur chevauchant une moto trial 1 200 BMW. Il est très probable que c'est sur la même moto que l'assassin de Jacques Nacer et son complice auraient pris la fuite, le 14 novembre 2012. Le 21 novembre, *Corse-matin* écrit : « Depuis le début de la saison, il n'y a quasiment pas une rencontre à domicile qui ne débute par une minute de silence, voire une cérémonie encore plus grave... »

Les hostilités entre anciens de la Brise de mer pour le partage des dépouilles n'ont pas cessé après la mort, en janvier 2009, de Francis Mariani, tueur présumé de Richard Casanova, dans l'explosion d'un hangar agricole déclenchée à distance. Cet assassinat est suivi de celui de deux proches de Mariani, Pierre-Marie Santucci, en février, et Francis Guazzelli, en novembre. Maurice Costa, autre cacique de la Brise de mer, est à son tour assassiné dans le cadre d'une vendetta familiale. Le clan du Menteur a désormais gagné. Grâce à ses liens avec les bergers-braqueurs de Venzolasca, notamment les Federici, ses amis d'enfance, Jean-Luc Germani, son beau-frère, a repris les intérêts de Richard en Afrique, les cercles de jeu parisiens (Wagram et Eldo), le secteur marseillais des machines à sous, le milieu de la nuit d'Aix-en-Provence... La bataille des anciens de la Brise de mer est quasiment terminée, faute de combattants. Les très dangereux Jean-Luc Germani[1], Stéphane Luciani[2] et Frédéric Federici[3] sont en cavale en Afrique, où ils peuvent compter sur le sens de l'hospitalité de Michel Tomi, lequel protège aussi Alain Orsoni. Ange-Toussaint Federici est en prison, tout comme Jacques Mariani, fils de l'ennemi, lui aussi derrière les barreaux...

À ces oscillations pendulaires s'ajoutent celles qui frappent depuis belle lurette les anciens du nationalisme corse. Elles ont culminé avec les assassinats de Jean-Michel Rossi et François Santoni. Un bel exemple en a été l'exécution de Christian Leoni, le 28 octobre 2011, par le FLNC qui l'a revendiquée auprès de la revue *Corsica* : « Vendredi 28 octobre, un de nos commandos, lancé à sa recherche dans la région de Moriani, a procédé à l'élimination physique de Christian Leoni, responsable du groupe mafieux, auteur de l'assassinat de notre militant Philippe Paoli. »

---

1. Arrêté après trois ans de cavale le 27 novembre 2014 à Nanterre.
2. Arrêté en septembre 2014.
3. Arrêté le 14 janvier 2015.

Leoni, lié à la Brise de mer, était un proche de Francis Mariani, l'assassin de Richard Casanova. Il était propriétaire d'un complexe immobilier qui avait été plastiqué en février 2011. La riposte fut rapide : Jacques Paoli, cinquante-huit ans, ancien nationaliste proche de François Santoni, donc proche de la mouvance Bob/Jean-Jé, était assassiné à son domicile alors qu'il s'y trouvait avec sa compagne et une amie.

Conséquence de ces bouleversements : l'émergence « d'autres entités, principalement animées par l'appât du gain. La grande criminalité en Corse ne répond donc plus à des codes, des affiliations et des structures historiques. Hormis les vendettas familiales, le crime organisé corse prend aujourd'hui la forme d'un ensemble hétérogène d'individus ou de groupes constitués de membres du grand banditisme, de jeunes voyous, d'"hommes d'influence" ou d'anciens militants nationalistes, enchevêtrés dans des relations évolutives au fil du temps[1]. »

Cette juxtaposition mouvante de clans criminels interdépendants en fonction des intérêts du moment rend difficile toute cartographie qui permettrait d'anticiper les actions et de lutter efficacement. Cette analyse ne concerne cependant pas le banditisme corse « solidement implanté, depuis de nombreuses années, en Afrique (Michel Tomi et feu Robert Feliciaggi) et en Amérique du Sud (Orsoni au Nicaragua, Filippeddu au Brésil, en Bolivie ou au Vénézuela[2] ».

Après cet enchaînement d'hécatombes, seul reste Michel Tomi.

---

1. Rapport du Sirasco, 2012-2013.
2. Rapports du Sirasco de 2012-2013 et de 2013-2014.

31.

Le domaine de Murtoli, « rêve cubain » de la *jet-set*[1]

Le domaine de Murtoli ne bat pas pavillon, il n'a pas d'hymne national, n'émet pas de monnaie, n'est pas inscrit à l'ONU, mais n'en fonctionne pas moins comme un micro-État. Il n'aurait jamais vu le jour sans un empilement d'illégalités commises avec la bienveillance coupable des autorités françaises. Sur son sol, les lois de la République n'ont pas cours. Pour accéder à la vingtaine de demeures essaimées sur quelque 2 500 ha dans la vallée de l'Ortolo, entre montagnes, collines et une dizaine de kilomètres de littoral, il faut montrer patte blanche. Ou plutôt une carte magnétique et un portefeuille bien renflé. Des sortes de gardes-frontières empêchent les touristes d'approcher par voie de terre : deux grilles successives, surveillées par des caméras, sont installées à l'orée du domaine. Par mer, un filin et des bouées ferment la crique et empêchent les curieux d'approcher des plages privées. « C'est un endroit

---

1. Ce chapitre doit beaucoup à ma rencontre et à mes échanges avec Anne de Carbuccia, ainsi qu'à deux très bons articles d'Ariane Chemin (« Les bergeries de la Sarkozie », *Le Monde* du 26 août 2011) et de Jean-Michel Decujis et Christophe Labbé (« Un repenti de la Brise de mer passe à table », *Le Point* du 19 juillet 2012).

caché et secret. Le commun des mortels ne sait pas qu'au bout de cette piste cabossée, c'est le paradis. [...] Ici personne ne vient les [NDA : les clients] emmerder, déclare Paul Canarelli, maître des lieux. Je paie du monde pour surveiller les accès au domaine. Les clients ne s'en doutent pas, mais les paparazzi sont parfaitement au courant. S'ils tentent malgré tout leur chance, c'est à leurs risques et périls[1]... »

À Murtoli ne pénètrent que quelques grands voyous, des hommes politiques de renom, quelques hiérarques policiers, des vedettes du *showbiz* et des médias, la crème du CAC 40. Cette sorte d'« éden cubain » en miniature reflète l'arrogance cynique de certaines élites, les ambiguïtés et compromissions entre « natios », bandits, affairistes, politiques, journalistes et flics corses, résumées par cette une de *Corse-matin* du 22 juillet 2011 : « Le domaine de Murtoli est l'exemple à suivre ». La formule est de Frédéric Lefebvre, alors secrétaire d'État chargé du Tourisme, après une visite de quelques heures sur le domaine, escorté du président de l'assemblée régionale de Corse et de Camille de Rocca-Serra, député de Corse-du-Sud.

À elle seule, l'histoire de Murtoli permet de comprendre les causes profondes de la difficulté, voire de l'impossibilité de ramener l'ordre public dans l'île de Beauté et d'y faire respecter les lois de la République. Cette histoire du domaine intègre non seulement son développement, jusqu'à l'obtention des plus hautes récompenses de l'hôtellerie de grand luxe – notamment le premier prix du Tatler Travel Guide en 2010 et le grand prix 2010 Villégiature Award (« meilleur *resort* d'Europe ») –, mais aussi le face-à-face

---

[1]. In *Le Point* du 4 décembre 2009, « Corse : le paradis caché des *happy few* ».

judiciaire entre Paul Canarelli, patron du domaine, et Anne de Carbuccia, ex-mannequin, petite-fille de Horace de Carbuccia – fondateur avant guerre du journal d'extrême droite *Gringoire*, allié au préfet Jean Chiappe –, à propos de l'achat d'une tour génoise par cette héritière...

Je ne me suis pas rendu sur le domaine, mais il faut reconnaître que les photos qu'on en montre sont alléchantes. « Avec la mer en majesté et les montagnes à l'infini [...], fusion d'un monde minéral, végétal et animal, il échappe à tous les concepts hôteliers existants », vante le site Web du domaine[1]. Murtoli est bien « unique et atypique ». Il illustre « toute la passion et la volonté d'un homme, enfant du pays ». Il comprend une ferme, deux restaurants et dix-huit villas. Les locataires et invités peuvent y chasser aussi bien le lièvre que le sanglier, pêcher le pagre, le mérou, la dorade, disposer de plages privées, entre autres avantages réservés aux *richmen*. Les échos de la crise n'arrivent pas jusqu'à Murtoli. Ainsi, une semaine en août à l'*Ederra*, maison réhabilitée en bord de mer, petits déjeuners non compris, coûte 34 000 euros, soit près de deux ans de salaire d'un smicard.

Qui est donc le propriétaire de ce mini-Cuba ? Officiellement, Paul Canarelli. Claude Chossat, ancien chauffeur de Francis Mariani, un des piliers de la Brise de mer, tué en 2009 dans la guerre fratricide avec Richard Casanova et son clan, affirme que le domaine fut en fait financé par le beau Richard. Interrogé par la police à la suite d'une lettre-confession adressée à la justice en avril 2011, et extrait de sa prison, il a en effet étayé ses dires : « Une partie de la construction de Murtoli a été payée par Richard Casanova. [...] Paul Canarelli lui en

---

[1]. murtoli.com.

était redevable ; le domaine appartenait de fait à Richard. » Précisons que Claude Chossat n'est pas un enfant de chœur et a très probablement trempé dans le meurtre dudit Casanova. Chossat affirme qu'après la disparition du beau Richard, c'est le milieu qui aurait mis la main sur le domaine : « À la mort de Richard, c'est Jean-Luc Germani (son beau-frère) et son entourage qui ont repris toutes les affaires. » Il en serait donc allé du domaine comme du cercle Wagram, joyau de la Brise de mer. Les confidences de Claude Chossat ne se sont pas limitées à l'enclave de Murtoli. Il a également fait des révélations sur *La Via Notte*, la plus grande boîte de nuit de Corse, qui appartient à Paul Canarelli : « Quand je parle de l'empire immobilier bâti avec l'argent du racket [...], je parle de la boîte de nuit *La Via Notte*[1], à Porto-Vecchio. À l'époque de la Brise de mer, ses membres touchaient à chaque fin de saison 150 000 euros qu'ils se partageaient. En plus, Richard Casanova touchait la moitié des bénéfices avec Paul Canarelli. »

Est-il utile de préciser que Canarelli nie en bloc les révélations du voyou repenti ? Il faut toutefois examiner les dénégations de l'hôtelier de luxe avec circonspection. Troublants, en effet, sont quelques témoignages et faits patents sur les liens qu'entretenait Canarelli avec Richard le Menteur, ancien pilier de la Brise de mer, lequel passait pour l'auteur principal, en 1990, du casse de l'UBS à Genève, opération ayant rapporté 18,9 millions d'euros dont on n'a jamais retrouvé la trace. Richard Casanova était le parrain et Sandra Germani, sa femme, la marraine d'un des fils de Paul Canarelli, lequel n'a d'ailleurs jamais

---

1. Est-il nécessaire de mentionner que le fils de Bernard Squarcini y travailla en CDD ?

fait mystère de sa proximité avec lui. Le beau Richard était comme chez lui au domaine de Murtoli. Il possédait une carte magnétique qui lui en donnait l'accès permanent. Sandra Germani-Casanova, sa veuve, en a fait part aux enquêteurs parisiens : « Richard et moi étions logés gracieusement, soit dans une des maisons du domaine, soit chez Paul lui-même. » Elle a également reconnu que « Jean-Luc Germani, son frère, mis en examen pour meurtre en bande organisée et en cavale[1], était un habitué du domaine ». Anne de Carbuccia affirme pour sa part que « sa » tour génoise, revendiquée par Paul Canarelli, était destinée à Richard Casanova qui « a été tué au premier jour de mon procès »...

Malgré l'absence de preuves judiciaires, la proximité de Paul Canarelli, de Richard Casanova et de Jean-Luc Germani inclinerait à ranger le patron du domaine de Murtoli dans la mouvance de la Brise de mer. Si on ajoute à ces liens ceux qui existaient entre Toussaint Canarelli, ex-maire de Figari, père de Paul, et Jean-Jé Colonna, ex-parrain de Corse-du-Sud, on ne peut que s'étonner de l'extraordinaire naïveté, de l'imprudence, voire du cynisme de ces personnages politiques ravis de côtoyer ce « beau gosse de quarante-quatre ans à l'éternel sourire diamant[2] », comme le décrit Ariane Chemin. Nul n'a l'air de s'interroger sur l'origine des fonds qui ont permis le développement du domaine, soit probablement plus d'une quarantaine de millions d'euros, le coût de la restauration de chaque demeure étant déjà évalué à quelque 2 millions[3]. Ni n'a eu la curio-

---

1. Il l'était au moment de l'interrogatoire de Sandra Germani.
2. Au moment où sont écrites ces lignes, en juin 2014, il a donc quarante-sept ans...
3. Article du *Point* du 4 décembre 2009, *op. cit.*

sité de se pencher sur les conditions qui ont permis sa création. Frédéric Lefebvre, qui a cité le domaine en exemple, est loin d'être le seul à s'être affiché et à se laisser prendre en photo avec Canarelli. Entre les deux tours de l'élection présidentielle de 2007, Nicolas Sarkozy est allé préparer son face-à-face avec Ségolène Royal en compagnie de François Fillon, Rachida Dati, Valérie Pécresse, NKM, Michèle Alliot-Marie, Brice Hortefeux, Claude Guéant, Xavier Bertrand et Éric Besson à l'hôtel *Cala Rossa*, chez Canarelli père, à Porto-Vecchio. La composition du premier gouvernement du quinquennat Sarkozy aurait ainsi probablement été esquissée chez un ex-ami de Jean-Jé Colonna !... Le fils de Bernard Squarcini, alors patron de la DCRI, a travaillé à *La Via Notte*, la discothèque branchée appartenant à Paul Canarelli. Alors ministre de l'Économie, François Baroin, client du domaine de Murtoli, n'a pas hésité à inviter ce dernier à Bercy, ainsi que l'a révélé une écoute. Pierre Charon, intime de Sarkozy, aujourd'hui sénateur, n'a pas hésité à faire la promo du domaine en posant pour le très sélect magazine *Happy Few* lors d'une réception dans un hôtel particulier du Marais.

Des vedettes journalistico-médiatiques bien connues sont venus se détendre dans ce paradis sulfureux. Entre autres PPDA, Claire Chazal, Mélissa Theuriau, Thierry Ardisson... La venue de nombreux *people*, joueurs de foot, artistes de cinéma, stars en tous genres (Jean Reno, Jamel Debbouze, Kad Merad, Christophe Maé...), est moins faite pour surprendre. Il y en a même peut-être certains qui, comme Alain Delon en d'autres temps, recherchent le « grand frisson » à côtoyer des voyous qui, en dépit de l'attention que leur témoignent policiers et juges, exhibent des carnets d'adresses couvrant l'alpha et l'oméga du gotha politique, économique et médiatique. Les protections dont bénéficient les « inventeurs » du domaine de Murtoli défient en effet l'entendement.

Après avoir remembré les différentes parcelles du domaine, Paul Canarelli a commencé par des travaux d'infrastructures, notamment l'aménagement de chemins, et par la réhabilitation de trois bergeries. Bien entendu, sans autorisation préalable. Or Murtoli était enregistré au POS de Sartène en zone 1ND[1]. Cette classification astreint toute personne désireuse de procéder à des travaux à déposer une demande préalable afin que soit lancée une enquête publique autorisant lesdits travaux ou les interdisant. Cette classification a changé, le 2 juillet 2007, suite à la mise en place du PLU[2] : l'ensemble du domaine a alors été classé par la mairie de Sartène « espace boisé et remarquable ». Ce classement interdit à tout propriétaire de biens, mobiliers ou immobiliers, d'accomplir aucune transformation des lieux sans autorisation préalable, quelle que soit la nature des travaux envisagés. Même pour couper un arbre, il faut une autorisation ! Avec le domaine de Murtoli, on est bien loin de l'affaire de la paillote *Chez Francis*, installée illégalement sur le domaine public maritime dans le sud du golfe d'Ajaccio. Paul Canarelli a bel et bien retapé une vingtaine de villas, créé deux restaurants, aménagé une ferme dans la plus complète illégalité. Ce qui n'a pas empêché le préfet de région de le convier aux cérémonies du 14 juillet 2012 !

L'ex-ami de Richard Casanova s'est également approprié tout le domaine public maritime en bordure du Murtoli. Une dizaine de kilomètres de plages sont ainsi devenus

---

1. La zone 1ND est une zone naturelle de protection des sites et paysages.
2. Plan local d'urbanisme.

inaccessibles. Faut-il préciser que cette appropriation est elle aussi totalement illégale ? Alors même que le représentant du gouvernement a affirmé *urbi et orbi* que l'expérience était... exemplaire !

Le tête-à-tête judiciaire du patron de Murtoli avec Anne de Carbuccia montre qu'il n'est pas un citoyen comme les autres. Quelques-uns de ses protecteurs ont dû sortir du bois à cette occasion.

Elle aussi est une *people*, mais, tout en étant consciente des risques, elle a décidé d'affronter le tout-puissant Canarelli. Ancien *top model*, née à New York, Anne de Carbuccia est mariée à Alberto Tazartes, homme d'affaires italien milliardaire. Si elle vit à Milan, elle n'a pas oublié ses racines corses. En 2001, elle a saisi l'occasion de s'offrir un beau pied-à-terre dans la circonscription d'Ajaccio dont son grand-père fut jadis député. Elle a acheté le 5 octobre 2001 à la SCI d'Ortoli un petit fortin génois du XVIIe siècle, dit « tour de Murtoli », entouré d'une cinquantaine d'hectares, sis à l'extrême-sud du domaine. Paul d'Ortoli – cousin éloigné de l'acquéreuse – était propriétaire de plusieurs parcelles sur lesquelles se trouvaient deux maisons d'habitation. Il avait vendu l'une d'elles à Canarelli, via la SARL Murtoli. Celui-ci n'avait alors rien trouvé à redire à la vente de la tour à l'ex-mannequin. Anne de Carbuccia avait pris aussitôt possession des lieux auxquels elle accédait par un chemin qui traversait la propriété de la SARL Murtoli. Tout se passe sans problème jusqu'à l'été 2005. À cette date, Paul Canarelli déclare avoir cru jusque-là que la tour génoise n'était que louée. Il prétend qu'en vertu d'un « bail verbal » passé entre son père et Paul d'Ortoli, il a sur elle un droit de préemption et réclame en justice la restitution du bien. En attendant, il se fait justice lui-même : il interdit à Anne de Carbuccia l'accès à sa propriété en modifiant les codes d'accès du portail, puis s'empare de la demeure en en changeant les serrures, en déménageant les meubles et autres affaires personnelles, en y réalisant de nouveaux travaux pour 150 000 euros, puis en louant la tour à de riches vacanciers. Le 11 décembre 2007, Anne de Carbuccia saisit le juge des référés du TGI d'Ajaccio pour récupérer sa carte magnétique et ses clés.

Au fil de l'affaire, Anne prend conscience de la puissance de Paul Canarelli et sent l'impérieux besoin de se protéger. Contacter la presse ? « Ce n'était pas mon monde », dit-elle. Finalement, elle se fait violence et contacte *Paris-Match*. Qui, le 3 avril 2008, publie un grand article intitulé « La millionnaire italienne face à la "loi" corse ». Paul Canarelli comprend qu'il a affaire à une adversaire résolue et qu'il doit rameuter ses protecteurs, notamment le premier d'entre eux : Bernard Squarcini.

Le 22 avril 2008, au terme du procès en référé, le président du tribunal d'Ajaccio, Guy Jean, s'adresse aux avocats : « Je n'ai qu'une question à vous poser : comment dit-on, en corse, sac de nœuds ? » Le 3 juin 2008 suivant, il décide que la présence de vacanciers dans le fortin de Murtoli ne « constitue pas, en l'état, un trouble manifestement illicite ». Quelques jours plus tard, l'ex-mannequin fait appel de cette ordonnance inique. Le 28 janvier 2009, la cour d'appel de Bastia estime que les agissements de Paul Canarelli sont bel et bien des voies de fait et constituent un trouble manifestement illicite. Elle ordonne la remise en état des lieux.

Parallèlement à ces actions au civil, Anne de Carbuccia entame en mars 2008 une action au pénal contre Paul Canarelli qui aurait menacé de « les jeter à la mer », elle et sa famille, puis de détruire la maison à l'aide d'explosifs. Dès le lendemain, le procureur saisit la brigade de gendarmerie de Sartène d'une enquête préliminaire portant sur les chefs de vol et d'extorsion de biens par menaces. Les gendarmes se sont immédiatement rendus sur les lieux. Le procureur décide d'une intervention avant la mi-juin.

C'est à compter de cet instant que le rouleau compresseur des soutiens de Paul Canarelli se met en branle. Des élus locaux interviennent auprès du préfet de région, s'offusquant d'une possible intervention à l'intérieur du domaine. Le procureur repousse l'intervention de quelques jours « pour raisons d'ordre public ». Finalement, l'intervention a tout de même lieu le 10 juillet 2008. La maison étant occupée par des locataires de bonne foi, seuls les biens d'Anne de Carbuccia sont placés sous scellés. Paul Canarelli est placé en garde à vue, puis mis en examen[1] sous contrôle judiciaire.

Anne de Carbuccia n'en reste pas là ; elle assigne l'État pour faute lourde pour avoir attendu la saison estivale avant d'apposer les scellés, en dépit de la première injonction du procureur.

À Paris, Canarelli et Squarcini s'agitent. Il faut croire que le patron de la DCRI estime que la bataille autour du fortin de Murtoli met la sûreté de l'État en péril, puisqu'il s'implique dans cette affaire qui prend une tournure inquiétante pour son ami Canarelli. Jean-Pierre Versini, un des avocats d'Anne de Carbuccia, qui connaît Squarcini, appelle ce dernier et s'aperçoit à cette occasion qu'il est parfaitement au courant de l'affaire et réagit au quart de tour en disant : « Son mari est blanc-bleu... », révélant par là « qu'il avait demandé une enquête des RG et de Tracfin à la suite des accusations portées par Canarelli

---

1. Pour « extorsion, vol et dégradation » le 11 juillet 2008.

à l'encontre du mari d'Anne de Carbuccia ». Et que cette enquête s'était révélée négative...

Bernard Squarcini demande à Jean-Pierre Versini d'organiser à la fin 2008 un déjeuner à *L'Olympe* avec le couple Tazartes-Carbuccia. *L'Olympe* est un restaurant corse tenu par la propre sœur de Versini. Les Tazartes acceptent. Anne de Carbuccia se souvient de « l'atmosphère très sympathique » de la rencontre. Squarcini, conciliant, se défend d'avoir aidé Paul Canarelli : « Ni moi ni mon patron ne vous avons mis sur écoutes... »

« Donc on y a été », en conclut Anne de Carbuccia.

La conversation ne se limite pas au litige à propos de Murtoli. Elle part même dans tous les sens. Jusqu'à porter des sujets qui sembleraient plutôt relever du secret d'État. Mme Tazartes est sidérée par les confidences lâchées par le patron de la DCRI qui revient juste de Syrie. Il raconte ainsi certains pourparlers qu'il aurait eus avec les services secrets syriens, lesquels se seraient engagés à collaborer étroitement avec la DCRI pour signaler les islamistes intégristes débarquant en France.

À l'issue du repas qui a duré deux heures et demie, Bernard Squarcini soupire :

« Vous comprenez que votre dossier est compliqué, l'affaire va durer longtemps, très longtemps... »

Anne de Carbuccia en infère que l'État ne la soutiendra pas dans son combat pour faire appliquer la loi. Elle apprend que Canarelli aurait affirmé tout tranquillement : « Je sais qu'elle va gagner la guerre, mais, après, ce sera la guérilla... »

Un an plus tard, le Squale appelle Versini pour organiser autour de lui une rencontre à l'hôtel *Bristol* avec Canarelli. Anne déconseille à l'avocat de s'y rendre, mais ce dernier soutient qu'il ne peut se défiler, compte tenu de ses liens cordiaux avec le patron de la DCRI. La rencontre a donc lieu le 11 décembre 2009. Anne de Carbuccia apprendra que Canarelli aurait alors déclaré détenir un « dossier » sur sa cliente. Bernard Squarcini n'aurait pas réagi à une telle allégation relevant du chantage, ni n'aurait réfuté l'existence d'un tel dossier...

Durant l'année 2009, les choses semblent s'arranger pour Paul Canarelli dont la mise en examen a été annulée par arrêt de la cour d'appel de Bastia, à la suite de quoi il se retrouve sous le statut de témoin assisté. Il obtiendra un non-lieu en mai 2011, confirmé en appel en novembre de la même année. Dépitée, Anne de Carbuccia a au moins la satisfaction, le 1er février 2010, de voir le TGI d'Ajaccio retenir la faute lourde de l'État qui a tardé à apposer les scellés sur la tour après la décision du procureur. Le dol est estimé à 15 000 euros de dommages et intérêts... Autre motif de satisfaction : en juin 2013, la Cour de cassation annule le non-lieu obtenu par Paul Canarelli et renvoie le dossier devant la chambre de l'instruction de la cour d'appel de Paris.

Quelques semaines avant cette dernière victoire[1], Anne de Carbuccia, commentant cette longue et pénible histoire, livre quelques détails supplémentaires. Elle estime que la vraie raison du combat acharné mené contre elle est que, sans sa tour et ses 50 ha de terrain, Paul Canarelli ne pourra pas mener à bien son grand projet immobilier. Elle prétend que ce dernier a contacté son mari à propos de l'existence du prétendu « dossier » dont il aurait parlé au *Bristol* en présence de Squarcini. Elle raconte également que le préfet de Corse lui aurait dit de faire attention à « Paris » ; que le procureur d'Ajaccio, avant de rejoindre sa

---

1. Rencontre avec l'auteur, le 21 mai 2013.

nouvelle affectation en Polynésie, lui aurait affirmé avoir reçu des ordres de la capitale. Il lui aurait fait la morale, lui reprochant son attitude, et l'aurait mise en garde : « Attention, vous avez affaire à des gens dangereux. »

Si elle est en passe de l'emporter juridiquement, Anne de Carbuccia sait que son combat ne sera pas terminé pour autant. Quand elle est rentrée en possession de sa tour, l'entrepreneur qu'elle a choisi pour la remettre en état a été menacé par « deux crânes rasés » pour l'inciter à renoncer au chantier. Puis, comme pour m'exhorter à replacer l'affaire dans son contexte, elle me suggère de m'intéresser à celle du cercle Wagram dans laquelle je suis censé retrouver tous les acteurs de la « bataille de Murtoli ». Ce qui ne m'avait pas échappé...

À part l'entrée des nationalistes dans le jeu corse, rien n'a beaucoup changé depuis Charles Siragusa et John Cusack... Les arrangements et compromissions entre « natios », bandits, affairistes, politiques, journalistes et flics locaux ont stérilisé toute approche globale de la question. La République ne connaît pas les ethnies : elle ne peut donc exclure les Corses de certains postes sensibles traitant des affaires insulaires. Et pourtant...

« Incontestablement, Bernard Squarcini a un sens clanique de la famille », racontent les auteurs de *L'Espion du président*[1] avant de donner la parole au patron de la DCRI. « Chez nous, déclare celui-ci, le mieux placé doit aider l'autre. » Et de rapporter comment, l'été, alors qu'il est en vacances dans son village, des Corses font la queue chez sa mère pour demander à « Bernard » d'intervenir pour aider qui un père, qui une mère, qui un fils, une

---

1. *Op. cit.*

fille, un cousin, un ami, une amie, avant de conclure : « Si tu ne donnes pas suite, tu es mort... Vous ne pouvez pas comprendre ! »

Toute la carrière du Squale est fondée sur la Corse et les Corses. Le premier poste qu'il a occupé était sur l'île, comme numéro 2 des RG locaux. Parrainé par Charles Pasqua, Philippe Massoni et Daniel Léandri, alors que le premier est ministre de l'Intérieur pour la seconde fois en 1993-1995, il est nommé sous-directeur de la recherche, puis, un peu plus tard, numéro 2 des RG. Il travaille en liaison étroite avec Daniel Léandri, « Monsieur Corse » au cabinet du ministre. Mais il n'entre vraiment en politique corse que sous Jean-Louis Debré, nouvel occupant de la place Beauvau, qui garde Léandri à son cabinet pour s'occuper de l'île. Durant l'été 1995, devenu numéro 2 de la DCRG, Squarcini contacte François Santoni, leader du FLNC-Canal historique, via son ami Gérard Zerbi, policier corse, alors patron de la PJ des Hauts-de-Seine. Igor Pecatte participait-il également à cette médiation ? Proche ami de Squarcini et Zerbi, l'homme a été le furet de mon enquête. À plusieurs reprises, j'ai cru situer ce personnage furtif dans « mes » affaires corses. Ex-membre du DPS, le service de sécurité du Front national, il affiche un engagement fort avec les nationalistes corses et a des contacts avec la Brise de mer. Au milieu des années 1990, Pecatte est observé par la division B 3 de la DST, dirigée par le commissaire divisionnaire Roger Simon, pour un trafic d'armes – missiles anti-chars et Sol-air – au profit d'une des factions du FLNC, le Canal habituel. Roger Simon se souvient que la décision d'arrêter la surveillance est venue de « très haut, du politique ». Selon Simon, Igor serait un ancien officier reconverti dans la sécurité privée dans les Hauts-de-Seine, ferait partie des réseaux Pasqua et aurait été mercenaire en Afrique, notamment à Brazzaville. Simon se demande si cette affaire de trafic d'armes n'était pas un leurre et si Igor n'était pas un infiltré.

Igor réapparaît sur les radars de la DST en 2002. À la tête d'une entreprise de sécurité, AOI (Acting Out International), il semble travailler pour et contre des sociétés françaises et est suspecté de poser des micros clandestins. Une interception de sécurité permet de constater qu'il contacte très souvent le Squale ou le commandant Jean-Laurent Patacchini, alors en fonction à la SORS (section opérationnelle de recherche et surveillance). Lequel, intime du Squale, est responsable du groupe ayant participé à l'identification des auteurs de l'assassinat d'Érignac.

En 1995, Squarcini demande à Santoni s'il entend rester dans une logique d'affrontement ou poursuivre le dialogue comme sous Pasqua-Léandri. Le Canal historique est disposé à continuer et s'y engage lors de la conférence de presse de Tralonca dans la nuit du 11 au 12 janvier 1996[1].

Bernard Squarcini connaît sur le bout des doigts les connivences et les animosités entre les clans, les leaders nationalistes et les grandes pointures du banditisme. Joël Bouchité, ancien patron des RG, ami supposé du Squale, souligne les ambiguïtés de son mode de fonctionnement : « Bernard est plus docile qu'habile. Il ne cesse de donner des signes d'allégeance. Les voyous corses le savent bien qui, dans l'affaire de la Société méditerranéenne de sécurité (SMS) comme dans celle du cercle Wagram, disent entre eux : "Squarcini, c'est notre serviteur.[2]" » « C'est dans ses gènes... En bas, on sait que l'on peut compter sur lui. Bernard aime rendre service. Malheureusement,

---

1. Cf. *supra*, p. 291.
2. In *L'Espion du président*, op. cit.

il ne sait pas dire "non" », explique Christian Lothion, ex-patron de la DCPJ, aux auteurs de *L'Espion du président*. « Bernard » rend des services et couvre ceux de ses hommes qui en rendent. Nombre d'instructions judiciaires laissant apparaître de menus fragments de la mosaïque dessinent les liens entre Squarcini, tels ou tels de ses proches collaborateurs, nationalistes et truands.

Dans l'affaire de la SMS, le vice-procureur Rivet, de la JIRS de Marseille, résume bien ce qui pourrait être l'intervention du Squale et de ses protégés dans l'enquête : « La procédure judiciaire sera polluée par des interventions variées, généralement peu compatibles avec la manifestation ordinaire de la vérité, et révélant, s'il en était besoin, la fragilité du fonctionnement républicain en Corse. » Au cas où le lecteur n'aurait pas compris, il intitule une partie de son réquisitoire : « Les amis de mes amis[1] ».

Christian Orsatelli, proche ami du Squale, considéré à tort ou à raison par certains de ses collègues comme un des protecteurs du gang de la Brise de mer, chargé du renseignement en matière de séparatisme corse (aux RG puis à la DCRI), exerçait ses fonctions à Paris, mais se rendait en Corse environ huit ou neuf jours par mois. Proche d'Antoine Nivaggioni[2] (alors bras droit d'Alain Orsoni), il accepta de vérifier si la ligne de celui-ci était sous surveillance judiciaire. Pour justifier sa prévenance, il tenta de se réfugier derrière la nécessité de bien faire son travail de renseignement :

---

1. Le 19 avril 2010, n° de parquet 07/000007, n° instruction 507/00001.
2. Dans une déclaration à *Corse-matin*, Bernard Squarcini a affirmé que Nivaggioni avait « un rôle au sein des "services" comme l'un de ses anciens associés ».

« Le travail que je fais en Corse est ingrat, et le travail de renseignement en particulier est pénible. En 2002, j'ai rencontré Antoine Nivaggioni et d'autres, et, compte tenu du profil de celui-ci, ma hiérarchie et moi-même avons pensé qu'il pourrait être utile de garder le contact avec lui. Je vous précise que je rendais compte à ma hiérarchie de tout ce que je faisais, de tout ce que je disais et de tout ce qui m'était dit. En qualité d'officier traitant, je protégeais mon activité pour ne pas apparaître sur des interceptions judiciaires ou administratives, et j'ai constaté qu'Antoine Nivaggioni en faisait autant en prenant des précautions avec son propre téléphone. [...] Je souhaitais simplement savoir si cette ligne était surveillée ou non pour protéger ma relation avec Antoine Nivaggioni dans le cadre de mon travail. [...] J'ai été obligé de rentrer un minimum dans le jeu d'Antoine Nivaggioni, dans mon rôle de traitant, mais je ne lui ai jamais communiqué d'informations sur des numéros de téléphone ou sur des téléphones autres que celles dont je viens de vous parler pour des raisons de sécurité de nos échanges[1]. »

Cette « porosité » entre bandits corses et policiers s'est manifestée davantage encore dans l'affaire dite de Wagram-2 dans laquelle évoluèrent des figures bien connues. Dans le réquisitoire concluant l'instruction, un chapitre est même intitulé « Les liens entre les cercles de jeu et le milieu policier ». Difficile d'être plus explicite ! L'établissement était tenu en sous-main, jusqu'à sa mort, par Richard Casanova et par les frères Guazzelli, membres de la Brise de mer. Ces dirigeants n'apparaissaient pas officiellement dans la gestion des cercles, mais plaçaient

---

1. Affaire SMS. Réquisitoire de non-lieu partiel et de renvoi devant le tribunal correctionnel. JIRS de Marseille. Numéro Instruction 507/00001. Dossier 28778.

des hommes-clés aux postes stratégiques afin de tirer un profit direct de leur exploitation et d'utiliser ces infrastructures aux fins de blanchiment. « Outre l'inadaptation de la réglementation, écrit le parquet, il apparaissait que les dirigeants des cercles étaient avisés à l'avance des contrôles réalisés par la police des jeux, conséquence, d'une part, de ce que le service des jeux n'avait longtemps été qu'un service de contrôle administratif, et, d'autre part, de ce que de nombreux policiers membres de ce service avaient intégré ces établissements à des postes honorifiques, après leur départ à la retraite, tout en conservant des liens avec leurs anciens collègues. » Une impression, souligne alors le magistrat, confortée par l'apparition, à plusieurs reprises, dans le cadre de la procédure Wagram-2, du nom de Bernard Squarcini, directeur central du renseignement intérieur (DCRI), à compter de la création de ce service en 2008. Ainsi plusieurs auditions soulignent-elles la proximité de Marie-Claire Giacomini, responsable du bar et du restaurant du cercle Wagram, avec le Squale qu'elle appelait « son tonton », en réalité un ami proche de sa famille. Une conversation interceptée en décembre 2011 laisse apparaître que Squarcini entretenait des liens avec Jean-Luc Germani, beau-frère de Richard Casanova, un des malfaiteurs les plus recherchés de France, jusqu'à son arrestation en novembre 2014. Les coordonnées de Bernard Squarcini figuraient de surcroît dans les répertoires ou agendas de certains des acteurs peu recommandables plus ou moins impliqués dans l'affaire. Une proximité suffisamment marquée pour que les magistrats instructeurs décident de procéder à l'audition du patron de la DCRI. Celui-ci a expliqué que, du fait de ses origines et de ses fonctions, il connaissait un certain nombre des personnes entendues, qu'il s'agisse de fonctionnaires de police qui, pour certains, avaient travaillé sous ses ordres, ou d'autres personnalités qu'il avait rencontrées à l'occasion de cérémonies ou de cocktails officiels. Plus laborieuse à expliquer était sa relation avec Marie-Claire Giacomini, laquelle avait été embauchée au cercle Wagram grâce à la recommandation du commandant de police François Casanova, qui avait été jusqu'à sa mort un des collaborateurs les plus proches du Squale et qui avait participé à la traque d'Yvan Colonna.

Contestant tout lien avec les mis en cause, et, de manière plus générale, avec le banditisme corse, Squarcini n'en admit pas moins avoir accès, d'une part, du fait de ses fonctions, à un certain nombre d'informations, d'autre part, avoir entendu des « rumeurs » sur la mainmise exercée par le banditisme corse sur les cercles de jeu parisiens : « Interrogé sur le fait qu'en continuant à fréquenter des personnes liées au cercle Wagram, en dépit des rumeurs faisant état de ce que cet établissement était la propriété du grand banditisme et l'objet de l'ouverture d'une enquête judiciaire, il avait sans doute contribué à entretenir la croyance selon laquelle il était en lien avec ce milieu et cautionnait ce qui se passait, il a répondu que c'était justement la raison pour laquelle il avait cessé de fréquenter le Wagram depuis son retour à Paris, soit depuis 2003-2004. »

Lors de l'instruction, plusieurs des salariés du cercle Wagram ont confirmé que les dirigeants de l'établissement étaient avisés au préalable des contrôles, certains s'étant même vu dispenser des consignes pour que ces contrôles se déroulent sans problème, ce qui expliquait sans doute pourquoi les sommes saisies lors des perquisitions n'étaient pas élevées. Par ailleurs, l'interception des conversations de Françoise Tomey, directrice administrative et financière, ainsi que l'examen de son agenda laissaient apparaître que celle-ci déjeunait régulièrement avec trois policiers du service central des courses et jeux – service surnommé à bon escient « les Corses et jeux ». Il faut croire que ces policiers ne s'étaient pas montrés assez bienveillants, puisque Squarcini « n'avait pas pardonné à ses collègues des courses et jeux de chercher – et de trouver – des poux dans la tête de ses chers amis corses[1] ». Plusieurs auditions, toujours dans le cadre de l'instruction de Wagram-2, notamment celle d'Arnaud Graziani, directeur des jeux du cercle, ont fait état de cadeaux dont bénéficiaient certains fonctionnaires de police, sans doute en contrepartie du fait qu'ils se montraient « peu regardants » lors des contrôles.

L'instruction n'a pas permis de tirer au clair les liens entre Bernard Squarcini et les patrons occultes – anciens et actuels – du cercle, notamment avec Richard Casanova, auteur présumé du casse de l'UBS, à Genève, en 1990, abattu le 23 avril 2008 à Porto-Vecchio. Au cours de mon enquête, j'ai maintes fois entendu affirmer que Casanova, mais aussi bien Alain Orsoni et Antoine Nivaggioni, avaient aidé le Squale et François Casanova à retrouver et arrêter Yvan Colonna. « Il traitait directement Richard Casanova qui l'a, avec d'autres, mis sur la piste d'Yvan Colonna[2] »...

Bernard Squarcini, on l'a vu, a fait beaucoup pour aider ou protéger Michel Tomi, dernier grand « parrain » corse. Au printemps 2011, il a créé à Libreville une antenne de la DCRI dont l'utilité n'était pas flagrante. Il a d'abord proposé le commissaire Paul-Antoine Tomi, neveu de

---

1. Didier Hassoux dans *Le Canard enchaîné* du 11 décembre 2013.
2. In *L'Espion du président*, op. cit.

Michel, pour occuper le poste ! La bronca (silencieuse) suscitée par cette proposition a obligé Squarcini à reculer et à proposer, à la demande même de Michel Tomi, le commissaire Lamonica, surnommé, à la DCRI même, « commissaire Samsonite ».

S'il s'inscrit dans une longue tradition de rapports ambigus entre fonctionnaires de police, nationalistes et truands, il semble que le système ait été poussé plus loin que celui de ses prédécesseurs. François Santoni raconte ainsi l'histoire d'un fonctionnaire de police parisien ayant sollicité une entrevue avec des responsables du FLNC et ayant débiné les manœuvres de collègues : « Le policier visiteur, une fois ces explications fournies, demande au Front... d'observer une neutralité bienveillante dans le conflit[1]. » Et d'enchaîner : « Ce n'est pas la première fois que des policiers démarchent des responsables du Front. Certains sont même contactés, en cette période d'intense négociation, par des officiers de police qui souhaitent obtenir un petit coup de pouce pour leur carrière, ou une récompense, ordre du Mérite ou Légion d'honneur. »

Jusqu'au récent sursaut de l'État assuré par Manuel Valls, ministre de l'Intérieur après l'élection de François Hollande à l'Élysée, les voyous ont pu ainsi bénéficier d'une quasi-impunité. Focalisés sur la lutte contre les nationalistes, flics et gendarmes ont même parfois fait appel à eux. Dans un rapport sur la criminalité organisée en Corse, Bernard Legras, procureur général en Corse, déplorait déjà, en 2000, que l'État ait « négligé d'autres combats, notamment ceux que l'on aurait dû mener contre le banditisme et certaines dérives financières graves ».

---

1. In *Pour solde de tout compte, op. cit.*

32.

Tomi travaille pour le drapeau !

On peut dire que Michel Tomi a élevé le rêve cubain à son stade ultime. Il y a d'abord été porté par un ministre français de l'Intérieur qui l'a aidé à s'installer au Gabon. Il a été protégé par deux États, France et Gabon, n'ayant plus dès lors à se soucier des douanes ni de la police. À charge pour lui de « fluidifier » l'*establishment* français, ses élites, sans oublier les grands mafieux de l'île de Beauté, à coups de mallettes et d'enveloppes kraft, en transitant d'abord par la SED.

Tomi a rapidement supplanté Robert Feliciaggi dans le cœur d'Omar Bongo. Le président gabonais lui donnait du surnom affectueux de « Batéké corse », reconnaissant par là qu'il avait eu la sagesse d'associer la famille Bongo à ses affaires. Il a fait de Tomi un homme de l'ombre politiquement et financièrement très puissant. Il lui a ouvert de nombreuses portes, dont celles du Mali en 1994. Tant et si bien qu'hommes d'affaires et politiques n'ont plus hésité à passer par lui pour approcher Bongo et obtenir des contrats. Michel Tomi est ainsi devenu incontournable dans les relations compliquées, aussi décriées que constantes, entre Paris et Libreville.

Après le « retour au civil » de Charles Pasqua, l'appareil d'État français a naturellement continué à protéger cet homme devenu indispensable au fonctionnement optimal de ce qu'on a appelé « la Françafrique », et à fermer les yeux sur ses rapports pour le moins délicats avec la justice. Une situation que résumera parfaitement Bernard Squarcini quand Michel Tomi en deviendra la principale cible : « Michel Tomi, c'est quelqu'un qui connaît mieux que quiconque les dessous de l'Afrique et qui a un relationnel particulier aux chefs d'État avec lesquels la France doit opérer... Il travaille pour le drapeau[1]. »

Effectivement, Tomi s'est trouvé en association objective avec la France en plusieurs grandes occasions. Mis en cause dans les trucages des élections gabonaises depuis 1993, il a, parallèlement à Nicolas Sarkozy et Claude Guéant, puissamment aidé Ali Bongo, à l'occasion de celles de 2009, à monter son coup d'État électoral afin d'accéder à la présidence. La conjonction de l'installation au pouvoir de son ami Ali et du quinquennat de Nicolas Sarkozy à l'Élysée va porter pendant quelque trois ans – 2009-1012 – ce grand serviteur de la Françafrique à l'apogée de sa puissance.

Au nom d'une *Realpolitik* qui ne s'embarrasse guère de considérations éthiques, Bernard Squarcini avait déjà délivré un tel brevet à Alexandre Djouhri, lui-aussi considéré comme un grand Français servant « notre pays et le bleu-blanc-rouge ». L'homme d'affaires – il n'aime pas qu'on le désigne comme un « affairiste » – connaît d'ailleurs fort bien Michel Tomi qui l'a présenté à Omar Bongo.

---

1. In *L'Express* du 4 juin 2014. Squarcini n'est pas le seul à dire cela. Frédéric Veaux, son adjoint à la DCRI puis numéro 2 de la DCPJ, tiendra le même discours, en particulier au directeur de la DRPP René Bailly pour le dissuader de travailler sur Tomi.

Si les médias continuaient de faire de Feliciaggi, jusqu'à sa mort, « l'empereur des jeux en Afrique », c'est Michel Tomi qui aurait dû, depuis déjà quelques années, porter cette casquette-là. Bongo avait en effet pris Bob en grippe : ce dernier, dit-on à Libreville, chargé par lui de récupérer les documents de la Fiba, s'en serait servi comme on l'a vu pour le faire chanter. Il y avait d'ailleurs pas mal de monde à trouver Feliciaggi bien encombrant. À commencer par Richard Casanova, le « neveu[1] » de Michel Tomi. L'assassinat de Bob a offert à Michel Tomi toute latitude de se déployer sur le continent africain, dans un premier temps aux côtés de Richard Casanova, grand mafieux de la Brise de mer, considéré comme le « cerveau » du fameux casse de l'UBS, à Genève. Un signe ne trompe pas, dans l'île de Beauté, sur les rapports entre clans et entre parrains : la cartographie des participants aux obsèques de Corses assassinés. Les proches de Bob ont ainsi empêché Tomi de quitter l'aéroport d'Ajaccio pour aller se recueillir sur le cercueil de son associé devant l'église de Pila-Canale. Aujourd'hui, Michel Tomi ne se rend pratiquement plus en Corse, mais ne manque pas une occasion, à cinq mille kilomètres de distance, de témoigner depuis le Gabon de son amitié avec le défunt : « Si j'y retourne, toutes les sonnettes vont se mettre en route. Et si quelqu'un est tué, on va encore raconter n'importe quoi, dire que c'est moi ! Et puis, la Corse, c'est compliqué[2]. »

Un an avant la mort de Feliciaggi, Michel Tomi, avec le concours de son fils Jean-Baptiste, surnommé Jabi ou Bati, décida de prendre un nouvel envol (!) en créant Afrijet. Cette compagnie d'aviation allait s'ajouter à des

---
1. Casanova appelait Michel Tomi « tonton ».
2. In *Le Point* du 19 juin 2014.

actifs gabonais déjà substantiels : le PMUG, le Casino croisette, les Fortune's Club, Bet 241, mais aussi le groupe de BTP Kabi, le fournisseur d'Internet IPI'9, et le bar de nuit haut de gamme *Le Kubrick*... Pour avaliser ce nouveau projet, Omar Bongo imposa au « Batéké corse » de prendre Christian Bongo, son fils préféré, comme administrateur et gérant. La société Afrijet est alimentée par des capitaux de Tomi et du clan Bongo (la SCI Obali) ; elle achète trois Falcon, et Tomi ne peut que se réjouir de la cessation d'activité de la compagnie nationale Air Gabon. A-t-il aidé, participé directement ou indirectement à sa mise en faillite ? Toujours est-il qu'à la fin 2006 Michel Tomi demande au président l'autorisation de créer à côté d'Afrijet une autre compagnie avec pour premier objectif de faire voler un long-courrier Libreville-Paris. Il prétend qu'avec seulement 5 milliards de francs CFA, Gabon Airlines peut voir le jour. Puis Tomi veut acheter à United Airlines deux, puis trois Boeing 767, l'un d'eux disposant d'un kit VIP pour les déplacements présidentiels.

« Non, répond Omar Bongo. Voyez avec Christian, si vous voulez créer une compagnie... »

Accompagnés de Paul Toungui[1], Tomi et Ali Bongo vont trouver à nouveau le président et suggèrent de remplacer les Boeing 767 par des 777. Une fois de plus, le chef de l'État leur demande de contacter son fils Christian. Tomi rencontre à nouveau le président à la Sablière[2] pour éviter de passer par ce dernier. « Le projet de Christian n'est pas bon, lui assène le Corse. Il déclare avoir l'accord de Paul Toungui, ministre des Finances, pour acquérir un

---

1. Un gendre d'Omar Bongo, marié à sa fille Pascaline.
2. Quartier résidentiel et présidentiel, situé en bord de mer, à la périphérie de la capitale.

777 dont il ferait l'avion présidentiel, en lieu et place d'un 767, en l'équipant d'un kit VIP permettant de transformer, à la demande, l'avion de transport en appareil officiel.

« J'aimerais examiner le dossier, répond le président.

— Ali soutient que tout est prêt pour lancer la compagnie... »

Bongo finit par accorder son feu vert à l'opération menée par Tomi, lequel ne l'a pas attendu pour la lancer. Le 6 décembre 2006, son fils, Jean-Baptiste, pour le compte du gouvernement gabonais et d'Afrijet, donne en effet mandat exclusif à Dilson Prado Da Fonseca, représentant le Fly Brazil Group installé en Floride, pour acheter le Boeing 777-236 qui, depuis 1995, a successivement volé pour British Airways, la compagnie Boeing, Air Algérie, à nouveau Boeing, Varig puis encore une fois Boeing. Da Fonseca est censé être rémunéré 6 millions de dollars pour acheter l'avion et procéder aux études permettant de le transformer en aéronef présidentiel. Le montage financier destiné à acheter l'appareil est réalisé par la BGFI, la banque gabonaise du clan Bongo avec garantie de l'État. Christian Bongo a refusé de parapher le document, estimant que c'est une mauvaise affaire : il faut, dénonce-t-il, réinvestir une somme équivalente au prix d'achat pour remettre en état ce qu'il considère comme un « avion poubelle ». Celui-ci n'en atterrit pas moins à Libreville, le 22 mars 2007, repeint aux armes de la République gabonaise.

Gabon Airlines voit ainsi le jour, avec, quoi qu'il en ait, Christian Bongo pour président. Le premier vol Libreville-Paris a lieu le 11 avril 2007. La nouvelle compagnie assurera trois liaisons par semaine entre les deux capitales.

Ali ne peut supporter que son frère Christian en occupe la présidence. Il monte une nouvelle fois au créneau pour le disqualifier, montrant à Omar Bongo une photo de son avion qui ne le met franchement pas en valeur. Et pour cause : le cliché le représente alors que l'appareil n'a pas encore été transformé...

« Voyez votre avion... Christian n'est pas sérieux dans ce qu'il fait. Les appareils de Gabon Airlines ne sont même pas assurés... »

L'accusation est en réalité un montage effectué avec Édouard-Pierre Valentin, richissime assureur du Gabon, accessoirement père de Sylvia qui deviendra l'épouse d'Ali. La cabale réussira, puisqu'elle va conduire Christian à se retirer de la compagnie.

Omar Bongo n'est pas dupe de ces machinations. Il s'en ouvre à Christian : « Ces gens-là sont méchants... Ali ne sera jamais président. » Il a en effet compris qu'Ali est derrière toutes les manigances visant celui qui est devenu son fils préféré. De fait, Ali ne fait pas mystère de son désir de prendre la présidence de Gabon Airlines alors même qu'il est déjà ministre de la Défense.

Gabon Airlines fera faillite en 2011. Quant à la transformation de l'avion présidentiel, elle va prendre encore quelques années : faute de recevoir les 10 millions de dollars qui lui étaient promis, la société Baysis, chargée d'y procéder, obtient la saisie de l'appareil pendant un an et demi et intente un procès contre l'État gabonais et Afrijet devant une cour de Virginie... Il faudra attendre le 28 mai 2012 pour qu'Ali Bongo, devenu président, prenne livraison de l'avion désormais immatriculé TR-KPR (Tango Roméo pour Gabon, KPR pour signifier que l'appareil est intégré à la flotte militaire. Pourquoi ? « Parce qu'il ne répond pas aux normes civiles », précise Christian Bongo). Ce n'est pas la seule anomalie dans cette histoire : l'appareil ne fait pas partie du patrimoine national gabonais, mais entre dans les actifs d'Afrijet qui peut ainsi facturer au Trésor public, à des tarifs exorbitants, les heures de vol et une maintenance excessivement onéreuse, alors que Michel Tomi, lui, n'a pas déboursé un franc CFA dans l'affaire.

Des écoutes téléphoniques de Tomi et un audit de la BGFI permettent de mieux comprendre les dessous de la mainmise de Michel Tomi et de « Jabi » sur le secteur de l'aviation, entre autres. Dessous difficiles à appréhender par les moyens ordinaires de l'enquêteur. En bon Corse, Michel Tomi sait en effet que la seule parole qu'on maîtrise est celle qu'on ne prononce pas. Et ses collaborateurs ont la même culture du secret.

Après l'assassinat de Robert Feliciaggi, le juge Jean-Philippe Lejeune, du tribunal de grande instance d'Ajaccio, a mis deux lignes téléphoniques de Michel Tomi – une gabonaise, une camerounaise – sous « surveillance technique » à partir d'août 2006 et pendant près de une année. Quatre mille sept cent quinze communications ont ainsi été écoutées. Leur contenu révèle notamment la nature de la relation de Michel Tomi avec Ali Bongo. Le « Batéké corse » est probablement le premier à jouer Ali gagnant aux élections à venir. Il ressort également qu'une part importante de son activité est liée à l'achat d'avions de ligne pour la nouvelle compagnie. Ces écoutes confirment qu'il est seul mandaté pour procéder à l'achat des appareils destinés à Gabon Airlines, même s'il doit obtenir l'accord de Pascaline Bongo, fille d'Omar, mais aussi celui d'Ali, ministre de la Défense. Il appert que Michel Tomi dispose d'une équipe d'experts qu'il dépêche pour évaluer sur le plan technique l'état des appareils achetés d'occasion. Cette équipe est encadrée par son fils Jean-Baptiste, lequel s'est déplacé à plusieurs reprises, courant décembre 2006, aux États-Unis afin d'acquérir plusieurs Boeing 777. Il dispose en outre d'une pléiade d'avocats, dont maître Georges Arama, de la vieille garde de Bongo, qui a monté l'association France-Gabon dans les années 1980, afin de négocier avions et contrats de maintenance. Les montants des transactions atteignent plusieurs dizaines de millions de dollars US.

L'examen de ses communications permet de constater que Michel Tomi dispose de sommes considérables pour remercier, récompenser, encourager, voire acheter ceux qui l'aident ou peuvent l'aider. Lors de ses passages à Paris, il fait l'emplette en quantité de luxueux cadeaux : montres de luxe (Rolex, Breitling...), voire véhicules de marques prestigieuses, comme une Porsche Cayenne destinée à Omar Bongo. Il a perpétué cette pratique une fois Ali installé à la présidence : il lui a ainsi acheté quelques véhicules du type Ferrari ou Maserati, qu'il a fait acheminer par avion, permettant ainsi au nouveau président de s'installer au volant sur des routes préalablement fermées à la circulation, voire sur la piste de l'aéroport Léon M'Ba[1]. Outre sa puissance financière, les écoutes donnent une idée de son train de vie dispendieux : il achète pour son compte des bateaux (l'un d'eux pour 7,5 millions de dollars), mais pousse la générosité jusqu'à régler les frais d'hospitalisation de tel ou tel qu'il entend ainsi remercier.

---

1. Le luxueux parc automobile de la présidence gabonaise a fait l'objet d'une enquête accablante diffusée par France 24 le 23 décembre 2014. Il se compose de plusieurs centaines de voitures de luxe, dont certaines ne roulent quasiment jamais, dans un pays où près d'une personne sur trois vit sous le seuil de pauvreté. France 24 donne notamment les détails d'une commande passée en janvier 2010 à travers une société suisse (SDP Service) d'un montant de 14 882 000 euros pour vingt-neuf véhicules, dont quatorze Rolls Royce.

Les conversations écoutées permettent aussi de mettre en partie au jour les mécanismes de transferts d'argent vers la France. Ils sont facturés sur le PMUG par Mme Costa qui apparaît probablement comme le principal rouage financier des affaires de Michel Tomi en Afrique. A-t-elle ou non un lien avec Maurice Costa, un des piliers de la Brise de mer, assassiné le 7 août 2012 ? Elle est régulièrement sollicitée pour effectuer des *swifts* bancaires ou des envois par Western Union afin d'honorer des factures ou transférer de l'argent sur des comptes de particuliers, y compris certains ministres africains.

Les écoutes font apparaître un autre personnage au rôle important dans ce système, alors qu'il n'a pas, semble-t-il, suscité un grand intérêt de la part des juges et enquêteurs. Une certaine Marianne semble en effet au poste de commande d'Afrijet. C'est elle qui coordonne la rotation des avions, des pilotes, des hôtesses, de la clientèle. Elle était déjà comme on l'a vu la cheville ouvrière de la mystérieuse mais très puissante SED, à Paris, à partir du milieu des années 1990. À la moindre interrogation qui se posait à Paris, c'est elle qui téléphonait à Tomi pour recevoir ses instructions. Le système Tomi continue largement à fonctionner grâce à la structure datant de Bandol et de la SED.

Les écoutes fournissent également des indications sur l'utilisation des sommes gagnées au Gabon. Par le biais de la Banque de l'habitat, Tomi réalise ainsi de gros investissements immobiliers au Maroc, à Marrakech et Casablanca, par l'achat de terrains et la construction de complexes. Il s'agirait de quelque 250 villas disséminées sur 50 ha, construites par des Chinois.

Les conversations montrent aussi un Tomi qui ne semble pas outre mesure inquiet du contrôle judiciaire dont il fait l'objet suite à sa mise en examen par les juges Courroye et Prévost-Desprez, du TGI de Paris, pour des faits de corruption et de blanchiment dans l'affaire de la revente du casino d'Annemasse. L'affaire débuta par l'inculpation de sa fille, Marthe Mondoloni, par le juge monégasque Jean-Christophe Hullin, pour blanchiment de fonds provenant de l'étranger ayant transité sur des comptes monégasques, susceptibles d'avoir contribué en partie au financement du RPF de Charles Pasqua. En mars 2008, Michel Tomi aura été condamné dans ce dossier à quatre ans de prison, dont deux fermes, ainsi qu'à 150 000 euros d'amende...

Les écoutes permettent de comprendre également pourquoi juges et policiers voient en Michel Tomi le dernier des grands « parrains » après l'assassinat de Richard Casanova et la mort de Jean-Jé Colonna. On constate en effet que Michel Tomi a entretenu des relations suivies, lors de ses déplacements à Paris, avec le premier. Celui-ci, comme Michel Tomi, avait des intérêts au Gabon et au Maroc dans le secteur des jeux, intérêts dont toutes les imbrications n'ont jamais, jusqu'ici, été mises au jour. Lors de leurs conversations, Casanova appelait Tomi « tonton » et semblait particulièrement bien connaître sa famille. Tomi aurait procuré un appartement meublé au Menteur et une... puce de téléphone gabonaise.

La grande aisance financière de Michel Tomi semble à première vue contradictoire avec la situation comptable catastrophique d'Afrijet. L'énorme endettement de la société dissimule en réalité des falsifications comptables. Un audit de la commission bancaire d'Afrique centrale (Cobac) effectué en 2012 sur la BGFI a fourni des indications utiles sur la nature des relations entre le clan Bongo et Michel Tomi, notamment sur le recours au Trésor public gabonais pour le financement des investissements d'Afrijet dont les actionnaires ne sont autres que Tomi et les Bongo regroupés au sein de la SCI Obali. L'hebdomadaire *Échos du Nord* a révélé le 2 juillet 2014 des bribes de cet audit qui souligne un financement par crédit-bail de la flotte aérienne d'Afrijet à hauteur de 58 milliards de francs CFA. Un engagement d'autant plus risqué que cette compagnie aérienne, « propriété conjointe de la SCI Obali et de la famille Tomi », se porte fort mal depuis des années, et peine à honorer son échéancier de remboursement. Pour éviter une forte exposition au « risque de crédit », BGFI Bank a trouvé une solution : faire payer les traites d'Afrijet par le Trésor public gabonais « au nom d'on ne sait quel arrangement », s'étonnent les *Échos du Nord*, et voyager au maximum sur les jets de la compagnie lors de missions auprès des différentes succursales de BGFI Bank dans la sous-région (Congo, RDC, Guinée équatoriale, Bénin, Cameroun, etc.), missions refacturées auxdites filiales, selon l'hebdomadaire, lequel indique que « l'objectif premier est donc de renflouer les comptes de la très endettée Afrijet afin que BGFI Bank ne se retrouve pas avec un encours contentieux à approvisionner de près de 20 milliards à ce jour ». En clair, Afrijet bénéficie par là d'une dérivation directe du Trésor public. À ces révélations il faut ajouter le paiement direct, toujours par le Trésor public, des énormes coûts, exempts de tous contrôles, de la maintenance du Boeing 777 présidentiel. Une véritable rente pour ses bénéficiaires...

Bien avant la décision de Nicolas Sarkozy de soutenir Ali dans la bataille de succession déclenchée par l'agonie d'Omar Bongo, Michel Tomi avait déjà fait ce choix-là. Il était pourtant proche de Pascaline qui, pour le compte d'Omar Bongo, était associée dans ses affaires. Tout le monde a pu ainsi voir « Bati » – Jean-Baptiste Tomi, le fils –, aux côtés d'Ali dans les meetings et à bord des avions Afrijet du groupe Kabi mis à la disposition du candidat pour sillonner le Gabon. Un « Bati » qui avait l'habitude de jouer de la guitare avec celui qui n'était encore que ministre de la Défense... Moins public fut l'investissement massif de Michel Tomi dans les *tee-shirts* et autres matériels de propagande bien avant l'ouverture de la campagne électorale présidentielle. Encore plus secrets furent deux versements de quelques milliards de francs CFA chacun. Et complètement clandestin fut le transport à Franceville, à partir de France, d'urnes destinées au scrutin de 2009, qui auraient été remplies, me confie un témoin de l'opération, de bulletins au nom d'Ali Bongo. L'engagement des Tomi aux côtés de ce dernier a été tel qu'André Mba Obame, son principal rival dans la course à la présidence[1], a été obligé de mettre en garde ses « amis corses » contre cette trop forte intrusion dans la vie publique gabonaise...

Pour mieux se protéger dans sa forteresse africaine, le « parrain » corso-gabonais s'est fait naturaliser sur place. Il peut ainsi mener ses activités sans contraintes et se projeter facilement en n'importe quel endroit du monde grâce à ses Falcon. Douaniers et policiers gabonais au pis l'ignorent, le plus souvent l'aident et le protègent. Il est aussi proche de Frédéric Bongo, frère d'Ali, patron des services de renseignement.

Malheur à ceux qui ont tenté de s'opposer à Michel Tomi et à son entourage ! Le commissaire Lamonica s'est révélé suffisamment puissant pour donner des ordres au directeur du Conseil national de la sécurité et lui demander

---

1. C'est lui qui, sans les trucages, aurait dû être élu président, voir *supra*.

de sermonner ceux qui cherchaient des poux dans la tête de Tomi.

Cet ascendant de Michel Tomi sur ceux qui, au sein de l'appareil d'État français, veulent lui chercher noise, ne date pas de l'affectation de Lamonica. Un commissaire avait ainsi été nommé au Gabon après un séjour au Maroc comme attaché de sécurité intérieure (ASI). À la demande d'un collègue parisien de la DCPJ, il se met à effectuer des recherches sur des immeubles appartenant aux Corses. Ses investigations ont été rapidement écourtées : Tomi l'a convoqué au siège du CNS et lui a fait comprendre que s'il ne les cessait pas sur-le-champ, il se faisait fort de le faire expulser du Gabon dans les vingt-quatre heures... Menace d'autant plus crédible que son intimité avec le pouvoir gabonais est telle qu'il peut par ailleurs fournir des passeports diplomatiques à ses relations, voire à des gens qui ne sont pas en odeur de sainteté en France.

Tomi le Gabonais a compris tous les codes du pouvoir à Libreville, notamment le poids de la franc-maçonnerie, celui de la Grande Loge gabonaise (GLG) et donc de la Grande Loge nationale française, l'obédience mère. C'est un avion d'Afrijet qui a été mis à la disposition des dignitaires français – François Stifani, grand maître, en tête – pour venir installer, le 31 octobre 2009, Ali Bongo en vénérable grand maître de la GLG alors qu'il n'était jusqu'alors qu'apprenti. Michel Tomi est lui aussi initié, mais ne postule pas à un grade élevé dans cette hiérarchie-là. Avec intelligence, en même temps qu'il se liait avec Ali Bongo, il a développé d'étroites relations avec son ami et plus proche collaborateur, Maixent Accrombessi, considéré aujourd'hui comme une sorte de président bis :

« Maixent, c'est quelqu'un de bien, et il me considère comme son père[1]... »

La toute-puissance de Michel Tomi s'exerce avec beaucoup de doigté. Il soigne les apparences et veille à ne pas heurter les susceptibilités des gens de pouvoir. Les responsables gabonais apprécient cette attitude, tout autant que les services qu'il leur rend. Comment mieux flatter l'*ego* du couple présidentiel qu'en mettant à sa disposition le *Graziudiu*, un yacht de 33 m immatriculé à Kingston, capitale de la Jamaïque ?

Mais, en France même, à partir de 2009, le portrait judiciaire de Michel Tomi s'affine. Après les écoutes le visant directement suite à l'assassinat de Robert Feliciaggi, son nom apparaît dans des écoutes d'instruction qui ne le concernent pas au premier chef. Celles-ci permettent de se faire une idée de son environnement social. Si le « délit de proximité » n'existe pas, il n'en dessine pas moins la silhouette d'un « porte-drapeau de la France » dont le blanc-bleu n'est guère visible...

Le 29 janvier 2009 à 19 heures, Sabri Brahimi, proche du gang du Petit Bar, roule à scooter sur la rue Fesch, à Ajaccio, quand deux motos surgissent. Le passager de l'une d'elles tire à plusieurs reprises, puis met pied à terre pour achever froidement sa cible. La JIRS de Marseille enquête. Plusieurs figures du banditisme corse sont mises en examen, notamment Guy Orsoni et Jean-Luc Codaccioni. Ces deux-là sont des « fils de » : le premier d'Alain Orsoni que les lecteurs ont appris à bien connaître, le second de Jean-Luc Codaccioni, porte-flingue de Michel Tomi. Les écoutes permettent de mettre au jour les rapports entre certains bandits et le Gabon. Dans cette même

---

1. In *Le Point* du 19 juin 2014.

affaire, les juges marseillais recherchent également un certain Charles Casalunga, installé lui aussi au Gabon : il travaille comme croupier dans un établissement appartenant à Michel Tomi...

Symbole de sa toute-puissance, cette fois le *Graziudiu* n'a pas porté chance à Tomi. La JIRS de Marseille travaillait à l'époque sur les grands caïds du milieu marseillais, notamment Bernard Barresi et son ami Michel Campanella. Le premier était un des derniers grands voyous de la cité phocéenne, il aurait dans le sang l'ADN de Carbone et Spirito, mais aussi de « Mémé » Guérini et Tany Zampa : c'est en tout cas la légende qui court à son propos. À son palmarès, l'attaque spectaculaire d'un fourgon blindé, le 1er mars 1990, en Alsace : baptisée « le braquage du siècle », l'opération, menée avec six à dix hommes cagoulés, aurait rapporté dans les 33 millions de francs (5 millions d'euros). Condamné par contumace à vingt ans de réclusion, il a été interpellé par les policiers avec quelques complices, le 4 juin 2010, à bord d'un yacht ancré en rade de Cannes. Dans la foulée, ils arrêtaient « par erreur » trois personnes qui descendaient d'un yacht voisin, lequel n'était autre que le *Graziudiu* de Michel Tomi, vendu par Alexandre Rodriguez, ami proche du Corsico-Gabonais à qui il avait déjà cédé plusieurs bateaux de luxe. Ils eurent tôt fait de découvrir que la société de Rodriguez recevait des virements du Gabon pour assurer l'entretien du yacht de Tomi. L'un des employés indiqua que l'argent provenait bien de la famille Tomi. Lors de sa garde à vue, Alexandre Rodriguez déclara être un proche de la famille Bongo.

En relations avec Barresi et Campanella, Rodriguez disposait d'un authentique passeport gabonais. Interrogé sur cette curiosité, il expliqua que le document lui avait été fourni par Tomi pour lui épargner de « trop attendre à l'aéroport » de Libreville quand il se rendait au Gabon.

Les « proximités » ne s'arrêtent pas là. Maître Moroni, avocat de Rodriguez, qui se trouve être aussi celui de Tomi, précisa qu'il disposait lui aussi d'un passeport gabonais, également obtenu par Tomi pour le même motif. Des policiers en planque lors de la messe de neuvaine célébrée à la mémoire de Richard Casanova avaient également vu débarquer le patron de la société de yachts de luxe : Alexandre Rodriguez avait tenu à faire le déplacement en Falcon, depuis le continent, pour participer à l'office...

Une autre affaire visant d'anciens amis de Richard Casanova, membres de la Brise de mer, conforte les enquêteurs dans l'idée que l'empereur des jeux africain est devenu le dernier « parrain des parrains ».

Cette fois, ce n'est pas à Marseille que la traque est organisée, mais à Paris, plus précisément par la DRPP[1]. Jusqu'à la mort de Richard Casanova, les cercles de jeu Wagram et Eldo étaient dirigés par les membres de la Brise de mer, Richard Casanova et Francis Guazzelli en tête. À la mort du second, abattu le 15 novembre 2009, une rupture est intervenue entre Jean-Angelo, son frère, et les « héritiers » de Casanova, notamment Jean-Luc Germani, son beau-frère (sa sœur Sandra est la veuve de Richard, dit le Menteur). Jean-Luc Germani et ses amis décident alors d'évincer brutalement les dirigeants des deux cercles. Les écoutes laissent apparaître que, la veille du coup de force du 19 janvier 2011, Sandra Germani, partie prenante, accueille notamment les putschistes dans son appartement du 7ᵉ arrondissement.

Il faut encore quelques mois aux enquêteurs pour boucler leur dossier. L'opération de police pour coffrer ce

---

1. Direction du renseignement de la préfecture de police.

beau monde est lancée le 8 juin 2011. Mais, prévenus, Jean-Luc Germani, Stéphane Luciani et Frédéric Federici se sont fait la belle. Sandra, en revanche, est chez elle à l'heure du laitier. Les enquêteurs la placent en garde à vue et perquisitionnent son appartement. Ils découvrent qu'elle est restée on ne peut plus proche de son frère et de ses amis de la Brise de mer. Les écoutes de son entourage indiquent qu'elle fait montre d'un comportement conspiratif, à l'instar de son frère et des mafieux qu'elle continue à fréquenter. Ainsi, il appert que pour prendre rendez-vous avec un ostéopathe, Jean-Luc Germani a contacté sa sœur, laquelle a appelé Paul Canarelli, patron du domaine de Murtoli ; l'homme qui a voulu déposséder Anne de Carbuccia[1] sollicite un praticien de ses amis pour qu'en urgence il donne un rendez-vous à « un ami » ; puis il rappelle Sandra et lui recommande de rappeler le cabinet, ce qu'elle fait depuis une cabine téléphonique, avec une carte Kertel achetée dans un bureau de poste situé loin de chez elle, exclusivement utilisée pour cet appel. Ce type de carte requiert de composer d'abord le numéro de téléphone de l'opérateur, puis le code PIN figurant sur la bande de sécurité de la carte, avant de pouvoir joindre son interlocuteur : un système qui rend l'appel intraçable...

Il apparaît par ailleurs qu'après la mort de Richard Casanova Sandra avait travaillé dans le magasin de la veuve de Francis Mariani, ancien membre de la Brise de mer, lui aussi assassiné ; qu'elle était sans emploi, mais n'avait pas retiré plus de 1 000 euros de son compte courant entre février 2009 et avril 2011. Et la veuve de Casanova d'expliquer que, « en fait, c'est M. Tomi qui me donne de l'argent. En fonction de mes besoins, je lui demande, et il

---

1. Voir *supra*, p. 387 et suiv.

me remet des espèces. Je ne peux pas évaluer cette somme, c'est très variable selon les mois ». Un Michel Tomi que Sandra appelle « tonton », comme le faisait son mari. Le généreux « oncle » règle aussi le loyer de l'appartement de 230 m² qu'elle occupe avec ses deux enfants, un bien censé appartenir à un propriétaire domicilié à Hong Kong. C'est le PMU-Gabon qui vire chaque mois les 7 000 euros de loyer. Michel Tomi met également un 4 × 4 BMW à disposition de la veuve de celui qu'il considérait comme un fils...

La DRPP et la PJ, longtemps aux trousses du frère de Sandra et de ses deux acolytes, Stéphane Luciani et Frédéric Federici, tournent de plus en plus autour du Gabon et du Cameroun, les deux « places fortes » de Michel Tomi. Grâce au concours de la DGSE, ils filent Sandra jusque dans ce second pays. Ils sont persuadés que les trois fugitifs se sont d'abord réfugiés dans un hôtel de Libreville, puis, comme d'habitude, qu'ils ont été prévenus par des « amis » au sein de la police française, et se seraient alors installés dans un pays voisin. C'est à partir de là que les enquêteurs prennent en filature l'homme d'affaires quand il vient en France, tant par le biais d'écoutes que par les moyens classiques de la « filoche ». Ce faisant, ils découvrent toute l'étendue de ses relations.

Michel Tomi est encore serein. Ne travaille-t-il pas « pour le drapeau », comme le savent ses amis sarkozistes ? N'est-il pas intime de « grands amis » de la France, Ali Bongo et Paul Biya en tête ? En avril 2012, téléobjectifs en main, des policiers de la DRPP, qui suivent à Paris les faits et gestes du Corse, mitraillent une scène qui les intrigue. Trois hommes sortent du restaurant haut de gamme *La Maison de la Truffe*. Un Africain embrasse Michel Tomi, installé sur son fauteuil roulant. Le deuxième Blanc est une vieille connaissance : Jean-Luc Codaccioni, garde du corps-homme de confiance du « Gabonais ». Et l'Africain ? Ibrahim Boubacar Keïta, ancien Premier ministre malien, qui vient de se lancer dans la course présidentielle et avec qui Michel Tomi s'entretient souvent au téléphone...

33.

La République *vs* le dernier « parrain des parrains »

L'arrivée de François Hollande à l'Élysée, de Jean-Marc Ayrault à Matignon et surtout de Manuel Valls place Beauvau sonne le glas de l'époque « bénie » où Michel Tomi était choyé par la République. Du coup se trouve amplifié l'intérêt des juges et des policiers pour celui qu'ils considèrent comme le dernier « parrain des parrains », titre que conteste vivement l'intéressé : « Je ne suis pas le parrain corse, ni le parrain des parrains... Si j'étais celui qu'on dit, je vivrais en Corse[1]. »

La relance de ce dossier ne sera pas sans créer des turbulences au sein de l'appareil d'État, car le clan Tomi compte de puissants soutiens dans le milieu politique comme dans le monde judiciaire[2], sans parler des chefs d'État africains

---

1. In *Le Point* du 19 juin 2014.
2. En août 2012, Alain Guillou, vice-président de la cour d'appel de Paris, membre de l'UMP après avoir été proche des réseaux Pasqua-Marchiani, a demandé sa mise en disponibilité pour devenir conseiller d'Ali Bongo. Aurait-il été sollicité par Claude Guéant et Robert Bourgi pour faire jouer ses relations afin de limiter les dégâts probables du dossier judiciaire ouvert contre Michel Tomi et les dirigeants gabonais ? Pour des raisons déontologiques évidentes,

qui tablent eux aussi sur d'excellents relais à Paris. Très symbolique, l'éviction du patron de la DCRI, l'« espion du président », fut le premier signe visible d'un changement dans l'approche de la question corse dans ses déclinaisons nationaliste et mafieuse. Mais ce départ ne signifiait pas pour autant la fin de son pouvoir, comme pourront le constater les nouveaux dirigeants. Lesquels mettront aussi beaucoup de temps avant de virer Jean-Charles Lamonica, chef d'antenne de la DCRI à Libreville chargé de protéger le clan Tomi.

Dans le même mouvement, Manuel Valls met fin aux fonctions de Michel Gaudin, préfet de Paris, jugé lui aussi trop proche de Nicolas Sarkozy, qui supervise René Bailly, directeur du renseignement de la préfecture de police de Paris (DRPP), chargé des enquêtes les plus sensibles, notamment celles afférentes au cercle Wagram et donc à Michel Tomi. Gaudin est remplacé par Bernard Boucault, à la fois proche de Jean-Marc Ayrault – il a été préfet de Loire-Atlantique – et proche de Pierre-René Lemas, alors secrétaire général de l'Élysée. Bailly est prêt à s'effacer mais, considéré à la fois comme un excellent limier et un bon républicain, il est confirmé à son poste et peut donc poursuivre la « chasse au Tomi » sous couvert de la traque des trois fugitifs de la Brise de mer alors planqués en Afrique.

Le départ à la retraite de Christian Lothion, patron de la DCPJ, permet d'installer à sa place Mireille Ballestrazzi, considérée comme une grande professionnelle républicaine. Cette promotion fait grincer bien des dents, car elle évince Frédéric Veaux, adjoint de Lothion, qui,

---

le Conseil supérieur de la magistrature a refusé cette mise en disponibilité.

de grandissime favori s'était retrouvé avec un sérieux handicap dans le nouveau contexte politique : il avait été l'adjoint de Bernard Squarcini !

Pour compléter le nouveau *team* de grands chasseurs, Bernard Petit, numéro 3 de la DCPJ, prend la place de Christian Flaesch, évincé par Manuel Valls pour « faute déontologique[1] » à la tête du « 36 ». Puis, fin 2013, c'est au tour de Jean-Pierre Alezra, patron du service central des courses et jeux, d'être limogé. Ce service avait été gravement mis en cause, on l'a vu, dans l'instruction judiciaire menée sur l'affaire du cercle Wagram, de graves connivences entre policiers et « milieu » étant apparues...

Malgré tous ces changements, les observateurs de la chose policière s'étonnent que le ministre de l'Intérieur choisisse Patrick Calvar, adjoint et ami de Bernard Squarcini, pour remplacer ce dernier à la tête de la DCRI[2]. Ils soulignent que Calvar n'a pas fait le ménage malgré les demandes répétées du cabinet de Manuel Valls – parmi les proches de Squarcini qui, prétendent-ils, conserve des liens étroits avec eux. Et de citer au premier chef Paul-Antoine Tomi, demi-frère de Michel, à la direction technique, chargé des surveillances, filatures et ouvertures de portes[3],

---

1. Il avait appelé Brice Hortefeux entendu comme témoin et placé sur écoutes.

2. La DCRI devient la Direction générale de la sécurité intérieure (DGSI) en mai 2014.

3. Un point technique : en raison de son lien familial avec Michel Tomi, jamais Paul-Antoine Tomi n'aurait dû obtenir son habilitation au secret-défense, un sésame indispensable pour travailler au sein du contre-espionnage. L'enquête de secret-défense n'est pas une enquête de moralité mais de vulnérabilité. Peut-on être plus vulnérable que lui ? Il paraît d'ailleurs que son dossier d'habilitation omettrait de mentionner le lien avec Michel Tomi : et pour cause !

ainsi que Christian Orsatelli, spécialiste du « séparatisme corse », entre autres.

Malgré ces bémols, les pressions « amicales » des « grands flics » qui estimaient que ce n'était pas une bonne idée de chercher noise à un homme qui avait rendu et rendait toujours de grands « services » à la France se sont considérablement relâchées. La DRPP poursuit donc sa tâche de déconstruction du personnage de Michel Tomi. Elle a tout loisir de mesurer sa puissance, ses excellents réseaux, surtout en Afrique. Elle s'interroge, après la mort de Richard Casanova, sur ses rapports éventuels avec le crime organisé en Corse. Les informations remontent jusqu'au cabinet de Manuel Valls. Dans les semaines qui ont suivi son arrivée place Beauvau, le bouillant Catalan a compris les enjeux de cette traque et leur importance. Dans un premier temps, il s'abstient de communiquer sur ce pan de son action. Ce qu'il souhaite, ce n'est rien de moins que la rupture avec des pratiques en cours depuis la guerre. En y mettant fin, il sent qu'il peut faire mal à une droite qui patauge encore dans la « zone grise » des affaires corses. Sans en connaître encore le détail, il pressent que la situation en Corse s'explique en grande partie par les compromissions de l'État, notamment celles de son ministère. Michel Tomi est un des symboles des nombreuses ambiguïtés de la politique intérieure et extérieure de la France. N'est-il pas un produit du « système Pasqua » ? N'était-il pas l'ami d'un des fondateurs de la Brise de mer ? N'est-il pas devenu la figure la plus emblématique de la Françafrique ?

Manuel Valls décide de coordonner la traque pour l'amplifier, la rendre plus efficace. Il veut que tous les moyens de l'appareil sécuritaire de l'État soient mis en œuvre à cette fin. Il a, pour cela, le soutien du président et du

Premier ministre. C'est ainsi que la DGSE qui, depuis longtemps, a l'œil rivé sur les Corses en Afrique, va porter elle aussi une attention plus soutenue sur Michel Tomi. Et c'est également vrai de Tracfin, la cellule antiblanchiment de Bercy, spécialisée dans la recherche des circuits financiers clandestins. Parallèlement aux enquêtes tournant autour de Tomi et de ses « adhérences » supposées avec le crime organisé, s'installe une véritable veille sur les agissements des mafieux corses. Deux événements médiatisés vont permettre de comprendre que les politiques sont désormais prêts à réagir aussi rapidement que fortement.

Le 16 octobre 2012, maître Antoine Sollacaro, avocat d'Yvan Colonna et d'Alain Orsoni, ancien bâtonnier, militant de la Ligue des droits de l'homme, est tué de dix balles de gros calibre, dont cinq en pleine tête, vers 9 h 15, au volant de sa Porsche, à une station-service de la route des îles Sanguinaires. Comme chaque matin, il allait descendre de sa voiture pour acheter le journal quand deux hommes à moto se sont arrêtés à sa hauteur et que l'un d'eux a ouvert le feu sur lui. Ce seizième assassinat depuis le début de l'année 2012 provoque un vif émoi et interpelle d'autant plus le pouvoir politique que, le 14 novembre, c'est au tour de Jacques Nacer, président de la chambre de commerce, proche d'Alain Orsoni, d'être assassiné selon le même *modus operandi* que Sollacaro. Le chef de l'État et le Premier ministre, résolus à mieux comprendre cet enchaînement de violences, se tournent avec insistance vers le ministre de l'Intérieur. Si la DRPJ est saisie du cas Sollacaro, puis du meurtre de Jacques Nacer, et la JIRS de Marseille de l'instruction judiciaire destinée à trouver les auteurs des faits, il revient à Manuel Valls de dépasser ces deux affaires pour avoir une approche plus globale du cas Orsoni, du même type que celle, enclenchée depuis des mois, visant Michel Tomi.

Les deux enquêtes vont se recouper en raison des liens entre les deux hommes. Alain Orsoni n'a-t-il pas envisagé de planquer son propre fils, Guy, au Gabon ? Des liens noués et consolidés par l'entremise de Richard Casanova jusqu'à sa mort. N'a-t-on pas murmuré qu'à la disparition de ce dernier c'est le « bel Alain » qui serait devenu le nouveau « grand parrain » ? Pour mieux comprendre les violences corses et leur enchaînement, l'élargissement de la cartographie traditionnelle du crime organisé devient nécessaire. Dans le strict cadre de l'île de Beauté, aucune logique ne se dégage. Devient impérative la mise au jour des flux financiers entre Corses installés géographiquement dans plusieurs pays d'Afrique, d'Amérique, en France même, mais aussi dans des paradis fiscaux comme Hong Kong. Les enquêteurs s'intéressent ainsi aux activités d'Alain Orsoni pendant ses douze années d'exil à Miami d'abord, puis à Managua (Nicaragua), plus particulièrement à ses liens avec la Pefaco de Barcelone, ainsi qu'à Francis Perez qui, après avoir travaillé avec Robert Feliciaggi, a pris son autonomie dans le même secteur que Michel Tomi – les jeux, les machines à sous –, notamment en Afrique et en Amérique latine...

Le changement de ton au sein du pouvoir politique est immédiat. À Berlin, le 15 novembre, quelques heures après le meurtre de Jacques Nacer, le Premier ministre, Jean-Marc Ayrault, déplore que la « Mafia [soit] à l'œuvre en Corse » après les assassinats de deux proches d'Alain Orsoni. « Mafia » : le mot est lâché pour la première fois. Ayrault va plus loin que Jean Glavany qui, dans son rapport, avait parlé de « dérive mafieuse » et d'un « système pré-mafieux »[1]. De son côté, Manuel Valls déclare : « [Orsoni] sait des choses... alors qu'il parle ! » Et, sur RTL, il fait le lien entre le secteur immobilier, le BTP, le tourisme, le sport, les jeux et le crime organisé. Sans rien dévoiler des traques menées contre Michel Tomi, Francis Perez et leur entourage, le discours officiel va dès lors s'y alimenter. La rupture marquant la nouvelle approche conduit à l'adoption de mesures énergiques.

Huit jours après sa déclaration à Berlin, le Premier ministre, à la sortie d'une réunion à Matignon sur le dossier corse, déclare que « les affaires économiques et financières sont à l'origine de la plupart des homicides » perpétrés dans l'île. « Une attention particulière sera portée à la lutte contre le blanchiment, notamment dans le domaine de l'immobilier, mais aussi du sport[2], ainsi qu'aux procédures de marchés publics, aux autorisations d'urbanisme » sur le littoral. Dix nouvelles mesures sont annoncées ; parmi elles, « la création d'une cellule interministérielle de coordination ». Animée par le cabinet du Premier ministre, elle décidera notamment de « missions d'inspection et de soutien au préfet de Corse et aux services territoriaux de l'État pour l'exercice de leur mission de contrôle ». Elle « fixera aussi les axes du contrôle fiscal en Corse ».

Autre axe : « le renforcement des moyens d'enquête spécialisés » afin, déclare Jean-Marc Ayrault, d'« identifier les circuits mafieux et d'enquêter sur les mouvements de patrimoine et les flux financiers irréguliers ». Selon le relevé de conclusions de la réunion, il s'agit de prévoir notamment des « renforts de la police nationale et/ou de la gendarmerie nationale », voire de la police judiciaire.

---

1. Voir chapitre 1.
2. Alain Orsoni n'est-il pas président du club d'Ajaccio ?

« Une circulaire de politique pénale territoriale destinée spécifiquement à la Corse sera bientôt signée » pour renforcer enfin la coordination entre les parquets d'Ajaccio et Bastia, la JIRS de Marseille et le parquet antiterroriste de Paris, moyennant des « réunions de régulation » pour « accélérer » le traitement des affaires. La circulaire sera signée le 23 novembre 2012.

C'est ainsi que, sur Michel Tomi et ses relations avec Richard Casanova et ses « héritiers », avec Alain Orsoni, avec Francis Perez, voire, plus généralement, sur les Corsico-Africains, la simple collecte de l'ensemble des informations relative à ces quatre cas constitue une véritable mine d'or.

Dans une interview donnée à *L'Express* daté du 8 mai 2013, Manuel Valls, sans expliciter sur quoi s'appuient ses affirmations, dévoile quelques éléments illustrant la progression des diverses enquêtes, se livre à un diagnostic de la situation et affiche ses orientations. « Fort heureusement, dit-il, aucune des organisations criminelles corses n'a réussi à ce jour à se substituer à l'administration territoriale. » Faut-il voir dans cette affirmation une allusion à la tentative avortée de Robert Feliciaggi de mettre la main sur l'île de Beauté ? « Et il n'y a pas non plus, comme en Italie, de structuration hiérarchisée et pyramidale du phénomène mafieux, poursuit-il. Cela dit, je n'exclus pas l'existence de donneurs d'ordres supervisant ces systèmes criminels, soit depuis le continent, soit depuis l'étranger, en Amérique latine ou encore en Afrique. » En peu de mots il résume aussi la politique menée par les pouvoirs successifs depuis Aléria, une des causes essentielles de la situation actuelle : « Depuis trente ans, la lutte contre le FLNC et ses avatars a été le principal objectif. À une époque, certains ont même pensé que le crime organisé pouvait devenir un allié contre le terrorisme... Les réseaux mafieux en ont profité pour prospérer. »

Quelques jours après cette interview, à l'occasion d'un déplacement en Corse, le ministre de l'Intérieur répond à *Corse-matin*[1] et cite les enquêtes en cours. À la question : « Vous avez récemment évoqué une mafia dont les donneurs d'ordres tireraient les ficelles depuis le continent et l'étranger : Afrique, Amérique latine... Vous avez des éléments qui accréditent cela ? » il répond : « Oui. J'ai été le premier à parler de Mafia[2]. Cela a même été salué en Corse. Des enquêtes récentes menées sur les agissements de criminels insulaires ont mis en évidence leurs liens avec des sociétés concernées par des opérations financières en Amérique du Sud et en Afrique, notamment dans les casinos et les machines à sous... Je ne vous en dirai pas plus. »

Au moment où Manuel Valls parle d'« enquêtes récentes », les résultats des investigations visant Michel Tomi sont suffisamment importants pour que soit envisagé leur transfert au parquet de Paris. Fin juillet 2013, une information judiciaire est donc ouverte par celui-ci pour « blanchiment aggravé en bande organisée », « abus de biens sociaux » et « faux en écritures privées ». La DCPJ est saisie par les juges Serge Tournaire et Hervé Robert.

Il y a beau temps que les enquêteurs de différentes instructions judiciaires ont mis au jour les relations entre Omar, puis Ali Bongo et Michel Tomi. Aussi, pour estomper la contradiction entre la ligne judiciaire et la ligne diplomatique de Paris, alors même que la nouvelle information

---

1. Daté du 4 juin 2013.
2. Sauf erreur, c'est Jean-Marc Ayrault qui a été le premier à parler de Mafia...

visant directement Tomi n'était pas encore ouverte par les juges, mais que les éléments à charge s'accumulaient, le patron de la DGSE conseilla-t-il au président gabonais de prendre ses distances avec le « parrain » corse, suggérant qu'il prenait beaucoup de risques à le garder dans sa proximité. Est-ce pour cette raison que les relations entre Ali et le « Batéké corse » ne sont plus ce qu'elles étaient ? Ali Bongo lui a en tout cas demandé de revendre sous trois ans une grande partie de ses actifs au Gabon. Dans le courant de l'année 2013, de fait, le groupe Kabi a commencé à se désengager du pays en procédant à des cessions dans les travaux publics, l'immobilier, les bois...

Si, à l'évidence, l'étroitesse des liens entre la famille Bongo et Michel Tomi ne constituait pas une surprise pour le gouvernement, ceux noués entre l'empereur des jeux en Afrique et Ibrahim Boubacar Keïta, dit « IBK », homme politique malien, étaient un fait nouveau et allaient s'avérer rapidement problématiques. Alors que s'ouvrait l'instruction judiciaire visant Michel Tomi, se terminait la campagne présidentielle au Mali. La France avait soutenu activement IBK après avoir repoussé, début 2013, lors des débuts de l'opération Serval, les djihadistes qui fonçaient sur Bamako. Pas plus à l'Élysée qu'à l'hôtel de Brienne ou au Quai d'Orsay on n'était au courant des dossiers accumulés sur le poulain de la France. Lors du début de la campagne, il n'était pourtant nul besoin d'être un fin limier pour faire le lien entre Tomi et le candidat IBK. Ni pour se poser quelques questions. La lecture de quelques dépêches sur Internet était déjà fort instructive.

Brazzaville, aéroport international Maya-Maya, dimanche 16 juin 2013 : un jet privé d'Afrijet est annoncé. À son bord, Ibrahim Boubacar Keïta, candidat aux prochaines élections présidentielles dont le premier tour au

Mali est prévu pour le 28 juillet. Un proche du président Sassou salue le candidat, drapé dans un ample boubou haoussa, et le conduit à un palace de Brazzaville. Le lendemain, IBK rencontre le président Sassou en tête à tête. Je n'ai pas été témoin de cette rencontre, mais je ne prends guère de risques en supposant qu'IBK n'est pas reparti les mains vides. Il ne consacrera que quelques minutes à saluer les nombreux Maliens du RPM[1] installés au Congo. Mécontents, ces militants vont rendre publique la vieille liaison entre Michel Tomi et le futur président de leur pays. C'est Omar Bongo qui, dès 1994, les a présentés l'un à l'autre ; IBK venait alors d'être nommé Premier ministre en février ; Tomi, soutenu par Charles Pasqua, alors ministre de l'Intérieur, aurait fait son siège pour obtenir l'ouverture du PMU-Mali et celle d'un casino. IBK avait accepté à la condition – implicite ou explicite – de n'être pas oublié. Et la sollicitude du Mali ne s'est pas arrêtée là. « Selon les services de renseignement, Tomi est depuis 2009 l'unique détenteur d'une autorisation d'ouverture de casinos à Bamako où il a créé la salle de jeu *Fortune's club*. D'après les enquêteurs, IBK en détiendrait des parts[2]. »

La DRPP suit en temps réel la campagne d'IBK en France. Y compris quand le Malien rencontre ses amis de l'Internationale socialiste, notamment François Hollande, Laurent Fabius ou encore Jean-Yves Le Drian. Des amitiés qui ont évidemment facilité son installation en tant que « candidat de la France ». Mais les enquêteurs sont davantage intéressés quand il rencontre Michel Tomi, puis constatent que le Corse lui paie des costumes de marque

---

1. Le Rassemblement pour le Mali créé par IBK.
2. In *Le Monde* du 28 mars 2014.

et règle ses notes d'hôtel, enfin observent l'épouse d'IBK faire ses emplettes en produits de luxe et en vêtements griffés, cependant que son mari court les ministères.

Le 28 juillet, IBK arrive largement en tête du premier tour des élections, et, le 11 août, remporte haut la main le deuxième tour : il est élu avec 77,6 % des voix. La France officielle est satisfaite du résultat de ce scrutin intervenu peu après la fin de l'opération Serval. Le 18 septembre, François Hollande, Laurent Fabius et Jean-Yves Le Drian sont aux premières loges pour l'intronisation d'IBK, à Bamako, aux côtés notamment d'Ali Bongo et d'Idriss Déby, deux amis de Michel Tomi. Celui-ci est également de la fête. « Aujourd'hui, le Mali a pris son destin en main, souligne François Hollande. Cette élection ouvre la voie de la reconstruction, de la transition, et, là aussi, je vous l'assure, la France sera là pour vous accompagner. » La France judiciaire, elle, va bientôt accompagner IBK d'une tout autre manière...

Le dossier Tomi-IBK s'épaissit durant l'automne 2013. Les juges récupèrent deux enquêtes financières, ouvertes à Ajaccio et Marseille, visant Michel Tomi, ainsi que des rapports de Tracfin ayant le même objet. En mars, ils sollicitent un réquisitoire supplétif auprès du parquet afin d'étendre leurs investigations à des faits de « corruption d'agent public étranger ». Cette fois, Ibrahim Boubacar Keïta est clairement visé. La nouvelle parvient à peu près en même temps dans les trois lieux directement concernés par la politique étrangère de la France : l'Élysée, la Défense et le Quai d'Orsay. Grimaces et grincements de dents !

Les grimaces sont encore plus marquées quand, le 28 mars 2014, diplomates et militaires prennent connaissance d'un gros scoop du *Monde* signé par Gérard Davet et Fabrice Lhomme, titré : « La Justice sur la piste du "parrain des parrains"[1] ». Aujourd'hui encore, des acteurs proches de ce dossier s'interrogent sur l'origine de cette fuite qui, manifestement, les a fait tiquer. C'est en effet la première fois qu'IBK est mis publiquement en cause pour faits de corruption. L'enquête tentaculaire visant Tomi, soupçonné de blanchir en France une partie de l'argent gagné en Afrique, rattrape plusieurs chefs d'État africains, mais c'est le nom d'IBK qui revient le plus souvent dans les écoutes de Tomi. À chacun de leurs passages en France, les enquêteurs suivent les deux hommes et constatent leur proximité. En marge du sommet africain sur le terrorisme qui se tient à l'Élysée au début de décembre 2013, le président malien fait une escapade à Marseille afin d'y rejoindre son ami. Deux mois plus tard, le Corse joue les nounous de luxe avec IBK : il le loge au *Royal Monceau*, met à sa disposition de belles limousines, assure aussi sa sécurité. C'est l'occasion de voir figurer une fois de plus l'« ancien espion du président » dans la transcription des écoutes : l'amitié entre Corses s'est traduite en l'occurrence par le recours au patron de Kyrnos, société d'intelligence économique de Bernard Squarcini, qui travaille pour Gallice Security, censée « protéger des expatriés du CAC 40 en Afrique », aux fins de protéger l'ami IBK. Ressortent là les liaisons dangereuses entre l'ex-patron de la DCRI et celui du groupe Kabi. Frédéric Gallois, ancien patron du

---

1. Tout en saluant le scoop, j'ai moi aussi fait la grimace, car les informations dont je disposais, si elles ne devenaient pas obsolètes, du moins m'obligeaient à retarder la sortie de mon livre, à l'aménager et à citer abondamment l'article du *Monde*, de même que ceux qui suivront, notamment celui de Vincent Hugeux, Éric Pelletier et Delphine Saubaber dans *L'Express* du 4 juin et celui de Christophe Labbé et Olivia Recasens dans *Le Point* du 19 juin 2014.

GIGN et patron de Gallice, est mis en examen, quelques mois plus tard, pour faux et usage de faux et recel d'abus de confiance pour ce contrat passé avec l'État malien. Précisons au passage que Gallice protège également Ali Bongo...

Au fil des semaines s'enchaînent les révélations en provenance du Mali sur les liens entre le clan Tomi et IBK. Une « usine à gaz » a été montée pour l'achat, le financement et l'exploitation de l'avion présidentiel malien : c'est la reproduction pure et simple de celle construite autour de l'avion gabonais. L'aéronef présidentiel n'est pas enregistré dans le patrimoine de l'État malien. Il est immatriculé au nom d'une structure privée fictive, laquelle en ferait une exploitation frauduleuse en vertu d'un contrat de bail tout aussi confus passé avec les autorités gouvernementales, comme l'a révélé le site maliactu le 21 octobre 2014[1]. L'intermédiaire dans l'achat de l'appareil n'est autre que l'administrateur général de la compagnie Afrijet, moyennant une « petite com » de plus de un milliard de francs CFA, virée par le Trésor malien sur des comptes séquestres à l'étranger. Après quoi l'avion présidentiel n'a jamais fait l'objet d'un transfert de propriété au nom de la république du Mali alors qu'il a été acquis aux frais des contribuables maliens pour une vingtaine de milliards de francs CFA (plus de 30 millions d'euros). L'appareil n'a pas été immatriculé au Mali, mais à Anguilla, possession britannique de la Caraïbe, dont la principale industrie est la création de sociétés *off shore*. Mais, pour que cette immatriculation soit acceptée, encore fallait-il avoir recours à une société

---

1. http://maliactu.net/mali-tomi-michel-connexion-lavion-dibk-immatricule-au-nom-dune-societe-privee/#sthash.cjuTm3w3.dpuf

locale. C'est ainsi qu'IBK a consenti en mars 2014 à la création, via son ministère de la Défense, d'une société dénommée « Mali BBJ LTD », derrière laquelle se cache Afrijet. C'est d'ailleurs au nom de cette même société que l'appareil, après sa radiation du registre de l'aviation civile des États-Unis, a été enregistré pour une période de deux ans sous le certificat BVI-014/006, puis doté d'un certificat de navigabilité n° BVL-14/006, tout aussi périssable au bout d'un an.

Aucun document de nature juridique ne prouve l'appartenance de Mali BBJ LTD au Mali alors que l'immatriculation en matière d'aviation civile est assimilable à un titre de propriété. « En tout état de cause, les nombreuses équivoques et suspicions sur l'appartenance de l'aéronef à l'État du Mali sont corroborées par la curieuse absence des mentions par lesquelles les appareils maliens sont reconnaissables dans le domaine de l'aviation civile, les initiales "TZ" en l'occurrence », souligne maliactu.

Last but not least, l'appareil présidentiel est l'objet d'une exploitation on ne peut plus opaque. Il s'agit d'un contrat de bail d'un an, avec tacite reconduction, par lequel le ministère de la Défense et des Anciens Combattants engage le Mali auprès de la société au nom de laquelle l'appareil est immatriculé, soit Mali BBJ LTD. Mais ce n'est pas tout : la licence de fréquence radio est établie au nom d'une autre société, dénommée « JETMAGIC LTD », basée à Malte, autre paradis fiscal. Quant à la couverture de la police d'assurance, elle exclut le Mali ! Ni le montant ni les modalités de paiement de la redevance locative ne sont connus. Qui plus est, chaque utilisation de l'avion par la partie malienne est soumise au paiement de frais afférents à son fonctionnement et à l'équipage, au profit notamment du locataire, en l'occurrence Mali BBJ LTD...

Jour après jour, les journalistes maliens découvrent des histoires nouvelles sur les relations entre Tomi et IBK. Ainsi *Le Potentiel* écrit-il le 29 novembre 2014 : « Après le sommet de l'État, la mafia corse symbolisée par son parrain Michel Tomi a infiltré l'administration publique de notre pays. C'est du moins ce qui ressort de nos investigations rondement menées à la suite des articles du journal français *Le Monde*. Du Trésor au service des impôts en passant par l'inspection du travail, tout semble mis en œuvre par l'empire des jeux et loisirs du Mali pour spolier l'État et même maltraiter les employés. »

La mécanique du système, désormais aux mains des juges français, risque de mettre en cause de nombreux présidents d'Afrique francophone. Les enquêteurs ont déjà entre les mains suffisamment d'éléments pour inventorier l'empire Tomi au-delà même du Gabon et du Mali. Les palais présidentiels du Cameroun, du Sénégal, du Burkina, du Tchad, du Togo, du Congo et du Niger ne sont pas à l'abri de sérieux dommages collatéraux. Il semblerait ainsi que les comptes *off shore* de Paul Biya soient tenus par « Jabi ». Chantal Compaoré était associée aux Tomi ; l'est-elle encore, après la destitution de son mari de la présidence du Burkina ? L'instruction judiciaire visant Karim Wade, le fils d'Abdoulaye Wade, ancien président sénégalais, met en cause certains Corses. Nombre de comptes des uns ou des autres seraient ouverts au Liban mais tenus par le Crédit foncier de Monaco...

Parmi les dossiers tentaculaires des juges, seule la partie émergée de l'iceberg a « fuité ». Au-delà des jeux et des PMU, Michel Tomi a fait fortune en devenant un intermédiaire à même de rapporter de gros contrats à des entreprises pour le compte desquelles il joue les VRP de luxe à l'imposant carnet d'adresses. Il est aussi et peut-être surtout en étroites relations avec de grosses entreprises chinoises qu'il fait venir en Afrique, notamment au Mali. Pareille aide génère en principe de très importantes commissions. Malgré les faibles ressources du Mali, de très nombreux projets d'infrastructures sont en effet en cours, voire déjà achevés : ponts, adduction d'eau, autoroutes, stades, immeubles publics, extension de l'aéroport par Sinohydro, la quatorzième plus grande entreprise de construction au monde. Le Corse utilise la place financière de Dubai pour éviter la surveillance des mouvements financiers par Tracfin. Il utilise aussi Hong Kong, plus précisément HSBC, pour mettre à l'abri son magot. Pour monter ses gros coups au Mali, Michel Tomi ne travaille d'ailleurs pas directement avec IBK, mais avec Karim Keïta, son fils, président de la commission de la Défense.

Les bonnes relations entre le Mali et les entreprises chinoises, nouées grâce aux « efforts » de Michel Tomi, se concrétisent, le 10 septembre 2014, lors d'une visite officielle d'IBK en Chine. Un communiqué de la présidence malienne explique que ce voyage « restera marqué d'une encre indélébile dans les annales de la coopération sino-malienne ». Et pour cause : IBK est revenu les bras chargés de cadeaux, dont un don « sans conditions » de 27,5 millions d'euros et un prêt sans intérêts de plus de 12 millions d'euros.

Pour le compte de quelques entreprises chinoises, notamment Sinohydro, Tomi ne limite pas son champ d'action à l'Afrique, mais sait jouer de son épais carnet d'adresses pour obtenir des marchés en Serbie, çà et là, en Asie, dans le golfe Persique, etc.

La révélation d'une partie du dossier Tomi par *Le Monde* n'a pas manqué de provoquer l'ire d'IBK. Selon un communiqué officiel, le chef de l'État malien a pris l'attache d'avocats locaux et français afin d'« étudier toutes les suites judiciaires possibles, y compris en termes de mesures urgentes et à titre conservatoire ». Pour Bamako, l'« article vise à salir l'honneur d'un homme, Ibrahim Boubacar Keïta ». Le même communiqué proteste que « les valeurs d'intégrité et de rigueur morale du président malien n'ont jamais été remises en cause, et ce par qui que ce soit ». Au-delà de la personne du chef de l'État, on veut « jeter le discrédit sur les efforts de toute une nation pour sortir d'une crise sans précédent ».

Le 18 juin 2014, Michel Tomi est interpellé dans un appartement parisien, lequel est perquisitionné. Il est procédé à quatorze autres interpellations parmi son entourage. Les policiers saisissent 1 048 000 euros en liquide. Le Corse est interrogé deux jours durant. Le 20 juin, il est mis en examen pour corruption d'agent public étranger, faux et usage de faux, abus de confiance, recel d'abus de bien social, complicité d'obtention indue d'un document administratif et travail dissimulé. Rien que cela ! Certains membres du « système Tomi » sont également mis en examen, dont, on l'a vu, l'ancien patron du GIGN Frédéric Gallois ; Philippe Belin, patron du groupe français Marck spécialisé dans la confection d'uniformes et d'équipements militaires, pour des contrats signés au Gabon ; la première épouse de Michel Tomi ; enfin une femme très proche de Tomi, considérée comme son « homme à tout faire »... Tomi est libéré moyennant le versement d'une caution de 2 millions d'euros. Il est désormais placé sous contrôle judiciaire assorti de l'interdiction de quitter le territoire français...

Si le travail des enquêteurs se poursuit, Michel Tomi et son fils Jabi n'en restent pas moins les conseillers les plus proches d'IBK. Les recommandations instantes de Le Drian, Fabius et autres pour que le président malien prenne ses distances avec son ami corse sont pour l'heure demeurées lettre morte. Les Français voudraient que celui que les enquêteurs qualifient de « parrain des parrains » soit tenu hors des marchés d'infrastructures au Mali. L'on ne peut que repenser à ce propos aux mots de Squarcini défendant en Tomi un ami qui « travaille pour le drapeau[1] ». François Hollande et Manuel Valls s'aperçoivent qu'il n'est pas si facile de traquer la mafia corse dès lors que celle-ci est inextricablement imbriquée dans les intérêts politico-économiques de la France, ou plutôt, dans le cas d'espèce, dans ce qui perdure de la Françafrique...

---

1. *L'Express* du 4 juin 2014.

34.

On ne peut plus symbolique, la mise en examen de Marcel Francisci...

La décision prise, le 18 septembre 2014, de mettre en examen Marcel Francisci junior, patron du prestigieux cercle parisien de l'Aviation, sis sur les Champs-Élysées, pour « travail dissimulé et abus de confiance », est très symptomatique du radical changement de traitement de la question corse...

Avant de nouer une étroite amitié avec Richard Casanova, le jeune Michel Tomi fut porté par le clan Francisci alors que le *boss* en était encore Marcel, patron du cercle Haussmann : Marcel, l'homme de la French Connection que les Américains appelaient Mister Heroin, qui était également une grande figure gaulliste. Sa formation de croupier, Michel la lui doit. Pour une large part, le casino de Bandol, c'était lui. Et c'est Jean Francisci, frère de Marcel, qui a demandé à Robert Feliciaggi de lui céder des parts dans Cogelo et de l'élever ainsi au rang de partenaire à part entière au sein de l'association. Après l'assassinat de Marcel, en août 1982, dans le parking de son appartement, rue de la Faisanderie, à Paris, ses frères ont poursuivi de belles carrières couronnées d'honneurs et d'argent. Si Jean est devenu sur la côte d'Azur un notable cannois dont les moyens d'existence auraient mérité quelques investigations – notamment sur la société suisse possédant son « anneau » dans le port de Cannes –, ses fils se sont révélés moins doués dans l'art de la dissimulation. François Francisci a fait treize ans de prison pour assassinat avant de rejoindre le gang des distributeurs de billets de la région parisienne démasqué au début de 2005. En juin 2002, son frère Jean-Xavier a fait la une des journaux de la côte pour une course-poursuite au volant de sa Ferrari, dans Cannes, contre une Lamborghini ; l'exploit s'est terminé par un terrible accident qui a coûté la vie à un étudiant allemand qui traversait la rue pour se rendre à la plage. Quant à Roland, autre frère de Marcel, il a assuré la direction du cercle de l'Aviation jusqu'en 1998 et puis le relais de son frère assassiné en politique ; proche de Jacques Chirac, puis de Nicolas Sarkozy, il a été président du conseil général UMP de Corse-du-Sud. Pour ne pas faire mentir la tradition du clan, il a fait l'objet de deux attentats : le premier, le 21 juin 1968, en sortant d'une réunion électorale en faveur de Jean Bozzi ; le second, le 24 octobre 2000, par explosif contre sa permanence électorale, au motif qu'il rejetait le processus de Matignon[1]. Marcel junior a pris la relève de son père à la tête du cercle de l'Aviation tout en devenant, comme tout Francisci qui se respecte, un grand notable respecté dans le milieu politique. Président de la fédération UMP de Corse, premier vice-président du conseil général de Corse-du-Sud, il est président de l'Association des amis de Nicolas Sarkozy pour la Corse-du-Sud...

Mais les temps ont changé. Les protections politiques des Francisci ne sont plus opérationnelles. Une instruction

---

1. Les services de police ont effectivement attribué cet attentat aux nationalistes qui avaient accepté ledit processus.

judiciaire a été lancée en septembre 2013 par les juges Claire Thépault et Serge Tournaire, du pôle financier de Nanterre. Par rapport aux soupçons pesant continuellement sur son oncle et sur Roland, son père, ceux qui ont conduit à le mettre en examen pour « travail dissimulé et abus de confiance » auraient fait sourire ses géniteurs. Alors que la licence du cercle de l'Aviation arrivait à échéance, les enquêteurs se sont démenés pour bloquer son renouvellement. Cette action s'inscrit dans un mouvement plus ample visant l'ensemble des cercles de jeu : le service des courses et jeux (nettoyé) et la DCPJ enchaînent les descentes dans les cercles soupçonnés d'être des lessiveuses d'argent sale pour le compte du crime organisé corse. Moins de un mois après la descente à l'Aviation, les policiers ont perquisitionné le cercle Cadet. « Depuis l'année 2008, treize cercles de jeu ont été fermés par le ministère de l'Intérieur. Pour deux d'entre eux, le cercle Concorde et le cercle Wagram, il a été établi que le grand banditisme insulaire avait la mainmise sur leur gestion. Les établissements fonctionnaient à la fois comme des blanchisseuses et comme des tirelires pour le milieu », explique Simon Piel dans *Le Monde*[1].

Dans une lettre au ministre de l'Intérieur, maître Éric Dupond-Moretti, avocat de Marcel Francisci, dénonce « une forme d'instrumentalisation de la procédure judiciaire aux fins d'obtenir », hors de tout cadre légal, la fermeture progressive de tous les cercles. Ce qui est sûr, c'est que la place Beauvau, avec Manuel Valls puis Bernard Cazeneuve, a décidé de réformer leur statut, lequel n'a pas été modifié depuis un décret du 5 mai 1947,

---

1. « Pourquoi les cercles de jeu agitent la chronique judiciaire », 14 octobre 2014.

afin d'imposer des règles drastiques rendant difficile, voire impossible leur utilisation par le crime organisé.

Pour comprendre les règles scandaleuses qui les régissent encore aujourd'hui, il faut se rappeler comment l'État, en 1947, utilisait les voyous corses pour aider à maintenir l'ordre public, notamment pour faire face à la menace communiste. Trois ans après la libération de Paris, les autorités françaises se souvenaient qu'un certain nombre d'entre eux avaient été des résistants. La gestion des cercles de jeu fut ainsi confiée à des Corses pour services rendus en leur offrant un cadre juridique spécifique rendant difficiles les contrôles. Les cercles sont des associations à but non lucratif. Le cercle Wagram – une des tirelires de la Brise de mer – avait ainsi pour objet social de « promouvoir des activités sociales, littéraires, artistiques et sportives ». Quant au cercle Cadet, son objet est « la recherche de l'amélioration des rapports humains, notamment par la nécessité d'éliminer toute discrimination, permettant la recherche d'une harmonie totale, la possibilité de jeux dans la limite des dispositions légales »... Celui du cercle de l'Aviation consiste en « une action philanthropique dont le but est de venir en aide aux veuves et orphelins des aviateurs, aux groupements publics, semi-publics ou privés qui ont pour vocation la recherche médicale et scientifique, l'assistance aux catégories les plus défavorisées ». Une partie des gains des établissements doit ainsi être reversée à certaines associations.

En lançant leur descente au cercle de l'Aviation et aux domiciles des acteurs concernés, les policiers espéraient compléter un butin un peu maigre. Une dizaine de personnes furent placées en garde à vue à Nanterre ; 2 millions d'euros furent saisis au cercle lui-même. Marcel Francisci, mis en examen, placé sous contrôle judiciaire, fut laissé libre moyennant une caution de 320 000 euros. Le cercle a été fermé provisoirement. À la sortie de la garde à vue de Marcel Francisci, maître Éric Dupond-Moretti a réagi virilement : « Cela n'a rien à voir avec le banditisme, la politique ; on est allé trop vite, cent fois trop vite ; mon client s'est expliqué et des investigations sont en cours ; on s'est laissé emporter par la fantasmagorie autour des cercles... Cela n'est basé que sur une dénonciation, cela n'a rien à voir avec le fonctionnement du cercle. » Pour lui cette affaire relève tout au plus de la législation sur le travail : « Les faits sont contestés et contestables... »

L'affaire a néanmoins permis de se remettre en mémoire l'histoire des relations ambiguës entre l'appareil d'État et les patrons corses des cercles depuis la dernière guerre. Elle a révélé au grand public que le président du conseil d'administration de l'Aviation Club de France (ACF) n'était autre que Charles Pellegrini, ancien chef (corse) de l'OCRB. Et elle a été l'occasion de relever que l'ancien grand flic était soupçonné d'avoir prévenu, la veille, par SMS, Marcel Francisci de l'imminence d'une perquisition. Après le limogeage de Jean-Pierre Alezra, chef du service central des courses et jeux, le même était monté au créneau pour défendre son ami et le système qu'il incarnait. À la question de savoir s'il avait pu y avoir connivence entre les cercles de jeu et certains policiers, il avait dit être surpris et avait ajouté : « Il peut y avoir, c'est vrai, des policiers dans les cercles de jeu. Mais comme un archevêque peut aussi y entrer. Il n'y a rien d'illégal à ce qu'un policier soit dans un cercle de jeu. À l'ACF, il n'y a aucun rapport privilégié avec la police. D'ailleurs, le fait que j'en sois le président a, c'est possible, braqué les projecteurs sur l'ACF en matière de contrôle. On peut fantasmer tant qu'on veut. Il n'y a rien d'illégal à l'ACF », notamment « rien à voir avec le milieu du grand banditisme ». Et de raconter, lui, l'ancien grand flic, qu'il présidait l'ACF parce que son père avait noué une grande amitié avec le fameux Marcel Francisci, celui de la French Connection ! On ne trouvera certes rien d'illicite à cette amitié héréditaire, mais il y a néanmoins de quoi s'interroger sur les relations entre flics et personnages sulfureux de la « zone grise », comme entre le monde du crime organisé et celui des affaires.

Après l'élimination des grandes figures du crime organisé de l'île de Beauté, un nouveau système est en train d'émerger, justement dans cette « zone grise » où se battent promoteurs immobiliers, « hommes d'influence » et grands voyous pour le partage des rivages insulaires. « Les clans qui structuraient le paysage criminel ont été décimés au point de voir émerger d'autres entités, principalement animées par l'appât du gain », comme nous l'avons vu. La grande criminalité en Corse ne répond donc plus à des codes, des affiliations et des structures historiques. « Hormis les vendettas familiales, le crime organisé prend aujourd'hui la forme d'un ensemble hétérogène d'individus ou de groupes constitués de membres du grand banditisme, de jeunes voyous, d'"hommes d'influence" ou d'anciens militants nationalistes, enchevêtrés dans des relations d'intérêt évolutives au fil du temps[1]. »

L'association de défense du littoral « U Levante » a expliqué en mars 2012 que l'île est aujourd'hui au cœur d'une guerre implacable[2] : « Le rouleau compresseur est en marche. Si une majorité de personnalités corses ne se lève pas aux côtés des associations, un système mafieux sera

---

1. Rapport du Sirasco, *op. cit.*
2. *In* corsematin.com du 11 mars 2012.

définitivement au pouvoir en Corse. L'île est aujourd'hui au centre d'une guerre pour ses rivages. Une guerre pour les profits qui laisse toute place à une mafia. » L'association explique que si, longtemps, ces desseins immobiliers n'ont pas abouti, c'est que la grande majorité des Corses applaudissait aux attentats, mais ce temps-là est révolu. L'exploitation est maintenant « conduite par certains Corses au bénéfice de quelques Corses nantis, privilégiés ou encore bien placés ». Pour U Levante, les élus de l'assemblée de Corse et de l'exécutif « affichent leur volonté de désanctuariser la Corse », choix qui se traduit par « le déclassement d'espaces remarquables qui, d'inconstructibles, prennent le statut de constructibles pour des projets immobiliers déjà bouclés et prêts à sortir des valises ». Dès lors, « construire le plus possible devient la règle, et sur le littoral de préférence ». Et de poursuivre : « Les promoteurs influents n'ont pas l'intention de se laisser barrer la route des profits. Certains sont à la tête d'organismes officiels ou de bandes qui, aujourd'hui, tentent de se partager le territoire à coups d'assassinats. Les constructions sur le littoral constituent des sources de revenus gigantesques. Se placer en travers de leur route, c'est risquer gros. Des attentats contre certains adhérents sont perpétrés. Et certains maires versent sans vergogne de l'huile sur le feu en jetant des noms en pâture dans des discours publics ou des lettres ouvertes. »

U Levante pose enfin la question du rôle des pouvoirs publics : « Face à cette société mafieuse, que fait l'État ? Les annulations de documents d'urbanisme étant suspensives, c'est donc à lui de faire appliquer le droit. Mais fera-t-il appliquer ce qu'il a refusé hier, en contradiction avec sa stratégie première qui consiste à résoudre le problème corse en rendant le peuple corse minoritaire sur son territoire ? Le préfet prépare en grand catimini un nouvel atlas des espaces remarquables. » Cette tendance-là n'est pas près de s'inverser : C'est « au rythme de 5 500 que les permis de construire sont accordés tous les ans depuis déjà plusieurs années, à un rythme qui croît en exponentiel ». Et de conclure : « Voilà pourquoi le rouleau compresseur est en marche. Voilà pourquoi, pour reprendre nos premiers termes, si une majorité de personnalités corses ne se lève pas à nos côtés, si un Padduc[1] protecteur n'est pas voté et appliqué, le système mafieux que l'on pourra appeler le *système corse* sera définitivement au pouvoir. Le pire est à venir. »

Deux ans après ce constat, l'exécutif corse dirigé par Paul Giacobbi (PRG) a voté *in fine* un Padduc protecteur, le samedi 1ᵉʳ novembre à 4 heures du matin, malgré l'opposition de la droite, à partir d'un dossier porté par Maria Guidicelli, conseillère exécutive. Paul Giacobbi avait mis sa présidence en balance : « Quand on a consommé l'espace et que l'on n'a pas produit, que reste-t-il ? a-t-il dit après le vote du Padduc. Et en consommant l'espace, que se passe-t-il ? On enrichit beaucoup les uns, on ne change rien à la vie des autres. On provoque, par la convoitise, par l'envie, par la jalousie, par l'intérêt, l'appât du gain, bien des malheurs. Et ce n'est pas là la société que nous voulons construire. Alors, on nous a dit que ce Padduc n'était pas marqué par le développement. Précisément, il en est totalement imprégné, mais pas n'importe quel développement ! »

Le Padduc va-t-il pour autant stériliser toutes les racines mafieuses qui ont prospéré sur l'île de Beauté ? Évidemment non. Mais il va rendre plus compliquée leur prolifération. En ce sens, il va dans le droit fil de la lutte de l'État initiée depuis 2012 contre la mafia corse, en rupture avec

---

1. Plan d'aménagement et de développement durable de la Corse.

la complaisance, voire la complicité manifestées jusque-là à son endroit.

Le point final de ce pan de l'histoire des relations troubles entre l'État et la mafia corse est fourni par la brigade de recherche et d'intervention (BRI) qui a arrêté à Nanterre le 27 novembre 2014 le gangster le plus recherché de France, deux mois après Stéphane Luciani. Jean-Luc Germani était en cavale depuis trois ans. Capture elle aussi symbolique puisqu'il est le beau-frère de Richard Casanova, un des piliers du gang bastiais de la Brise de mer et le fils spirituel de Michel Tomi. Les flics l'ont d'ailleurs longtemps soupçonné de s'être mis à l'abri en Afrique dans le système Tomi.

Table des matières

1. Le paradis gabonais de la mafia corse 7
2. Le « rêve cubain » des parrains corses 13
3. Dans l'ombre de Carbone et Spirito 29
4. La pègre embusquée dans l'État 55
5. La CIA protège les mafieux siciliens et corses et facilite l'installation des filières de l'héroïne à destination des États-Unis 67
6. Aux côtés de Lucky Luciano ? 81
7. Après Marseille, Tanger 91
8. L'opération X 103
9. La réalisation du « fantasme de Monaco » 111
10. Le chasseur et la tribu corse 129
11. Des Corses ont-ils trempé dans le complot contre JFK ? 135
12. Étienne, Marcel et leurs protecteurs 143
13. La French Connection 151
14. La Maison-Blanche, les Siciliens, l'Élysée et quelques autres font exploser la French Connection 159
15. Le FLNC crée les conditions de l'éclosion à grande échelle du crime organisé en Corse 177
16. Les derniers « barons » de la French Connection passent le relais 199
17. La Brise de mer et le clan Jean-Jé, associés pour réaliser le nouveau « rêve cubain » 207
18. Sous la cagoule, Alain Orsoni 221
19. Le « système » Pasqua (1) 227
20. Le « système » Pasqua (2) 241
21. Une nébuleuse mafieuse ? 265

22. Le nouveau « rêve cubain » des Corsico-Africains   281
23. Le préfet contre le « rêve cubain »
    des Corsico-Africains et natio-mafieux
    de tout poil   295
24. Assassinat d'un préfet   311
25. L'enquête   315
26. Les commanditaires de l'assassinat
    du préfet Érignac   327
27. L'affaire des paillotes.   341
28. Le processus de Matignon : la seconde mort
    du préfet Érignac   351
29. Fin d'un parrain, fin d'une époque   371
30. Les « pendules » corses   375
31. Le domaine de Murtoli, « rêve cubain »
    de la *jet-set*   385
32. Tomi travaille pour le drapeau !   407
33. La République *vs* le dernier
    « parrain des parrains »   427
34. On ne peut plus symbolique,
    la mise en examen de Marcel Francisci   447

Composition et mise en pages
Nord Compo à Villeneuve-d'Ascq

Impression réalisée par
CPI BRODARD ET TAUPIN
La Flèche

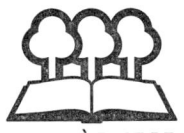

pour le compte des Éditions Fayard
en mars 2015

Fayard s'engage pour l'environnement en réduisant l'empreinte carbone de ses livres. Celle de cet exemplaire est de :
1,700 kg éq. CO_2
Rendez-vous sur
www.fayard-durable.fr

PAPIER À BASE DE FIBRES CERTIFIÉES

Imprimé en France
Dépôt légal : avril 2015
N° d'impression : 3009052
36-4369-9/01